개벽開闢 그리고 개천開天 개국開國

태초의 LOGOS 이것이 지구촌 종교통일문서다!
인간의 본원, 영혼생명의 뿌리를 추적해 들어간 신선한 문제의 화제작!!

개벽開闢 그리고 개천開天 개국開國

麗海 한승연 作

21세기를 살아가는 오늘,
이 메시지는 충격적으로 일어나고 있는
지구 대이변의 실제상황으로 천지개벽이다!
또한 동서시원의 뿌리역사를 진실하게 밝혀
주는 새로운 천계탑天界塔 소식이다!!

도서출판 資文閣

추천사

동서문화의 상보적 융합

梅山 유종해

전 연세대 행정대학원장 · 연세대 명예교수

이 저서著書 「개벽開闢 그리고 개천開天 개국開國」은 지금까지 대립적인 종교문제 이외에도 지구촌 동서민족東西民族의 뿌리역사를 이해하는데 지식적으로나 영성적靈性的으로 많은 도움을 주고 있다. 그렇기 때문에 널리 적용될 수 있을 것임을 믿어 의심치 않는다.

내가 알고 있는 한승연 작가는 평소에 우리 한민족 '뿌리찾기'나 종교적인 '제 모습 되찾기'에 심혈을 기울여 온 작가로서, 그의 작품 세계는 언제나 그렇듯이 많은 생각을 안겨주곤 했었다.

그런데 이번에 아무나 선뜻 그 엄두조차 내지 못하는 대작 「개벽開闢 그리고 개천開天 개국開國」이란 역작을 내놓았다. 이 제목이 주는 인상은 작가가 서양 또는 동양철학가들만이 다룰 수 있는 큰 문제를 여류작가로서 감히 펴낸다는 것이 참으로 놀랍고 경탄을 금할 길이 없다.

작가는 지금까지 지구촌에 독보적 권위를 앞세우던 서구식 과학문명이 이제 그 한계를 드러내고, 동서문화東西文化의 상보적 융합이 시작되는 역사적 전환기에 들어와 있음을 이 작품에서 강조하고 있다.

특히 서양에서 태동된 서구신학의 '민족주의적 우월성의 추구'라든가 타민족을 지배하기 위한 '패권주의적 정당성 확보' 같은 종교논리는 기독교 스승의 정신에 위배됨으로 새롭게 재정립되어야 한다는 그 문제점을 낱낱이 지적하고 있다.

뿐만 아니라 지구촌에 산재해 있는 동서민족東西民族의 시조始祖와 개천開天 그리고 개국開國에 대한 뿌리역사와 문화를 전래되어 온 수많은 고문헌과 성경 구약과 신약을 바탕으로 그 진실을 새롭게 재조명하고 있음은 매우 뜻깊은 일이라 하겠다.

그 이유는 오늘날의 인식체계에 입각하여 지구촌에 대립적인 종교통일의 논리를 합리적으로 자연스럽게 교감할 수 있도록 설득력을 주고 있기 때문이다.

특히 현대적 인식과정에 있어서 서구 신학자들의 종교논리는 신과 인간을 이분법으로 분리시켜 인간의 가치 기준을 크게 흔들어 놓는 오류를 범하고 있다고 작가는 피력하고 있다.

사실 지구촌 물질문명을 발전시켜 나온 서양의 소위 '과학적 합리성'과 '자유의 무제한성'은 비록 그것으로 인하여 현대문명의 혁혁한 발전이 있었음에도 불구하고, 이제 그 자체 속에 내재하고 있었던 모순 때문에 재고되지 않을 수 없게 되었고, 그 유효성의 한계도 뚜렷해졌다.

돌이켜 보면, 코페르니쿠스COPERNICUS 이래의 지난 500여 년 동안 과학은 걷잡을 수 없이 가속적으로 전지전능하여졌고, 진보적 인간이라고 자처하는 사람들은 균형과 조화란 단어들을 비웃으면서 개체 또는 집단적 이기주의에 사로잡혀 고도로 지능화되고 만능화가 되었다.

그 결과 인류의 문명 발단과 인간의 편의증진에 도움을 준건 사실이지만, 반면에 고급한 정신문화의 인간화에 있어서는 득보다 실을 더 많이 양산하였음을 자타가 공인하기에 이르렀다. 핵무기, 공해, 환경파괴 등이 그 좋은 예들이다.

서양의 극도로 전문화된 종적 부분성 지식들은 이제 균형과 조화를 전제로 하는 동양의 횡적 보편성 지식 없이는 인류문화의 진흥과 현대문명의 인간화에 기여할 수 없음을 스스로 인식하기에 되었다.

그런데 그것이 음양陰陽 조화주 하나님의 섭리 가운데 이루어진 천기운행天氣運行임을 이 작품 속에서 피력하는 작가의 의도에 새삼 놀라지 않을 수가 없다. 그 문제는 오늘이라는 현실의 존재 그 자체의 존재 경위에 대한 생태학적生態學的 문제임과 동시에 사람이 가장 사람다워지려는 지극히 자연스러운 인간본능의 문제이므로 곧 우리 모두의 문제이기 때문이다.

한승연 작가는 원래 기독교 권사를 지낸 독실한 기독교 신앙인으로서 이전에도(2004년) '역사의 수레바퀴'와 그 외에 40여 권의 책을 출간한 출중한 인물로 기독교의 기초 위에 유교, 불교, 도교뿐 만이 아니라, 우리 배달한민족의 종교와 철학까지도 통달한 영성적靈性的으로 뛰어난 작가라고 평가하고 싶다.

이 책을 읽으면 분단된 우리의 통일이 왜 이루어져야 하고, 또 어떤 역사적 또는 철학적 기초가 필요한지를 힘이 있게, 그리고 논리적으로 피력하고 있어 남북통일의 숙제를 안고 있는 우리들로서는 교파를 초월해서 일독을 권하는 바이다.

2013년 12월 17일 서재에서

작가의 말

우리 배달한민족의 뿌리역사를 찾아서

麗海 한승연

원류原流가 없는 시냇물은 있을 수가 없다.

오늘 지구상에는 동서東西로 나누어진 인류뿌리 시원에 관한 두 가지의 이야기가 있다. 하나는 서양사상의 근원인 에덴동산 이야기고, 다른 하나는 동양사상의 근원인 마고성麻姑城 이야기다.

서양사상은 너와 나를 개체로 분리시키는 이분법으로 신과 인간을 주종主從의 관계로 이원론二元論을 바탕으로 하고 있다. 그러나 동양사상은 신과 인간의 분리가 아닌 신인합일神人合一을 근간으로 하는 천지인天地人 사상이 동양문화권의 원형이다.

천지인 사상은 하늘과 땅과 사람이 서로 조화를 이루어야 한다는 대도大道의 천법天法으로, 태초 광명하신 천지부모 조화주 하나님의 우주정신으로 풍류의 신선도법이라고도 했다.

그처럼 지고至高한 조화주 하나님의 평화의 정신을 우리 한민족 조상신 환웅천제께서 일찍이 하늘 제사권 민족으로 국통 맥을 세우기 위해 조상뿌리에서부터 심어주신 민족정기精氣였다고 한다.

신선도神仙道란 신인합일의 우리 배달한민족 조화의 '한 얼' 사상이다. 그렇기 때문에 후천後天 말법시대末法時代에 사랑과 자비로 서양의 불완전한 이원론을 복원시켜 세계평화의 통일과업을 이루게 된다는 것이다.

그 소명이 일찍이 '동방의 등불'로써 인류의 정신문화를 꽃피우게 했었던 배달한민족에게 예정되어 있는 평화의 초석으로 전 세계 인류가 하나로 통일되는 이상세계 모델 국가를 말한다. 즉 상생의 종교화합을 이루어 세계의 영성 지도국으로 나가게 될 것이라고 했다.

그것이 동서로 오고간 현자들의 예언이며, 또한 성서(요한계시록)에서도 그 평화의 초석이 된다는 한민족 상징성의 의미를 '흰 돌'이라고 묘사하고 있다.

그처럼 하늘 섭리 가운데 제사권祭祀權을 부여 받고 우리 한민족 조상 뿌리가 세움을 받았다는 의미에서 으뜸 장손민족이라고 했으며, 또한 천손민족天孫民族이라고 한 것 역시도 하늘로부터 선택을 받고 세워진 민족이라는 뜻을 내포하고 있다고 했다.

그토록 자랑스럽게 세워졌다는 우리 배달한민족의 뿌리역사다. 그러나 대자연법칙에 의한 순환변화의 섭리가 한낮의 태양이 저물면 밤이 오듯이 우리 한민족의 지난 역사 역시도 마찬가지였다.

그야말로 불 꺼진 창처럼 어둡던 민족 수난기에 들어와 외세의 침략정책에 의해 안타깝게도 그처럼 자랑스러웠던 우리 한민족 시원의 환기 [9천2백10년] 그 뿌리역사가 왜곡된 채 잘려 나가버린 치욕적인 진통의 역사를 겪어 나왔다.

그리고 오늘에 이르기까지 안타깝게도 그 정통성의 국통 맥을 회복하지 못한 채, 우리 한민족 문화의 본질적 원형을 드러내지 못하고 있다. 그러한 후손들이 오늘을 살아가는 생활 모습은 그처럼 고조선 시대 찬란하게 빛나던 우리 한민족 정기精氣의 얼을 배제하고, 이분법적인 서양문화권의 종교를 받아드려 우리 한민족의 정기가 무엇인지조차도 모른 채, 영원성이 없는 오직 물질지향적인 세계만을 추구하며 살아가고 있다.

그처럼 지고至高한 우리 배달겨레 정통성의 '얼'을 잃어버린 우리 국민정신은 천도天道, 지도地道는커녕 인도人道가 무엇인지조차도 몰랐다는 서양문화권의 원형인 여호와 에덴동산의 풍경화를 그대로 재현하고 있다.

이처럼 암울한 우리의 현실 속에서 인도의 시성詩性 타골이 읊었던 시詩 '내 마음의 조국 코리아여 깨어나소서!' 그 시구詩句를 다시 떠올려 음미해 보게 해준다. 국가와 민족은 나와 개체가 될 수 없는 불가분의 관계이기 때문이다.

그런 의미에서 오늘 우리가 깨어나 추진해야 할 일은 산업발전과 지역경제 성장도 바람직한 일이지만, 그보다 먼저 민족 수난기에 그처럼 불 꺼진 창이 되어버린 우리 한민족 주체성의 국통 맥을 바로 찾아 세우는 일이다.

그러기 위해서는 왜래 침략정책 일환으로 왜곡된 채 오늘까지도 표류하고 있는 우리 조상의 원류를 오늘 우리가 활짝 열린 밝은 지혜로 바로 찾아서 정립하자는 것이다.

그것이 하늘에는 영광이며 땅에는 평화를 이루기 위해서 일찍이 '동방의 등불'로써 불을 밝히게 했었다는 우리 천손민족에게 주어진 소명을 감당하고 이 땅에 지상천국을 실현시킬 수 있기 때문이다.

그 기쁨을 위해 어둔 밤을 불사르며, 지구 개벽開闢은 왜 오는가? 그리고 우리 배달한민족의 개천사상開天思想과 개국조開國祖이신 단군왕검의 홍익인간弘益人間 이화세계理化世界의 개념은 과연 무엇인가를 바로 알기 위해 손놀림을 하는 「개벽開闢 그리고 개천開天 개국開國」의 이 책이 독자들의 가슴 속에 깊이 뿌리 내릴 수 있기를 간절히 바라마지 않는다.

우리 배달한민족의 정신문화가 세계화 시대, 지구촌에 힘차게 퍼져 나가게 될 〈평화의 북소리!〉 그 시구詩句를 읊게 하면서….

그 옛날,
동방의 등불로
찬란히 빛나던 한민족
오, 배달의 후예들이여!
나무도 뿌리가 있으므로
잎새를 피우는 것
어쩌다가 우리는 이 터전의 뿌리
그 고마움을 그리도 잊었는가,
배달의 후예들이여!
배달의 후예들이여!!
먼저 간 자와 남아 있는 자
그리고 뒤따라 오는 자들이
아스라이 영원에서 영원으로 이어져 갈
그 생명의 띠를 잊지 말아야 하리
배달민족 코리아의 내일을 위해!!!

프롤로그

지구 종말 개벽은 왜 오는가?

오늘 지구 도처에서는 지구변화의 시간이 이제 얼마 남지 않았다는 그 경보울림의 신호탄을 쏘아 올리고 있다.

그와 같은 이변현상은 때가 이르면 천지가 진동하는 개벽이 있게 될 것이라는 성현들의 말씀이 그대로 응해지고 있는 현상이 아닐 수 없다.

이 세상 모든 것은 변화하고 다시 또 변화를 거듭하고 있다.

그러한 자연변화의 섭리 속에서 오늘 우리가 살아가고 있는 현상세계의 삶은 얼마나 짧은 한순간이며, 또 얼마나 보잘 것 없는 것인가.

그러나 그처럼 한 밤의 꿈같은 세상 속에서 영원한 참 생명의 실상이 무엇인가를 깨달으라는 것이 성현들의 가르침이다. 그 말씀을 듣고 세상지향적인 꿈에서 깨어나 영혼을 성숙시킨 자들은 그 환란에서 구원을 받게 될 것이라고 하시었다.

그 예언의 말씀이 동서東西로 시대와 나라를 달리하고 오고간 성현들께서 전해 주고 가신 태초의 하나님 그 인류구원이라는 약속의 말씀으로 오직 변하지 않는 진리라고 했다.

그 말씀의 뜻이 특히 고등종교 스승들께서 가르쳐 주신 천지창조의 하나님 그 섭리체제의 완성으로, 천지개벽이후 이 땅에 새롭게 펼쳐지게 될 것이라는 하나님의 지상낙원 세계에 들어가 새 노래를 부르게 될 것이라고 한 것이다.

그 약속의 말씀을 오늘 우리가 다시 상기시켜 보지 않을 수가 없다. 우주만물을 총괄하신다는 하나님 그 섭리에 의한 천지공사天地工

事 환란의 때가 이제 문 앞에 당도했음을 오늘 지구 도처에서 그 경보울림을 주고 있기 때문이다.

그것이 하나님 천기운행天氣運行에 의한 섭리역사임에는 틀림이 없다. 모든 강물이 흘러서 마침내는 바다로 들어가 보이지 않듯이 자연이라는 인간생명 역시도 마찬가지다. 그러한 우주자연 섭리변화에 의해서 언젠가는 죽음을 맞게 되어있다.

그러나 오직 변하지 않는다는 그 진리의 말씀을 듣고 자아성찰自我省察하여 인간생명의 실상을 바로 깨닫고 영혼을 성숙시킨 자들은 지구개벽의 환란에서 구원을 받게 될 것이라고 했다.

오늘 우리가 그와 같은 성현들의 말씀을 다시 생각해 보지 않을 수가 없다. 그 모든 것을 담아 안고 영원히 변하지 않는다는 태초의 하나님이 바로 처음과 끝이라는 천지창조의 하나님으로, 천지개벽은 미완성에서 완성을 향해가는 천기운행天氣運行의 섭리역사임을 성현들을 통해 가르쳐 주셨기 때문이다.

그 존재계의 근원이 바로 본자연本自然으로 존재하신 영계靈界의 하나님으로 태초 그 빛의 말씀(LOGOS)에 의해서 생성된 대자연大自然과 자연自然이 고리를 잇고 있기 때문에 그 삼천대세계三天大世界를 '한 틀'속에서 사랑으로 총괄 하신다는 대우주적인 하나님이다.

그처럼 태초의 하나님 그 능력의 빛이 천지만물을 생성시킨 우주원소로서 만생명의 근원根源 자리임을 기독교 성경 (창세기 1장)에서도 밝혀주고 있다.

그 기록은 우주만물이 창조되어지는 전개수순의 과정을 보다 진실하게 담아두고 있기 때문에 지구 개벽이 문 앞에 이른 오늘 우리가 먼저 이해하고 생각해 보아야 할 문제다. 태초의 하나님, 그 섭리역사를 이해하는데 보다 큰 배경이 되어주기 때문이다.

사실 그 창세론을 올바르게 이해하지 않고서는 오늘 우리가 동서東西로 나누어진 지구촌 인류역사 뿌리의 시원을 바르게 이해할 수가 없다. 뿐만 아니라 지구 종말론 역시도 그 이치를 제대로 밝혀 볼 수가 없다.

오늘 서양문화권에서 태동한 서구신학 논리와 현대 과학자들과의 사이에 합일점을 이루지 못하고 있는 대결구도의 문제가 바로 단일적인 여호와 유일신 숭배사상에서 비롯된 것이라고 할 수 있다. 그 논리가 6000년 전 지구에 홀로 내려와 그처럼 무지했다는 원시인간을 창조한 신계神界의 여호와를 태초에 빛의 말씀으로 대우주를 창조하셨다는 근원적인 영계靈界의 하나님으로 격상시켜 놓고 있기 때문이다.

그러한 서구신학 논리는 이치적으로도 그렇지만 성경 기록상으로 보더라도 합리성이 없는 해석임에는 틀림이 없다. 그것이 오늘 문명된 현대인들의 의문이며 지적이다.

그래서 나는 오늘 지구개벽이 이르기 전에 무엇보다도 그처럼 당위성이 없는 서구신학 논리가 바르게 정립되는 종교개혁부터 먼저 있어야 한다는 생각이 이글을 쓰게 된 동기다.

태초 우주의 근원되시는 하나님 실상을 바로 알아야 만이 그로 비롯된 우주 순환의 변화원리를 알고 지구개벽의 전환기에 대처할 수 있는 대안이 무엇인가를 깨달을 수 있기 때문이다.

그 깨달음의 이치를 동서로 시대와 나라를 달리하고 출현하셨던 성현들께서 그처럼 태초 우주 본원의 섭리를 일러주고 가셨다. 그 가르치심은 대동소이한 것으로, 그 진리의 말씀을 듣고 인간 영혼생명의 실상을 깨닫는 자는 거듭남을 입고 소우주로 탈겁되어 하나님과 일체一體관계를 이루는 영적인 우주이성宇宙理性으로 변화를 입게 된다는 결론의 말씀이다.

그러한 이치의 맥락에서 성자 예수 출현 그 오백 년전 인도에 출현하신 석가부처께서도 '너의 눈동자를 기만의 세계로부터 돌리라, 그리하여 자기의 감정에 믿음을 두지 말라! 그것들은 거짓말쟁이다. 내 자신 속에, 개인을 떠난 너 자신의 내부에서 영원한 사랑을 찾으라.' 그 말씀이 오직 변하지 않는다는 진리眞理라고 한 것이다.

그처럼 이 땅에 출현하셨던 성현들의 말씀은 모두 같은 이치의 맥락으로 인간 육신은 때가되면 낡은 의복처럼 버려야 하는 허상이기 때문에 영원불멸한 참 생명의 실체를 깨달으라는 그 가르침이었다.

사실 지구촌에 물질인간 생명체를 창조하고 그 의무에 따른 책임으로 각기 그 족속만을 수호하던 창조신들은 구약시대 여호와의 행사나 마찬가지로 각기 그 민족 국가형태를 이루도록 의식진화의 정보만을 주고 지구를 떠났다. 그렇기 때문에 영혼생명의 실상을 바로 깨닫지 못하고 오직 물질지향적인 것만을 추구하고 발전시켜 나온 것이 서양문화권이다.

현상세계만을 추구하는 것이 인간 육신의 오욕칠정五慾七情이다. 그 색계色界의 본능은 육신을 가진 인간이면 누구에게나 있다. 그 속성은 채우면 채울수록 밑바닥이 없다는 것으로, 이익만큼 인간 마음을 움직이게 하는 무기는 없다고 했다.

그야말로 아주 작은 이익에서부터 큰 이익에 이르기까지 이익과 연관된 것이라면 그것이 무슨 일이든 간에 벌떼처럼 모여드는 게 인간의 속성이라고 했다.

그러한 인간 속성을 영원한 하늘나라 참 생명의 말씀을 듣고 없어질 육신의 헛된 욕망을 스스로 다스리라는 것이 성현들께서 설파하신 진리의 말씀이다.

사람이 살고 있는 '온누리'를 세상이라고 한다. 그 세상 속에는 참으로 가지각색의 많은 사람들이 뒤엉켜 나름대로의 삶을 영위해 나가고 있다. 그래서 흔히들 세상을 일컬어 험난하다고들 표현하기를 주저하지 않는다.

'눈감으면 코 베어 먹을 세상'이란 섬뜩한 속담도 있다. 얼마나 세상의 인심이 험악하고 믿음성이 없으면 그토록 잔인한 속담이 생겨날 수 있었을까 싶다.

그와 같은 세상지향적인 인간 욕망의 너울 속에서 그 진리의 말씀을 듣고 기만의 눈을 자신의 내부로 돌려 자아성찰自我省察할 수만 있다면 이 얼마나 다행스러운 일인가.

참으로 자기 자신을 깨우친다는 것, 그리고 자기 자신을 다스린다는 것처럼 어려운 일은 없다고 했다.

도스토에프스키는 인간의 마음을 일컬어 신과 악마가 싸우는 전쟁터라고 했으며, 그러한 인간 마음속에는 선과 악이 공존하고 있어 어느 한순간도 투쟁을 멈추는 법이 없다고 역설했다. 그러한 인간 속성의 마음을 다스린다는 것은 누구나 그렇게 쉽지 않은 일임에는 틀림이 없다. 그러나 진리의 말씀을 영혼 양식으로 삼고, 자아성찰自我省察하는 마음에는 그 어떤 욕망도, 비애도 탐닉도 머무를 수가 없다고 했다. 탁한 기운이 들어설 공간이 없기 때문이다.

그래서 예수께서 '무릇 지킬만한 것보다도 네 마음을 지키라고,'고 하신 그 말씀을 오늘 다시 상기시켜 보게 해준다.

바로 그것이다. 오직 세상지향적인 것만을 추구하는 허망한 마음을 비우고, 진리의 말씀으로 마음을 지키는 자만이 살아남는다는 말세末世의 징조를 오늘 지구 도처에서 그 경보울림으로 경각심을 주고 있기 때문이다. 이토록 긴박한 상황의 시점에서 오늘 우리가 바로 알고 짚고 넘어가야 할 숙제는 내 자신의 뿌리와 내 영혼의 실체를 바로 알고 정립하자는 것이다. 사람이 어린 아이처럼 자신의 근본뿌리를 모르다 보면 양과 염소를 구별하지 못하고 그처럼 이치적이지 못한 헛되고 무가치한 미신적인 잡신 놀음에 함께 놀아날 수 있기 때문이다.

소크라테스는 '너 자신을 알라.'는 말로 유명하다. 그 깨우침이 무엇과도 바꿀 수 없는 참된 진리로 속세의 괴로움을 떨치고 바른 이치를 깨닫게 해주셨던 성자들의 삶이 오늘 우리에게 큰 교훈이 되어 주고 있다. 그렇기 때문에 그 뒷자리에 남겨주고 가신 경전의 말씀 속에는 우리가 무엇을 구하고 무엇을 피할 것인가. 그 지혜와 함께 '나'라는 생명체의 존재 이유를 참되게 일러주고 있다.

그 지혜의 만남에서 나를 되돌아보고 또 너를 되돌아보고, 그리고 또 우리의 이웃과 세계를 되돌아 볼 수 있게 한다는 것은 얼마나 아름답고 지혜로운 삶의 방식인가?

자! 이제 그 지혜를 얻기 위해서는 과거 지구촌의 시대 변천사와 함께 인류시원의 뿌리역사부터 먼저 살펴 바로 알자는 것이다. 그 이해를 돕기 위해 나는 우리 배달한민족의 뿌리역사와 서양의 유대민족의 뿌리 역사를 여기에 접목하여 비교분석해 보기로 했다.

이 글을 엮으면서 나는 다만 오늘을 살아가는 '나'라는 생명체의 존재이유를 이해하고 밝히는데 최선을 다했을 뿐이다. 아무쪼록 「개벽開闢 그리고 개천開天 개국開國」이 독자들의 마음 속 깊이 자리해 주었으면 하는 마음으로 간절할 뿐이다.

麗海 한승연

■ 차례 ■

천지개벽의 징후

오악탁세五惡濁世, 오늘 우리가 살고 있는 세상은 마치 동물 농장을 연상케 해주고 있다.

그것이 현자들이 예언한 말세末世의 풍경으로 십리를 가다가 사람 하나 겨우 만나 볼 수 있다고 한 말을 다시 떠 올려 보게 해준다.

오늘 세상은 온갖 색색으로 출렁대는 살쾡이들이 먹이를 찾아 질척거리는 먼지투성이의 공해로 가끔은 세상 밖으로 탈출하고 싶은 고통마저도 안겨주고 있다.

오늘도 연이는 자신이 감당해야 할 묵직한 인생 보따리의 숙제를 안고 서울에서 여수행 버스에 몸을 실었다. 어둠이 깔린 저녁 오후였다.

차창 밖으로 스쳐 지나가는 모든 물체들이 어둠속을 날개 짓하듯 스쳐 지나갔다. 그날따라 어둠속에 스쳐지나가는 불빛마저도 짜증스러웠다.

조금 전까지 자기를 위장하며 아리송한 모개흥정을 들고 다가 온 불투명한 사람들, 그 번들거리는 눈빛마냥 적막하게 느껴져 왔기 때문이다.

그때 문뜩 머릿속에 어리석은 자와는 자리를 함께하지 말라는 문구가 떠올랐다. 어리석음은 만병 중의 난치병으로 어리석은 자의 생각은 끝까지 이로움이 없다는 말이다.

하지만 그들과의 만남 또한 붓다의 말씀대로 인연법因緣法에 의한 것이었다고나 할까?

어제에서 오늘, 그리고 다시 내일로 이어져야 하는 그 주제까지도 이제는 짜증스럽고 싫어졌다. 국가와 민족을 위해서라는 공익적인 사업 구상안을 놓고 개인의 영달과 이익만을 추구하려는 과시적 면모로 굳어진 언행에서 그들이 지금까지 살아온 훈습을 충분히 엿볼 수 있게 해주었기 때문이다.

그처럼 민족과 국가를 위해 세우겠다는 사업계획 구상안과는 일치되지 않는 그들의 모습은 연이 자신이 생각하고 추구해 온 세계관과는 너무나도 동떨어져 있다는 사실 앞에 염증과 회의를 느끼게 해주었다.

차라리 혼자만이 고독할 수 있는 자유, 이를테면 그 주제는 없었던 것으로 돌리고 텅 비워 외로울 수 있는 자유가 오히려 더 마음에 평안을 안겨 줄 것만 같았다.

누구나 바람처럼 잠시 잠깐 왔다간다는 허무한 세상이다. 그처럼 한시적인 인간의 삶을 철인哲人 플라톤은 다음과 같이 말했다.

"현재의 삶은 우리들에게 죽음이며, 육체는 우리들에게 무덤이다."

그렇다. 이것이 인간 육체의 생명으로, 이 세상에 태어나서 살아 숨 쉬는 인간들은 누구나 잠시 잠깐 목숨은 붙어 있다. 그러나 언젠가는 허무하게 빈손으로 떠나야 할 죽음을 동반하고 살아가고 있다.

그토록 허무하고 한시적인 인생의 삶 속에서 그러나 오직 물질지향적인 사고思考로 얄팍한 잔머리들을 굴리며 아귀다툼을 하는 천태만상의 사람들이 줄을 잇고 있는 세상 풍경이다.

사람들의 괴로움은 바로 그러한 세상 속에서 한생의 삶을 영위해야 하는데서 비롯된다. 그렇기 때문에 인간 세상은 누구나 고통 없이는 살아갈 수가 없다고 했다.

붓다께서는 그와 같은 괴로움의 세상을 빗대어 고해苦海라고 하시지 않았든가.

오늘도 연이는 무덤처럼 칙칙한 눈빛들이 먹이를 찾아 두리번거리는 어지러운 세상 속에서 먼 훗날까지 깨끗한 이름으로 살아남기를 바라는 간절한 소망이 사색을 통해 꿈꾸어온 천계탑天界塔이었다.

그 설계도를 현실화하여 펼치기 위해서는 지도층의 자문이 필요했다. 그 일을 도모하기 위해 서울에서 모임을 마치고 고속버스를 타고 어둠이 깔린 차창 밖을 내다보며 마치 산송장들처럼 출렁거리든 인사불성 동네에서 마주했었던 그 눈빛 어지러움을 털어내고 있을 때였다.

"어머! 어쩜 저럴수가?…"

옆자리에 앉아있던 윈 아주머니가 느닷없이 엷은 비명 소리를 질렀다. 얼핏 고개를 돌려 쳐다봤다. 중년은 훨씬 넘어보였다.

"저 뉴스 좀 보세요. 인도 갠디스 강가에 저렇게 계란 알 만큼 커다란 우박 덩어리가 떨어져서 큰 빌딩건물이 무너지고 야단법석이 났네요."

순간 연이는 그녀가 주시하고 있는 TV 화면에 눈이 쏠렸다. 광풍과 함께 우박이 내려치는 사태에 자동차 유리창이 산산조각이 나고 많은 사람이 죽어 강물에 휩쓸려가고 있는 광경이었다.

머리끝이 쭈뼛거릴 만큼 가슴이 섬뜩해져 왔다. 긴장한 채 화면을 주시했다.

그 뉴스는 동서東西로 오고간 현자賢者들 뿐만이 아니라 모든 종교의 가르침에서 그토록 예언해 온 지구 대파국의 종말론을 알리는 신호탄이라는 생각으로 퍼뜩 다가왔다. 눈앞이 아찔했다.

그러한 재앙 경고는 예수께서 '이 세대가 다 지나기 전에' 있을 것이라는 불 심판의 천지개벽 징후임에 틀림이 없다는 생각이었다. 마음이 우울해지면서 바라보다말고 고개를 돌려 버렸다.

사실 그러한 지구 재앙 경고는 21세기 벽두에서부터 급격한 기후변화의 온난화 현상을 보여 왔었다.

지구촌 곳곳에서 그와 같이 일어나고 있는 지진과 침수 등의 이변현상에 1988년 세계기상기구(WMO)와 국제연합 환경계획(UNEP)이 공동으로 창설한 '기후 변화에 관한 정부간 패널(IPCC)이 인류 역사상 가장 암울한 전망이 담긴 보고서를 잇달아 내놓아 충격을 주었다.

그 보고서에 의하면 '2100년까지 지구 평균 기온이 1.8~6.4도가 될 것이며, 해수면은 18~59Cm 상승할 것이라는 내용으로 태평양의 섬나라 방글라데시, 네델란드 등 저지대 국가들은 침수 위기를 맞게 될 것을 예상하고, 아시아에서만 1억 명 이상이 식량난을 겪고, 세계 인구 절반이 물 부족에 직면할 것이다.'

그와 같은 경고에 오늘 지구촌 세상기구(WMO)는 기후 변화에 관련된 과학적, 기술적 사실에 대한 평가를 제공하고, 그 대책을 마련하기 위해 유엔 산하 정부간 협의체로 1990년 1차, 1995년 2차, 2001년 3차에 이어 2007년에 4차 평가 보고서를 내놓았다. 거기에 113개국이 동의 표명했으며, 6년 동안 130개국 과학자들 2500여 명이 그 보고서 작성에 참여하여 발표된 것이다.

또한 최근 폐막된 다보스포럼도 '기후 변화는 앞으로 10년 간 최대 2,500억 달러의 경제 손실이 예상되고 세계 경제는 매년 GDP 가운데 5%를 잃게 된다'는 경고였다.

이러한 과학자들의 보고서에 미래 학자들의 예고도 만만치 않았다. 진짜 문제는 기상재난과 물 부족, 환경난민 이주 등이 불러올 국제적 긴장과 패권의 변화다. '세계 3차 대전은 물 때문에 발생할 것이다.'라고 표명했다.

거기에 언론 사설 또한 지구에 발을 딛고 사는 인류로서 인간이 초래한 재난에 책임을 느끼는 자세로 문제에 대처해야 할 시점으로 기후 재앙에 인한 인류 경각심이 필요하다고 한 것이다.

그러한 징후는 모든 종교의 경전들이 경고해 두고 있는 지구 종말론의 예언과 무관하지 않다는 생각을 해보게 해주었다. 금세기에 들어와 그처럼 유례없는 이상난동의 급격한 기후변화를 보이고 있기 때문이다.

그러한 지구 기상 이변의 현상을 이미 감지해 온 일본의 고토벤이라는 지질학자는 북극 빙하가 녹아내릴 수 있는 상황을 예고하는 수준을 넘어 이미 진행 중임을 알고 섬나라인 일본의 일부분이 바다로 침수될 것에 대비한 해상도시를 오래 전부터 은밀하게 준비해 온 것으로 전해지고 있다.

오늘 그와 같이 세계 과학자들이 내놓는 지구 이변의 경고는 빙하가 현재의 추세대로 녹아 해수면이 상승하면 산호초 섬뿐 아니라, 중국 상하이, 아르헨티나 부에노스아이레스 같은 도시 역시도 그 일부가 물에 침수될 가능성이 높아지고 있음을 보고 했었다.

이제 지구 온난화 현상으로 인한 지구 재앙은 '일어날 수 있는 상황'을 예고하는 수준을 넘어 그처럼 진행되고 있음을 분명히 하면서, 기후 변화 재앙에 대비할 시간이 그리 많지 않다는 점을 강력한 메시지로 전해주고 있었다.

그런데 뜻밖에도 버스 안에서 그러한 지구 이변의 뉴스 화면을 목도하고 있는 연이의 마음은 어둡고 무거웠다.

지구 개벽의 징후라고 생각하면서 중얼거리듯이 말했다.

"예수께서 지구 종말이 이를 때에 저런 징후가 있게 될 것이라고 하시더니… 예외 없이 모든 인생이 맞이해야 할 그날이 눈앞에 이르렀다는 경보 울림 같네요."

"기독교 신자신가 보죠?…"

TV 화면을 주시하고 있던 그녀가 눈길을 돌리고 가만하게 물어왔다.

"예, 댁은 어떤 종교를?…"

"저는 불도 신자예요."

그로부터 서로가 인사도 없이 자연스럽게 이야기를 주고받게 되었다. 그것은 내부로 스며드는 그 어떤 불안감에서의 탈출이기도 했다.

무거운 긴장감을 털어내기 위해 숨을 들어 마시면서 말했다.

"그러시군요. 저는 어려서부터 기독신앙 생활 속에서 자랐어요. 그런데 결혼을 하고 불도를 신봉하는 시어머니를 보면서 언젠가부터 종교가 인간에게 주는 영향은 과연 무엇인가? 그 의문을 가지고 나름대로 틈틈이 불교 경전을 읽어보게 되었는데 불가에서 신도들에게 성불하십시오. 그 얘기는 곧 부처가 되란 말이고 부처란 진리란 뜻이드라구요. 그래서 그쪽 교리를 조금은 이해하게 되었답니다."

그 말을 들은 그녀는 조금 전에 긴장되었던 분위기와는 달라진 표정으로 응수를 해왔다.

"그러기가 쉽지 않은 일인데 참 대단하시네요. 타종교는 무조건 인정하지 않고 배타하는 것이 특히 기독교 신자들인데…."

그리고 다시 말을 이었다.

"저도 사실은 가톨릭 신자 부모 밑에서 자랐답니다. 그런데 교직생활을 하다가 연애를 하게 된 총각이 불도 신자 집안이었지 뭐예요. 그것이 불교에서 말하는 인연법이라는 것 아니겠어요?"

사실 불교에서 말하는 그 인연설因緣說이 삼세인과법三世因果法이라는 것이었다. 그 뜻을 살포시 떠올려보면서 그 말을 받았다.

"그렇지요. 세상에 와서 옷깃만 스쳐도 다 전생에 인연이 있다는 것이 석가 부처 말씀이니까요. 그런데 하물며 현세에서 부모 자식 인연 고리도 그렇고 또 부부 만남의 인연 고리가 어디 예사로운 만남이겠어요?"

"그래서 우리 조상들이 자식은 전생에 빚쟁이를 만난다고 했었나봐요. 가슴까지 다 주어가면서 길러놔도 고마움을 모른다구요. 그것이 불가에서 말하는 인과응보 법칙으로 이름과 주소가 적혀있지 않더라도 자신이 전생에 갚아야 할 빚쟁이로 어김없이 찾아온다는 거 아니겠어요? 훗, 후후…."

사실 기독교 스승 예수께서도 '너희가 심는 그대로 거두리라'고 하셨다. 그 말씀이 석가 부처의 윤회輪廻 사상에서 인과응보因果應報의 가르침이나 다를 것이 없다는 생각을 해보면서 그 말에 응수를 했다.

"그러니까 상대에게 한스런 아픔을 안겨 준 것이 전생에 자신이 지은 죄업으로 그 맺힘을 풀어야 한다는 것이 인과에 의한 자식 인연이고, 또 부부 인연이란 것이니까 예수께서 네 원수가 네 집안에 있다고 하시고 그 원수를 사랑하라고 하시지 않았겠어요?… 세상을 이만큼 살아오고 보니까 이제야 조금은 그 뜻이 이해가 되지 뭡니까.”

“그러니까 부부인연도 그렇지만 부모자식 인연이 우연한 인연이 아니라 운명적으로 이 세상에 와서 결국 자신이 그 아픈 고통의 매듭을 풀고 가야 할 숙제라는 거잖아요, 그죠?”

“그것이 이 세상에 태어난 인간 윤회의 이치로 불교나 기독교나 그 가르침은 다를 게 없드라구요.”

그 인간 환생幻生에 대한 의미를 되새겨 보게 하는 성서 구절이 있었다. 예수께서 하신 그 말씀을 머리에 떠 올리며 다시 덧붙여 말했다.

“태초에 우주 만물을 지으셨다는 하나님은 영존하시는 존재지만 그로 비롯된 모든 것들은 다 옷과 같이 낡아져서 의복처럼 갈아 입을 것이며, 그것들이 옷과 같이 변할 것이나 주는 여전하여 연대가 다함이 없다고 하셨지요. 그 뜻이 뭐겠어요? 조물주 하나님이 목적하신 완성을 위해 새로운 변화를 거듭 필요로 하고 있다는 거 아니겠냐구요.”

“그러니까 인간 환생의 이치도 그렇지만 저런 지구이변 징후도 완성을 목적으로 새로운 신천지를 만들기 위함이라는 것이네요.”

“그 신천지가 예수께서 말씀하신 지상낙원 이잖겠어요?… 그래서 너희가 중언부언 기도하지 말고 하늘의 뜻이 땅에서 이루어지이다. 하고 기도하라고 하셨거든요. 그런데 불경을 읽어보니까 선천시대가 마무리 되면 구주미륵용화세계가 이 땅에서 이루어지게 될 것이라고 한 그 뜻이나 다를 게 없드라구요.”

“결국 불교나 기독교나 결론은 같은 이치잖아요. 그러고 보면 이건 진리고 저건 진리가 아니라고 서로가 대립적으로 배타할 일이 아닌데 그죠?…”

그녀의 표정이나 말속에 종교적인 심성이 묻어있어서 반가웠다.

웃으면서 그 말에 응수를 했다.

"바위도 오래되면 이끼가 끼듯이 성현들 가르침의 본질은 그게 아닌데 마가 끼어들어서 오도되었기 때문인 거죠 뭐, 사실 동서로 시대와 나라를 달리하고 출현하셨던 고등종교 스승들께서 말씀하신 결론은 태초의 하나님 뜻이 이 땅에서 이루어진다는 것이고, 그것이 창조주 하나님 마무리 작업으로 성공시대라는 것이니까 저런 개벽의 징후가 그 천기운행이라는 거 아니겠냐구요."

"제가 이런 말을 해도 될지 모르겠네요. 저도 결혼 전까지는 성당을 다녔었기 때문에 그런 저런 의문을 갖는지 모르겠지만, 아무튼 제 생각은 하나님이란 존재부터가 도무지 아리송하지 뭡니까."

"?… 어떤 부분이 그렇게 아리송하게 믿어지질 않던가요?"

어깨를 돌리고 정면으로 그녀를 쳐다보면서 물었다. 그러자 그녀는 시큰둥한 표정을 지으면서 나지막하게 말했다.

"이건 제 생각인데… 그렇게 전지전능하시다는 여호와 하나님이 지구에 내려와서 마치 흙장난을 한 어린 아이들처럼 흙을 빚어 천지분간조차 못했다는 원시인간은 왜 만들어 놓고 인간 창조를 한탄했다니 도대체 이해가 되지를 않지 뭡니까."

사실 오늘 의식이 살아있는 현대인이라면 누구나 거기에 대한 의문을 갖게 마련이다. 그녀의 말에 어디서부터 그 이해를 도와주어야 할지 잠시 머뭇하고 있었다.

그러자 그녀는 과거 자신이 믿어왔던 신앙에 회의를 느낀다는 듯이 그 생각을 다시 늘어놓았다.

"의문은 또 있어요. 지구촌 오색인종이 여호와 하나님이 만들었다는 아담의 후예라면 이스라엘민족과 이웃하고 있었다는 이방민족은 도대체 누구 자손들이기에 마치 개싸움 붙이듯이 맞수대결로 전쟁을 부추켜서 떼죽음을 시키도록 하느냔 거죠. 그런 여호와 하나님이 태초에 우주만물을 지으신 전지전능하신 하나님이고, 또 사랑이 많으시다는 하나님 인상에 도무지 어울리지 않는다는 것이 제 생각이거든요. 어떻게 생각하시는지 몰라도…."

연이 자신도 과거와는 달리 그녀의 생각과 다르지 않았다. 그것이 오늘 기독교 신학에 대한 의문점으로 그 논리가 합리적이지 못한 것만은 사실이기 때문이다.

그런데 그녀가 뜻밖에도 그 의문점을 들고 나오는 데는 대답이 궁색해졌다. 말을 꺼내면 거기에 대한 이야기가 길어질 것 만 같아서 적당히 얼버무렸다.

"그건 서구 신학자들이 성서 해석을 잘못하고 있기 때문이라는 것이 제 생각이지 뭡니까. 성경 기록은 사실 그게 아닌데…."

"서구 신학자들이 성경을 잘못 해석하고 있다니 그게 말이 됩니까? 생각해 보세요. 그처럼 사랑이 많으시다는 하나님이라면 이방민족하고 자주 붙었던 싸움을 말려야지 오히려 더 앞장서서 진두지휘해 온 여호와가 전지전능하신 하나님이라서 지구촌이 이 모양으로 지금까지 전쟁으로 피를 흘리고 있는 것이라면 원수까지도 사랑하라는 기독교 정신과는 이치적으로 맞지를 않잖아요. 어떻게 생각하시는지 몰라도…."

이치적으로 틀린 말이 아니었다. 과거와는 달리 오늘 의식이 깨인 현대인이라면 누구나 그런 의문을 갖게 해주기 때문이다.

거기에 대한 이야기를 하자면 길어질 것 같았다. 하지만 의문의 주제가 성서에 관한 것이었기 때문에 자신이 이해하고 있는 만큼은 설명을 해주어야겠다고 생각하고 말머리를 꺼냈다.

"사실 그게 오늘 문명된 현대인들이 서구 기독신학 논리에 갖는 의문점이랍니다. 그래서 유럽에서는 벌써부터 성전들이 텅텅 비어서 팔려나간다는 거 아닙니까. 원인은 그 목회자들 설교가 기독교스승 예수께서 말씀하신 태초의 하나님 그 우주정신과 부합되지를 않기 때문이라는 거죠."

"그러니까 저만 그런 의문을 갖는 게 아니군요."

"하지만 예수께서는 그렇게 될 것을 미리 내다보시고 염려하신 말씀이 태초 하나님의 섭리를 바로 알지 못하고 무지하게 성서해석을 하고 있을 그들이 바로 눈먼 봉학선생이라고 지적하시고, 또 그 말을 그대로 믿고 맹신하는 자들이 모두 함께 구덩이에 빠지게 될 것이라고 하셨는데 그 뜻이 뭐겠어요…. 성당을 다니시면서 성경을 읽어보셨을 테니까 아시겠지만, 구약은 이스라엘 민족하고 이방민족 간에 맞수대결로 피 흘리는 전쟁사를 낱낱이 기록해 두고 있지요. 흠….

그런데 유대 땅에 출현하신 예수께서는 그 백성들을 향해 하늘나라 새 계명을 너희에게 주러 왔다고 하시면서 네 이웃을 내 몸처럼 사랑하라고 하셨잖아요. 그 말씀이 기독교 정신으로 이 땅에 평화를 이루시기 위함이라는 것인데…."

"그게 의문이드라구요. 예수께서는 분명히 나는 아버지 일을 행하러 왔다고 하셨잖아요?… 그렇다면 그 여호와 행사 그대로 본받아서 이방민족하고 전쟁을 붙이고 승전고를 울려야 아버지 일을 하러온 거잖아요."

그리고 다시 덧붙여서 그 의문점에 대해 말했다.

"생각해보세요. 여호와 하나님 행사는 예수께서 내 아버지는 사랑이라고 하신 그 인상과는 도무지 거리가 멀다는 느낌이고 그게 저 머리로서는 도무지 그 앞뒤 논리가 지금까지도 이해되지 않거든요."

"그건 서구 신학자들이 성서해석을 잘못한 때문이지요. 구약과 신약은 그 세계관이 엄연히 다른 것인데 여호와를 예수께서 지칭하신 성부하나님 신위에 올려놓고 설파를 하고 있으니까 문명된 현대인들이 합리적이지 못한 그 논리에 고개를 돌리는 거죠."

"어머! 그게 무슨 말이죠? 그럼 성당에서 말하는 여호와 하나님이 예수 아버지가 아니라는 말입니까?…"

과거성당을 다녔다는 그녀로서는 당연히 그런 의문을 가질 수밖에 없었다. 그게 무슨 말이냐는 듯이 뜨막한 표정으로 물어왔다.

"그 문제를 얘기 하자면 좀 길어지죠. 태초의 근원을 담아 두고 있는 창세기를 거슬러 올라가야 하니까요…. 내가 볼 때 창세기는 일장과 이장으로 그 창조의 세계관이 근본적으로 다르고, 또 구약과 신약도 그 세계관이 엄연히 다름을 분명히 나누어 두고 있답니다. 그런데 서구신학자들이 같은 세계관으로 묶어서 해석을 하니까 이해가 되지 않고 어지러울 수밖에요."

"기독교인이라고 하셨잖아요. 그런데 그 세계관이 다르다니… 어떻게 다르다는 거예요?"

당연히 그런 질문을 할 수 밖에 없었다. 거기에 대해서 간단하게 말 했다.

"난 예수님 말씀은 참 진리라고 믿고 부인하지 않거든요. 다만 서구 신학자들 성서해석에 문제가 있다고 생각해요. 도무지 합리성을 주지 못한다는 게 문제라는 거죠."

"기독교 세계관이 다르다고 하셨는데 아무튼 저는 구약을 읽어 봤을 때 마치 그리스로마 신화나 다를 것이 없다는 생각이 들지 뭐예요. 신들하고 인간이 마주 앉아서 밥도 함께 먹고, 또 성교를 해서 애를 낳았다고 하지를 않나 아무튼 소설 같은 느낌이 들지 뭐예요. 흐흥!…"

그 말을 하고 그녀는 픽하고 웃음을 날렸다. 사실 그런 느낌을 주는 것이 구약의 전체적인 내용임에는 틀림이 없다. 그 이해를 어디서부터 해주어야 할지 잠시 머뭇하다가 입을 열었다.

"엄격히 분석하면 구약은 유대민족 뿌리역사로 성자 예수로 비롯된 기독교 세계관이 아니죠. 그러니까 구약이 소설 같으다고 하시는데 사실 그 내용이나 크게 다를 것이 없는 게 지구촌 각 민족마다 그 비슷한 뿌리역사를 간직하고 있다는 거 아닙니까.

그러니까 지구촌 각 족속마다 그 뿌리를 세운 조상신들이 여호와나 마찬가지로 그 성호를 붙이고 지구에 내려와서 만들었다는 피조물이 벗고 다녀도 수치를 몰랐다는 그 원시 인간들이었고 그 원시시대로부터 구석기 신석기 청동기 시대를 거쳐서 문명되어 나온 현생 인류라는 거 아닙니까."

“저는 그게 의문이드라구요. 성당에서나 교회에서 지구촌 인류의 조상신은 오직 여호와 하나님으로 모든 민족이 아담의 후예라는 거 아닙니까. 거기에 의문이 들게 하는 건 또 있었지요.

그러니까 우주만물을 창조하셨다는 전지전능하시다는 하나님이 왜 지구에 내려와서 그처럼 답답한 원시인간을 만들었다는 것인지… 그렇게 능력 많으신 하나님 작품이라면 처음부터 완성체로 만들어야 하는 거 아니겠어요?”

“맞습니다. 하지만 성경 창세기에서 그 의문을 밝혀 주고 있드라구요. 그러니까 예수께서 말씀하신 태초 하나님 능력으로 만든 작품은 창조와 동시에 우주지성을 갖추게 했다는 그 하늘 사람들이고, 그들이 지구에 내려와서 원시인간을 만들었다는 그 조상신으로 여호와가 그런 입지였다는 것을 창세기에 분명히 밝히고 있는데도 서구 신학자들이 그 영계와 신계를 구별하지 못하고 있다는 생각이 들지 뭡니까.”

“어머! 저는 처음 들어보는 소리네요.”

“물론 그럴 겁니다. 서구 신학자들이 그 하늘 사람들 존재에 대해서는 일체 묵비권 행사를 하고 있으니까요. 하지만 구약에 그 이름표를 붙이고 지구를 오르내렸던 하늘 사람들이 태초 조화주하나님으로부터 다스림의 공중권세를 부여받고 창조된 지성체로 그 신표를 붙이고 인간 농사를 짓기 위해 오고 갔던 그 행사가 구약의 내용이라는 거죠. 그러니 신화처럼 보여 질 수밖에요.

그 신들의 존재 근원을 창세기 일장에서 분명히 밝혀 놓고 있드라구요. 그 신들의 존재에 대해서 성당에서나 교회에서 일체 언급을 하지 않고 있지만…, 그 이유가 뭐라고 생각하세요.”

“글쎄요… 그러니까 그 하늘 사람들이 신계라는 거네요?”

“그렇지요. 창조와 동시에 그 모든 것을 너희가 다스리라는 공중권세를 부여해 주었다고 했으니까요. 그 부분을 서구 신학자들이 밝히면 그들이 최고의 신으로 격상시켜 올려놓고서 주입시키고 있는 여호와 신의 정체가 바로 드러나게 되어 있기 때문에 묵비권 행사를 해오지 않았나 하는 그런 생각이 들거든요."

"도대체 무슨 소린지 머리가 어지럽네요."

"그 여호와 신을 서구 신학에서 전지전능하신 태초의 성부하나님으로 올려놓고 설파하고 있잖아요. 하지만 여호와 신의 행사 모습은 예수께서 말씀하신 그 성부하나님과는 거리가 먼 인상이니까 현대 지성인들이 의심을 할 밖에요. 핫, 핫, 하…."

"어머, 듣고 보니 이치적으로 그렇네요."

"그런데도 서구신학자들이 유대민족 조상신 여호와를 예수님이 지칭하신 아버지 성부하나님으로 주입시키고 있다는 거 아닙니까. 그러니 오늘 그 말을 그대로 믿고 고개를 끄덕거리는 기독교인들이 하나님을 믿는 것이 아니라 우리와는 상관이 없는 허깨비 우상을 섬기고 앉아 있는 격이라고나 할까요. 아무튼 거기에 그럴 듯하게 내세운 포장이 예수님 십자가의 부활이라는 거지요. 하지만 예수님이 누굽니까. 그러니 그렇게 될 것을 미리 아셨기 때문에 내가 너희를 위해서 수고한 것이 헛될까 염려 하노라 하셨든 거 아니겠어요. 그 말씀이 그대로 적중한 거죠 뭐."

그 부분에 대해 좀 더 자세하게 이해가 되도록 설명을 해주어야 될 것 같았다.

"오늘 진보된 현대인들의 의식은 이치적으로 맞지 않는 종교논리에는 고개를 돌린다는 거 아닙니까. 그러니까 서양 교회들이 문을 닫아간다는 거예요. 하지만 성경 신구약은 서구신학자들의 성서해석과는 달리 우주만물의 근원에서부터 인류역사 뿌리를 사실 그대로 기록해 두고 있지요. 그러니까 창세기 일장은 우주만물이 시작되는 근원을 밝혀두고 있는데 그 시작에서 태초에 이름 없는 하나님의 신이 수면을 향해 운행하심으로 보시기에 좋은 빛이 튕겨져 나왔다고 기록하고 있지요. 그 뜻이 뭔지 생각해 보셨어요?"

"?… 죄송하지만 솔직히 읽어 본적도 없고 성당은 다녔어도 거기에 대해서는 들어 본 기억이 없네요."

"그랬을 겁니다. 오늘 소위 양떼를 인도한다는 목자들이 창세기를 바르게 이해하지 못하고 있는 게 그 문제점이지요. 그러니까 태초의 빛으로 존재 하신다는 이름 없는 하나님의 처소가 영계로 예수께서 나는 영이니 하셨거든요. 그 영계의 존재근원이 창세기 일장인데 그 첫 단추 구멍에다가 창세기 이장에서부터 지구에 내려와서 물질인간을 창조했다는 지엽적인 유대민족 조상신 여호와를 대우주적인 영계의 성부하나님 자리에 격상시켜 놓고 있는 격이니까 오늘 현대 지성인들이 당연히 그런 의문을 가질 수밖에 더 있겠어요?"

"어머!… 신학자들이 성경 단추 구멍을 잘못 꿰맞추고 있다구요? 물질과학 문명을 발전시켜 나온 서양 문화권에서 들어 온 종교잖아요. 그런데 서구 신학자들이 그 창세기를 그처럼 바르게 풀어내지 못한다면 말이 안 되잖아요?…"

교직생활을 해왔다는 그녀의 질문에는 지성이 묻어있었다.

"그러니까 서구신학에 문제가 있다는 것이지요. 이건 내 생각이지만… 아무튼 우주근본의 이치를 담아두고 있는 창세기 문제를 바로 풀어내지 못하고 그처럼 영계와 신계를 하나의 세계관으로 묶어 해석하는 데는 무슨 뜻이 있을 것으로 봅니다. 그래서 그 우주의 비밀은 동양에서 풀어진다는 것이 현자들 예언이지요. 말하자면 서양이 안고 있는 그 비밀한 창세론 문제가 자물통이라면 동양은 그 숙제를 풀어내는 열쇠 역할을 하게 될 것이라는 거죠.

그 이치가 뭔지 아세요?… 서양사상은 동양의 우주관과는 달리 태초의 음양 조화주 하나님이 어재하시는 영계의 가족구성원의 틀을 이해하지 못하기 때문에 창세기 이장에서부터 단일적으로 등장하는 여호와가 천지만물을 창조한 전지전능하신 성부 하나님이라고 해석하기 때문에 노랑머리에 파란 눈을 한 아담과 이브가 인류의 조상이라고 주장하고 있는 거죠."

"그러니까 그게 이치적으로 맞는 소리냐구요. 지구촌은 엄연히 오색인종으로 그 피부색이 각기 다르잖아요. 그건 각 족속의 뿌리 유전인자 색소가 다르다는 거 아니겠어요?… 그래서 거기에 대해서 질문을 했더니, 신부님이 뭐라고 한지 아세요?… 여호와 하나님 능력은 능치 못하시는 것이 없기 때문에 어느 순간 그렇게 변질시킨 거라니 그게 말이 되는 소리냐구요. 그런 능력이라면 아예 처음부터 그처럼 무지한 원시인간을 만들지 말았어야 이치적으로 맞지 않겠어요?"

"그 논리가 이치적으로 맞지를 않으니까 현대 지성인들이 의문을 갖게 된다는 거 아닙니까. 과거 원시인들이라면 몰라도…."

그녀의 성서적인 의문에 공감대를 같이하고 있었다. 그러자 그녀는 고개를 끄덕이면서 응수를 해왔다.

"생각해 보니까 그렇네요. 천지와 만물을 만드셨다는 여호와 하나님 능력이라면 처음부터 그렇게 무지스러운 원시인간은 만들지 말았어야 되지 않겠어요?… 그런데 그런 원시인간들에게 선악과라는 금기를 세워 놓고 순종을 강요했다는 것도 그렇고, 또 사탄인지 천사인지가 나타나서 계율을 어기도록 유혹하는 것을 가만히 두고 보고 있었다는 게 말이나 됩니까?

그래 놓고선 지키라는 계율을 어겼다고 진노의 벌을 주고 인간 만들었음을 한탄했다는 여호와가 전지전능하시고 또 사랑이 많으신 그 하나님이라니… 이치적으로 맞질 안는다는 생각이 들지 뭐예요."

역시 현대 지성인다운 의문이라고 생각하면서 거기에 대해 자신이 느껴온 생각을 가만하게 말했다.

"거기에 동감을 합니다. 예수께서는 분명히 내 아버지 하나님은 너희 머리털까지 헤아리시고 그 마음까지를 다 읽으시는 분이라고 하셨는데 타락한 천사가 나타나서 이브를 꼬이도록 놔두고 있다가 선악과를 따먹고 난 뒤에 나타나서 아담아 네가 어디 있느냐고 물었다는 그 자체부터가 전지전능하신 하나님 인상이 아니니까요."

"그러니 그게 말이 되는 소리냐구요. 엄격히 따지면 그 선악과 사건의 원인제공은 여호와가 한 거잖아요. 항차 저급한 귀신이 접신한 무당들도 그 사람 내일 닥칠 일을 말해 주는데 아담과 이브가 그 동산에 있는 선악과 열매를 따먹을 줄을 몰랐다면 말이나 되는 소립니까?"

"맞는 말입니다. 태초에 우주만물을 말씀으로 창조하셨다는 하나님 능력이라면 처음부터 그런 원시 인간을 만들지도 않았을 테고… 또 그들의 한 번 실수조차 용서하지 못하고 진노의 벌을 내려 그 동산에서 쫓아낸다는 것부터가 우주만물을 사랑으로 총괄하신다는 하나님 그 인상과는 부합되지를 않으니까요."

"그 여호와가 전지전능하시고 사랑이 많으신 하나님이라니… 생각할수록 머리가 어지럽지 뭐에요. 홋, 후후…."

"그건 창세기를 바로 이해하지 못한 서구신학자들 억지스러운 성서해석 때문인데… 아무튼 그 논리가 오늘 지구촌 각 족속마다 가지고 있는 조상 뿌리역사를 왜곡시키면서 종교적인 분파를 빚고 있는 원인이라고 할 수 있지요. 하지만 그 문제는 서양과는 달리 일찍부터 정신문명을 발전시켜 나온 우리 동양 우주관이 아니면 밝혀낼 수가 없다는 겁니다."

"그럼 서양이 바로 풀어내지 못한 신학적인 문제를 우리 동양철학이 그 진실을 밝혀낸다는 겁니까?"

"서양의 철인들도 그렇게 말했다는 거 아닙니까. 그게 어쩌면 하나님 우주섭리라고 할 수 있지요. 그러니까 물질문명을 발전시켜 나온 서양과는 달리 우리 동양은 일찍부터 정신문명을 발전시켜 나오게 했다는 것은 분명히 그 어떤 뜻이 있을 거라고 보거든요. 물론 그건 오늘 내 생각이지만….

아무튼 그래서 그런지는 몰라도 우리 배달한민족은 서양 유대민족과는 달리 조상뿌리에서부터 대자연의 섭리라는 그 원문도를 조상신 환웅천제로부터 배워왔기 때문에 하늘에는 음양 조화주 하나님이 계시는데 그 아들이 일곱색 칠성님으로 생명의 근원자리라고 해서 칠성님께 좋은 자손을 점지해 달라고 빌어 왔었다는 거 아닙니까.

그래서 자손이 태어나면 일곱색 색동저고리를 만들어 입혔던 민족은 세계 속에서 유일하게 우리 한민족 밖에 없었다는 거예요. 그게 우리 조상들이 동네 어구에 칠성각을 세워 놓고 칠성님께 두 손을 모아 빌어 왔었던 민간신앙 풍습이었다는 겁니다."

그 설명에 그녀는 고개를 주억거리면서 웃으면서 말했다.

"그런 뜻으로 동네 어구에 세워졌었던 칠성각이라면 그야말로 만고불변의 진리네요. 그죠? 훗, 후후…."

"그 민간신앙 풍습이 우리 조상들 삼신사상에서 비롯되었다는 거 아닙니까."

"어머! 그 삼신 사상은 또 뭐죠? 그건 무당들이 살풀이 굿할 때 곧잘 쓰는 용어잖아요."

"그건 무당이란 어원을 잘못이해 하고 있기 때문이지요. 원래 무당이란 뜻은 하늘과 땅의 이치를 가르쳐 준 성현들을 이른 말인데 저급한 잡신들이 접신이 돼서 겨우 그 사람이 세상을 살아가는 운명이나 점쳐보면서 주절거리는 그 몸신 급수를 높이기 위해서 무당이라고 하지만 본래의 뜻은 그게 아니랍니다."

"그럼 그들이 말하는 삼신 사상은 또 뭐예요?"

"그 논리가 바로 기독교 신학자들이 정말 무지해서 그런 것인지 아무튼 아직까지도, 정석으로 풀어내지 못하고 있는 그 성삼위 문제라는 겁니다. 하지만 우리 조상들이 일찍부터 삼신께 빌어 왔다는 그 삼신사상은 태초의 천지부모는 성부와 성모 그 음양 조화주 하나님의 아들이 성자로 그 성삼위 개념이었던 거죠.

그 원리가 불교에서 말하는 바로 그 삼존불 의미라는 거구요. 그런데 그 논리를 단일적인 여호와 유일신 숭배사상만을 주장하고 있는 서구 신학자들이 창세기 단추 구멍을 잘못 꿰맞추고 있는 바로 그 핵심적인 문제점이라는 거 아닙니까."

"저는 성당에서 성부는 여호와 하나님이고 성신 성모님은 예수님 생모이신 동정녀 마리아라고 배워왔거든요. 그리고 그 아들 성자는 오직 독생자로 예수님 뿐이라구요."

"그게 말이나 되는 소립니까? 그처럼 이방민족하고 싸움질이나 시켜온 여호와가 사랑이 많으시다는 태초의 성부하나님이고, 예수를 성령으로 잉태했다는 요셉의 마누라 동정녀마리아가 성모라면 여호와하고 마리아가 태초의 천지부모 조화주 하나님이라는 얘기잖아요?… 거기에다가 성자는 오직 독생자로 달랑 예수뿐이라는 논리라니 웃긴다는 거 아닙니까. 신약에서 묘사된 우리에게 독생자를 주셨으니… 그 성구는 누구에 의해서가 아니라 태초에 스스로 존재하시었다는 천지부모의 아들로 성자의 개념인데 그런 논리에 의해서 타종교는 무조건 미신이라고 배타를 하고 있으니 문제지요. 진짜 우상이 뭔지도 모르고…."

사실 그처럼 성삼위론聖三位論을 무지無知스럽게 풀이하고 있는 오늘 서구신학자들이다. 그 문제가 서양 문화권에서 들어온 기독신학으로 오늘 문명된 현대인들이 풀어내야 할 숙제임에는 틀림이 없다고 생각했다. 진리의 말씀을 혼탁하게 만들고 있기 때문이다.

그 문제점을 가지고 다시 말했다.

"오늘 신학자들이 말하는 그 성삼위 론으로는 당연히 태초의 근원자리 그 창세기 일장을 풀어낼 수가 없지요. 그처럼 이방민족하고 전쟁이나 붙여 온 유대민족 조상신에 지나지 않는 그 여호와를 태초에 우주만물을 빛으로 지으셨다는 성부하나님 자리에 올려놓고 설파하고 있으니 그 논리가 이치적으로 맞는 소리냐구요. 그러니 오늘 문명된 서양인들이 고개를 돌릴 수 밖에요."

"어쩐지… 저도 성당에서 배워온 그 성삼위가 도무지 이해되질 않지 뭡니까. 그래서 결혼하고 고개를 돌려 버렸지만…."

"그랬겠지요. 생각해 보세요. 태초 우주만물이 생성된 근원을 밝혀놓은 창세기 일장 기록에서는 이름표 없이 등장하는 하나님의 신이 수면을 향해 움직이는 행사력을 보이고 있지요. 그 원리가 현대 과학에서 밝혀낸 음양 대립적인 현상으로 거기에 등장하는 하나님의 신은 양전자파로 성부 개념이고, 수면이라는 묘사는 음전자파 개념으로 성모 하나님 신위가 된다는 것인데….”

연이는 거기에 대해서 자신이 이해하고 있는 부분만큼 알기 쉽게 설명해 주어야겠다고 생각하고 다시 말했다.

“그게 바로 음양 대자연의 법칙이라는 것이지요. 말하자면 성숙된 남녀가 만나 이성교합의 성교를 가졌을 때 각기 보유하고 있는 유전인자 난자와 정자가 튕겨져 나와서 부딪치는 현상이 생명을 잉태하는 부모의 얼로 자식이 만들어지는 거라고 하잖아요.

그렇듯이 태초에 음양 조화주 천지부모 이성교합에 의해서 보시기에 좋았다는 분자적인 일곱 색 빛이 우주만물을 생성시킨 하나님 얼로서 현대과학의 원리와 일치되고 있는 그 생명의 우주원소라는 빛이 튕겨져 나왔다는 거죠.

그 원리가 우주 대자연의 법칙으로 창세론에서 수면이라고 표기된 성모 하나님 물주머니 자궁 속에서 형상화 시켜내는 성부 하나님의 씨알이 일곱 색 빛으로 우리 조상들이 말해온 그 칠성님 개념이었다니 놀라운 일 아니겠어요?…

그것이 우리 조상 뿌리에서부터 배워온 삼신사상의 삼일철학으로 그 우주관이었답니다. 그런데 그 논리가 오늘 과학자들이 아인슈타인의 상대성 양자역학으로 음전자파와 양전자파가 마찰을 일으켰을 때에 물질을 만들어내는 원소가 바로 중성자파로 그 빛이 튕겨져 나온다는 빅뱅론과 일치한다는 거 아닙니까.”

사실 오늘 그처럼 현대과학이 밝혀낸 빅뱅론이 (창세기 1장)에서 태초의 천지부모가 이성교합을 이루면서 충만한 기쁨의 환호성으로 ‘빛이 있으라!’ 했다는 바로 그 천악성天樂聲이라는 것이다.

그 부분에 대해서 충분히 이해를 하도록 해주어야 한다는 생각에서 다시 말했다.

“그게 본자연의 현상으로 포만 상태의 음양 두 기운이 부딪쳤을 때 그 소리가 우레와 같은 천둥뇌성으로 반드시 번뜩이는 빛을 동반한다는 것이 과학의 원리로 중성자파라고 한답니다.

그러니까 그 빛이 조화주이신 천지부모의 얼로 분자이기 때문에 창세기 일장에서 하나님 보시기에 좋았다는 거 아니겠냐구요."

"듣고 보니까 조화주 하나님 아들 그 칠성님이 태초의 빛으로 물질을 만들어내는 원소라고 밝히고 있는 현대 과학 그 빅뱅론과 맞물리는 이치네요. 그죠?"

"그렇지요. 태초의 하나님께서 만물을 소생시킨 그 빛이 형태 없는 하나님의 엘로힘으로, 그 생명력이 바로 태초의 하나님 말씀으로 로고스라는 것이지요. 그러니까 천지가 진동하는 그 뇌성번개 소리를 동반하고 만물이 형상화 되었다는 과학적 논리와 부합된다는 것이지요."

사실 그러한 과학의 원리가 (창세기 1장)에서 뿐만 아니라 예수를 하나님 아들로 증거를 해야 하는 사명을 받고 온 세례요한이 그 뜻을 보다 분명하게 (요한복음 1장)에서 밝혀 전해주고 있다.

〈태초에 말씀이 계시니라. 이 말씀이 하나님과 함께 계셨으니 이 말씀은 곧 하나님이라, 그가 태초에 하나님과 함께 계셨고, 만물이 그로 말미암아 지은바 되었으니 지은 것이 하나도 그가 없이 된 것이 없느니라, 그 안에 생명이 있었으니 이 생명은 사람들의 빛이라.〉

바로 그 원리였다. 태초 우주만물을 지으신 천지부모 하나님 그 생명의 원소가 태초의 빛으로 성자 예수 출현은 곧 전지전능하신 하나님의 능력, 그 말씀이 그가 지으신 세상에 인간 육신의 몸을 쓰고 성령이 임재하신 것임을 밝혀 주고 있는 것이다.

그 성구를 떠올리면서 그녀가 가지고 있는 의문의 성삼위聖三位 근본 문제에 대해서 다시 말했다.

"오늘 의식이 진화된 현대인들은 과거와는 달리 그러한 서구신학 여호와 유일신 논리에 당연히 의문을 갖게 마련이지요. 하지만 성자 예수를 하나님의 아들로 증거 하라는 길잡이 사명을 받고 온 세례 요한이 그 태초의 참 빛에 대해 증거 한것이 그거랍니다. 그러니까 그 태초 성령의 말씀이 육신이 되어 우리가운데 거하시게 된 하나님의 아들 예수는 분명히 혈통으로나 육정으로나 사람의 뜻으로 나지 않고 태초의 빛이라는 그 성령으로 잉태되었음을 보다 분명하게 밝혀주고 있다는 거 아닙니까.

그런데 예수께서 그 유대 텃밭 혈통의 탯줄을 감고 출현했다고 해서 서구신학이 유대민족 조상신 여호와를 태초의 성부 하나님으로 승격 시켜놓고, 또 그 육신 탯줄을 빌려나왔을 뿐인 마리아를 태초의 성모하나님 자리에 올려놓고 믿으라니, 오늘 문명된 지성인들이 과거 무지몽매했던 원시인간들도 아닌데 그 논리가 믿어지겠어요?… 그렇게 설파하는 목자들이나 그 말을 그대로 믿고 있는 신도들이나 그 의식이 같은 수준급이니까 예수께서 그 실상을 바로보지 못한 눈먼 몽학선생을 따라서 함께 구덩이에 빠진다고 염려하시지 않았겠냐구요."

"그러고 보니까 과학이 밝히는 빅뱅론의 원리가 성서적으로도 맞고 또 우리 동양철학과도 맞물리는 이치네요. 그죠?"

"그렇지요. 현대과학에서 말하는 상대성 양자 역학이 우리 조상뿌리에서부터 배워온 우주관과 일치하고 있다는 점이지요. 그러니까 동양에서는 음양 두 기운을 대별할 때 일월로 일력과 월력을 만들어 사용했다는 겁니다. 그 일월이라는 상대성 음양의 두 원기가 자전과 공전의 법칙으로 운행을 하고 있다는 그 과학 원리와 다를 게 없는 거죠."

"그래서 성서의 비밀이 우리 동양에서 밝혀진다고 하셨군요. 이제 이해가 갑니다."

"그러한 우주관을 바탕으로 해서 우리 조상들은 어두운 밤에 뜨는 달은 밝은 태양의 에너지를 받아 한랭으로 식혀 적당한 온도로 오밀조밀하게 생명을 생성시킨다는 모체로 여자를 상징한다고 했다는 거 아닙니까."

"말하자면 음양 천지부모를 상징하는 것이 일월이네요."

"그렇지요. 그 일월의 교감에 의해서 새로운 생명이 탄생된다는 것이 자연의 이치로 우리 조상들이 우주 본질을 파악하는 우주관이었기 때문에 태초의 이성이신 음양 천지부모를 조화주 하나님이라고 했다는 거예요."

"조화주 하나님?… 저도 들어본 거 같네요. 그런데 항차 지구촌에 물질문명을 발전시켜 나온 서양 문화권의 종교가 그 원리를 지금까지도 풀어내지 못하고 있다는 것이 좀 이상하잖아요?"

"어찌 생각해보면 그게 더 의문점이라고도 할 수 있지요. 고대인들 중에서도 유프라데스 강 하류에 살고 있던 유목민 카르테아 인들도 그 자연의 이치를 적용시켜 천체를 관측하는 수학능력이 발달해서 그때 벌써 달력을 만들어 사용했다는 건데 말입니다.

그래서 그 유목민들은 우리 조상들이나 마찬가지로 그 사람이 태어난 생년월시를 짚어보고 그 사람이 타고난 운명과 개성까지도 점쳐보는 점성술이 발달 했다는 겁니다."

어느 책에서 읽어본 바로는 그랬다. 그러한 음양 일월日月의 이치를 놓고 발달된 점성술사를 카르테안(chaldean)이라고 부르게 된 것이라고 했다.

이렇게 음양 일월의 교감에 의해서 신비의 생명이 탄생된다는 카르테안에 의해 실시되었던 남녀 교합의 의식이 오늘날 현대인들이 신혼여행을 떠나는 그 허니문(honeymoon)의 유래가 되었다는 것이다.

그 이치가 바로 (창세기 1장)에 기록된 본자연의 법칙이라는 생각을 하면서 거기에 대해서 다시 말했다.

"그처럼 성숙한 남녀 신혼부부 애정의 랑데부를 위해서 떠나는 것이 신혼여행의 의미라는 거 아니겠어요?… 그러니까 새로운 생명을 탄생시킬 수 있는 성숙된 남녀가 그 성기능을 발산하기 위해서 몸 기운이 전혀 다른 반쪽과 만나서 한 몸을 이루었을 때에 조화를 이룬 그 생명력이 물질 형태의 분자를 만들어 낸다고 해서 우리 조상들이 자식은 그 부모 사랑의 얼이라고 했고, 또 천지부모의 분자 칠성님을 한얼님이라고 말했듯이 그들 역시도 그 자연 현상의 법칙임을 그때 이미 알았다는 거죠."

"어머!… 고대인들도 그때 벌써 자연법칙을 터득했다는 이야기잖아요. 그런데 항차 문명되었다는 서양 문화권에서 들어온 종교가 그 자연법칙을 도외시하고 이치에 부합되지도 않는 그런 논리를 펴고 있다는 게 말이나 되는 소리냐구요."

"그러니까 오늘 현대인들이 기독논리에 대한 의구심을 갖게 되는 거죠. 하지만 그 우주기원의 문제를 동양사상 음양 상대성 원리로 창세기를 비추어 볼 때, 하나님의 신과 수면은 음양 대별적인 두 기운을 나타내 주고 있고, 또 성서적으로 하나님의 신이 수면을 운행하심으로 보시기에 좋은 빛이 나왔다는 성구가 바로 과학적인 그 상대성 원리와 맞물린다는 거죠."

"정말 그렇네요. 동양의 우주 사상하고도 맞물리는 게 현대 과학 원리니까요."

"바로 그거랍니다. 그러니까 태초 천지부모이신 성부하나님이 성모 하나님과 한 몸을 이루기 위한 애정의 랑데부가 하나님의 신이 수면을 향해 운행하시었다는 것이고, 그 성구 묘사가 바로 태초의 우주 이성이신 조화주 하나님이 일체를 이루기 위한 그 허니문 모습으로 보아야 되지 않겠어요?…"

"그런 이치에서 보면 오늘 성당이나 교회에서 설파하는 여호와 하나님으로 인해서 천지부모이신 성부와 성모 하나님 위상이 천상에서 지상으로 형편없이 추락된 격이 되고 말았네요. 그죠?"

"그런 셈이죠. 현대과학자들이 밝혀낸 쌍립적 음양 상대성 원리로 창세기 일장을 비춰 보았을 때에 태양을 상징하는 성부 하나님 몸 기운은 양전자파로 분열 팽창되는 기운이고, 그 빛을 받아서 만물을 소생시킨다는 달을 상징하는 성모 하나님 몸 기운은 안으로 응고 수축되는 음전자파라는 것인데….

그러니까 음양 두 전자파는 서로 끌어당기는 것이 본질이기 때문에 마찰을 일으켰을 때에 빛이 튕겨져 나온다는 과학의 원리가 바로 태초에 천지부모 우주 영혼이라는 조화주 하나님 사랑의 얼이 빛이기 때문에 하나님이 보시기에 좋았다고 하지 않았겠냐구요. 그 빛이 현대 과학에서 말하는 우주 생명의 원소로 중성자파라는 것이니까요."

사실 그러한 과학의 원리가 성경이 기록하고 있는 창세론과 맞물리는 이치임에는 틀림이 없다고 생각했다.

하지만 오늘 기독 신학은 태초 광명하신 천지부모 신위神位에 유대민족의 조상신 그 여호와 유일신唯一神 숭배사상을 업고 들어와 거기에 거룩하신 성삼위聖三位를 꿰맞추는 커다란 오류를 범하고 있다고 생각하기에 이르렀다.

그처럼 혼미한 오늘 서구신학 문제점의 정체성을 밝혀 풀어내지 않고서는 사상대결적인 지구촌 전쟁은 종식될 수가 없다. 뿐만 아니라 만법萬法이 태초의 하나님 그 일대사一大事를 이루기 위함이라는 성현들의 가르침, 그 종교 통일 문제 역시도 결코 기대할 수가 없다고 생각한 것이다.

그 이유는 오늘 지구촌에 전파되고 있는 기독교 십자가 위에 얹혀서 들어온 유대민족의 뿌리 시조始祖인 여호와 유일신唯一神 숭배사상이 그 문을 여는데 결정적인 걸림돌 역할을 하고 있기 때문이다.

새 술은 새 부대에

오늘 지구촌에 최첨단의 기술문명을 발전시켜 나온 서양이다. 그로 인해 과거와는 달리 세계 인류가 물질적 풍요를 누리게 된 것이 사실이다.

하지만 서양의 최첨단 기술문명이 세계에 이익을 준만큼 과학 기술문명이 양산해낸 대량살상무기와 환경 파괴 등으로 인해 전쟁과 자연재해의 공포를 주고 있다.

이러한 오늘 우리의 현실에서 고등종교 스승 예수께서 '물질은 일만 악의 뿌리다.'고 하신 그 말씀의 의미를 다시 상기시켜 보게 해준다.

그 이유는 특히 물질적 풍요를 누리게 해준 서양 문화권에서 들어온 종교 논리라고해서 그처럼 조상 뿌리를 왜곡시키고 있는 서구신학 논리를 그대로 여과 없이 받아드려 국교 이상의 자리를 차지하고 있기 때문이다.

그러나 그러한 서구신학 논리는 진정한 기독교 정신에 위배 되는 교리다. 예수께서는 먼저 네 부모를 공경하라고 하시었다.

그것이 인간이 먼저 해야 할 으뜸 도리로 자신의 생명을 이 세상 탯줄에 감아서 낳아준 부모의 은공을 모르는 사람은 실재적으로 눈에 보이지도 않는 참 생명의 하나님, 그 천지부모의 은혜를 깨달을 수 있는 자격이 없다는 것이다.

과거 구약시대 유대민족 뿌리 조상신 여호와의 행사에서 특히나 그 교훈을 보여주고 있다. 여호와는 그 백성들에게 분명히 '나 이외는 다른 신을 섬기지 말라.'는 계율을 선포했다.

그러나 그 백성들은 어느 한때 여호와가 선포한 계율을 어기고 이방민족 조상신을 더 크게 보고 섬겼던 것으로, 거기에 진노한 여호와는 그 벌로 이스라엘 백성을 이방민족 애굽(에집트)의 노예로 팔아넘겨 400년을 온갖 고초를 당하게 했었다고 했다.

그 기록이 오늘 우리에게도 주는 커다란 교훈이다. 지구촌 인류는 오늘 서구신학자들이 설파하고 있는 것처럼 단일적인 아담과 이브의 후손이 아님을 입증시켜 주고 있는 분명한 증거 자료다. 그 내용이 오늘 우리에게 밝혀주는 것은 지구촌 오대양 육대주에 산재해 있는 오색인종은 그 족속의 뿌리 혈통 계보를 세우고 수호해 왔었던 조상신이 각기 존재하고 있었다는 것과, 또한 그 조상신 은혜의 고마움을 아는 것이 태초의 하나님 우주순행의 법칙으로 대자연의 질서라는 교훈이다.

유대민족 뿌리역사 구약의 내용이 그렇듯이 지구촌 각 민족문화는 그 조상신의 가르침에 따라서 이루어져 나왔기 때문에 그 특성을 달리하고 있음을 분명히 나타내주고 있다.

여호와는 이스라엘 백성들에게 이방민족의 풍속을 쫓지 말라고 분명히 선포하고, 그 백성들에게 이방민족을 침략하고 정복하는 전략적인 술수까지를 가르쳐왔다.

그것이 여호와가 그 백성들에게 심어준 민족정기民族正氣의 '얼'로서 이웃민족과의 맞수대결에서 승전고를 올렸던 것이 그 업적이다. 그로 인해 선택을 받았다는 민족긍지의 우월감이 그들의 조상신 여호와를 믿으면 들어가고 나가도 복을 받게 된다는 논리를 오늘 기독교 정신위에 묶어 포장하고 지구촌에 설파하고 있다.

하지만 성자 예수께서 제자들에게 족속을 초월해서 전파하라고 하신 기독교 정신은 지구촌 각 족속의 뿌리혈통 계보는 다르지만 우주가 태초의 하나님 그 섭리가운데 '한 틀' 속에서 운행되어지고 있기 때문에 하나님은 '사랑'이라는 그 대도大道의 말씀을 지구촌에 전파하라고 하신 것이다.

그 대도의 말씀이 만물을 사랑하신다는 하나님 그 우주정신으로 지구촌에 분파된 각 족속들이 서로 함께 조화를 이루고 지향해야 할 조화의 협동정신으로, '하늘에는 영광이며 땅에는 평화'가 된다는 것이 기독교 정신이다.

그러한 기독교 사랑의 정신을 방패의 무기로 삼아 엄연히 그 혈족계보가 다른 이방족속의 뿌리를 유대민족 혈통계보와 '한 틀' 에 묶어 설파하고 있는 서구신학이다. 그 논리에 의해서 유대민족의 조상신 여호와가 지구촌 인류가 유일하게 믿어야 할 태초의 광명하신 성부 하나님의 신위神位에 올라앉게 된 격이 되고 말았다.

그와 같이 비합리적인 논리에 의해서 예수께서 '내 아버지 하나님은 사랑이시라'고 하신 기독교정신이 제대로 빛을 발휘하지 못하고 있다고 해도 과언은 아니다. 구약시대 이분법적으로 축복과 저주라는 양날의 칼을 휘두른 유대민족의 조상신 여호와를 성자 예수 아버지 성부하나님으로 승격화 시키고 있기 때문이다.

그처럼 합리적이지 못한 기독신학 논리에 의해서 특히 문명된 지구촌 과학자들로부터 원시성을 탈피하지 못한 종교라는 비난을 받고 있다. 그러한 서구신학의 종교 논리는 진정한 기독교 정신에 위배되고 있는 것이 사실이다.

고등종교 스승 성자예수 출현 이전 구약의 내용은 이분법적인 서양문화권의 원형이다. 그 기록은 이스라엘 민족의 뿌리역사로 그 백성과 이웃 민족과의 사이에 있어왔던 분쟁의 전쟁사로 온통 점철 되어 있다. 특히나 이방민족과의 싸움에서 거짓말을 잘하는 영까지도 동원해가며 이방족속을 산골짜기로 유인하여 떼죽음을 시키게 했던 유대민족 조상신 여호와였다.

그처럼 이스라엘 백성들에게 전략전술까지도 가르쳐 온 여호와의 행사는 대우주를 사랑으로 총괄하신다는 성부 하나님의 위상과는 일치될 수가 없다. 다만 지엽적인 유대민족 수호신의 모습일 뿐이다.

바로 그것이다. 지구촌은 그 족속 뿌리를 세운 민족수호신의 특징적인 가르침에 따라서 그 민족문화를 이루어 나왔던 것임을 특히 유대민족의 뿌리 역사 구약을 통해서 짐작해 볼 수 있게 해주고 있다.

여호와는 이스라엘 백성들을 향해 '나는 너희를 만민 중에서 구별한 너희 하나님 여호와니라' 그 선포를 분명히 해두고 있다. 그 기록을 보더라도 오늘 기독신학자들이 설파하는 논리처럼 지구촌 전체 인류가 유대민족의 조상 그 아담의 후예일 수가 없다.

구약의 내용 속에는 이스라엘 백성들이 절대자 하나님으로 믿고 숭배해온 여호와 신과는 또 다른 이방 족속의 수호신들이 그 백성들로부터 섬김을 받으며 존재하고 있었음을 (여호수아 24장 15~19) 기록하고 있다.

〈"만일 여호와를 섬기는 것이 너희에게 좋지 않게 보이거든 너희 열조가 강 저 편에서 섬기든 신이든지 혹 너희의 의거하는 땅 모리 사람의 신이든지 너희 섬길 자를 선택하라, 오직 나와 내 집은 여호와를 섬기겠노라."

백성이 대답하여 가로되,

"여호와를 버리고 다른 신을 섬기는 일을 우리가 결단코 하지 아니하오리니 이는 우리 하나님 여호와 그가 우리와 우리 열조를 인도하여 애굽 땅 종 되었던 집에서 나오게 하시고 우리 목전에서 그 큰 이적들을 행하시고 우리가 행한 모든 길에서 우리의 모든 백성 중에서 우리를 보호하셨음이며, 여호와께서 또 모든 백성 곧 이 땅에 거하던 아모리 사람을 우리 앞에서 쫓아 내셨음이라, 그러므로 우리도 여호와를 섬기리니 그는 우리 하나님이심이라."〉

바로 그것이다. 구약시대는 그 여호와 신뿐만이 아니라 또 다른 신들이 지구에 내려와 그들의 창조성을 각기 나타내며 오직 그 족속만을 수호하고 있었음을 분명히 나타내 주고 있다.

그 시대가 인류시원에서 있었던 다신숭배시대로 그 장면을 담고 있는 기록이다. (사사기 10장 6~10)

〈이스라엘 자손이 다시 여호와의 목전에서 악을 행하여 바알들과 아스다롯과 아람의 신들과 모압의 신들과 암몬 자손의 신들과 블레셋 사람의 신들을 섬기고 여호와를 버려 그를 섬기지 아니 하므로 여호와께서 이스라엘에게 진노하사 블레셋 사람의 손과 암몬 자손의 손에 파시매 그들이 그 해부터 이스라엘 자손을 학대하니 요단 저편 길르앗모리 사람의 땅에 거한 이스라엘 자손이 십팔 년 동안 학대를 당하였고, 암몬 자손이 또 요단을 건너서 유다와 베냐민과 에브라임 족속을 치므로 이스라엘의 곤고가 심하였더라.〉

위의 내용에서도 그 진실을 분명히 밝혀주고 있다. 이스라엘 자손이 이방민족의 조상신을 섬긴다는 것은 그처럼 혈통 계보를 무시하는 악惡으로 간주하고 진노의 벌을 내렸다는 기록이다. 바로 그것이다. 지구촌 인류 시원의 뿌리역사는 (창세기 1장)에서 태초 하나님 말씀으로 창조된 하늘 사람, 그 다스림의 공중권세를 부여받은 신계가 지구에 내려와 각기 그 색色의 정기로 '종자씨'를 뿌리고 가꾸며 그들로부터 절대 능력의 '천주님'으로 섬김을 받아오던 역사시대였음이다. 그 기록물이 구약이다. 그렇기 때문에 그 내용 속에는 각 족속의 창조 수호신들끼리 그 백성의 의식 진화를 돕기 위한 맞수대결로 전쟁의 연속이었다.

구약의 내용 속에는 그처럼 이스라엘민족과 이웃하고 있는 이방민족들과의 전쟁을 일삼으며 상대를 정복하고 또 정복당하는 연속적인 전쟁사를 사실 그대로 진솔하게 담아 두고 있다. 그런데도 오늘 십자가에 불을 밝히고 지구촌에 전파되고 있는 기독논리가 아담과 이브가 인류의 조상이며, 그 유대민족 조상신 여호와를 기독교 스승 성자 예수가 지칭하신 대우주를 총괄하시는 사랑의 하나님으로 격상시켜 설파하고 있다.

하지만 오늘 의식이 진화된 현대인들은 과거와는 달리 그와 같이 합리성이 없는 논리에 당연히 의문을 가질 수밖에 없고, 타 종교인들로부터 기독교가 오히려 원시성을 탈피하지 못한 종교라는 비난의 화살을 받기에 이르렀다.

그런데 우연히 버스에서 만난 중년의 여인과 그 기독논리에 대한 의문을 주제로 이야기를 나누게 된 것이다.

참으로 우연한 만남이었지만 서로에게 유익한 영혼의 양식을 다시 되씹는 시간이 되어주기도 했다.

그녀는 이제 과거에 믿어오던 그 신앙에 회의를 느낀다는 듯이 입을 열었다.

"부처님께서 세상 끝에 일어날 일을 말씀하시면서 비유하시기를 집 기둥에 불이 붙어 있는데 철없는 아이들이 집 안에 들어앉아 소꿉장난질하고 있는 격이라고 하시더니 오늘 서양에서 들어온 종교 논리가 더욱 그 모양이네요 뭐."

"그래서 예수께서도 말세에 참 믿는 자를 보겠느냐고 염려를 하셨는데 그 말씀의 뜻이 뭐겠어요. 오늘 한 집 건너 저렇게 십자가에 불을 켜고 있는 성전 안에서 힘차게 불러대는 찬송이 여호와는 나의 목자시니 내게 부족함이 없으리로다. 하고 있지만 생각해 보세요. 여호와가 그 백성들이 이방족속 신을 섬겼을 때 악으로 간주하고 진노의 벌을 내렸다고 했잖아요. 그렇다면 엄연히 그 뿌리 혈통이 다른 이방민족에게 그 여호와를 믿고 섬기라는 서구신학 논리자체가 악을 행하게 하는 것과 뭐가 다르겠냐구요."

"어머! 듣고 보니까 이치적으로 정말 그렇네요. 자기 육신의 부모를 몰라보는 것이 가장 큰 죄악이라고 했으니까요."

"어느 한 때 그와 같은 죄악을 이스라엘 자손들이 저질렀을 때 여호와가 진노하고 그 벌로 이방민족 노예로 팔아 넘겨 온갖 고초를 받게 했던 것처럼 오늘 우리나라가 그 모양이 아니겠어요? 그 원인이 특히나 이조시대 들어와서 민족 얼이 빠진 상태였기 때문에 그 벌로 일제의 노예로 온갖 수모를 다 겪어오게 한 거 아니었겠냐구요."

"세상에… 그런데 아직도 제 정신을 못 차리고 당치도 않은 이방민족 신을 섬기고 앉아들 있으니까 나라가 이 꼴로 이제는 같은 동족끼리 사상대결로 서로 총부리를 겨누고 있는 작태가 우리 조상신 진노의 벌이라는 얘기네요. 뭐 흐흥!…"

"여호와가 그 백성들에게 보여 준 교훈이 그거였으니까 그렇다고 할 수 있지요. 그게 바로 얼빠진 자손들아, 제발 정신 좀 차려라고 하는 거 아니겠어요? 이스라엘 백성들이 제 조상뿌리를 몰라보고 한눈을 팔았다가 진노의 벌을 받았듯이 말입니다. 더구나 우리 민족은 서양과는 달리 하늘 제사권을 받고 뿌리에서부터 천도를 배워왔다는 천손민족인데…."

사실 우리민족은 조상 뿌리에서부터 이웃과 서로 조화를 이루게 하는 조화주 하나님 그 대도大道의 우주정신을 배워온 민족으로 하늘 제사권祭祀權을 받고 세움을 받았다고 해서 천손민족天孫民族이라고 했다는 것이다.

그만큼 우리배달 한민족은 일찍이 조상뿌리에서부터 삼라만상이 조화주 하나님 '한 틀' 속에서 운행되어지고 있다는 하늘 대법을 배워 왔었던 것으로, 그것이 '한 얼' 정신이라고 하여 '한 사상'이라고 했다고 한다.

그처럼 지고한 우리조상들의 '한 얼' 사상이 조화의 협동정신으로 이방민족을 먼저 침략해 본 일이 없었기 때문에 동방예의지국東方禮義之國이라는 칭송을 받아 왔었다고 했다.

그러나 서양 유대민족은 그 뿌리에서부터 너와 나를 개체로 가르는 이분법적인 사상을 조상신 여호와로부터 배워왔었기 때문에 그 민족정신의 '얼'이 바로 정복문화를 태동시켜 나온 것이라고 할 수 있다. 조상뿌리로 부터 심어진 이분법적인 사고思考가 전쟁과 지배의 정신을 그 바탕으로 삼고 있기 때문이다.

구약의 내용이 그렇듯이 여호와가 그 백성들에게 심어준 민족정기

民族精氣가 바로 그 정복문화 유산으로 서양문화권의 원형이다. 그렇기 때문에 그 조상들이 그처럼 이단이라고 내친 성자예수 기독교 정신위에 유대교 여호와 숭배사상을 그대로 '한 틀'에 묶어 아담과 이브가 인류의 뿌리조상이라고 지구촌에 설파하고 있는 것 또한 그 민족정기에 의한 정복문화 유산이라고 할 수 있다.

오늘 그와 같은 서구 신학자들의 논리는 지구촌 각 민족 조상뿌리의 근본을 말살시키기 위한 정복무기로 그 역할을 해온 것이나 다를 것이 없다. 하지만 제 조상을 몰라보게 하는 그러한 논리는 여호와가 그 백성들이 이방신을 섬겼을 때 보여주는 교훈이 그렇듯이 악惡으로 간주할 수밖에 없다.

그러나 그처럼 악을 행하게 하는 그들을 (요한계시록 제2장 9절)에서 분명히 '자칭 유대인'이라고 하나 실은 '사단의 회'라고 지적하고 있으며, 지구 종말이 이르기 전에 그 거짓목자들이 받을 심판에 대해서 기록해 두고 있다는 사실이다.

그 성구를 통해 이제는 더욱 거기에 확신을 갖고 있는 연이였다. 사이를 두고 거기에 대한 주제를 가지고 다시 말했다.

"종교가 우리에게 가르쳐 주는 의미가 뭐겠어요? 하늘과 땅의 이치를 바로 깨닫고 만물의 영장으로 신성을 이루라는 거 아니겠어요?

그 신성을 이룬 자들을 거두어서 이 땅에 지상천국을 이루게 된다는 것이고, 그것이 하나님 천지공사로 그 조짐의 징후가 있을 것이라고 했는데, 오늘 저런 지구 이변현상이 그 경보울림이라는 생각이지 뭐예요."

"그러니까 부처님 말씀대로 중생들이 세상 돌아가는 이치를 모르고 앉아서 소꿉장난이나 하고 있는 격이나 마찬가지네요. 흙을 주물러서 인간을 만들었다는 그 여호와 하나님을 마치 태초에 우주만물을 말씀으로 창조하셨다는 하나님처럼 말해오고 있고, 또 그 여호와가 동정녀 마리아와 한 몸을 이루어서 성자 예수가 태어난 것처럼 말도 안 되는 소리를 만들어 갖고 들어와서 그 말을 믿으라니 지구가 개벽하기 전에 그 서구 기독신학부터 먼저 개벽을 해야 되는 거 아니겠냐구요. 안 그래요?"

"모르긴 해도 성서 예언으로 보면 그 종교논리 개벽부터 이루어지지 않겠어요?… 요한계시록에 분명히 자칭 유대인이라고 하는 그들이 거짓말 하는 사단의 회라고 했고, 또 그들이 양의 탈을 뒤집어쓰고 많은 영혼을 노략질 하는 이리로 그들이 먼저 심판을 받게 된다고 했으니까요"

"… 그들이 거짓말 하는 사단의 회라구요?"

처음으로 들어 보는 말이란 듯이 눈을 크게 뜨고 물어왔다.

"생각해 보세요. 창세기 일장을 보면 태초에 하나님은 우주 만물을 빛으로 창조하셨다고 했잖아요. 그처럼 광명하신 하나님의 처소가 성부와 성모, 그리고 그 일곱 성자들이 함께 거하시는 영대이기 때문에 예수께서 나는 영이니 아버지가 내 안에 내가 아버지와 함께 우주만물을 지으셨다고 하셨지 않겠어요?

그 말씀이 바로 우리 동양의 우주사상 논리고 또 현대과학의 이치와도 맞물리는 것인데 지구에 홀로 달랑 내려와서 흙을 주물러 인간을 창조 했다는 유대민족 조상신 여호와를 태초에 우주만물을 창조하신 전능하신 하나님으로 믿으라고 설파하고 있으니 그들이 지구파국이 이르기 전에 먼저 심판을 받게 될 것이라는 그 사단의 회가 아니고 뭐겠어요."

"맞아요. 그런데 성당이나 교회에서 예수 아버지가 그 여호와하나님이라니 도무지 이치적으로 맞지를 않지 뭐에요… 태초의 말씀으로 우주만물을 창조하셨다는 하나님이라면 전지전능하신 그 능력은 어디다 두고 좁쌀 맞게 지구에 내려와서 흙으로 물질인간을 만들고 그들 무지를 한탄했다는 게 말이나 되는 소리냐구요. 그러니까 오늘 서구신학 성삼위론은 그야말로 서양 문화권에서 비롯된 종교라는 그 우월감에서 꾸며진 허구적인 말장난으로 봐야겠네요. 그죠?"

연이의 설명을 듣고 공감대를 느낀다는 그녀의 말이었다. 사실 그 문제가 오늘 우리나라 기독신학에서 기필코 풀어내야 할 숙제라고 생각했다.

거기에 대해 다시 덧붙여서 말했다.

"그래서 오늘 의식이 깨인 현대인들은 그 논리에 의문을 갖고 고개를 흔든다는 거 아닙니까. 하지만 우리 한민족 조상들은 태초의 천지부모 성부를 한알님이라고 했고, 성모는 우주만물을 형상화 시킨 모체라고 해서 한울님이라고 했다는 거예요. 얼마나 이치적으로 맞는 말입니까. 안그래요?… 그 원리로 말하자면 태초의 음양 조화주 하나님 그 이성교합에 의해서 독자적으로 그 빛색을 달리한 일곱 성자가 태어났고, 그 분신이 바로 천지부모 사랑의 얼이라고 해서 한얼님이라고 했다는 거예요. 그래서 우리 조상들은 하늘에는 한알님, 한울님, 한얼님이 계신다고 믿어왔었던 민간토속신앙이 그 삼신사상으로 삼신각을 세워 놓고 빌었다는 거 아닙니까. 서양 유일신 종교 논리와 비교할 수가 없지요."

"정말이지 우리 조상님들 그 논리가 그야말로 과학적이고 이치적으로도 맞네요. 그런데 서양문화를 바탕으로 하고 있는 서구신학자들이 그 원리를 지금까지도 풀어내지 못하고 그처럼 엉뚱한 궤변을 펴고 있다는 게 좀 이상하잖아요? 그 의식이 과거 무지몽매한 원시인간들이라면 몰라도…."

"그래서 서양의 철인 토인비가 죽어서 다시 태어난다면 동양철학에 심취해 보고 싶다고 했다는 거 아닙니까. 그만큼 우리 조상들은 그 우주 섭리를 일찍이 조상 뿌리에서부터 터득하고 알았었기 때문에 만물 위에계신 천지 부모를 음양조화주 하나님이라고 했고, 그 음양 상대성 원리가 현대과학과 일치되는 논리로 우리 조상들은 성숙한 남자 성기를 불알이라 했다는 거예요."

"어머머! 불알이라구요?…"

"그 불알의 뜻을 한번 생각해 보세요. 그야말로 현대 과학적으로 밝히는 분열 팽창되는 양전자파라는 거 아니겠냐구요. 그리고 또 여자의 성기를 보배로운 불알의 기운 그 씨가 들어가는 물질 개념의 텃밭이라는 뜻에서 보지라고 했고, 그래서 남녀성교를 씨입 한다고 했다는 거예요. 얼마나 이치적이고 과학적으로도 맞는 말 입니까. 안 그래요?"

"세상에… 거기에서 만들어져 나온 쌍욕이 씨 입 팔년이라는 그 욕이었던 거군요. 핫, 하하…."

그녀는 놀라운 발견이나 한 것처럼 파안대소를 했다. 그 웃음을 따라 웃으면서 말했다.

"그렇지요. 그처럼 보배로운 씨가 들어가는 입을 팔아먹고 살년이란 것이 어디 보통 욕이겠어요. 참 좀 전에 그 여호와 존재 근원에 대해서 의문이라고 하셨든 것 같은데 이야기를 하다보니까 멀리 온 느낌이네요… 그러니까 그 조화주 하나님과 칠성님이 함께 어재하시는 광명하신 영계가 창세기 일장에서 태초의 빛으로 다섯째 날까지 그 모든 것을 지으시고 뭐라고 하셨게요?… 그 대자연을 다스릴 사람을 우리가 우리의 형상을 따라 만들자 하시고 남자와 여자를 분명히 흙이 아닌 빛의 말씀으로 동시에 창조를 하셨다고 했지요. 그들이 지성체이기 때문에 번성해서 그 모든 것을 다스리라는 공중권세를 주심과 동시에 땅을 정복하라고 하셨지 않겠어요? 창세기 일장에서… 그들이 그로부터 번성해서 하늘에 정부를 두고 하나님 뜻에 따라서 각기 그 역할 분담을 맡고 지구를 오르내렸던 권세자로 그 신표를 붙이고 각자 맡은 일에 열심을 다했던 거 아니겠냐구요….

그러니까 유대민족의 조상신 여호와도 그 일부에 속한 역할로 유대 종자 씨 밭을 가꾸어 왔기 때문에 예수께서 그 백성들을 향해서 그 시대 구별을 하라고 하시고, 그동안 너희가 본질상 하나님이 아닌 자들에게 종노릇 했다고 하신 거 아니겠어요?

그 말씀이 화근이 되서 십자가를 짊어지시고 피를 흘리셨던 건데… 오늘 서구신학이 예수께서 본질상 하나님이 아니라고 지적하신 그 여호와를 예수 아버지라니, 그 논리가 이치적으로 맞는 소리냐구요."

"세상에… 그러니까 그 신표를 붙이고 지구에 내려온 신들의 행사가 구약의 내용이라는 거네요?"

"생각해보세요. 여호와가 태초 전지전능하신 하나님 능력이라면 지구에 내려와 그처럼 무지한 원시인간을 만들어 놓고 거듭 시험을 해보면서 인간 만듦을 한탄했다는 게 말이나 되는 소립니까. 그 신들의 존재근원을 창세기 일장에 그처럼 분명히 밝혀두고 있는데도 서구신학이 그들의 존재를 일체 언급하지 않고 있는 그 이유가 정말 무지해서 그런 것인지 도무지 아리송하지 뭡니까."

"생각해 보니 그렇네요. 그러니까 그 신표를 붙인 여호와가 지구에 내려와서 흙을 주물러서 만들었다는 그 창조물이 아담이고, 또 여자 이브는 아담을 잠들게 헤서 그 갈비뼈 하나를 빼서 만들었다는 게 여호와 인간 피조물 창조행사로 그야말로 애들 소꿉장난 한 모양새나 다를 게 없지 뭡니까. 그런데 그 여호와가 태초에 우주와 만물을 창조하신 성부하나님이라니 도대체 믿어져야 말이죠. 훗, 후후…."

"그래서 오늘 의식이 깨인 서양인들이 그 신학 논리에 의문을 가지고 고개를 돌린다는 거 아닙니까. 창세기 일장의 창조는 태초의 빛이라는 존체의 하나님이 한 분이 아닌 다수로 우리가 우리의 형상을 따라서 사람을 만들자고 했지요. 그 빛이 광명하신 조화주 하나님 영계의 가족구성원으로, 성부 성모, 그리고 그 색을 달리한 빛의 아들이 일곱 성자들이니까 우리라는 복수형을 나타내 주고 있는 거 아니겠어요?…"

"정말이지 콜럼부스가 미 대륙을 발견했을 때만큼이나 쇼킹하네요. 그런데 성당에서나 교회에서는 하나님 형상을 따라서 말씀으로 창조했다는 그 사람은 도대체 어디가고 지구에 내려온 여호와가 흙을 빗어 거기에 생기를 불어넣고 창조했다는 원시인간 아담과 이브를 마치 전지전능하신 하나님의 창조물처럼 오도시키고 있느냐는 거죠."

"그러니까 그 논리에 문제가 있다는 것이지요. 창세기 일장에서 하나님 형상을 따라서 창조했다는 사람은 그처럼 무지했다는 원시인간이 아니라 우주 지성체기 때문에 하나님이 그 지으신 모든 것을 다스리라는 공중권세를 부여해 주셨다는 그 신계로 영계와 고리를 잇고 있는 하나님 종의 신분 아니겠어요?… 그러니까 예수께서 여호와는 본질상 하나님이 아니라는 그 말씀이 맞는 거죠."

"아! 그래서 어쩐지… 이제야 그 의문이 좀 풀리는 것 같네요. 여호와가 전지전능하신 하나님이라면 그처럼 분별의식이 없었다는 원시인간들을 만들어 놓고 거듭거듭 시험을 하면서 인간 만듦을 한탄했다는 것부터가 도무지 이해가 되지 않지 뭡니까."

"그렇지요. 여호와가 태초 광명하신 빛으로 우주 만물을 창조한 하나님이라고 한다면 그 능력은 어디가고 지구에 내려와서 그처럼 무지한 원시인간을 만들어 놓고 거듭거듭 시험을 해가면서 그 분별 없음에 한탄을 했었다는 것이 이치적으로 맞는 거냐구요."

"저도 그 부분이 도무지 이해가 되지 않드라니까요."

"그 뜻이 뭐겠어요?… 그러니까 창세기 일장은 영계의 하나님께서 우주만물을 창조하신 세계관이고, 창세기 이장은 신계의 여호와 신이 지구에 내려와서 물질인간을 창조설계하고 열심히 가꾸어 나왔던 행사로 그 세계관이 엄연히 다르다는 것을 분명히 나누어 두고 있는데… 그러니까 태초에 전지전능하신 하나님은 분별할 줄 아는 지성체로 신성을 내재한 하늘 사람 그 신들을 만들었지만, 그 신들에 의해서 만들어진 땅위의 인간은 신성이 내재되어 있지 않았기 때문에 육신의 본능만 있을 뿐 천지분간을 못했다는 거죠.

그러니까 땅위의 무지한 인간들을 불쌍하게 보신 하나님께서 때가 되면 그 인간들을 태초의 하나님 그 빛의 말씀으로 하늘나라 영원한 생명으로 재창조해 주겠다는 약속의 선물이 구세주로 성자 예수 출현이었다는 거 아닙니까."

"정말 그게 이치적으로도 맞는 해석이네요. 그죠. 훗, 후후…."

"하지만 그 시대 이스라엘 백성들은 하나님 그 섭리역사를 알지 못했기 때문에 하늘나라 영원한 생명으로 거듭나게 해주러 왔다는 구세주 성자 예수를 오히려 이단괴수로 내쳤다는 거 아닙니까. 그런 그들을 향해 예수께서 하신 말씀이 시대구별을 하라고 하시면서 새 술은 새 부대에 담아야 둘 다가 보존된다고 하셨는데 아직도 그 시대구별을 하지 못하고 있는 서구신학이지 뭡니까. 그러니 구약과 신약을 하나의 세계관으로 한 부대 안에 쓸어 담아 넣고 묶어서 하나님의 종 여호와를 성자 예수 아버지로 믿으라는 건데… 그 논리가 혼합된 쑥물로 많은 영혼을 노략질 할 것이라고 요한계시록에서 분명히 예언해 두고 있잖겠어요."

"그래도 그들이 입으로는 누구보다도 예수를 잘 믿는다고 떠벌리고 다니는 사람들이잖아요. 훗, 후후…."

"그건 겉치레 모양새만 사람일 뿐이지 예수께서 말씀하신대로 걸어 다니는 송장이나 뭐가 다르겠어요. 송장이 바로 귀신집이라는 거 아닙니까. 그러니 영안은커녕 심안도 없이 오직 육안만 있어가지고 세상에서 그런 악행을 하고 다니는 자들이 사망의 자식들이라고 했고, 또 그런 자들을 마지막 때 쓸어 모아 불에 태운다는 것이 예수께서 말씀하신 불 심판 아니겠냐구요?"

"맞아요 그건 분명히 제정신 있는 사람들이 하는 도리가 아니지요. 그래서 우리 조상들이 생활 속에서 도리와 질서를 모르고 살아가는 사람을 보고 저 인간이 사람이야? 짐승이지 그게 바로 그 욕이었던 거군요."

"그러니까 우리 조상들이 말한 사람과 인간 차이는 그 만큼 하늘과 땅차이라는 거 아니겠어요?… 생각해 보세요 여호와가 하늘 사람이지만 본질상 하나님이 아니었기 때문에 영혼 생명을 불어넣어 주지 못하고 다만 물질 육신형상만 갖게 했으니까 예수께서 그 백성들을 향해서 너희는 살아 있으나 회칠한 무덤으로 죽은 자들이라고 하시면서 걸어 다니는 송장에다 비유하시고 그들에게 와서 듣고 영혼생명을 얻으라고 외치시다가 귀신이 씌웠다고 내침을 받고 마침내는 이단 괴수로 내몰리셨다는 거 아닙니까."

예수께서 하신 그 말씀을 떠 올리다 보니 웃음부터 나왔다. 그와 같이 영혼성이 없는 인간 송장들이 악취를 풍기면서 출렁거리고 있는 것이 오늘 세상 풍경이기 때문이다.

그 성구를 떠올리면서 다시 말했다.

"그렇게 영혼성이 없는 사망의 자식들을 불쌍하게 여기신 성부하나님께서 이 땅에 은혜를 베푸신 사랑의 선물이 바로 그 성자예수 출현이었다는 건데… 그 섭리변화를 아직도 그처럼 이해하지 못하고 있는 서구신학의 그 궤변적인 쓱물이 이제 우리나라에서 영생하는 생명의 말씀으로 다시 정리되어져서 세계로 불을 켜고 나갈 걸로 봅니다. 그러니 유대교가 기독교 십자가에 불을 켜서 업고 들어 온 것도 어쩌면 그 한 역할을 해준 것으로 다 뜻이 있는 거라고 보아야 되겠지요. 신과 인간을 그처럼 주종의 관계로 분리시켰던 불완전한 서양의 유대교 사상을 동방의 등불이었던 우리 한민족 조화의 정신사상 속에 사랑과 자비로 용해시켜야 하는 것이 하나님 예정가운데 있는 섭리로 우리천손민족에게 주어진 소명이라는 거 아니겠어요?

그러니까 세계평화 통일과 지상천국을 이룰 그 영적지도국이 된다는 것이 성서뿐 아니라 동서로 오고간 모든 성현들과 현자들의 한결같은 예언의 말씀이니까 오늘 우리가 그 뜻을 이루기 위해서 해야 할 일은 먼저 우리민족의 원류를 바로 찾아 올바를 민족 정체성을 세워야 되지 않겠냐구요. 그러기 위해서는 오늘까지도 표류하고 있는 우리민족 역사관부터 바로 찾아 정립해야 되는 게 급선무로 그 수순 아니겠어요?

그랬을 때 세계적인 한류문화의 전통과 현대가 어우러진 새로운 문화 컨텐츠 산업국을 창달하고 우리민족이 세계평화를 추구하는 스승국으로 그 소명을 다 이루어 낼 수 있게 될 테니까요."

그녀는 이제야 이해가 된다는 듯이 표정이 밝아지면서 진지해졌다. 그처럼 화답을 해주는 분위기에 오늘 기독신학이 정리가 되어져야 하는 그 부분과 이유에 대해서 다시 거듭 설명을 하듯이 계속했다.

"그러니까 오늘 서구신학이 성자 출현으로 마감된 구약시대 유대민족만을 가꾸고 수호하던 하나님의 종 여호와를 전지전능하신 성부하나님으로 올려놓고 믿으라니, 하늘에 계신 성부하나님이나 예수님이 기가 막히시지 않겠냐구요. 하긴 그렇게 되어 질 것을 미리 내다보셨기 때문에 예수께서 내가 너희를 위해 수고한 것이 헛될까 염려하노라 하시고, 주인이 농사짓는 비유를 들어 하신 말씀이 이른 봄에 밭에 내보내어 종자씨를 뿌리는 것은 종들이 하는 일이라고 하셨지요. 그런데도 서구신학이 오늘까지도 하나님의 종인 신계의 여호와를 태초에 우주만물을 창조하셨다는 성부하나님으로 오도시키고 있다는 거 아닙니까. 하지만 그들이 그렇게 진리를 왜곡시킬 것을 미리 내다본 선지자 요한계시록에 지구 종말이 오기 전에 예수께서 설파하신 영혼부활의 진리 말씀을 자칭유대인이라고 하면서 여호와 율법과 혼합시켜 쑥물로 만들어서 많은 영혼을 혼미하게 노략질 하는 그 거짓목자 사단의 회부터 먼저 심판을 받게 될 거라고 하지 않았겠어요? 그러니 그들을 오히려 불쌍하게 봐야겠죠. 뭐."

"사실 그들이 믿으라는 하나님은 오직 여호와니까 태초의 하나님 실상을 바로보지 못하게 하는 그 사단의 회가 이치적으로 맞네요 그죠?"

"그러니까 미래를 내다보신 예수께서도 근원의 이치를 바로 알지 못하고 진리를 오도시키는 그 거짓 목자들을 몽학선생이라고 하신 거 아니겠어요?… 지구에 내려와서 피조물 인간을 만든 신들이 바로 전지전능하신 성부하나님 뜻에 따르는 종의 신분으로 영계와 고리를 잇고 있는 그 신계라는 건데…."

사실 여호와 신의 등장은 (창세기 2장)에서부터 하나님 종의 신분임을 나타내는 성호聖號, 그 이름표를 붙이고 지구에 내려와 그의 영광이 된다는 피조물 물질 인간을 그 호흡을 불어 넣어 창조하는 행사로부터 시작된다. 그리고 그로부터 번성되는 그 종자 씨 텃밭을 열심히 가꾼 여호와의 행사가 구약의 전체적인 내용으로 유대민족의 근원과 그 여호와 신관神觀의 정체성을 담아두고 있다.

거기에 대해서 다시 말했다.

"그 여호와 신이 태초의 하나님 그 종의 신분이긴 해도 엄연히 유대족속 뿌리혈통 계보의 조상신으로 구약시대 그 백성들 생명을 주관해온 절대자 위치임에는 틀림이 없는 거죠."

사실 그 여호와의 행사行事는 다만 유대민족 수호신으로서의 의무와 책임에 충실하고 있는 것으로 그것이 전반적인 행사 모습이다.

그녀는 그 설명에 수긍이 간다는 듯이 응수를 해왔다.

"그러니까 유대민족 씨종자를 열심히 가꾸면서 주관해 온 여호와 신을 이스라엘 백성들이 천주님으로 믿고 순종해야 했던 기록물이 바로 구약이라는 것이네요?"

"그렇지요. 구약시대는 성부하나님 종들이 지구에 내려와서 각기 구획 적으로 선을 긋고 그 텃밭에 종자 씨를 심고 열심히 가꾸던 시대기 때문에 서로가 이웃하고 있으면서 그처럼 능력 대결을 시켜보고 했었던 행사가 지구촌 최초의 전쟁사로 그 내용을 구약이 담아두고 있다는 거 아닙니까."

"맞아요. 그 여호와가 보여주는 행사는 마치 골목대장 모양이드라구요. 이방민족과 피를 흘리는 맞수대결을 시키면서 그 싸움을 진두지휘 하는 여호와 행사 모습이 도무지 이해가 되지 않지 뭡니까."

그런 의문의 생각을 갖는다는 자체부터가 그녀의 의식이 많이 진화가 되어 왔다는 생각이 들었다.

그녀의 말에 웃으면서 응수를 해주었다.

"갑자기 예수께서 하신 말씀이 생각나네요. 아무나 그 시대 구별을 하는 것이 아니기 때문에 들을 수 있는 귀는 들으라고 하셨는데 그 뜻이 뭐겠어요? 그러니까 사람 모양새는 같지만 그 영성 적인 진화 급수가 다르다는 거 아니겠냐구요."

"하긴 부처님도 중생들의 근기가 각기 다르기 때문에 제자들에게 방편법을 쓰는 것이라고 하시고 오늘 네 모습을 보면 전생을 알고, 오늘 네 생각을 보면 다음 생이 보인다고 하셨지요. 그 뜻이나 다르지 않네요. 그죠?"

"맞습니다. 그래서 예수께서 비유하시기를 어린 아이는 단단한 식물을 씹어 삼키지를 못한다고 하신 그 뜻이나 다를 것이 없는 것이지요."

그 실재적인 상황을 보여 준 것이 구약시대 여호와 초등학문만을 배워왔었던 이스라엘 백성들이다. 그랬기 때문에 성자 예수 고등학문을 이해하지 못하고 오히려 이단의 괴수라고 내쳤던 이유가 바로 거기에 있었던 것이다.

그런데 그녀가 오늘 그와 같은 기독 논리에 대한 의문을 갖는 다는 것은 그만큼 의식이 진화되어 온 영급이라는 생각이 들면서 그 부분에 대해서 말했다.

"오늘 의식이 진화된 현대인이라면 당연히 구약시대 보여주는 여호와의 행사 모습이 지구촌 전체 인류가 믿어야 할 참 사랑의 천지부모 하나님 모습으로 보여 질수가 없지요."

"세상에… 그런데 아직도 과거 구약시대 그 유일신 논리를 펴고 있는 서구 신학자들 그 말을 믿고 따르는 신도들을 어쩐다지요?… 하긴 그 영적 수준급이 같기 때문이니까 어쩔 수가 없는 거네요. 그죠?"

"그렇게 보아야 겠지요. 생각해보세요. 구약시대 이웃민족과 맞수대결로 그토록 피 흘림이 심했었던 그 유대 땅에 예언자 사명을 맡고 오고간 하늘 사람 선지자들이 때가 이르면 그 백성을 구원해 줄 만왕의 왕 구세주 메시아가 출현할 것이라고 했지요. 그처럼 인간을 동물취급해온 죄 많은 텃밭에 하나님 은혜가 풍성하시다고 한 것이 구세주 성자 예수 출현이었다는 거 아니겠어요? 그런데 그 뜻을 아직도 헤아리지 못하고 유대민족 조상신 여호와를 예수께서 말씀하신 우주만물을 창조하신 성부하나님으로 격상시켜 놓고 믿으라니 말이나 되는 소립니까?"

"서구 신학자들이 아직도 구약시대 유일신 논리를 그대로 펴고 있으니까 아무튼 유대민족이 선택받은 민족이라고 자랑 할만도 하네요. 그죠?"

"어찌 되었거나 선택받은 민족임에는 틀림이 없다고 봐야겠지요.

그 백성 조상신 여호와가 그들에게 가르친 것이 너와 나를 개체로 가르는 이분법으로 이방민족보다 우월하다는 능력대결을 시켜서 승전고를 울리게 했던 그 텃밭에 성자 예수가 출현한 것이니까요. 그것이 만세전에 예정된 하나님의 섭리라고 했으니까 선택 받은 민족임에는 틀림이 없는 거죠 뭐."

사실 성경적으로 보면 그 피 흘림의 텃밭에 출현하신 예수께서 하신 말씀이 '네 이웃을 내 몸과 같이 서로 사랑하라.' 하신 말씀에 이어서 '원수까지 사랑하라'고 하신 말씀이었다.

그 가르치심이 세상적인 초등학문만을 배워온 이스라엘백성들에게 여호와의 초등학문 율법을 배웠으면, 이제는 그 율법을 놓고 영원한 하늘나라 참 사람이 되는 '새 계명'의 천법天法을 배우라고 하신 것이다.

그 말씀이 태초의 조물주 하나님 우주정신 사랑의 도道로서 서로 협력하여 선善을 이루라고 하신 고등종교 스승 성자 예수 출현으로 그 문이 열린 신약복음으로 기독교 세계관이다.

그러한 시대 변화가 태초의 하나님 천기운행天氣運行의 섭리로 하나님 종從 여호와가 초등학문 율법律法 십계명十誡命으로 그 백성들을 가르치며 다스리던 구약시대가 고등종교 스승 성자 예수출현으로 드디어 막을 내리게 되었음을 뜻하는 것이었다.

그렇기 때문에 그처럼 전쟁을 일삼는 유대민족 텃밭을 선택한 것이 하나님의 우주정신 '사랑'을 나타내 보이시기 위한 하나님 섭리역사였든 것이라고 볼 수 있다.

그녀 역시도 생각이 그 쪽으로 모아지는지 웃으면서 말했다.

"그 시대변화가 예정된 하나님의 섭리로 본다면 이웃민족과 맞수 대결을 붙여 온 그 여호와도 그 일을 이루기 위해서 선택을 받고 온 지구에 내려 온 신이었다고 볼 수 있겠네요. 말하자면 원수까지도 사랑하라는 태초의 하나님 그 우주정신 사랑을 그 텃밭을 통해 이 세상에 나타내 보이기 위해서 그 준비를 해온 신의 행사였던 거라구요. 홋, 홋후…."

"만사에 뜻 없는 게 없다고 했으니까 그렇게 볼 수도 있지요. 성자 예수가 십자가 위에서 고난을 당해야 하는 것이 이미 만세전에 정해진 운명이었다고 했으니까요… 거기에 또 스승을 팔아넘겨야 하는 악역을 맡고 온 제자 가룟 유다가 있었으니까 예수께서 십자가를 짊어지게 되면서 하나님 능력이라는 그 생체부활을 세상에 나타내 보일 수가 있었다는 거 아니겠어요?

그처럼 만사는 뜻 없는 게 없다는 것이 예정론으로 보았을 때 여호와 그 지적설계 호흡에 의해서 세워진 유대민족이 하나님께서 만세전에 이미 예정해 놓으셨다는 그 일을 이루기 위해서 선택받은 민족이라고 할 수도 있잖겠어요? 핫, 하하…."

그것이 하나님의 예정론이라는 이야기를 주고받게 되면서 웃음부터 풀어져 나왔다. 과거 자신도 그랬지만, 특히 기독교인들이 각 사람이 타고난다는 팔자 운명론에 대해서 대체적으로 미신적인 이야기로 거부반응을 보이는 것이 보통이기 때문이다.

그러나 이제 불가佛家에 귀의했다는 그녀는 거부반응이 없이 오히려 조용하게 거기에 응수를 해왔다.

"그러고 보면 개인의 운명도 그렇지만, 그 나라 흥망성쇠도 다 하늘 섭리에 의해 정해져 있다는 말이 틀린 말은 아니네요. 그죠? 성자 예수께서 생체부활을 나타내 보이기 위해 십자가를 짊어져야 했다는 것이 만세전에 예정된 운명이었다고 했으니까 그 역할로 선택을 받고 세워진 민족임에는 틀림이 없네요 뭐."

"그렇게 보는 것이 정답일 거 같네요. 그게 하나님 예정론이니까요. 그러고 보면 동방에서 그 비밀이 풀어지게 될 것이라는 현자들 예언도 그렇지만 앞으로 우리나라가 세계의 스승국으로 나가게 될 것이라는 예언의 말 역시도 믿어도 되지 않겠어요?…"

사실 성서적인 예언도 그렇지만 동서로 오고간 현자들의 예언도 그랬다. 영국의 역사학자 토인비는 '21세기는 태평양시대이며 태평양 시대의 주도국은 한국'이 될 것이라고 말했었다.

그런가 하면 루마니아 출신 25시의 작가 게오르규 신부 역시도 한국을 방문했을 때 '한국이 낳은 홍익인간 이념이 21세기 태평양시대의 세계를 주도할 것'이라고 말하고, '내가 빛이 온다고 말한 그 동방은 여러분들의 작은 나라, 한국에 잘 적용되는 말입니다.'라고 말한바 있었다.

이처럼 우주의식이 열린 현자들은 앞으로 우리나라가 세계의 지도국으로 부상된다는 것을 주지시켰었다. 그와 같은 현자들의 예언이 주목되면서 연이는 거기에 대해 성서적인 실례를 들어서 다시 말했다.

"오늘 우리나라 형편 모양새가 세계 속에 유일한 분단국가로 정말 그럴 날이 올까 싶지 않지만… 원래 하나님의 축복은 비밀이라서 걸레 보따리에 속에 담아서 보낸다는 그 실례를 보여 준 것이 성자 예수 탄생 아니겠어요?…

그 시대 이스라엘 백성들은 선지자들이 예언한 구세주 만왕의 왕을 그들이 믿고 숭상해온 여호와 하나님 아들일 것이라고 믿고 있었기 때문에 보다 근사한 모습과 능력으로 그들 앞에 나타나서 그들과 맞수대결로 싸움을 벌려왔던 이방민족을 멸하고 그 피흘림의 전쟁에서 그들을 구원해 줄 구세주 메시아로 생각하고 기다리고 있었던 것인데… 그야말로 완전히 상상을 뒤엎고 그것도 말구유간에서 사생아라는 딱지를 붙이고 태어나서 학교 문전에는 가보지도 못하고 더구나 외모적으로도 볼품이 없었다는 성자 예수였고 보면 그들이 비웃고 내칠 수밖에 더 있었겠냐구요.

그렇듯이 오늘 우리나라 모양새가 그와 다를 것이 뭐 있겠어요. 서양 물독에 깊이 빠져서 민족정기의 얼이 무엇인지도 모르고 강대국에 빌붙어서 배만 부르면 그만이라는 것이 오늘 우리 국민정신인데…."

"그러니까 선지자들이 예언한 만왕의 왕 구세주 메시아가 그처럼 걸레 보따리 속에서 볼품없이 나타나서 믿어지지 않았듯이 앞으로 지구촌 스승국이 될 것이라는 지금 우리나라가 그 모양새라는 거네요. 훗, 후후…."

"그게 하나님 비밀이라고 했었듯이 우리나라가 오늘 비록 허리가 묶인 이 모양으로 강대국에 의지하지 않으면 통일의 물고는 결코 열기 어렵다고 국민 대다수가 그런 생각들을 가지고 있지만 누가 압니까?… 계시록에도 동방의 해뜨는 곳으로부터 흰옷을 입은 무리가 하나님 말씀의 인을 가지고 세계로 나간다고 했으니까요."

"정말 그럴 수 있을까요?… 믿어지질 않네요. 저 부터도…."

"그렇게 낙담 할 일만은 아니라고 생각하거든요. 오늘 우리가 분단된 근대사를 바로 알고 남북이 한 마음으로 우리 조상들의 뿌리역사를 바로 세우고 우리 한민족의 정체성만 바로 찾게 된다면 대동단결해서 고조선 시대 동방의 등불로 찬란하게 빛을 발했던 우리 조상들처럼 세계 어떤 민족보다 위대했던 우리 배달한민족의 정기를 발휘하게 되지 않겠어요?"

"그런데 그 걸림돌이 지금까지 우리가 얘기해 온 그 말도 안되는 서구신학 논리잖아요. 각 민족 뿌리역사를 왜곡시키고 있으니까…."

"그 또한 하나님 예정된 섭리역사가 분명히 있을 걸로 봅니다. 생각해 보세요. 성경 기록상으로 성자 예수는 본체신 하나님 아들이고, 여호와는 그 주인의 뜻에 따라 지구에 내려와서 인간 종자 씨를 뿌리고 가꾼 심부름꾼으로 하나님의 종인데 성자 예수를 그 아들로 묶어서 저렇게 흔들고 있으니 기독교 스승이 나타내 보이신 생체부활의 의미가 그대로 묻혀 질 수밖에 더 있겠어요?…

그것을 염려하신 예수께서 내가 너희를 위해 수고한 것이 헛될까 염려하노라고 하셨던 그 십자가 고난의 수고가 지구 개벽이 오기 전에 먼저 밝혀져야 하는 것이 그 수순 아니겠냐구요. 그래야만이 우리 배달민족 조상 뿌리역사도 바로 찾게 되면서 하나님과 예수께서 바라시는 전쟁이 없는 지구촌 평화가 이루어지지 않겠어요. 그게 우리 조상들 조화의 협동정신이었으니까…."

연이의 생각은 그랬다. 아담과 이브가 인류의 조상이라고 왜곡시키고 있는 오늘 그와 같은 서구신학 논리만 재해석하고 정리가 된다면 고조선 시대 그처럼 자랑스러웠던 우리배달민족 뿌리역사를 정리하는 것은 시간문제라고 생각했다.

물론 오늘 우리의 현실은 분단된 남북 관계문제도 그렇지만, 이미 국교 이상의 자리를 굳히고 있는 서구신학의 문제를 해결한다는 것은 결코 쉬운 일이 아니다.

그렇기 때문에 이미 정해져 있다는 그 천기운행天氣運行을 더욱 믿어보고 싶다는 마음을 다시 내보였다.

"물론 일부에서 우리배달민족 정신을 되찾아야 한다고 노력하는 사람들이 없는 것은 아니지요. 그러나 오늘 지구촌 뿌리역사를 왜곡시키고 있는 그 종교 논리를 바로 정리하지 않고서는 백날 개천절 노래를 부르면서 어쩌구 저쩌구 떠들어 봤자 바위에 돌치기로 헛김 빠지는 일이라는 생각이 들지 뭡니까."

"그래도 학교에서는 개천절을 국경일로 정하고 행사를 하잖아요. 전혀 희망이 없는 건 아니잖겠어요?"

"그 행사를 백날하면 뭘 합니까? 하다못해 그 유관순 동상은 세워졌어도 광화문 네거리에 개국조이신 단군왕검 동상하나도 바로 세워놓지 못하는 얼빠진 국민정신인데…. 말이 나왔으니까 말이지만 박정희 대통령 시절에 국민정신이 이래서는 안되겠다 하고 삼청공원에 민족성전 건립 안을 내놓았다는 거 아닙니까. 그때 시청 앞에 곰 탈까지를 쓰고 나와서 곰의 자손은 물러가라! 하고 외치면서 반기를 들고 시위 데모를 했었다는 그 사람들이 누구였겠어요?"

"보나마나 아담과 이브가 인류의 시조라는 서구신학 논리에 깊이 쇠뇌당한 기독교인들이었지 않겠어요. 그죠?"

"맞습니다. 그처럼 왜곡된 서구신학 논리에 우리 한민족 뿌리역사를 바로 정립하겠다는 환프로젝트가 무참하게도 무산되어 버렸다는 겁니다. 그러니 우리 한민족 국경일 개천절 행사에 대통령이 참석하지 못한 나란데 말하면 뭐합니까… 그게 바로 오늘 우리나라에 국교 이상의 자리를 차지하고 있는 그 서구신학 논리로 서양 유대교 유일신 숭배사상을 업고 들어와서 그런 것인데…."

"그 논리는 진정한 기독교 정신이 아니잖아요. 그러니 이제 부터라도 바로 정리해야 되지 않겠어요?"

사실 그 문제가 무엇보다도 오늘 우리 정부나 국민이 안고 있는 숙제라는 생각을 하면서 거기에 대해 다시 말했다.

"우리민족 뿌리역사를 바로 정리하려면 먼저 각 민족 뿌리역사를 왜곡시키고 있는 서구신학자들 그 궤변적인 여호와 유일신 숭배사상 논리부터 먼저 정리해야 하는 것이 그 수순으로 절차라고 봅니다. 그랬을 때 예수님 족보도 바로 찾게 되면서 혼합된 쑥물에서 진정한 기독교 정신이 제대로 불을 밝힐 수 있을 테니까요."

"그렇네요. 오늘 우리국민들이 우리의 소원은 통일이라고 하지만, 무엇보다도 먼저 그 문제를 풀어야 하는 것이 다급한 숙제일 거 같으네요. 그죠?"

"그렇지요. 그 문제가 무엇보다도 오늘 우리 국민들이나 정부가 안고 있는 과제라고 보아야 겠지요. 생각해 보세요. 선지자들이 예언한 구세주 예수가 그 백성들에게 뭐라고 했기에 이단으로 내몰려 십자가를 졌습니까. 오늘 기독신학이 업고 설파하는 그 여호와를 본질상 하나님이 아니라고 지적했었기 때문 아니겠어요?… 거기에다가 그들이 최고의 신으로 믿고 섬기고 있는 여호와 명령의 율법을 초등학문이라고 지적하시고 자신이 그 율법을 폐하러 왔다고 했으니 귀신이 들렸다고 내쳤고, 그게 예수를 십자가에 매달아야 한다는 참수형의 이유였는데 그 여호와를 예수 아버지로 설정해서 들어온 기독논리에 의해서 오늘 우리가 조상 뿌리 족보를 찾지 못한다는 것이 말이나 되는 소리냐구요. 그 여호와를 본질상 하나님이 아니라고 폄하했다고 해서 예수께서 십자가에 매달려야 했었던 그 참수형의 이유였는데…."

"그 여호와를 예수 아버지라고 업고 들어와서 믿으라니… 그야말로 완전히 원시인간 취급을 하고 가져 노는 게 오늘 서양문화권에서 들어온 종교 논리네요 그죠?"

"그렇지요. 그들이 설파하는 여호와를 믿으면 들어가고 나가도 복을 준다고 하니까 신도들이 무조건 맹종하는 거죠. 서양이란 나라가 그 여호와를 믿어서 그렇게 배부른 나라가 된 줄 알고 말입니다."

"그렇게 철저하게 이스라엘 백성만을 보호한 여호와가 혈통계보가 다른 이방민족 백성들이 엎드려 빈다고 복을 주겠어요? 핫, 하하… 그런 여호와가 우주만물을 사랑하신다는 예수 아버지라니 웃기잖아요. 흐흥!"

"그러게 말입니다. 예수께서 본질상 하나님이 아니라고 지적한 그 여호와를 업고 들어와서 우주를 총괄하시는 천주님으로 믿으라니 그게 말이나 됩니까?"

"그러고 보면 그 논리에 아멘하고 앉아있는 사람들도 그 의식에 문제가 없는 것은 아니네요. 뭐."

그녀는 이제야 그 의문이 풀린다는 듯이 고개를 주억거렸다. 그 표정에 웃음이 나오면서 다시 말을 이었다.

"그러니까 예수께서는 그 백성들이 절대자 하나님으로 믿고 있는 여호와를 본질상 하나님이 아니라고 지적하시고, 그 종의 율법을 이제 폐하러 왔다고 하신 말씀에 제사장들과 서기관들이 분노해서 예수를 잡아 십자가에 참수형을 시켜야 한다고 한 그 이유였는데, 오늘 성당이나 교회에서 거기에 대해서 일체 언급조차도 하지 않고 있는 그 이유가 뭐겠어요?"

사실 신학에서는 그 성구 자체를 일체 언급조차하지 않고 있다. 하지만 그 여호와가 본질상 하나님이 아니란 것을 (갈라디아 4장 8~11)에 분명히 담아두고 있었다.

그 의미를 몇 번이나 읽고 또 곱씹어 보았던 연이는 이제 그 성구를 완전히 외울 정도여서 가만하게 읊어주면서 말했다.

"그 성구에서 뭐라고 한지 아세요?… 너희가 그 때에는 하나님을 알지 못해서 본질상 하나님이 아닌 자들에게 종노릇 하였지만 이제는 너희가 하나님을 알뿐더러 하나님이 아신바 되었거늘 어찌하여 다시 약하고 천한 초등학문으로 돌아가서 다시 저희에게 종노릇을 하려고 하느냐, 너희가 날과 달과 절기와 해를 삼가 지키니 내가 너희를 위해 수고한 것이 헛될까 하노라. 바로 그 말씀이었는데 그 뜻이 뭐겠어요?… 예수께서는 이처럼 여호와가 본질상 하나님이 아닌 종의 신분임을 분명히 밝혀 주셨다는 거 아닙니까."

"어머! 어쩜… 저도 사실은 그런 성구가 있었는지 조차도 몰랐지 뭐예요. 들어 보지도 못했고…."

사실 그러한 성자 예수의 유언적인 염려의 예언이 어쩌면 오늘 그대로 우리 현실에서 응해지고 있는 것이라고 생각 했다.

예수께서 그처럼 지적하신 약하고 천한 초등학문으로 이스라엘 백성들만을 가르쳐 온 본질상 하나님이 아닌 여호와를 기독교 스승 예수께서 지칭하신 대우주적인 성부 하나님으로 격상시켜 설파하고 있는 서구신학이기 때문이다.

그처럼 왜곡된 논리에 의해 성자 예수로 이 땅에 세워진 기독교가 타종교 인들로부터 샤머니즘적 미신 신앙형태라는 불명예스러운 비웃음의 입질을 받고 있는 원인이 바로 그것이다.

예수께서 지적하신 '본질상 하나님이 아닌 자들'은 분명히 복수형卜數形이다. 구약의 기록이 그렇듯이 그 내용 속에는 많은 신들의 이름이 등장하고 있다. 이스라엘 민족과 살상대결을 겨누어 왔었던 그 이방민족 역시도 그들이 떠받들어 섬기는 신들의 이름이 있었고, 여호와는 분명히 '나는 이스라엘 하나님 여호와로다.'라고 선포하고 있다.

거기에 대한 이해를 돕기 위해 다시 덧붙여 말했다.

"그러니까 그처럼 성호를 붙이고 지구에 내려 온 신들은 본질상 하나님이 아니기 때문에 이 땅에 진리의 성자들이 출현하기 이전까지 그 족속 텃밭을 열심히 가꾸어 나온 하나님 종의 신분으로 사실상 다신숭배시대 기록물이 구약인 거죠.

그래서 예수께서 하신 말씀이 그 본질상 하나님이 아닌 여호와 율법에서 너희를 해방시켜 자유함을 주려왔노라 하시고 다시는 무거운 종의 멍에를 메지 말라고 외치시다가 그 시대 이단의 괴수로 내몰리면서 온갖 고초를 다 겪으셨다는 거 아닙니까."

"세상에… 그런데 서양 문화권에서 들어왔다는 종교 논리가 예수께서 본질상 하나님이 아니라고 지적하신 그 여호와를 예수 아버지 하나님으로 주입을 시키고 있으니 말이나 되는 소리냐구요."

"그렇지요. 하지만 성자 예수가 누굽니까. 그렇게 되어 질것을 미리 내다 보시고 내가 너희를 위해 수고한 것이 헛될까 염려하노라. 하신 말씀이 오늘 그대로 응해진 거 아니겠냐구요… 그러니 그 말을 믿고 머리를 주억거리며 따르는 신도들도 똑같이 그 눈먼 장님을 따라서 구렁에 빠지게 된다고 경고를 하셨지 않았겠어요?"

"그렇다면 예수께서 말씀하신 그 기독교 정신을 이제 그 의식이 깨인 신학자들이 나와서 제대로 바르게 정리해야 된다는 거 아니겠어요?"

"모르긴 하지만 아마 그렇게 되지 않겠어요?… 사실 기독교 스승 성자 예수께서는 너희가 시대 구별을 하라고 하시고, 그 비유를 들어 하신 말씀이 주인이 농사를 지을 때 이른 봄에 밭에 나가 씨종자를 뿌리게 하는 것은 종들을 시켜 하는 것이고, 그 싹이 어느 정도 자라면 주인의 아들을 그 밭에 내보내서 그 열매를 성숙하게 잘 익히기 위해서 철따라 생명수를 뿌리게 하고 그 열매가 알곡으로 익어진 가을 추수기에 이르게 되면 주인이 직접 그 밭에 나와 알곡과 쭉정이를 추수한다는 것이 바로 그 시대 구별을 하라는 것인데… 그러니까 오늘 저렇게 주인 하나님이 알곡과 쭉정이를 심판하러 오신다는 지구개벽의 신호탄을 쏘아 올리면서 정신 똑바로 차리라는 건데 소위 신학박사라고 자칭하는 사람들이 오늘까지도 그 시대변화를 구별하지 못하고 주인 뜻에 따라 지구에 내려와 유대민족 종자 씨를 그 텃밭에 심고 열심히 가꾼 여호와를 대우주적인 성부 하나님자리에 올려놓고 설파하면서 믿으라니, 그들 무지에 대한 심판은 하나님이 알아서 하시겠지요. 뭐."

사실 연이 자신도 과거 기독신앙생활을 열심히 하면서도 때로는 그 의문을 갖고 질문을 하기도 했었다. 그러나 그때마다 목사님은 하나님의 존재는 인간의 지식으로는 헤아릴 수 없는 '신비의 존재'라고 더 이상의 질문을 하지 못하게 막아버리곤 했었다.

그처럼 기적의 신비주의를 만들어 온 성서학자들의 모순이 우주생성의 기원이 되는 성삼위를 합리적으로 설명해 주지 못하고 오늘까지도 그처럼 원시적인 성서풀이를 하고 있는 것이 사실이다.

그런데 언젠가부터 그 문제의 의문이 창세기뿐 아니라 신약과 요한계시록의 성구를 통해 풀어지면서 오늘 그와 같은 기독신학의 논리는 서구 신학자들의 무지無知에 의한 성서해석이라기 보다도 어쩌면 다분히 의도된 것이 아니겠는가. 그런 생각까지도 들었다. 이 세상 모든 악은 언제나 선으로 위장하며 스며든다고 했기 때문이다.

오늘 그와 같은 서구 기독신학의 논리는 예수께서 설파하신 근본의 말씀과는 이치적으로나 논리적으로도 부합될 수가 없는 것이 사실이다.

예수께서 그 시대 제사장과 서기관들로부터 내침을 받고 마침내 이단의 괴수로 내몰려 십자가에 매달려 참수형을 당해야 했던 죄목이 바로 그것이었기 때문이다.

구약시대 그 백성들이 절대자 하나님으로 숭상해온 여호와였다.

그런데 예수께서는 그 여호와를 본질상 하나님이 아니라고 지적하심과 동시에 여호와의 가르침 율법은 초등학문이기 때문에 율법적인 제사의식으로는 너희가 구원을 받을 수 없음으로 폐하러 왔다고 하시었다.

그것이 바로 하나님의 섭리에 의한 시대변화로 성부 하나님의 종從 여호와의 구약 율법시대를 마감하고, 성부하나님의 아들이신 성자예수의 신약복음시대로 그 문이 열린 시대변화의 외침이었다.

그러한 시대변화의 섭리에 의해서 희생의 제물이 되어야 했던 것이 만세전에 예정되어 있었다는 성자 예수의 운명이었다고 신약성서는 기록하고 있다.

그래서 묵묵히 그 고난의 십자가를 짊어지신 예수께서 보여주신 표본이 '원수까지 사랑하라'는 그 성부 하나님의 우주정신으로 그 대도大道의 '사랑 법'을 제자들에게 지구촌 족속을 초월하여 전파하라고 이르신 말씀이었다.

그런데 오늘 기독교 스승, 그 성자예수의 고난을 상징하는 십자가 위에 예수께서 본질상 하나님 아니라고 지적하셨던 유대민족 여호와 유일신唯一神 숭배사상을 그대로 얹고 들어와 그처럼 아버지와 아들의 관계로 한 계보에 묶어 지구촌에 설파하고 있다.

그렇게 이치적으로도 부합되지 않는 기독논리가 서양문화권에서 비롯되어 들어온 성서해석이다. 그러나 그러한 논리는 여호와 하나님으로부터 선택받고 세워졌다는 서양 유대민족 자긍심의 발로에서 비롯된 우월감 조성을 위한 논리라고 일부에서는 비난을 하고 있다.

사실 연이 역시도 과거에 그러한 논리에 맹신해 왔었다. 그러나 언젠가부터 회의를 느끼게 되면서 그 즈음은 예수님 말씀대로 마음을 성전삼고 조용하게 기도생활을 하는 것이 차라리 마음이 복잡하지 않고 오히려 편안했다.

그렇기 때문에 그녀가 가지고 있는 기독신학의 의문점에 대해서 자신이 성서를 읽고 느껴온 그대로를 그녀에게 말해 주고 있었든 것이다.

그 수수께끼 같은 의문의 주제를 가지고 서로가 이야기를 나누는 동안 그녀는 조금은 이해가 된다는 표정이었다. 고개를 주억거리며 다시 입을 열었다.

"지금까지 하신 말씀이 이치적으로나 사실적으로 맞는 것 같네요. 그런데 오늘 우리가 과거 무지몽매한 원시인간들도 아닌데 여호와가 천주님으로 우주의 주재자라는 논리를 아멘하고 믿으라니, 도대체 저부터도 믿어져야 말이지요. 그렇잖아요?

그 여호와가 사랑의 하나님이라면 이웃 민족과의 싸움을 말려야지 오히려 골목대장 모양으로 이방민족하고 맞수대결로 싸움을 붙인다는 것이 도무지 이해가 되지 않지 뭡니까. 훗, 후후….

그래서 저는 결혼하고부터 그쪽에는 아예 고개를 돌려버렸지 뭐예요. 기독교인들이 불교를 마치 미신취급을 하지만 사실 저는 오히려 불교 논리가 더 이치적으로 가슴에 와서 닿지 뭡니까."

그녀가 하는 말속에서 사고思考하는 현대인의 지성知性, 그 꿈틀거림을 엿볼 수가 있어서 반가웠다. 오늘 기독신학자들의 논리와 그 견해를 달리하고 있는 주제의 이야기에 공감대를 함께 형성해 주고 있었기 때문이다.

사실 연이의 정신세계의 폭을 넓혀 준 것은 (창세기 1장)의 기록에서 태초 빛의 존체이신 그 일곱 성령체聖靈體들께서 독자 인격신으로 이 땅에 출현하신 그 칠대 성현들의 실체였음을 (요한계시록 2장 19~20)을 통해서 짐작해 볼 수 있게 해주면서 부터였다.

〈그러므로 네 본 것과 이제 있는 일과 장차 될 일을 기록하라. 네 본 것은 내 오른 손에 일곱 별의 비밀과 일곱 금 촛대라, 일곱 별은 일곱 교회의 사자요. 일곱 촛대는 일곱 교회니라.〉

그 일곱 교회의 사자가 태초의 하나님 그 빛이라는 일곱 색의 독자적인 성령체聖靈體로 이 땅에 보내심을 있었다는 하나님의 일곱 뿔이며, 일곱 눈이라고 (요한계시록 5장 6절)에도 그와 같은 이치로 그 비밀에 대해서 또 다시 기록해 두고 있었다.

그 존체가 바로 (창세기 1장)에서 '우리'라는 복수형을 나타내고 있는 영계靈界의 하나님 그 분자적分子的인 일곱 성자聖子들로서 태초의 빛이라는 근원적인 진리의 말씀을 듣고 시대와 나라를 달리하고 동서東西로 오고간 그 칠대성현들이었다는 사실에 눈이 떠지기 시작했었다.

유대 땅에 출현 하셨던 성자 예수께서 '나는 길이요. 진리요. 생명이라' 하신 말씀에 이어서 '나를 믿으라, 그리하면 너와 네 집이 구원을 얻으리라!'고 하신 것이다.

그 말씀이 진리로 영혼 부활의 생명을 믿음으로 심어주기 위한 모델로서의 표본이 그처럼 사망의 권세를 깨트려 보이신 성자 예수의 생체부활生體復活이었다는 사실을 깨닫게 해주었든 것이다.

사실 그와 같은 이치의 맥락으로 성자 예수께서 유대 땅에 출현하시기 그 5백년 전에 인도 가비라 국에 출현하셨던 성자 석가모니 부처님 역시도 마찬가지였다. 그 백성들에게 기존의 사상에서 벗어나라는 말씀으로 기존의 제사장들과의 수없이 마찰을 빚어 왔었으며, 그 능력대결에서 불가사의 한 신통술을 성자 예수나 마찬가지로 거듭 나타내 보이셨다.

그리고 그 백성들에게 진리의 본불本佛자리를 깨닫고 우주 영혼으로 '탈겁' 되어 불성佛聖을 이루어야 한다는 것이 부처님 불경佛經속에 담아두고 있는 결론의 말씀이다. 그 와 같은 말씀이 기독교 스승 성자 예수께서 '너희가 거듭남을 입고 영혼 구원을 얻으라.'고 당부하신 그 가르침이나 다를 것이 없었다.

그러한 시대변화가 본체신 하나님의 종복從僕들이 지구에 내려와 인간 종자 씨를 뿌리고 가꾸어 나오던 다신숭배 시대를 마감하기 위해 동서東西로 시대와 나라를 달리하고 출현하셨던 그 성현들이었다는 사실에 눈이 떠지기 시작했다.

그렇기 때문에 영혼성이 없는 물질인간 창조신들의 초보적인 율법적 가르침으로 가꿈을 받아오던 다신숭배시대에 그 백성들과 제사장으로부터 내몰림을 당하면서 이단의 괴수로 취급을 받아왔었던 것이 특히 고등종교 스승들의 한결같은 행적이었다.

그 섭리가 태초의 하나님 천기운행天氣運行으로, 종從의 초보적인 율법시대에서 영계靈界의 진리체眞理體 성자들이 출현하여 영혼생명을 불어넣어주는 근본 진리의 말씀시대로 고등종교의 문이 열린 것이다.

그러한 시대변화의 섭리가 인간 영혼생명의 이치와 도리를 교육시키기 위해 단계적 수순으로 고등종교 스승보다 먼저 출현하셨던 성자들이 바로 공자, 노자, 장자였다.

그 또한 만사에 기승전결이 있듯이 진리의 가르침에 있어서도 마찬가지였다. 먼저는 초보적인 자연의 도리와 그 이치를 가르쳐 왔다. 그러한 자연의 이치를 깨달았을 때, 비로소 영원한 하늘나라 참 생명의 실상을 바로 볼 수 있는 지혜의 문이 열리게 된다는 것 때문일 것이다.

그렇게 인간 의식진화의 단계적인 수순을 밟게 한 이후, 드디어 대법계의 스승 출현이 먼저는 음적陰的이신 성모聖母하나님 자비정신의 도맥道脈으로 인간 윤회의 이치를 설파하시고 그 물적 증거를 '사리'로서 나타내 보이신 불교의 스승 석가부처였다.

그리고 그 다음 수순이 양적陽的이신 성부聖父하나님 우주정신 사랑의 도맥道脈으로 활달자재豁達自在할 수 있는 우주영혼의 실상을 생체부활生體復活로서 그 모델을 보여주신 기독교 스승 성자 예수였다.

그 소명을 받고 그토록 피 흘림이 심했던 유대 땅에 출현하셨던 성자 예수는 태초의 빛이라는 하나님 그 능력을 실재적으로 그처럼 나타내 보이시고 '너희 믿음대로 이루어지리라.'고 하신 말씀의 뜻이 바로 그것이었다.

그 부활의 믿음을 심어주기 위해 운명적으로 정해진 것이 성자예수께서 짊어져야 했던 십자가의 고난이었기 때문에 산상 기도에서 하신 절규가 '아버지여 이 쓴잔을 내게서 면하게 하실 수는 없사옵니까. 그러나 내 뜻대로 마옵시고 아버지 뜻대로 하옵소서.'하신 것으로 아버지의 예정하신 뜻에 따라 순종하겠다는 아들의 모습을 우리에게 보여주신 것이다.

그것이 만세전에 이미 정해져 있었다는 하나님의 섭리기 때문에 그리스도의 세계라는 신약복음 속에서 성자 예수를 성부하나님의 '머리'라고 했으며, 예수께서 '나를 통하지 않고는 결단코 천국에 들어갈 수 없느니라.'그 말씀의 뜻이 바로 거기에 있었든 것이다.

그러한 단계적인 수순의 섭리가 태초의 하나님 그 천기운행天氣運行으로, 석가 부처께서 하신 말씀이 중생들의 근기根氣가 각기 다르기 때문에 방편법을 쓴다고 하셨으며, 성자 예수 또한 너희가 시대구별을 하라고 이르신 말씀의 뜻이 바로 거기에 있었음을 (요한계시록)을 통해서 더욱 심도 있게 깨닫게 해주었다.

그와 같은 시대변화의 섭리가 하나님 일대사一大事를 인연으로 한다는 성자들의 가르침으로, 노자 성현이 말씀한 삼생만물三生萬物이며, 대삼합일大三合一이라는 그 생기론生氣論이다.

그 이치가 또한 우리 배달한민족 조상들이 말해온 우주관과 일치하는 삼태극三太極의 원리로 태초의 조화주이신 천지부모 성부와 성모의 분자分子이신 성자들이 성삼위聖三位로 그 모든 일을 함께 이루신다는 뜻이다. 그 원리가 우리배달한민족 단독 경전인 천부경天符經 속에 담아 두고 있는 그 석삼극무진본析三極無盡本이라는 의미와 일치되고 있다는 점이다.

그렇듯 성현들의 말씀은 창세기 근본의 이치를 하나로 관통하게 하는 대동소이大同小異한 가르침으로, 선善을 그 바탕에 깔고 있다는 사실이다.

그렇기 때문에 독자적 진리체로 출현한 성자들 그 일곱 도맥의 가르침 모두가 인간영혼을 단계적으로 성숙시키기 위한 교육으로, 그 시대정신과 사회정신을 꽃피우게 했던 공자, 노자, 장자, 도덕경에서부터 마호메트, 소크라테스, 석가, 예수에 이르기까지 우주대자연의 이치를 담고 있는 진리의 말씀으로, 모두가 그 귀결은 동일한 것이었다.

그 진리의 말씀을 듣고 인간 영혼의 귀중성과 그 실상을 바로 깨달아 거듭남(탈겁)을 입었을 때, 비로소 만물을 다스리는 완성된 영장체로 생체부활을 보이신 고등종교 스승 성자 예수의 능력처럼 활달자재豁達自在할 수 있는 그 능력을 얻게 된다는 것이다. 그 능력을 갖추었을 때 비로소 예수께서 형제라고 부끄러워하지 않겠다는 그 성인의 반열에 올라가게 되면서 하나님을 아버지라고 부를 수 있는 아들의 자격을 얻게 된다는 그 가르침이었다.

그러한 시대변화의 섭리가 구약시대 하나님의 종복從僕 여호와 신에 의해 창조되어 영혼성이 없는 이스라엘 백성들을 향해 예수께서 하신 말씀이'회칠한 무덤들아, 너희는 살아 있으나 죽은 자들이니라.' 하시고 예수를 하나님 아들로 믿고 그 말씀에 순종하는 자는 참 생명의 하나님, 그 태초 빛의 생기를 얻게 됨으로, 영혼 생명을 얻으리라고 하신 것이다.

그 말씀이 우주만물을 사랑으로 창조하셨다는 성부 하나님의 은혜로우신 약속의 선물로, 태초의 하나님과 일체관계를 이루고 있는 성자 예수 호흡의 정기精氣임을 나타내 보이신 것이 장사한지 사흘 만에 다시 살아나 보이신 그 생체부활生體復活의 의미였음이다.

그처럼 사망의 권세를 깨뜨려 보이신 부활의 능력이 태초 빛의 하나님, 그 엘로힘이란 것을 사망의 자식들에게 믿음으로 심어주기 위함인 것으로, 예수께서 '너희 믿음대로 이루어지리라.'고 하신 그 말씀의 뜻이 바로 거기에 있었든 것이다.

그것이 죽을 수밖에 없는 사망의 자식들을 불쌍히 보시고 영생불멸하는 생명체로 거듭남을 입게 해주겠다는 인류 구원이라는 하나님 약속의 말씀으로 성자 예수 십자가의 고난으로 세워진 기독교 정신이다.

그와 같이 인류 구원의 대명제를 가지고 이 세상에 출현하신 성자 예수였다. 그렇기 때문에 십자가 위에서 인류를 위한 '희생양'으로 산 제물이 되어야 함을 내포한 비유의 말씀이 '한 알의 밀알이 땅에 떨어져 썩으면 많은 열매를 맺게 된다.'고 하신 것이다.

그처럼 하나님께서 목적하신 인류구원이라는 명제를 갖고 이 땅에 오셔서 고난의 십자가를 짊어지셔야 했던 것이 만세전부터 하나님 예정가운데 정해진 성자 예수의 운명이었다는 것을 신약성서는 분명히 기록해 두고 있다.

그러한 하나님의 목적, 그 섭리를 이루기 위해서 십자가에 매달려 성체에 물과 피를 몽땅 흘리시고 하늘나라 영혼 생명의 '씨알'을 심고 가신다는 뜻이 마지막 운명의 순간에 숨을 거두시면서 '다 이루었다.' 하신 그 말씀이었다.

그와 같은 맥락의 말씀을 담아두고 있는 것이 또한 불교의 스승 석가 부처께서 설파하신 경전이다. 그 법화 삼부경 방편품方便品의 기록에서 다음과 같이 담아두고 있다.

〈부처님께서 사리불에게 이르시되 이같이 묘한 법은 모든 부처님께서 때를 당하여 이를 설하시니 우담발화가 한 번 피는 것과 같으니라.

사리불아, 너희들은 마땅히 믿을지니라, 부처님이 설하신 말씀은 허망함이 없느니라. 사리불아, 모든 부처님께서 근기根氣를 따라서 법을 설하시니 그 뜻을 알기가 어려우니라.

어찌하여 그러한고, 모든 부처님께서 오직 일대사一大事를 인연으로 하여 세상에 출현하신다 하는고?

모든 부처님 세존이 중생으로 하여금 부처님의 지견을 열어 주사 청정함을 얻게 하고자 세상에 출현하시며, 중생에서 부처님의 지견을 열어 주고자 세상에 출현하시며, 중생으로 하여금 부처님의 지견도知見道에 들여놓고자 세상에 출현하시느니라, 사리불아, 이것이 모든 부처님께서 오직 일대사一大事를 인연으로 하여 세상에 출현하신다 함이니라.〉

바로 그 뜻이었다. 이 세상에 출현하신 부처, 곧 성현들의 출현은 태초 하나님이 목적하신 그 뜻을 이루시기 위함인 것으로 (요한계시록)에 이 땅에 보내심을 입었다는 하나님의 그 '일곱 영'의 실체였음이다.

그 일곱 성령체가 일대사를 인연으로 시대와 나라를 달리하고 독자 인격신으로 동서東西로 출현했었던 칠대 성현들이었음을 석가부처의 불경 역시도 그와 같은 이치를 담아두고 있었다.

그처럼 놀라운 사실을 새롭게 발견하게 되면서 그로부터 그 일곱 성현들께서 살아오신 삶의 족적을 더듬어 보기 시작했었다.

그것이 연이가 정신계로 몰입해 들어가기 시작한 계기를 만들어 주었고, 그로부터 오늘 기독교 서구신학자들의 논리가 얼마나 문제점이 많은 원시적인 성서 해석인가를 새삼 깨닫게 해주었다. 그렇기 때문에 오늘 그러한 지구 종말론적인 징후를 보면서 지구 개벽이 오기 전에 먼저 그 기독논리에 대한 개혁부터 있어야 한다고 생각한 것이다.

그러한 종교 개혁이 어쩌면 가까운 시간에 되어 질것이라고 믿어지기도 했다. 그래야 만이 칠대 성현들께서 일깨워 주신 그 진리의 말씀이 영존하신 하나님께서 고대하시는 종교통일과 함께 사상대립적인 지구촌 분쟁의 전쟁을 종결짓고 이 땅에 평화로운 지상낙원이 건설될 수 있을 것이기 때문이다.

신과 인간의 함수관계

이 세상에 하늘의 뜻을 이루기 위한 정심正心 정도正道 정법正法의 시대가 도래到來한다는 것이 성현들뿐 아니라 동서東西로 오고간 현자들의 예언이다.

그 정법正法시대가 처음과 끝이라는 알파와 오메가의 하나님이 목적하신 성공시대로 하늘의 뜻이 이 땅에서 이루어지게 될 것이라고 했다.

그것이 모든 종교 스승들이 가르쳐 주신 결론의 말씀이다. 그렇다면 예정된 하나님의 섭리에 의해 지구 개벽이 오기 전에 먼저는 천지부모天地父母 조화주 하나님의 실상을 왜곡시켜 많은 영혼을 그처럼 미혹시키고 있는 서구신학 논리부터 올바르게 정립되어야 하는 것이 그 수순임에는 틀림이 없다.

그래야 만이 하늘에는 영광이며 땅에는 평화가 된다는 그리스도성자예수의 인류구원이라는 기독교정신이 되살아 날것이기 때문이다.

오늘 서구신학자들 논리는 구약시대 이방민족과의 맞수대결로 전쟁을 주도해 나온 이스라엘 민족 수호신 여호와를 우주만물을 총괄하신다는 영계靈界의 성부 하나님 그 신위神位에 격상시켜 놓고 있다. 하지만 예수께서 지칭하신 성부 하나님은 누구에 의해서 창조된 피조물처럼 그 이름이 붙여지지 않는 태초의 빛으로 본자연本自然하신 하나님의 존체다.

구약성경 (창세기 1장)은 태초 우주만물이 화성되어 전개되어져

가는 과정을 담아두고 있는 그 대원인大原因의 장場이다. 그러한 태초의 근원을 서양이 낳은 과학자 아인슈타인 상대성 양자역학 원리로 접근했을 때, 우주 팽창설의 '빅뱅론'과 합일점을 발견하게 된다는 사실이다.

그것이 오늘 지구촌 물질문명의 바탕이 되고 있는 과학의 원리로 태초 생명의 우주 원소는 음양陰陽이 대대불휴하는 상대성으로 발양성의 양기陽氣는 양전자파로 '화이트홀'이며, 안으로 응고 수축되는 성질의 음기陰氣는 음전자파로 '블랙홀이라는 것이다.

이러한 과학의 상대성 원리로 태초 '있음'의 대원인大原因을 기록하고 있는 창세론을 비추었을 때, 하나님의 '신'이 '수면'을 운행하시기 전에 땅이 혼돈하고 공허하며 흑암이 깊음 위에 있었다는 그 상황 묘사를 비로소 이해 할 수 있게 해준다는 사실이다.

태고의 광활한 우주 공간에는 물질의 본질인 수소가스가 수십억 광년쯤 흐르면서 충만한 상태였음을 과학자들이 오히려 그 성구 해석 풀이를 해주고 있는 셈이다. 그러한 과학적 논리가 음전자파 수소는 우주의 본질인 원자량으로 고유의 질량을 갖고 있는 소립자라고 했다.

그렇기 때문에 수소를 구성하고 있는 부속품이나 마찬가지로 보유하고 있는 그 전자 수소의 핵이 원소물질로 결합되어 일정기간 동안 잠복하게 되면 빛이나 전자파 등의 에너지로 결합된다는 논리다.

수소의 에너지는 변형은 있어도 그 에너지 전자파 자체는 소멸되지 않는다는 것이 현대 과학에서 밝히는 상대성 양자역학의 원리다. 그 이치로 (창세기 1장)을 비춰 볼 때, 태초의 천지부모 성모 하나님은 음적陰的으로 수소의 본질이기 때문에 '수면水面'으로 묘사하고 있음을 유추해 볼 수 있게 해주고 있다.

그처럼 우주 대원인의 장에서 '수면'으로 묘사되고 있는 그 장면의 성구는 수소가스가 충만 되어있는 상태로 응집된 상태임을 분명하게 나타내 주고 있는 것이다.

그러한 수소(수면)의 소립자 원자량 전자파를 끌어낼 수 있는 에너지는 양적陽的으로 분열 팽창되는 기운에 의해서만이 가능하다는 것을 과학이 밝히고 있다.

그와 같은 서양 과학의 원리가 오늘날 지구촌 물질문명을 발전시켜 주도해 나왔다. 그런데도 오늘 서구 신학자들의 논리는 (창세기 2장)에서부터 지구인과 같은 보편적인 사람의 모습으로 '여호와'라는 성호를 붙이고 지구에 홀로 등장 하여 물질 개념인 흙을 빚어서 아담을 창조했다는 여호와를 (창세기 1장)에서 태초에 우주만물을 빛으로 창조하셨다는 영계의 절대자 하나님으로 동일시하여 설파하고 있다.

물론 서양의 우주관이 단일적이라는 것을 감안해 볼 때 그처럼 무지스러운 종교 논리를 펼 수 있다고 볼 수도 있다. 하지만 이제 현대인의 의식은 과거와는 다르다. 우주의식으로 열린 아인슈타인의 상대성 양자역학에 의해서 불확정성 원리로 존재하는 물질의 수에는 변화가 있다고 했다.

그러한 과학의 원리가 (창세기 1장)의 이치와 맞물리면서 그 전개 상황이 바로 우주 대자연의 법칙이라는 사실에 눈을 뜨게 해준 것이다.

그와 같이 우주만물의 근원을 담아 두고 있는 창조론에서 태초의 하나님 그 빛의 말씀에 의해 다스림의 공중권세를 부여받고 창조되었다는 이때의 '사람'이 하나님의 뜻에 따르는 종복從僕의 신분으로 우리가 말하는 천상의 신계족神界族임을 분명히 밝혀 주고 있다는 사실이다.

그들의 존재를 과학자들은 과거 구약시대 뿐 아니라 그 이전에도 그처럼 지구를 내방했다는 '외계인'으로 보고 있다. 그 말이 성서적으로도 그렇지만 이치적으로도 맞는 말임에는 틀림이 없다. (창세기 2장)에서부터 지구에 성호를 붙이고 등장한 여호와는 분명히 우리와 같은 보편적인 사람의 모습으로 그 지적설계의 호흡이 그처럼 무지

했다는 원시인간 아담과 이브 창조였다.

그러한 여호와의 물질인간 창조는 오늘 지구촌 문명된 생물학자들이 시험관 아이를 지적으로 설계하고 그 의식을 거듭 시험해보면서 연구하고 있는 모습이나 조금도 다를 것이 없다. 그런 관계의 위치에서 본다면 오늘 복제인간을 만들어내는 생물학자는 구약시대 여호와의 행사나 마찬가지로 그 시험관 아이를 죽일 수도 있고, 살릴 수도 있는 권세자로 그 생명의 주인일 수밖에 없다.

그와 마찬가지로 태초의 하나님 그 뜻에 따라 지구에 내려와 물질인간을 창조하고 가르쳐온 하늘 사람들의 행사는 그들의 성호를 빛내기 위한 최고의 자기실현으로 물질인간 창조의 목적이 거기에 있었음이다.

그렇기 때문에 유대민족의 뿌리 조상신 여호와는 그 피조물 창조에 따른 책임과 의무에 최선을 다하고 있었던 것으로, 구약 속에 그 행사 모습을 진솔하게 담아 두고 있다.

그처럼 지구에 내려온 신들의 지적설계에 의해 창조된 원시 인간들은 그 당시 다만 물체적인 형상만 갖춘 상태로 오늘 지구촌 생물학자들이 만들어내고 있는 복제인간이나 다를 것이 없는 생명체에 불과했다.

그러한 원시인간 아담과 이브에게 분별의식을 심어주기 위한 여호와 지혜의 방편이 에덴동산 중앙에 심어놓은 그 선악과善惡果만은 따먹지 말라는 금기의 명령이 계율戒律이었다. 인간 육신의 본능이 먼저는 식욕이기 때문이다.

그렇게 처음 하나에서부터 비롯된 여호와의 계율은 그 자손들이 불어남을 지켜보면서 점차적으로 인간의 도리道理를 깨닫게 하는 십계명 율법으로 늘어났다. 그리고 순종과 불순종에 따라 복福과 진노의 저주로 벌을 내려가면서 그 계율을 지키지 못한 그들의 무지無知에 여호와는 인간 만듦을 한탄했다고 했다.

사실 구약의 내용 속에서 보여주고 있는 여호와의 능력행사는 예수께서 지적하심과 같이 태초에 우주만물을 창조하신 본질상 하나님의 능력이 아님을 분명히 나타내 주고 있는 것이다.

그처럼 태초의 하나님이 아닌 신계 족들에 의해 미완된 창조물이 영혼 생명의 불성佛性이 내재되어 있지 않은 원시인간 들이였다. 그렇기 때문에 그 의식진화를 시키기 위한 천지부모 하나님 사랑의 은혜가 이 세상에 다시 몸을 바꾸어 태어나게 한다는 인간 생사윤회生死輪廻의 이치였음이다.

그와 같은 자연 순환의 변화원리를 중생들에게 가르쳐 주신 고등종교 스승 석가 부처였다. 그것이 중생들이 이 세상에서 각자 심는대로 거둔다는 인과응보법칙因果應報法則으로, 그 순환 법리法理를 바탕으로 불가佛家에서 망자亡者를 화장火葬을 시키는 이유가 바로 거기에 있다고 했다.

말하자면 숨이 끊긴 망자의 육신이 지수화풍地水火風으로 그 혼백魂魄의 넋이라는 물질형태의 기운이 완전히 소멸되었을 때, 비로소 다시 몸을 바꾸어 이 세상에 태어 날수 있다는 것 때문이다.

그러한 인간생명의 순환원리가 만물을 사랑으로 총괄하신다는 하나님의 은혜며 사랑으로 사망의 자식들에게 영혼성숙의 기회를 다시 주기 위한 것이 축복의 탄생이라고 했다.

그렇게 인간을 다시 이 세상에 환생시킨 하나님의 목적은 미완된 인간의 마음은 육체의 의식 속에 있는 것이기 때문에 이 세상에 출현시킨 성현들의 영혼 생명의 말씀을 듣고 깨우쳐 허망한 육체의 정욕을 다스릴 줄 아는 고등영체로 그 영혼을 성숙시키기 위함이라는 것이었다.

그것이 또한 고등종교 스승 예수께서 이 세상에 와서 설파하신 진리의 말씀으로, 영원성이 없는 물질적 허망한 육체의 욕망과 정욕을 정도正道로서 다스릴 줄 아는 고등영체로 만들기 위한 것이 하나님의 은혜며 사랑으로, 그 섭리라고 했다.

그것이 또한 불가佛家에서 말하는 인간 생사윤회生死輪廻의 이치로,

지구의 개벽이나 마찬가지로 미완성에서 완성을 향해 가는 도정道程으로 거듭 변화하여 조물주가 목적하신 영원한 생명체로 불성佛聖을 이루라는 것이 석가 부처께서 중생들에게 설파하신 경전속의 말씀이다.

그와 같은 섭리가 (창세기 1장)에 기록하고 있는 태초 본자연本自然하신 음양陰陽 조화주 하나님의 자연 법리法理임을 분명하게 나타내 주고 있는 것이었다.

현대 과학에서 음적陰的 물질생명의 에너지 체는 크기와 위치에 따라서 끊임없는 변화수가 일어난다는 그 우주대자연의 원리를 강조해오고 있다. 그것이 오늘 문명된 서양과학의 현주소로 고등종교 스승들의 가르침과 일치되고 있다.

그렇기 때문에 그러한 서양 물질과학의 원리를 서구신학자들이 과연 창세기 '대원인'의 장에 적용시켜 보지 않았을 리가 없다는 생각을 갖게 해준 것이다. 그것은 어쩌면 과거 갈릴레오가 그처럼 '지동설'을 주장했을 때에 신학자들이 갈릴레오의 지동설을 은연중에 수긍했듯이 서구신학의 창조론 역시도 그 모순을 인정하면서도 그 어떤 혼란의 우려 때문에 성서풀이 모순 그대로를 묵과해 오고 있는지도 모른다.

서양 물질문명을 발전시켜 나온 현대과학의 원리가 음양陰陽 쌍립적인 양자역학에 그 바탕을 두고 있는 만큼 '진리'는 반드시 이치적이고 논리적이어야 한다는 것을 그들이 모를 까닭이 없기 때문이다.

그런데도 지금까지 서구신학자들은 성자예수 출현으로 마감된 과거 구약시대 유대민족 창조수호신 여호와를 대우주를 총괄하신다는 전지전능하신 하나님으로 격상시키는 그처럼 억지스러운 논리를 펴고 있다.

그러한 논리 주장에 의해 왜곡되고 있는 것이 또한 지구촌에 조상신을 달리하고 창조된 오색인종의 뿌리역사를 유대민족 뿌리역사 계보에 예속화시키는 커다란 오류를 범하고 있다.

그 기독논리가 물질문명을 발전시킨 서양문화권에서 들어온 고등 종교라는 이유 때문에 여과 없이 그대로 받아 드려 믿고 맹신하고 있는 신도들이다. 그러나 오늘 의식이 진보된 현대인들은 과거와는 달리 그 논리에 그처럼 의문을 갖고 비판하기에 이르렀다.

버스에서 우연하게 나란히 앉게 되어 그 주제를 가지고 이야기를 주고받게 된 그녀의 생각이 그랬고, 연이 역시도 마찬가지였다. 그래서 주고받는 이야기에 서로가 공감대를 형성하면서 지루함을 잊게 해주었다.

목적지 여수까지는 아직도 2시간이 남아 있었다. 그녀가 다시 그 주제를 들고 입을 열었다.

"그러고 보면 오늘 지구촌 전쟁은 구약의 내용이 그렇듯이 그 족속 씨종자를 뿌리고 가꾸어온 신들이 그 족속 의식능력을 비교해 보기 위해 맞수대결을 붙였던 것으로부터 비롯된 것이라고 보아야 겠네요. 그죠?"

"그 시대가 예수께서 말씀하신 본질상 하나님이 아닌 다신 숭배시대로 샤머니즘 시대였기 때문에 나는 이스라엘 하나님이라고 선포한 여호와가 내 영광을 위해 지은 자를 오게 하라했는데 그 뜻이 뭐겠어요? 그게 바로 여호와 그 성호를 다른 족속 신들보다 더 높이 빛내기 위해서 이방족속과 전쟁붙임에서 상대방을 유인하는 전략술수까지도 가르쳐 주었다는 거 아닙니까. 그게 지구촌 전쟁의 시초라고 봐야 겠지요."

"그러니까 여호와 자신의 성호를 높이 빛내기 위해 그 백성들을 마치 자기 물건 취급하듯 했던 거네요. 그죠?"

"그 백성 생명을 주관하고 있었으니까 그렇다고 볼 수 있지요. 그 당시 하늘에서 내려온 신들이 창조했다는 물질 인간은 그때까지 의식이 성숙되지를 못했던 관계로 영혼성도 없이 본능적으로 출렁이는 육체뿐 이었으니까 예수께서 그 이스라엘 백성들을 걸어 다니는 산 송장에 비유하셨던 거 아니겠냐구요. 그러니까 여호와 역시도 그의 피조물을 짐승이나 마찬가지 취급을 한 것이라고 보아야겠지요. 그건 그 시대 이방족속 창조 수호신도 마찬가지 였잖겠어요?… 인도에 석가출현 이전 시대 상황을 보면 그들 조상이 믿어오던 기존의 신을 숭상하면서 그 신과 백성 사이에 중보 역할을 해온 제사장 특권으로 그 신에게 제물이 될 사람을 그들의 뜻에 따라 선정해서 제단에 올려 바쳤다는 거 아닙니까. 그야말로 인간이 완전히 동물 취급을 당한 거죠 뭐."

그 말에 그녀는 참으로 어처구니가 없다는 듯이 웃으면서 응수를 해왔다.

"그야말로 인간 생명의 존엄성이 완전히 무시를 당하던 시대가 성자 출현 이전 시대였네요. 그죠?"

"그렇다고 봐야겠지요. 여호와 행사에서 보여준 게 그거였잖아요. 인간생명의 존엄성을 무시했으니까 이스라엘 백성하고 이방 민족하고 싸움을 붙여서 떼죽음을 시켰다는 거 아니겠냐구요. 자기들의 지적설계에 의해서 창조된 피조물이라고 해서 그 씨종자들이 그야말로 완전히 동물 취급을 당한 거나 다를 게 없었던 거죠. 그래서 그 종들이 역사하던 구약 시대를 마감하기 위해서 출현하신 성자 예수께서 하신 말씀이 이제 너희에게 자유함을 주러 왔다고 하시면서 다시는 무거운 종의 멍에를 짊어지지 말라고 하셨던 말씀이 인류구원으로 태초의 하나님 그 약속의 선물이었다는 거 아닙니까."

"세상에… 그런데 그 여호와 신을 대우주를 사랑으로 총괄하신다는 천주님으로 믿으라니…."

"생각해 보세요. 논리에 부합되지 않는 것을 오늘 우리가 미신이라고 하지요. 철인 플라톤이 그의 저서 파이돈에서도 말하고 있지만 피투성이 투쟁이나 분쟁을 가져 오는 것은 육체와 그 욕망이 시키는 일이라고 했는데 서구 신학자들이 천주님으로 믿으라는 그 여호와가 자기 영광을 위해 만들었다는 그 백성들을 이방민족과 살상대결을 시킨다는 것이 말이나 됩니까. 안그래요?… 그런데 항차 신학 박사라고 하는 사람들이 구약시대 그처럼 세상 살아가는 이치나 가르치고 이웃과 피 흘리는 싸움이나 시켜온 여호와를 예수께서 한 생명이 우주보다 크다고 말씀하신 그 성부하나님으로 믿으라니 이치적으로 부합될 수가 없는 논리지요."

"생각해 보니까 우상숭배가 따로 있는 게 아니군요. 하나님은 사랑이시라는 그 인상에는 도무지 어울리지도 않게 이방민족과 경계의 선을 긋고 전쟁을 진두지휘 해온 여호와를 천주님으로 믿으라니 말입니다. 핫, 하하…."

"사실 의식이 진보된 현대학자들 대다수가 그게 오늘 기독신학의 문제점이라고 한답니다. 그 논리가 문명된 지구촌 현대 과학자들과 사이에 대결구도라는 거 아닙니까… 그래서 말인데 오늘 기독교 신학자들이 주장하는 지상 최고의 신이 그 여호와라고 손꼽고 있지만, 그 행사 모습이 우주를 총괄하신다는 전능하신 사랑의 하나님으로 보여 지던가 말입니다."

"하지만 오늘 그 밑에 모여드는 많은 신도들이 그 말을 그대로 믿고 여호와를 우주를 총괄하신다는 천주님으로 믿고 있잖아요."

"그래서 예수께서 무지가 유죄로 그 눈먼 몽학선생과 함께 구렁텅이로 빠지게 된다고 하신 것 아니겠어요?… 사실 성경 신구약을 엄격히 분석해 보면 구약시대 유대 이스라엘 민족만을 다스려 나온 여호와의 전체적인 행사는 우주를 총괄하신다는 대우주적인 하나님의 모습이 아니라, 지엽적인 유대민족 창조 수호신으로서의 인상 그것인데…."

사실 그 논리가 오늘 서구 기독신학의 문제점이라고 생각했다. 그 말에 그녀는 고개를 끄덕이면서 응수를 해왔다.

"그렇다면 그 여호와 신의 존재를 오늘 우리나라 기독신학에서 먼저 그 숙제를 풀어내야 하지 않겠어요? 물론 어떻게 정리해서 밝혀낼 것인가 그게 문제겠지만…."

"그 신들의 존재 근원에 대해서는 창세기 일장에서 그처럼 태초 하나님의 뜻에 따르는 종의 신분임을 분명히 밝혀두고 있으니까 크게 어려운 문제는 아닌데… 사실 그 서구신학 논리가 다분히 의도된 것이 아니겠냐는 지성인들이 늘어난다는 겁니다. 그래서 현대 의식으로 깨인 서양인들이 그 기독논리에 고개를 돌리기 때문에 교회들이 문을 닫아간다는 거 아니겠냐구요. 그런데 오늘 우리나라는 오히려 반대로 국교 이상의 자리를 차지하고 있고, 이제는 너도 나도 신학을 나와 십자가를 세우고 그 위에 여호와를 전지전능하신 하나님으로 믿으라는 설교를 하고 있으니 걱정이지요. 예수께서는 너희가 시대 구별을 하라고 그처럼 당부하셨는데… 아무튼 그 진실이야 어찌됐던 간에 구약시대 날과 달과 절기를 지키게 했던 여호와 그 율법적인 유대교 사상이 물질지향적인 맹신자들에 의해서 그만큼 밥벌이 장사가 잘된다는 이야기지요. 세금도 안내니까….”

“하지만 밝혀지게 돼있는 게 성서 예언이라면서요?”

진지하게 물어오는 그녀의 표정에 웃음이 나오면서 조심스럽게 말했다.

“물론 지구 파국이 이르기 전에 그 문제가 분명히 밝혀지리라고 봅니다. 서양 과학자들은 그 우주생성의 원리도 밝혀내고 있고, 또 지구 개벽의 문제에 있어서도 신학자들보다도 더 합리적으로 풀이하고 있으니까 적어도 양심이 있고 의식이 순수하게 깨인 신학자들이 나와서 이제 그 일을 하지 않겠어요?”

“오늘 지구촌 생물학자들이 시험관 아이를 만들어 놓고 지켜보면서 거듭 시험을 하고 있다는 것이나 여호와가 그 창조물 의식을 거듭 시험해 본 행사나 다를 게 없잖아요. 그만큼 현대인들 의식이 진화됐다는 이야긴데… 유독 신학자들만이 그처럼 엄연히 다른 창조의 세계관을 지금까지 헤아리지 못한다는 것이 말이 안되잖아요?”

“그 진의를 누가 알겠어요. 정말 무지해서 그런 것인지 어떤 목적이 따로 있으니까 그대로 묵과하고 있는 것인지… 신계 위에 있는 영계의 가족 구성원에 대해서 창세기 일장에서 그처럼 분명히 밝혀두고 있는데도 유대 이스라엘 백성들에게 전쟁의 전략전술이나 가르쳐 온 여호와를 사랑이 많으신 태초의 성부 하나님 신위에 올려놓고 있지를 않나, 성모의 신위에는 예수님을 잉태했던 동정녀 마리아를 올려놓고 하나님의 아들 성자는 오직 독생자로 예수뿐이라는 그야말로 말도 안 되는 논리를 펴고 있으니…."

"저도 성당에서 그렇게 배웠거든요."

"그게 이치적으로 맞는 소리냐구요? 지구에 내려와서 소꿉장난질 하는 어린애 마냥 흙을 주물러서 원시 인간을 만들어 놓고 그들의 무지를 한탄했다는 여호와가 그래, 태초 빛의 말씀으로 우주와 만물을 창조하셨다는 그 인상에 어울리던가 말입니다. 그리고 또 예수가 동정녀 마리아를 통해서 이 세상에 출현하셨다고 해서 영계의 성모 하나님 신위에 올려놓고 있지만 예수께서는 분명히 육은 무익하니라 하시었을 뿐만 아니라, 생모이신 마리아가 예수를 육신의 아들로 생각하고 주위의 모함과 위험을 걱정했을 때 마리아를 향해서 예수께서 하신 말씀이 여자여! 당신과 내가 무슨 상관이 있나이까? 하시었고, 또 육은 육이요. 영은 영이니라, 하셨는데 그 말씀의 뜻이 뭐겠어요… 그 뜻이 바로 육신을 낳아준 부모가 참 부모가 아니라 영원한 영혼 생명의 참 부모의 실상을 깨달으라는 말씀인데 그처럼 성부 성자 성신 성삼위 론을 억지스럽게 꿰맞추는 것이 오늘 서구신학자들 논리니까 현대인들이 의문을 가질 수 밖에 더 있겠어요?"

사실 예수께서는 하늘나라 진리의 말씀을 듣고 영혼 생명의 실상을 바로 깨닫고 거듭남을 입었을 때, 형제라고 부르기를 부끄러워하지 않겠다고 하시었다.

그러한 그리스도 구원의 말씀이 태초의 빛으로 영원하신 하나님 그 생명의 '불씨'이기 때문에 그 말씀을 듣고 거듭남을 입었을 때, 비로소 하나님과 일체관계로 그 아들의 자격을 얻게 되면서 성인聖人의 반열에 들어가게 된다는 뜻이다.

그 말씀이 인류 구원이라는 '그리스도의 세계'라는 신약복음 속에 담고 있는 전체적인 내용이다. 그 말씀의 뜻을 다시 생각 하면서 그 성삼위 부분에 대해서 말했다.

"그처럼 창세기 일장에서 태초의 하나님 그 영계의 가족 구성원에 대해서 분명히 밝히고 있는데도 성자는 오직 독생자로 예수뿐이라는 논리 주장으로 타종교는 진리가 아니라고 무조건 배타를 하고 있으니까 종교 통일이 이루어 질 수가 없는 것이지요. 독생자란 뜻은 누구에 의해서가 아니라 태초에 스스로 존재하신 성부하나님의 아들이란 뜻인데… 그러니까 이 땅에 보내심을 입은 칠대 성현들의 존재 근원이 바로 태초 천지 부모가 되시는 조화주 하나님 분자적인 일곱색 빛으로 성자들의 신위고 그처럼 독자적으로 세상에 오신 성자들의 말씀이 시절에 맞추어서 인간 세상 피조물들 의식을 깨우쳐 주기 위해 출현하셨다는 근본적인 지혜의 말씀이 영원히 변하지 않는 진리라는 것인데…."

"그러니까 지구촌 종교 통일을 이루기 위해서는 먼저 창세기를 통해 하나님의 종 그 여호와 신의 존재 근원부터 밝혀야 하는 것이 우선이란 거 아니겠어요?"

"그것이 급선무겠지요. 그래야 각 민족 조상 뿌리역사도 후손들에게 진실하게 밝혀질 수가 있을 테니까요. 생각해 보세요. 여호와가 주인 하나님의 뜻을 받들어 지구에 내려와 지엽적인 에덴동산을 창설하고 그의 영광이 된다는 유대민족의 조상 아담을 흙으로 빚어 그 호흡을 불어 넣어 세우고 그 텃밭 종자 씨들을 열심히 가꾸어나온 여호와 행사 기록물이 구약의 전체적인 내용이지 뭡니까."

사실 그것이 구약 속에 담아 두고 있는 여호와의 행사다. 그 모습은 예수께서 설파하신 대우주를 총괄하신다는 사랑의 하나님 그 능력행사 와는 도저히 부합될 수가 없다.

그런데도 그와 같이 지엽적인 유대민족 뿌리역사 구약은 진실한 것이고, 이방 민족의 뿌리역사는 허구의 신화로 취급하는 모순을 빚고 있는 것이 오늘 서구 기독신학 논리로 거기에 맹신하고 있는 신도들이다.

그 이야기를 듣고 있던 그녀 역시도 거기에 수긍이 간다는 듯이 긍정적인 표정으로 입을 열었다.

"그러니까 마치 신화 같이 느껴지는 구약의 내용이 이스라엘 민족 뿌리역사서란 말이 이치적으로도 맞는 것 같아요."

"그렇지요. 구약의 내용이 그렇듯이 지구촌 어느 민족 뿌리역사도 마찬가지가 아니겠어요? 오늘 현대인들이 볼 때는 마치 허구로 꾸며진 신화처럼 느껴지게 마련이지요. 하늘에서 지구에 내려온 신들이 보편적인 사람 모습 그대로 나타나서 무지한 원시인간 들에게 세상을 살아가는 여러 가지의 방법을 가르쳐 주고 했다는 기록을 보더라도 그렇잖아요?… 그러니까 구약시대는 태초 성부하나님 말씀으로 창조되었다는 천상의 사람 그 신계가 지구에 내려와 그 텃밭 종자 씨를 가꾸면서 그 피조물 인간의식 진화를 위해 여러 가지 정보를 가르쳐 주고 또 함께 식탁에 앉아 밥도 먹으면서 이야기도 나누고 했다는 거 아닙니까."

사실 지구촌에 피부색을 달리하고 산재해 있는 각 족속의 뿌리역사를 살펴 볼 때 구약의 내용과 크게 다르지 않았다. 그 시대 역사가 사실적으로 인류 시원에서 동서東西가 마찬가지로 신과 인간이 함께 어우러졌다는 신인합발神人合發하던 시대였음이다.

구약의 내용이 그렇듯이 인류시원의 역사는 원시시대로부터 구석기 신석기 청동기시대를 거쳐 점차적으로 의식이 진화 발전되어 나온 현생인류다.

그 전개 과정을 담아 두고 있는 것이 유대민족의 뿌리역사로 그 내용이 담고 있는 느낌에 대해서 다시 말했다.

"구약의 기록은 하나님의 종복들이 각기 성호를 붙이고 지구에 내려와서 그 텃밭 종자 씨를 열심히 가꾸면서 그 책임과 의무를 충실히 해나온 기록물이기 때문에 그 내용이 그리스로마 신화라고 하는 것이나 뭐가 다르겠어요. 천상의 신들이 저마다 책임 분담 역할을 맡고 있잖아요. 그 기록물을 문명된 현대인들이 볼 때는 마치 신화처럼 느껴질 수밖에요."

"어쩐지… 그래서 저도 구약의 내용이 마치 그리스 로마 신화처럼 느껴지면서 고개를 돌려 버렸지 뭐예요. 천상에서 내려온 신들과 밥도 함께 먹고 성교도 하고 했다니까 말예요. 그리고 그 여호와가 모세뿐 아니라 그 백성들 앞에 직접 사람 모양이나 다를 것이 없이 나타나서 대화도 나누고 그 백성을 직접 혼도 내키고 하는 그 내용이 신화나 뭐가 다르겠어요. 그야말로 웃기는 거죠. 후훗훗…."

"그렇지요. 하지만 그 시대가 신과 인간이 함께 어우러졌던 인류시원의 뿌리역사로 지구촌 어느 민족이나 그러한 뿌리역사를 간직하고 있다는 겁니다. 유대 이스라엘 민족 구약의 내용이 그렇듯이 현대인들이 그 내용을 볼 때는 마치 신화처럼 느껴질 수밖에 없지만, 분명한 것은 지구촌 인류시원의 생성과정에서 있었던 초현실적인 사건이나 사실을 전제로 한 기록물인 것이지요."

"그러니까 그 시대 이스라엘 백성들로서는 그들을 다스리는 여호와를 당연히 생명을 주관하는 절대자 하나님으로 믿고 숭배해야 했었던 시대였네요."

"그래서 그 가르침의 명령에 불순종 하게 되면 여호와가 그처럼 그 백성들에게 진노의 벌을 내렸다는 거 아닙니까. 하지만 하나님의 종 여호와가 그 종자 씨밭을 일구고 관리해오던 구약시대가 본체신 하나님 섭리에 의해서 성자예수 출현으로 비로소 막을 내리게 되었다는 것을 신약성서에 분명히 밝혀두고 있드라구요."

사실 유대 땅에 성자 예수출현 이전 여호와는 종의 율법으로 이스라엘 백성만을 다스리면서 그들 생명을 주관하고 있었다. 그 멍에가 바로 종의 율법이기 때문에 예수께서 그 율법의 행위로는 인간 참 생명의 실상인 영혼 구원을 받지 못한다고 하신 것이다.

그 성구적인 설명에 그녀는 비로소 이해가 된다는 듯이 고개를 크게 끄덕이면서 말했다.

"세상에… 듣고 보니 이치적으로도 그렇네요. 세상 초등학문으로 육신의 법을 가르친 것은 여호와였고, 하늘나라 고등학문으로 영혼의 법을 가르친 성자 예수님이었으니까요."

"그래서 예수께서 그들에게 주인이 농사짓는 비유를 들어가면서 그 시대 변화를 깨달으라고 하신 것이었지요. 그 뜻이 바로 하나님의 종 여호와 역사시대에서 성부 하나님의 아들 성자 예수출현으로 구약시대가 마감됨을 뜻하는 것이죠."

"그 뜻을 저도 이제까지 이해하지 못했었지 뭐예요. 그 시대 변화를…."

"그러니까 예수께서 구약시대 너와 나를 개체로 이분법적으로 가르치는 여호와 초등학문에서 벗어나라고 하시고 내가 너희에게 하늘나라 새 계명을 주러왔다고 하시면서, 네 이웃을 네 몸처럼 사랑하라고 하신 그 말씀이 바로 우주만물이 태초의 하나님 한 틀 속에서 운행되어지고 있다는 뜻이 아니겠어요?…

그 새계명이 태초의 하나님 그 우주정신이기 때문에 듣고 거듭남을 입었을 때 하늘나라 영혼 생명을 얻게 된다는 것이 그리스도 인류구원의 말씀으로 진정한 기독교 정신인데…."

"서구신학 박사들이란 사람들이 정말로 그 시대구별을 하지 못해서 그런 것일까요? 아니면…."

말끝을 맺지 못하고 웃음을 날리는 그 마음이 충분히 읽어졌다. 웃으면서 말했다.

"구약시대 그 제사장들 생활 밥통 줄이 바로 율법제사였잖겠어요? 그런데 예수께서 그 율법제사로는 구원을 얻지 못한다고 폐하라고 하셨으니 그 제사장 제도가 박탈당한 것이나 마찬가진데 가만들 있었겠어요?… 그게 예수께서 이단의 괴수로 내몰려 참수형을 당해야 했던 이유였던 것인데… 오늘 서구 신학자들이 성자 예수 출현으로 마감된 구약시대 율법 제사의식이나 크게 다르지 않게 날과 절기를 지키게 하면서 여호와를 전지전능하신 하나님으로 믿으면 들어가고 나가도 복을 받게 해준다는 예배의 대상으로 삼게 하고 있는 것이 어쩌면 세상 살아가는 생활수단으로 입을 다물고 있다고 볼 수도 있지요."

"핫하하… 그게 바로 목구멍이 포도청이란 것 때문 아니겠어요?"

"맞는 말입니다. 그들의 가르침이 바로 인간 근원적인 참 생명의 실상을 바로보지 못하게 하는 우상 숭배로 미신이 아니고 뭐겠어요. 그게 마치 기독교 정신의 제사의식인 것처럼 주입시키고 있지만, 실상 그 논리가 많은 영혼을 노략질 하는 쑥물로 사단의 회라고 계시록에 분명히 기록하고 있다는 거 아닙니까."

연이의 생각은 사실 그랬다. 오늘 우리가 과거 그와 같이 혼미한 미신적인 믿음에서 깨어날 수 있는 것은 구약의 세계관과 신약의 세계관을 구별해 볼 줄 아는 그 지혜의 눈을 뜨는 것이 최우선이라고 생각했다.

구약 여호와의 초등학문 시대를 마감하고 고등종교 스승 성자 예수 출현으로 문이 열린 신약복음 속에서는 그 시대 구별의 지혜를 얻게 해주는 하늘나라 복된 영생의 말씀을 알알이 담아두고 있기 때문이다.

이야기의 주제가 그 쪽으로 흐르면서 그 생각을 다시 말했다.

"서구 신학자들이 성자 예수 출현으로 마감된 구약시대의 여호와 유일신 숭배사상을 주입시키고 있지만 그 논리는 성서적으로도 그렇지만 이치적으로도 도무지 부합될 수가 없는 것이지요. 어디 그뿐이랍니까?

그 같은 논리가 인류시원의 뿌리역사를 유대민족 창조연대 육천년에 맞추고 있지만, 오늘 지구촌 생물학자들이나 고고학자들이 밝혀낸 것은 지구상에 인간 생명체가 수억만 년 전부터 존재해 왔다는 증거물을 제시하면서 연구하고 있고, 또 과학자들 역시도 지구 생성을 수십억 년 전으로 추정하는 논리를 펴고 있는 상황에서 서구신학자들 그 같은 논리 주장은 천지분간 못하는 그야말로 세 살 먹은 어린 아이들 헛소리쯤으로 문명된 과학자들과는 말 상대가 되지 않을 수밖에요."

과거 누구보다도 기독신앙에 열심을 다 해왔었던 연이었다. 그러나 어느 땐가부터 도무지 이치적으로 맞지 않는 서구신학 논리에 나름대로 그 모순점이 무엇인가를 연구 분석해 보기 시작했었다. 신학자들의 성서해석 논리가 이치적으로 합리성이 없다는 생각이 머리를 어지럽혀 왔기 때문이다.

오늘 그 신학의 문제점을 다시 가만하게 피력했다.

"현대인들은 과거 그처럼 맹신했던 원시인간 의식이 아니거든요. 오늘 문명된 지구촌 인류 고고학자들 연구는 성서학자들 논리와는 다르지요. 그래서 지구에 생명체가 존재하게 된 기원은 인류 조상이라는 아담 그 훨씬 이전부터 존재해 왔다는 증거를 지구 도처에서 발굴해 내놓고 있는 기원미상의 동식물 화석체들이 입증하고 있다면서 그 반증을 내놓고 있다는 겁니다. 그러니 인류시원 뿌리역사를 육천년대로 맞추고 있는 성서학자들 입장에서는 난해할 수밖에 더 있겠냐구요."

"그러니까 그들 말을 믿고 그 앞에 두 손을 모으고 맹신하는 신도들이나 영급이 같은 수준급이잖아요. 홋, 후후후…."

"그래서 예수께서 들을 귀 있는 자들이나 들으라고 하셨던 거 잖겠어요. 아무나 그 시대 분별을 할 것 같으면 그들을 눈먼 몽학선생이라고 하셨겠느냐구요… 그러니까 많은 현자 성현들이 이 땅에 와서 예언하고 있는 지구 최후의 종말론 같은 생명체의 멸종위기가 이 세대 그 훨씬 이전에도 지구에 거듭 있어왔다는 고고학자들의 입증에 대해서는 신학자들이 일체 언급조차도 못하고 있다는 거 아닙니까. 요한계시록은 그 이치를 분명히 담아두고 있는데…."

"그러니 그게 신학자들과 과학자들 사이에 시비가 되고 있는 대결구도네요."

"그렇지요. 그러니까 이처럼 지구 재앙의 경종이 울리고 있는 사이렌 소리와 함께 지구촌은 종교전쟁에서 비롯된 테러와의 전쟁으로 더욱 암울해져 있다는 거 아닙니까. 그것이 여호와 유일신론을 주장하는 서양문화권이 만들어낸 종교적 망상으로 현대과학과는 맞지 않는 논리가 오히려 종교의 월권을 조장하고 있다는 비난을 학계로부터 받고 있다는 것이지요. 그만큼 오늘 현대인들의 지성은 합리적이지 못한 서양 문화권 속에서 만들어져 나온 기독교리의 원시성을 비판하게 되면서 유일신에서 깨어나야 만이 진정한 자아를 찾음과 동시에 인간 존엄성을 회복하게 되고 인류평화를 기대할 수 있다고 말하기를 주저하지 않고 있답니다."

"그 문제를 풀어야 하는 것이 오늘 기독교가 안고 있는 숙제임에는 틀림이 없네요. 그죠? 훗, 후후…."

"그렇지요. 그게 사실 기독교 신학자들이 안고 있는 숙제지요. 오늘 진보 발전된 현대인들의 의식에 대두되고 있는 것이 바로 그 지적설계론으로 새롭게 등장한 과학이론이라는 거 아닙니까. 그것이 과거 여호와 피조물 창조나 마찬가지로 현대 물리학자들이 과학적 이론으로 시험관 복제인간을 만들어서 내놓고 반격하고 있는 종교와 과학의 대결구도라는 것이니까요. 사실 오늘 이처럼 발전된 현대문명 앞에서 아직도 그 원시성을 탈피하지 못하고 있는 기독신학이니까 로케트가 달나라를 가는 우주화 시대에 특히 서양의 지성인들로부터 미신적인 종교라는 비판을 받고 있는 것이지요."

"문명된 서양 지식층들로부터 그런 말을 들을 만도 하네요. 뭐."

"그러니까 기독교가 진정한 영혼 구원의 종교로 다시 깨어났을 때 과거에 있었던 지구개벽에 대해서도 성서를 바탕으로 올바르게 이해하게 되면서 오늘 과학자들이 연구하고 있는 고대 생명체들의 자료에 대해서도 서로 이야기를 맞춰 볼 수가 있지 않겠냐구요."

사실 오늘 문명사회의 현대인들은 서구신학자들이 설파하는 유일신 주장의 기독교를 향해 인류 역사를 원시적으로 퇴보 시키고 있다는 비난을 쏘아 올리면서 그 논리의 원시성을 과감하게 비판하기에 이르렀다.

현대 물리학에서나 천문학자들이 보는 우주 기원은 150억 년이다. 이러한 과학자들의 견해와는 달리 하늘과 땅, 그리고 지구 최초의 인간이 유대 민족의 조상 창조신 여호와로부터 창조된 6000년으로 보는 신학자들의 논리는 어불성설이라는 것이다.

사실 오늘 문명화된 현생 인류의 지성은 태초에 우주의 지성체로 창조된 천상의 사람이라는 그 신계 족들이 아득한 옛날 지구에 내려와 그들의 형상 닮은 피조물을 창조 했듯이 마찬가지다. 우리 인간의 형상을 닮은 복제 인간을 창조하기에 이르렀다.

그처럼 문명된 현생인류는 마침내 우리 인간 조상을 창조한 그들의 거처를 찾아 떠나기 위한 준비를 서두르고 있다고 했다.

그만큼 우주의식으로 깨어난 현대인들은 이제 태초의 에너지 생성원이 블랙홀과 화이트홀이라는 음양陰陽상대론적인 우주 원리를 과학적으로 터득했다는 이야기다.

그것이 바로 성경 (창세기 1장)에 기록된 원리로 우주의 기원이 되는 최초의 '우주원소'는 분열 팽창되는 양전자파와 그리고 안으로 응고 수축되는 음전자파는 수소의 집합체로서 수소는 전자를 거느리고 있는 물질의 본질로 만물을 형상화시키는 모체로서 블랙홀이라는 논리를 펴냈다.

그러한 우주생성의 원리에 대해서 서구신학자들이 지금까지도 언급하지 못하고 있는 (창세기 1장)의 기록에서 '땅이 혼돈하고 공허하며 흑암이 깊음 위에 있고'라는 그 성구다.

하지만 그 창세기의 묘사는 처음 우주 공간이 공의 상태에서 '우주소'라는 수소가스 수증기가 가득 메워져 산재되어 있는 상태로 그 이상의 다른 어떤 표현을 당시로서는 할 수가 없었기 때문일 것이다.

그렇기 때문에 현대 과학자들이 말하는 '우주원소' 블랙홀이 우리 은하계에서 계속 발견되고 있음은 무엇을 뜻하는 것인지 다시 생각해 보게 해주고 있다.

이제 과학자들은 밤하늘에 반짝이는 행성의 별들이 그 일생의 경영을 끝내고 인간이나 마찬가지로 산화되어 흩어지지만, 그 무게의 질량만큼 다시 새로운 별이 탄생되어지고 있다는 사실을 발견해 내기에 이르렀다. 그처럼 그 일생의 경영을 끝내고 산화되어 흩어지는 별의 모습을 보고 우리는 별똥별이라고 말한다.

이러한 과학적인 원리를 참고해 볼 때, 지구 역시도 마찬가지다. 언젠가는 그 경영을 끝내고 인간 윤회설이나 마찬가지로 다시 새롭게 변화를 입게 됨을 특히 성서 요한계시록을 통해 유추해 볼 수 있게 해주고 있다는 사실이다.

성경 예언의 (요한계시록)에서 '해가 총담 같이 어두워지고 하늘이 종이 축처럼 말리게 될 것' 이라고 했으며, 그것을 성서는 '7수가 돌았을 때'라고 분명히 기록해 두고 있다.

그 7이라는 숫자는 우주 창조의 비밀을 담고 있는 숫자로, (창세기 1장)에서 우주와 만물이 7이라는 숫자에 의해서 완성되었음을 나타내주고 있는 것이다.

하지만 유대민족 뿌리역사는 그 기록상으로 불과 6천 년이라는 시간대다. 그 시원의 창조역사 기록을 그대로 받아들인다면 고고학자들이 오늘 지구 도처에서 발굴해 내고 있는 수억만 년 전에 벌써 지구에 생명체가 존재했음을 증명해 주고 있는 동, 식물의 반화석체를 성서 신학자들은 당연히 설명할 수가 없다.

고고학자들이 발굴해 낸 기원전 고대 초기에 인류 화석에서 나온 '골'의 특징은 지구 인류의 시조라는 아담 이후의 시대에서부터 나온 두 개골과는 전혀 다른 하나로 원시 '호모사피엔스'라고 했다.

그 뼈의 유전인자 염색체 분석결과에서 지구의 모든 남자들이 가지고 있는 Y염색체가 없는 것으로, 최소한 6만 년 전에 존재했던 고대 인간 생명체의 유전자라는 견해다. 그 생명체는 지구 최근에 속하는 아담의 후예들이 아님을 입증해 주고 있다는 것이다.

그러한 인류 생명체의 존재 연구에 대해서 〈인도 문명의 수수께끼

토다족〉에 관한 기사는 이렇게 싣고 있다.

〈인도에 인간이 살기 시작한 것은 매우 오래 시대의 일이라고 한다. 1400~800만 년 전의 호모사피엔스(인류)화석이 발견된 것과, 1922년 인더스 문명의 발상지라는 하랍파 모헨조다로의 발굴 등이 잇달았으나 아직도 풀리지 않는 수수께끼들이 많다.〉

이것이 오늘 지구촌 고고학자들의 연구다. 그렇다면 과연 어떻게 그러한 유전적 인간 변이의 호모사피엔스라는 생명체가 과거 지구에 존재하게 되었던 것인지 그 의문의 숙제를 제시해 준다.

그들 역시도 오늘의 현생인류처럼 지구에 분포되어 한 시대를 열고 존재해 왔었음을 중동이나 아시아, 그리고 아프리카 등지에서 뿐만 아니라 지구 도처에서 발굴되고 있는 그 화석체들이 입증해주고 있다. 그 유적들 또한 흥미로운 수수께끼로 그 의문을 제시해 주고 있다.

이처럼 지구촌은 태고로부터 전해 내려오는 수많은 신화 같은 이야기와 함께 오늘 현재도 지구 도처에서 발굴되고 있다. 그와 같이 불가사의한 기원미상의 유적과 함께 비지구형 문화유산들이 구약시대 이전에도 지구에 4차원 세계의 우주인들이 내방했었음을 그 흔적들로 미루어 짐작해 보게 한다는 것이 고고학자들의 연구 주제가 되고 있다는 것이다.

하지만 고대 사람들은 그러한 우주 지성체의 내방 흔적을 신화적으로 생각하였고, 이후 문명이 발달된 현대인들은 논리적으로 신빙성이 없는 다만 신화적 이야기라고 웃어넘기고 있다.

신화란 비유적인 이야기로 신화(myth)의 어원인 무토스(mthos)와 논리는(logic)는 본래 다 같은 '이야기'라는 의미로 이것을 증명한다고 했다.

오늘날 서양이 발전시켜 나온 물질과학 문명의 과학적 합리성은 인간 자체 속에 내재한 '무재한성'의 정신문명 앞에서 서구 신학자들의 인류 시원의 창조론을 놓고 재고하지 않을 수 없는 상황에 이른 것이다.

물론 그러한 서구신학자들의 유일신 논리 주장의 창조론으로는 그 해답을 당연히 얻어낼 수가 없는 일이다. 오늘 지구촌에 생명의 기원을 밝혀내고 있는 과학자들이 지구가 생성된 년수 45억 년과, 인류역사 6천년으로 말하는 신학자들과의 차이를 과연 어떻게 정리할 수 있으며, 또 그 문제를 어떠한 결론으로 종결을 지을 수 있을 것인가 하는 것이다.

기독신학에 충격을 주는 숙제는 그 뿐만이 아니다. 오늘 세계 석학 7명이 1961년에 채택한 이름하여 '그랜뱅크의 공식'으로 추산하면, 우리 은하계에는 지구인과 전파 교신을 할 수 있는 문명의 수준을 갖춘 혹성들이 최소한 2백만 개나 된다는 발표를 했고, 그들이 지구를 내방했던 외계인이라고 말하고 있다.

이처럼 성서학자들과 과학자들의 견해는 점점 더 괴리감이 커져만 가고 있다. 이러한 시대 상황에서 서구 신학자들의 성서 해석이 예수께서 본질상 하나님이 아니라고 지적하신 구약시대 유대민족 여호와 유일신 숭배사상을 기독교 스승 성자 예수의 고난을 상징하는 십자가 위에 업고 들어와 우주를 주재하신다는 최고의 신으로 주입시키고 있다는 점이다.

그렇다면 그 여호와 신의 존재 근원은 어디에서 비롯된 것인가?

연이는 그 해답을 얻기 위해서 먼저는 우주만물의 근원을 담아 두고 있다는 성경 (창세기 1장과 2장)을 몇 번이나 거듭 읽고 비교 분석하면서 눈씨름을 하기 시작했었다.

그런 어느 순간이었다. 그것이 사랑이 많으신 하나님의 속삭임 같은 그 은혜였던 것이라고나 할까?

이제까지 교회 목회자들로부터 들어보지 못했던 새로운 사실을 놀랍게 발견하게 해주면서 눈이 크게 떠졌었다.

그 문제가 바로 그처럼 의문으로 맴돌았던 하늘에서 내려온 신들의 존재로 그들의 근원이 바로 (창세기 1장)이였다. 그 기록에서 태초 광명하신 영계의 하나님이 우주와 만물을 다섯째 날 까지 단계적으로 빛의 말씀(Logos)으로 창조하시고, 그 지으신 모든 것을 다스리게 할 천상의 사람을 그 여섯째 되는 날, 역시나 우주원소 빛의 말씀으로 하나님 형상을 따라 만들었다고 했다.

그들이 우주의 지성체로 번성하여 '땅을 정복하라!'는 권세를 부여받은 '하늘 사람'임을 (창세기 1장)에 분명히 기록하고 있다.

그처럼 공중권세자로서의 축복을 받고 창조된 그들의 존재가 무한의 세계라는 태초 본자연本自然으로 존재하신 광명한 빛의 하나님과 고리를 잇고 있는 우주의 지성체로서 하늘 정부를 이루고 있는 영계靈界의 종복從僕으로 그 신계神界임을 나타내 주고 있다.

그들이 바로 (창세기 2장)에서 부터 각기 그 역할 분담을 맡고 성호를 붙이고 지구에 내려와서 인류역사를 이루어 나왔던 신神의 존재들이였음을 비로소 깨닫게 해주었던 것이다.

사실 구약의 내용 속에서 등장하는 그 신들의 존재 역시도 지구인과 다르지 않은 보편적인 사람의 모습 그대로 하늘에서 내려와 각기 그 능력행사를 보여주고 있었다는 사실에 이해가 되었다.

그들이 다스림의 공중권세를 부여 받은 지성체知性體들이었기 때문에 개체적으로 성호聖號를 붙이고 지구에 내려와서 지적인 설계로 물질인간을 창조했던 것이며, 또한 문명된 하늘나라 4차원의 지식정보를 제공해 주면서 피조물의 의식을 진화시키는 전반적인 행사내용을 구약 속에 기록해 두고 있다는 사실에 눈이 떠지기 시작했다.

바로 그것이었다. 그들 신계가 하늘나라에 정부를 두고 있는 천상은 그때 이미 4차원 이상의 문명화된 세계로 초광속 과학기술이 발달되어 있었으며, 그렇기 때문에 그들은 먼 옛날부터 우주선을 타고 지구를 왕래하고 있었음을 구약성서를 통해서 유추해 볼 수 있게 해준 것이다.

그들이 바로 오늘 문명된 지구촌 과학자들이 말하는 외계인이다. 하지만 서구신학자들은 구약시대 그처럼 실제적인 사람의 모습으로 하늘에서 지구를 오르내렸던 그들의 존재근원에 대해서 지금까지도 언급을 하지 못한 채로 회피하고 있다.

그렇기 때문에 문명화된 하늘나라 4차원의 지식정보를 가지고 실제적인 사람의 모습으로 지구를 오르내렸던 그 신계족의 행사를 막연하게 상상만 하게 할뿐이다. 그 자체가 또한 문명된 현대인들에게 인류시원에 대한 많은 의문점을 제시해 주고 있는 것이 사실이다.

지구를 내방한 외계인의 실체

오늘 기독신학 논리에 의해 풀이되고 있는 인종人種의 시조始祖와 생명체의 기원은 문명된 현대 과학자들의 견해와는 전혀 다른 차원으로 대결구도에 놓여 있다.

서구신학자들은 아담과 이브를 지구촌 전체적인 인류 시조의 원형으로 하고 있다. 그렇기 때문에 인류 시원의 연대를 성호를 붙이고 지구에 내려온 여호와 신神이 물질인간을 창조한 (창세기 2장)을 바탕으로 6천 년 대를 기준으로 하고 있다.

그것은 어디까지나 성서를 원시적으로 잘못 풀이하고 있다는 것이 문명된 현대인들의 비판의 소리다. 과학자들은 구약 속에 성호를 붙이고 '나는 이스라엘의 하나님 여호와로다.' 선포를 한 여호와 신神뿐 아니라, 그 기록 속에 또 다른 신표를 붙이고 등장하는 많은 신들이 아득히 먼 옛날부터 지구를 왕래한 문명화된 외계인이라고 말하고 있다.

그들이 지구를 내방하며 흘러간 시간대는 우주 생성이 수십억 광년이라는 과학자들의 추정으로 미루어 보았을 때 수십억 겁이라는 세월이다.

그 억겁의 시간대가 흐르는 동안 지구를 오고 갔던 외계인들은 오늘 지구 전체적인 인구보다도 더 많이 번성하였을 것으로 보고 있는 것이 과학자들의 추측이다.

과학자들의 그와 같은 견해를 입증해 주듯이 1994년 2월 22일자신문에 〈우주 소년 미라 UFO 잔해발견〉이라는 제목이 세인들을 관심을 끌게 했었다.

프랑스 고고학자 리발리 웨르 박사는 이스라엘의 한 동굴에서 지금으로부터 5천 8백년 전 불시착한 것으로 추정되는 외계인의 미라를 발견했다. 그는 이스라엘 정부의 함구령에도 불구하고 그 사건을 발표했다고 한다.

그렇다면 이스라엘 정부가 그 사실을 숨기려 했던 이유가 과연 무엇이었을까? 다시 생각해 보지 않을 수가 없다. 5천 8백 년 전 이었다면, (창세기 2장)에서부터 등장하는 여호와가 유대민족의 뿌리조상 아담과 이브를 창조하고 그들의 의식진화를 시험해보면서 보좌 신명들과 함께 세상을 살아나가는 여러 가지의 방법을 가르쳐 주던 동년대의 시간대이기 때문이다.

그런데 그 〈우주 소년 미라 UFO〉불시착한 시간적인 연대가 이스라엘 뿌리역사 시원과 동시대였다면 구약의 내용 속에서 하늘을 오르내렸었던 그 신들의 존재가 바로 과학자들이 말하는 외계인이라는 이야기가 된다. 성서 속에 등장한 신들은 저마다 성호를 붙이고 있었지만 보편적인 사람의 모습이었고, 또 실제적인 운송수단 '우주선'을 타고 왕래했었음을 그들의 행사를 통해 유추해 볼 수 있게 해주고 있다는 사실이다.

그들이 구약의 내용 속에서 지구인들과 성행위도 하고, 또 음식도 함께 나누어 먹으면서 실제적으로 함께 생활했었다는 내용이 마치 신화처럼 느껴질 수밖에 없다. 그 기록이다. (창세기 6장 1~3)

〈사람이 땅위에 번성하기 시작할 때에 그들에게서 딸들이 나니 하나님의 아들들이 사람의 딸들의 아름다움을 보고 자기들의 좋아하는 모든 자로 아내를 삼는지라, 여호와께서 가라사대 나의 신이 영원히 사람과 함께 하지 아니하리니 이는 그들의 육체가 됨이라, 그러나 그들의 날은 일백 이십년이 되리라, 하시니라.〉

위의 성구에서 주시해야 할 부분이 '하나님의 아들들'이란 존재들이다. 오늘 우리가 그 부분을 짚고 넘어가지 않으면 태초의 하나님 그 우주 섭리에 대해서 이해할 수가 없게 된다. 그들의 존재에 대해서 서구신학이 아직까지도 언급을 하지 않고 있는 것이 바로 기독신학의 문제점이 되고 있기 때문이다.

그들의 존재근원에 대해서는 (창세기 1장)에 분명히 밝혀 두고 있다. 거기에 이름 없이 등장하는 태초에 광명하신 빛의 하나님께서 천지와 만물을 다 이루시고 난 그 여섯째 되는 날이 이르렀을 때에, 그 지으신 모든 것을 다스리게 할 하나님의 종복從僕 천상의 사람을 빛의 말씀으로 창조하시었다고 했다. 그 기록이다. (제1장 25~31)

〈하나님이 땅의 짐승을 그 종류대로, 육축을 그 종류대로, 땅에 기는 모든 것을 그 종류대로 만드시니 하나님의 보시기에 좋았더라, (26)- 하나님이 가라사대 우리의 형상을 따라 우리의 모양대로 우리가 사람을 만들고 그로 바다의 고기와 공중의 새와 육축과 온 당과 땅에 기는 모든 것을 다스리게 하자, 하시고 (27)- 하나님이 자기 형상 곧 하나님의 형상대로 사람을 창조하시되 남자와 여자를 창조하시고 하나님이 그들에게 복을 주시며 그들에게 이르시되, 생육하고 번성하여 땅에 충만하라, 땅을 정복하라! 바다의 고기와 공중의 새와 땅에 움직이는 모든 생물을 다스리라, 하시니라, (29)- 하나님이 가라사대 내가 온 지면의 씨 맺는 모든 채소와 씨가진 열매 맺는 모든 나무를 너희에게 주노니 너희 식물이 되리라, (30)-또 땅의 모든 짐승과 공중의 모든 새와 생명이 있어 땅에 기는 모든 것에게는 내가 모든 푸른 풀을 식물로 주노라, 하시니 그대로 되니라, 하나님이 그 지으신 모든 것을 보시니 보시기에 심히 좋았더라, 저녁이 되며 아침이 되니 이는 여섯째 날이니라.〉

위의 성구에서 나타내 주고 있는 것이 그 지으신 모든 것을 다스리게 할 '사람'으로 하나님 형상을 따라 창조하시었다고 했다.

이렇게 (창세기 제1장)에서 창조된 이때의 '사람'은 여호와 신이 지구에 내려와 설계한 물질인간처럼 '흙'이 아닌 태초 빛의 말씀으로 창조하시었다고 했다.

그리고 그들에게 다스림의 공중 권세를 축복으로 주시고 일곱째 되는 날에 이르러서 '쉼'으로 들어가시었다는 (제2장 1~4)까지가 그 기록이다.

〈천지와 만물이 다 이루니라, 하나님의 지으시던 일이 일곱째 날이 이를 때에 마치니 그 지으시던 일이 다 하므로 일곱째 날에 안식하시니라.〉

위의 성구에서도 나타내 주고 있지만 태초 우주 만물을 지으신 이름 없는 빛의 하나님은 그 모든 일을 (제1장)에서 모두 끝마치시고 잠시 동안의 안식安息, '쉼'으로 들어가셨다고 했다.

그리고 그 뒤를 이어 (제2장 5절)에서부터 신神의 성호聖號를 붙인 여호와가 등장하면서 지구의 물질인간을 태초의 말씀(LOGOS)이 아닌 흙으로 남자 '아담'부터 창조 설계하는 그 행사를 보인다. 그 여호와 신이 바로 다스림의 권세를 축복으로 받고 하나님의 형상을 따라 (제1장)에서 창조되어진 우주지성체로 '생육하고 번성하여 땅을 정복하라!'고 하신 그 말씀에 순종하는 하나님 종복從僕의 신분임을 분명히 나타내 주고 있음이다.

그렇기 때문에 그들이 문명된 지식정보를 가지고 하늘과 땅을 오르내렸던 '천상의 사람'으로 '하나님의 아들들'이라는 존재 속에 속하는 공동체임을 나타내 주고 있는 것이다.

그들이 바로 생육하고 번성하여 하늘에 정부를 두고 있는 지구인이 말하는 천상의 신계족으로, (창세기 1장)을 반추해보면 태초 광명하신 영계靈界의 본체신, 그 음양陰陽조화주 하나님과 고리를 잇고 있는 다스림의 대행자로 공중 권세를 부여받은 신과神果 들임에는 틀림이 없다.

그렇기 때문에 그 신들에게는 각기 주어진 역할 분담이 있었던 것으로, 태양을 주관하는 해火신에서부터 달과 별들 뿐 아니라, 바다를 총괄하는 수중신, 산신, 바람과 비를 주관하는 신, 또 공중의 새와 들짐승, 심지어는 수목과 바위 암벽을 주관하는 자연신등 그 형체를 나타내는 모든 만물을 주관하는 그 신들의 역할이 각기 다름을 성서뿐 아니라 여러 고문서에 나타내 주고 있음이다.

1883년 프랑스 학자 페르FEER는 티베트의 라마 Lama 교敎에서 지극히 신성시神聖視하는 고문헌의 일부분을 번역하여 내놓은 적이 있었다.

그 본문에서〈칸주르〉와 해설문집인 (탄주르 Tandschur)로 구성되어 있었다. 〈칸주르〉는 108개롤 된 이절판의 대형서大型書로서 총 9장 1,083절로 나뉘었고, 〈탄주르〉는 225권으로 되어 있었는데, 그 엄청난 부피 때문에 그 고서古書는 티베트의 산골짜기에 있는 여러 마을에 분산되어 각 집의 지하실에서 소중하게 보존되어 왔었다고 했다.

그 〈칸주르〉의 여섯 목소리의 모듬 장章의 '신의 목소리' 절節에서 페르는 신神들 역시도 어길 수 없는 세 가지 기본법칙이 하늘나라에 있다는 기록을 찾아냈다는 그 이야기다.

〈천상에는 여러 하늘들이 있는데, 이 하늘이 신에게 모두 열려 있는 것은 아니다. 비록 신들의 수가 많다 하여도 그들은 결코 세 가지의 기본법칙을 어길 수 없다. 그들은 '소원의 영역' '확장의 영역'과 '비확장의 영역'을 지나갈 수 수 없다. 이 법칙은 세분되어 28개의 거처에 자리하고 있는데, 소원의 영역은 6개의 구역으로 나뉘어져 있다.〉

그 기록에서 말하고 있는 것이 '소원의 영역' 그리고 '확장의 영역'과 '비확장의 영역'은 현대 우주과학적 지식으로 볼 때 무엇을 표현하는 것인지 의문을 제시해 주고 있다.

그러나 거기에 대해 고문헌은 계속하여 천상의 '여섯 하늘'에 대해서 설명하는데, 거기에서 놀라운 것은 신들이 사는 하늘나라 역시도 마치 아인슈타인의 상대성 원리의 차원에서나 볼 수 있는 시간 단위가 사용되고 있다는 점이다.

하지만 그곳의 시간 개념은 지구의 시간 개념과는 전혀 다른 것으로, 성자 예수께서 세상의 천년이 하늘나라 에서는 하루와 같다고 하신 말씀을 상기시켜 보게 해준다.

그 '여섯 하늘'의 시간이 〈칸주르〉에는 다음과 같이 기록되어 있다.

〈네 대왕四大王의 하늘에서는 지구의 50년이 그곳의 하루 낮과 하룻밤에 해당된다. 이곳에서는 500년의 수명을 누릴 수 있는데, 이 기간은 지구의 900만 년이다.

네 대왕의 하늘을 지나면 그 뒤에 두 번째 하늘이 있다. 지구의 100년이 이곳의 하루 낮과 하룻밤에 해당한다. 이곳의 수명이 1000년 이므로 이 기간은 지구의 3천 6백만 년이다.

이 하늘의 다음에는 투시타 TUSTA의 거처가 있다. 사람의 400년이 이곳의 하루 낮과 하룻밤에 해당한다. 이곳의 수명이 4,000이므로 이 기간은 사람의 햇수로 5억 7천 6백만 년이다.

투시타 신들의 하늘 다음에는 제 5의 하늘이 있다. 여기서 신들은 자기를 변형시킬 수 있고, 다섯 개의 요소를 가진다. 사람의 800년이 이곳의 하루 낮과 하룻밤에 해당한다. 이곳의 수명이 1만년 이므로 사람의 햇수로는 23억 4백만 년이다.

이 다섯 번째의 하늘 다음에 여섯 번째의 거룩한 처소가 있다. 이곳의 신들은 만물을 변형시킬 수 있으며, 그들의 향락을 위해 정원, 숲, 성채, 궁궐 등 그들이 원하는 모든 것이 있다. 여기가 '소원의 영역'의 극치를 이루는 곳으로, 사람의 1만 년이 이곳의 하루 낮과 하룻밤에 해당한다. 이곳의 수명이 1만 6천 년이므로 이 기간은 사람의 햇수로 92억 1천 6백만 년이다.〉

그와 같은 고문서의 본문을 통해서 볼 때, 지구가 생성이 된지가 약 45억 년이고, 우리와 같은 인간의 종이 생겨 난지 겨우 200만 정도이다. 그렇다면 지구의 시간으로 92억 년을 사는 수명이 있다는 '여섯 번째' 하늘은 우주 어디에 있는 하늘인가? 그것이 숙제로 남는다.

그런데 티베트의 고문헌에 〈잔〉이라 불리우는 또 다른 전설이 있다. '지구의 나이보다도 오래 된 것'이라고 전해 내려오는 이 고서古書는 본래부터 이상한 에너지 자성磁性을 띠고 있어서 오로지 선택된 현자賢者만이 만질 수 있기 때문에 만약에 선택되지 않은 무자격자가 손을 대면 큰 재앙이 닥친다고 전해지고 있다.

〈잔〉의 원본에 현자의 손이 닿으면, 거기서 영감적靈感的인 독특한 음의 주기적인 리듬이 생겨나며, 현자의 눈앞에 그 내용이 그림으로 나타날 뿐만 아니라, 그가 이해할 수 있는 언어로 설명까지를 해준다는 것이다.

그 원본이 현재 어디에 숨겨져 있는지 아무도 알 수 없으나, 옛날부터 전해오는 바로는 현재 중국의 서쪽에 위치한 곤륜산맥崑崙山脈의 사찰이나 그 계곡 일대의 어느 지하 동굴 어딘가에 숨겨져 있을 것이라고 한다.

그처럼 신비스러운 원본이 곤륜산맥에서 비롯된 것이라면, 지구 중심의 '아시 땅'에 하늘 보좌신명 삼천의 무리를 거느리시고 하강하시었다는 우리 배달한민족의 시조始祖이신 환웅천제桓雄天帝님을 생각해보지 않을 수가 없다.

우리 배달한민족 뿌리를 세워주신 환웅께서는 신계神界 위에 있는 영계靈界로 물질을 형상화 시킨 모태母胎로서 성부聖父의 대위代位가 되는 성모聖母 하나님의 신위神位이기 때문이다.

아무튼 그토록 신비스러운 기록에는 앞에서 본 창세기의 내용뿐만 아니라 우주와 인간에 대한 하나님의 모든 진리가 담겨져 있다는 것인데, 그 중에 하늘의 시간에 대해 다음과 같이 기록하고 있다.

〈하늘에는 일곱 개의 영원한 세계가 있다. 거기서는 브라마 Brahma

(절대자)의 백년을 주기로 삼고 있다. 이것은 지구의 햇수로 계산하면 311조 400억 년에 해당 한다. 브라마의 하루는 지구의 43억 2천만년이다. 브라마는 모든 세계를 창조하고 보존하는 힘이다.〉

사실 요한이 천상 세계를 보고 와서 쓴 (요한계시록)에서 그가 본 보좌 앞에 '일곱 등불'이 켜져 있어서 천사에게 물었을 때, 그것이 하나님의 '일곱 금 촛대의 비밀'이라고 했다.

그러한 기록들을 종합해 볼 때, 지구 이변의 개벽이 그동안에 여섯 번에 걸쳐 있어왔음을 나타내주고 있으며, 그 입증이 오늘 지구 도처에서 고고학자들이 발굴해 낸 기원전 고대 초기의 인류 화석체들이다.

이러한 고고학자들의 연구는, 그렇다면 어떻게 하여 그러한 유전적 인간 변이의 호모사피엔스라는 생명체가 과거 지구에 존재하게 되었던 것일까? 하는 그 의문의 숙제를 제시해 준다.

그런데 과거 〈잔〉을 기록한 사람들이 우주적인 시간단위를 가지고 있었음을 나타내 주는 놀라운 기록을 주시하지 않을 수 없게 해준다.

〈지금으로부터 1천8백만 년 전에 지구상에는 뼈가 없는 고무 같은 생물들이 살았다. 이들은 의식이 없고, 이해력도 없는 존재들로서 자기의 몸을 분열시켜 번식하였다. 그 후 약 4백만 년 전에 와서는 평화롭고 부드러운 생명체가 생겨났는데 이들은 행복한 꿈나라에서처럼 살았다. 그런데 그 후의 3백만 년 동안에 거대한 몸집을 가진 동물들이 나타났다. 이들은 양성兩性을 지녔기 때문에 스스로 새끼를 낳았다. 그러다가 70만 년 전에 와서 이들은 다른 동물처럼 새끼를 낳기 시작했는데 새끼들은 모두 괴물이었다. 이 괴물들은 짐승과의 교배交配를 일삼아 결국 동물로 되돌아갔다.〉

〈잔〉이 기록한 하늘나라의 시간은 우주 속의 한낱 먼지만한 크기

밖에 안 되는 지구의 사람들로서는 초현실적인 시간개념으로 도저히 상상할 수 없는 시간단위이다.

그러나 현대인들이 그 시간개념의 논리를 부정할 수가 없다. 우리가 상상할 수 없었던 고대 지구에 존재했었다는 생명체의 흔적들이 그 입증이 되어주고 있기 때문이다.

그렇다면 그 생명체들 역시도 구약 속에서 지구에 모습을 나타내고 그 행사를 펼쳐온 하늘사람, 그 신들의 창조물 이었다고 볼 수 밖에 없다. 그 들이 과학자들이 말하는 지구 밖의 외계인으로 문명된 천상의 지성체知性體들이었음이 틀림없다.

고대에도 그랬겠지만 구약시대 그들이 지상으로 내려 올 때 실체적인 운송수단의 비행 물체를 이용하고 있었기 때문에 당시의 사람들은 하늘에서 요란한 굉음소리를 내면서 지상으로 내려오는 우주선로켓을 '독수리' 또는 '까마귀'로 구약의 내용 속에 그처럼 묘사하고 있다.

그런데 오늘 그처럼 5800년 것으로 추정되는 그 우주선 UFO 추락사고의 쇼킹보도 뉴스에 의하면 문명된 그들 우주인의 이기利器도 시행착오로 기관 고장을 일으켰다는 이야기가 된다.

하지만 성서 기록상으로 비춰볼 때에 그 외계인들이 일으킨 기관고장의 사건은 이상할 것이 없다. 그들은 분명히 영적인 존재가 아니라 지구촌 인간과 조금도 다를 바가 없는 육체를 가진 보편적인 존재들로서 오늘 우리는 그들을 신인神人 또는 외계인이라고 말한다.

그들이 실제적인 하늘 우주공간을 우주선을 타고 지구로 하강下降했었음을 구약의 내용 속에서 그처럼 유추해 볼 수 있게 해주고 있기 때문이다.

그런데 문제는 이스라엘 정부가 연대적으로 볼 때에 구약시대의 초기에 있었던 그 비행물체 우주선 사고事故의 사실을 은폐하려고 했다는데 있다. 그 이유가 과연 무엇이었을까? 그것이 또한 의문을 갖게 해준다.

오늘 우리는 그 문제를 놓고 깊이 생각해 보지 않을 수가 없다. 그것이 바로 영계靈界의 하나님 아들 성자 예수 십자가 위에 얹혀서 최고의 신으로 설파되고 있는 유대민족 조상신 여호와가 보편적인 우주인의 존재로 드러남을 우려한 때문이었을 것이라고 일부에서는 보고 있다. 거기에 더욱 의혹을 갖게 해주는 것이 미美연방정부 역시도 그 사건을 은폐하려고 했었다는 사실이다.

물론 그것은 문화적인 동일한 습속에 동일한 여호와 유일신唯一神 숭배사상이기 때문에 그렇다고 볼 수도 있다. 그런데 그 이유가 과연 무엇인지 다시 생각을 해보게 해주는 기사가 1987년 6월 23일자 경향신문에 쇼킹 뉴스로 보도된 바 있었다.

외계인의 시체 발견 1947년 문서 공개

미美 UFO 새 논쟁, "실존實存 자료 숨겨왔다." 정부 비난,

최근 미국에서는 외계인의 존재를 입증하는 연방정부의 극비 문서가 공개되어 해묵은 UFO(미확인 비행체)논쟁이 연재되고 있다.

논쟁이 발달된 이 극비 문서는 트루먼 대통령의 재임기간 중인 지난 1947년 뉴멕시코의 로스웰 근처에서 발생한 폭파사고를 조사한 보고서이다.

당시 트루먼 대통령은 로스웰 폭파사고를 조사할 대통령 특별 조사반을 편성, 현지로 급파한 것으로 되어있다.

이 조사반은 당시 기상관측용 기구가 폭파된 것이라는 조사 결과를 발표했다. 그러나 이번에 공개된 로스웰 사고 극비 문서에는 당시 발표와는 달리 사고 현장에서 인간과 비슷한 모습의 시체 4구를 발견했고, UFO로 보이는 비행물체의 파편이 흩어져 있었다고 하는 내용이 담겨져 있다.

이 보고서는 지난 1952년 11월 18일 대통령으로 선출된 드라이트 아이젠하워에게 보고하기 위해 당시 CIA 국장이었던 로스코 힐렌토에터 장군이 작성한 것이다.

이 같은 사실이 알려지자 미국의 UFO 위원들과 외계인의 존재를 주장해 온 사람들은 그 동안 연방 정부가 외계인의 실존 근거자료를 숨겨 왔다고 비난하고 있다.

이와 함께 그 내용을 담은 〈교감〉(위룰시 스트리버 저) 광년光年(개리 킨더 저) 등 3권의 UFO 신간들이 10여주 째 베스트셀러가 되고 있다. 이들 UFO 소설 등은 하나 같이 연방 정부가 지닌 1947년부터 40년 동안 UFO 조사 보고서를 은폐해 왔다고 비난하고, UFO 실존을 주장하고 있다고 했다.

또 영국의 UFO 전문가인 티모시 굿 박사는 올 7월 중 UFO 은폐사실 전모를 공개할 계획으로 있어 UFO를 둘러싼 논쟁은 계속 치열하게 벌어질 계획이다.

바로 그 문제다. 그처럼 미스테리로 국제 논쟁의 연구가 되고 있는 외계인과 UFO의 문제를 미美 연방정부가 은폐하려했던 이유는 과연 무엇일까?

그 사건이 주는 의문을 오늘 우리가 깊이 생각해 보지 않을 수가 없다. 그 이유는 이제까지 서양 문명의 구심점이 되고 있는 것이 여호와 유일신 숭배 사상이며, 여호와 신의 창조물 아담과 이브가 인류의 조상이라는 서구신학 논리에 대한 전면적인 붕괴를 가져 올 수 있기 때문이다.

그처럼 이스라엘 정부가 그 사건을 은폐하려고 했었던 이유는 종교적으로 지구촌에 최고의 신으로 높임을 받고 있는 그들의 조상신 여호와의 정체성이 드러나게 됨을 우려한 때문이라고 생각해 보지 않을 수가 없다.

유대민족의 조상신 여호와의 실체가 예수께서 지적하신 본질상의 하나님이 아닌 존재로 드러나게 되면 자동적으로 아담과 이브가 인류의 조상이라고 왜곡시키고 있는 서구신학의 문제점이 바로 밝혀져 드러날 수 있는 일이기 때문이다.

그런 이유에서 미美연방정부가 그 사건을 은폐하려고 했을 것으로 미루어 볼 때, 그들이 최고의 신으로 격상시키고 있는 여호와 하나님으로부터 선택을 받고 세워졌다는 그들의 우월적인 민족사상은 곧 그 민족정신으로 민족정기民族正氣의 '얼'이 뭉쳐지게 되면 엄청난 힘을 발휘하게 된다는 사실을 이미 알고 있었다는 이야기가 된다.

그렇기 때문에 지구촌 인류의 조상이 아담과 이브라고 꿰어 맞춘 서구신학 논리였으며, 거기에 또 미美연방정부 역시도 그 사실을 알면서도 묵인해 오지 않았겠는가 하는 것이다.

그래서 미연방정부는 끝까지 그 사건을 은폐시키려고 했던 입장이었으며, 그 곤혹을 치루면서도 그들이 지금까지 주장해온 여호와의 성호를 땅에 추락시키는 일을 막아보려고 했었음을 짐작해 보게 해준다.

그 사건으로 인해 구약시대 우주를 왕래한 외계인의 정체가 드러나게 되면 서구 신학자들이 여호와를 우주만물의 창조주 하나님으로 격상시켜 지구촌에 설파해 왔던 기독교 문화의 배경과 그 정체성이 바로 드러날 수 있기 때문이다.

사실 오늘 그와 같이 쇼킹한 뉴스 보도를 통해 서구 신학자들의 여호와 유일신 숭배사상은 침략정복무기로 기독교를 포장하고 꾸며져 들어온 논리라고 지적하는 사람들이 속출하고 있다.

서구 문명의 바탕이 되고 있는 것이 유대민족 여호와 유일신 숭배사상이다. 구약의 기록에서 여호와가 그 백성들에게 심어준 민족정신은 이방민족과의 전쟁에서 거짓말을 잘하는 영까지를 동원해서 상대방을 유인하여 전멸시키는 전략술수까지를 가르쳐 왔었음을 기록하고 있다.

그런데 미연방정부가 그 사건을 이스라엘 정부나 마찬가지로 은폐하려고 했었다는 것은 그들끼리 문화적 동질성을 향유하기 위해서가 아니라, 그처럼 종교적 논리로 포장된 서양문화의 우월적인 자긍심이 붕괴되는 것을 염려한 때문일 것이라는 심증을 더욱 굳히게 해준다는 사실이다.

유대민족 조상신 여호와는 이방민족을 정복하는 전략적 술수로 그 정복문화의 정기精氣를 민족정신으로 심어주었음을 구약의 내용 속에서 유추해 볼 수 있게 해주고 있다.

그렇기 때문에 오늘 우리가 '민족주의'를 유럽적 제국주의 개념으로 보아서는 발전할 수가 없다. 서구 문명의 바탕이 되는 것은 정복문화로서 그 실례를 들어 볼 수 있는 한 토막 이야기가 있다.

남아프리카 공화국은 아프리카 남반부에 자리를 잡고 있다. 이 나라는 금 다이아몬드, 우라늄 등의 풍부한 광산자원을 바탕으로 아프리카에서 가장 부강한 경제력을 보유한 공업국이다.

그 나라가 소수 백인 정권시대 착오적인 인종차별로 다수의 흑인들이 분노와 좌절 속에 신음하고 있었던 1984년, 남아프리카 공화국의 흑인 지도자 데스몬드 주교가 노벨 수상자로 선정되고 난 후 였다. 그가 뉴욕의 한 집회 장소에서 백인들의 아프리카 지배를 다음과 같이 꼬집었다.

"백인 선교사들이 처음 아프리카에 왔을 때 그들은 성경을 지니고 있었고, 우리 흑인들은 땅을 가지고 있었다. 그런데 자! 기도합시다! 라는 선교사들의 말에 순응하여 우리는 눈을 감았다. 기도를 마치고 눈을 떠 보니 이번에는 우리가 성경을 가지고 있고, 선교사들은 우리의 땅을 차지하고 있었다."

그처럼 진리란 때때로 침략의 정복무기가 된다는 것을 꼬집어서 하는 말이다. 그와 다르지 않은 한 토막의 이야기가 또 있다.

영국의 작가로 〈천로역정天路歷程〉 쓴 번연(Bunyan)은 가난한 철물 상인의 아들로 태어나 겨우 초등학교를 졸업했다. 그는 아내의 감화로 청교도가 된 기독교인으로 크롬웰의 청교도 혁명에 가입했다가 12년 동안이나 투옥되었다. 그 속에서 그는 필생의 역작 천로역정을 집필하여 내놓음으로서 세계적인 작가로 유명해졌다.

그가 어느 날 여느 때와는 달리 비상한 감화를 주는 계몽적인 설교를 했다. 예배가 끝난 후 그의 친구들이 악수를 청하면서 그를 치하했다.

"참 훌륭한 설교였네."

그러자 그는 두 손을 내저으면서 말했다.

"아예 그런 말은 하지 말게, 자네들이 그런 말을 하지 않아도 강단을 내려 올 때 사탄이 이미 내 귀에다 대고 그런 말을 했다네."

그는 분명히 성서학자들이 고집하는 여호와 유일신관唯一神觀의 모순을 '사탄'이라고 그렇게 꼬집은 것이다.

그러한 이야기는 A 애들러가 말했듯이 '진리는 종종 침략의 무기가 된다. 진리로써 속이거나 살인하는 일도 가능하다.'고 한 그의 말을 다시 깊이 음미해 보게 해주고 있다.

오늘 지구촌 현생 인류는 아득히 먼 조상으로부터 그 뿌리 혈통이 이어져 나왔고, 그로부터 진보 발전되어 나왔다. 그러한 현대인들의 정신 의식세계를 진리라는 명분을 내세워 원시적으로 후퇴시키는 것이 오늘 지구촌에 단일적인 유대교 여호와 유일신唯一神 숭배사상을 업고 전파되고 있는 기독논리라고 할 수 있다.

결국 그와 같은 서구신학 논리가 유대민족 창조수호신 여호와 숭배사상을 심어줌과 동시에 각 족속 뿌리역사를 잘라 표류시키는 정복무기로 진리는 종종 침략의 무기가 된다는 그 말의 뜻을 오늘 우리에게 다시금 상기시켜 보게 해준다.

태초 광명하신 하나님의 종從 여호와의 율법, 그 초등학문적인 가르침의 구약시대를 마감하기 위해 십자가 위에서 산제물로 희생이 되신 성자예수였다. 인류 구원이라는 그리스도 그 말씀이 진리로 너희 마음을 성전삼고 늘 깨어서 기도하라고 이르시고 하나님은 무엇이 부족한 것처럼 제물을 원하지 아니한다고 하시었다.

그 말씀은 진정한 마음에 영적 제사를 드림으로 죄와 상관이 없는 고등영체로 성숙되어진다는 뜻이다. 그 말씀이 인간 영혼의 참 생명을 얻게 해주는 '그리스도의 세계'라는 신약성서 속의 전체적인 내용이다.

그런데도 오늘 서구신학의 논리는 성자 예수께서 너희가 이제는 시대구별을 하라고 이르시고, '새 술은 새 부대에 담아야 둘 다가 보존되느니라.'하신 말씀을 외면하고 그처럼 성자 예수 출현으로 마감된 구약시대 유대민족 창조수호신 여호와 숭배사상과 함께 성전 건축이라는 명분을 내세우고, 또 그 율법적인 제사의식의 틀에 묶어 제물헌납을 답습하게 하고 있다. 그것이 기독교 십자가 위에 유대교를 업고 들어와 설파하는 서구신학의 논리다.

그처럼 시대구별을 못하고 있는 혼합된 서구신학의 논리가 (요한계시록 제8장 14)에 많은 영혼을 미혹하여 죽이는 '쑥'이며, 예수께서 이르신 적그리스도로 '말세에 참 믿는 자를 보겠느냐.' 염려하시고 그들이 하나님으로부터 선택받은 자라도 할 수만 있으면 넘어뜨리려고 하기 때문에 경건에 힘쓰며 늘 깨어서 기도하라고 당부하여 이르신 말씀이다.

그런 의미에서 〈미래에의 위험〉이라는 한 토막의 이야기를 다시 떠 올려 보게 해준다.

어느 날 많은 신문 기자들이 구세군의 창립자인 윌리암 부드 장군에게 특별 기자 요청을 했다.

부드 장군이 기자 회견장에 모습을 드러내기가 바쁘게 한 기자가 기다렸다는 듯이 질문을 했다.

"다가오는 미래에 있어 가장 큰 위험은 무엇인지 장군의 의견을 말씀해 주십시오."

늙은 장군은 마치 하나님의 영감이라도 받은 듯이 번개와 같이 대답했다.

"이 세계에 다가올 가장 큰 위험은 교회가 세계에 주게 되는 것들입니다. 그것은 거듭남이 없는 용서를 제공하는 철학적 기독교와 그리스도 없는 기독교, 그리고 성령이 없는 기독교와 하나님이 없는 정치, 지옥이 없는 천국을 주게 되는 것입니다."

부드 장군이 말한 그 미래에의 위험이다. 사실 오늘 우리 사회 현실은 어쩌면 부드 장군이 말한 그대로의 상황인지도 모른다. 태초에 우주만물을 창조하신 빛의 하나님이 아닌 영계의 종복從僕, 그 여호와의 노예로 만들어 그들이 지배하는 종의 나라를 만들어가기 위한 정책전략이 아담과 이브가 인류의 조상이라는 그처럼 합리적이지 못한 논리를 내세우고 있기 때문이다.

기독교의 스승 성자 예수께서는 분명히 그의 입에서 나오는 진리의 말씀을 듣고 깨달아 '거듭남'을 입은 자는 신의 종이 아니라 형제라고 부르기를 부끄러워하지 않겠다는 하나님 아들, 곧 성인의 반열에 오르게 된다고 하신 것이다.

그런 뜻에서 '말씀을 받은 자를 신이라 하였거늘 너희가 이 말을 믿느냐?'하시고 '너희 믿음대로 이루어지리라.'고 하신 것으로, 그 말씀이 그리스도 인류 구원이라는 하나님 약속의 말씀이라고 했다.

그처럼 인류 구원이라는 명제의 그리스도의 말씀이 우주를 '한틀' 속에서 총괄하신다는 하나님의 은혜며 '사랑'으로 여호와의 피조물로 허상의 육체만 있을 뿐인 구약시대 사망의 자식들에게 태초에 광명하신 하나님 그 빛의 말씀으로 영원한 하늘나라 참 생명체로 거듭남을 입게 해주시겠다는 것이었다.

그 말씀이 '그리스도의 세계'라는 하늘나라 복福된 소식으로 신약 복음서福音書라고 했으며, 그 전체적인 내용의 말씀이 영원히 변하지 않는다는 진리로 예수께서 전해주신 태초의 하나님 그 사랑의 우주 정신이라는 것이다.

그것이 진정한 기독교 정신으로 하늘나라 그 영혼법靈魂法을 음미하여 듣고 깨닫는 자는 허망한 인간 육신 안에 영혼 생명의 불씨, 곧 자성불自性佛을 깨달아 인간성을 회복하고 드디어 신성神性을 이루게 된다는 뜻이다.

그와 같은 영혼 생명의 말씀이 성자 예수께서 이 세상에 구세주로 출현하시어 전해주신 그리스도 인류 구원이라는 하늘나라 복된 소식으로 제자들에게 족속을 초월하여 땅 끝까지 전파하라고 하신 것이었다.

그러나 오늘 지구촌에 십자가에 불을 켜고 전파되고 있는 서구 신학의 논리는 인간 참 생명의 불씨를 불어넣어 줄 수 없는 성부 하나님의 종복從僕 여호와를 태초의 성부하나님 신위神位에 격상시키고 성자 예수를 그 아들의 계보에 억지스럽게 묶어서 설파하고 있다.

그처럼 합리적이지 못하고 혼합된 쑥물로 변질되어버린 것이 서양 문화권에서 비롯되어 들어온 기독신학 논리다. 그렇기 때문에 (창세기 1장)에 기록된 태초의 우주 근원에 대해서 바르게 정리를 못해주고 있을 뿐만이 아니라, 외계문명권을 주장하는 현대 과학자들과의 사이에 그와 같이 괴리감을 빚고 있는 대결구도로 그 문제점의 원인이 되고 있다.

노벨 문학 수상자인 켈빈을 비롯하여 세이건 같은 세계 석학 7명이 1961년에 채택한 '그린뱅크의 공식'으로 추산해 보면, 우리 은하계에는 태양과 같은 별 항성들이 무려 2천 2백 개나 존재하고, 20억 광년 이내의 우주 속에는 1억 조에 달하는 별들이 있다고 현대 첨단 과학에 의해 밝혀졌다는 것이다.

거기에 더욱 놀라운 것은 우주 은하계 속에는 3차원의 지구인과 전파 교신을 할 수 있는 4차원의 문명 수준의 흑성들이 최소한 2백만여 개나 된다는 추정을 내놓기에 이르렀다.

그러한 발표는 지구인과 같은 천상의 우주아宇宙兒들이 우리가 살고 있는 지구 위에 살고 있다는 소식이다. 그들의 문명이 지구보다 훨씬 앞섰으며, 정체 미상의 비행물체 UFO의 출현을 보아서도 최소한 1만년 이상은 앞서 있을 것이라는 것이 오늘 지구촌 과학자들 추산이다.

그러나 그러한 과학자들의 견해와는 달리, 과거 의식이 진화하지 못했었던 구약시대는 천상의 문명된 이기利器를 보고 '하나님의 이상의 능력이 임하매' 할 정도로 무지할 수밖에 없었던 시대였다. 하지만 천상의 우주아들은 그때 이미 4차원 이상 세계의 과학기술이 발달되어 있었다는 이야기다.

구약이 묘사하고 있는 내용이 그렇듯이 그처럼 하늘에서 지구를 오르내렸던 그들은 불이 번쩍번쩍하는 우주선을 타고 지구를 왕래하고 있었음이다. 하지만 당시 이스라엘 백성들은 그 물체를 여호와 하나님의 영광으로 기적이라고 묘사하고 있다.

그처럼 과거 구약시대에 지구를 오르내렸던 그들이 현대과학자들이 말하는 외계인으로 구약의 내용에서 그발 강가에 서 있었던 엘리야가 하늘에서 내려온 불이 번쩍 번쩍하는 불수레 병거를 타고 하늘로 올라갔다는 구약 (열왕기하 제2장 11절) 기록을 참고해 볼 필요가 있다.

〈…두 사람 (엘리야와 엘리사)이 행하며 말하더니 홀연히 불수레와 불말들이 두 사람을 격하고 엘리야가 회오리바람을 타고 승천하더라.〉

이렇게 구약시대 당시의 사람들로서는 도저히 헤아릴 수 없는 문명된 천상의 우주 과학은 고대인들이 상상할 수 없는 4차원의 과학문명의 이기로 하늘과 땅을 오르내렸었음을 보여준다.

그래서 오늘 우리는 에스겔이 그발 강가에서 본 '하나님의 이상' 그 목격담의 내용을 통해 그때 이미 '우주아'들이 지금의 이라크 지역인 옛 바벨론 땅에 비지구형 비행물체로 하늘과 땅을 오르내렸음을 밝혀볼 수 있게 해주고 있다.

에스겔이 비지구형 우주선을 목격한 그발 강은 유프라테스 강을 본류로 삼는 한 운하의 이름이다. 당시의 하늘 사람 '우주아'들의 운송수단이었던 비행물체가 나타남을 본 에스겔은 그것을 '하나님의 이상'이라고 묘사하고 있다.

또한 흥미로운 것은 우리 배달한민족 뿌리역사나 마찬가지로 '그때에 하늘 문이 열렸다.'는 것으로, 그때까지 통과 불가능한 하늘 위에서부터 그 막을 뚫고 지상을 향해 하강하는 '하나님의 이상'이 마치 닫혔던 문이 열린 듯 하늘 속에서 홀연히 어떤 가시적 물체나 형상이 나타난 것처럼 기록하고 있다. (에스겔 제1장 1~3)

〈제 삼십년 사월 오일에 내가 그발 강가의 사로 잡힌자 중에 있더니 하늘이 열리며 하나님의 이상을 내게 보이시더니 여호야긴 왕의 사로 잡힌지 오년 그 달 오일이라, 갈대야 땅 그발 강가에서 여호와의 말씀이 부시의 아들 제사장 나 에스겔에게 특별히 임하고 여호와의 권능이 내 위에 있으니라.〉

예루살렘은 바벨론에 의해 세 번 침공을 당했었다. 그 첫 번째가 BC 605년으로 이 당시 왕은 여호야긴이었고, 다니엘과 그 친구들이 잡혀가던 때이며, 두 번째는 BC 579년으로부터 5년 후, 기원전 593년이다.

이때 에스겔이 '하나님의 이상'을 목도했다고 묘사하고 있는 비행물체는 그곳뿐 아니라 제사장 모세가 그 장면을 목도했다는 '호렙산' 등 여러 곳에 그 모습을 나타내는데 그 묘사가 '하나님 이상이다.' 당시 이스라엘 백성들은 그 현상을 '여호와의 영광'이라고 했으며, 나타날 때마다 반드시 천둥소리와 함께 번개와 구름과 연기와 바람을 동반하고 강림했다는 묘사 기록을 하고 있다는 점이다.

구약은 (창세기 2장)에서부터 '여호와'라는 신의 성호를 달고 지구에 모습을 나타내고 물질인간 아담과 이브를 지적설계로 창조능력 행사를 하는데서 부터 시작한다. 그리고 그 자손들이 번성하여 나라를 세우기까지의 전개과정을 담아두고 있는 유대민족 뿌리역사 기록물이다.

그 과정 속에서 수없이 많은 보좌신명들이 각기 다른 역할 분담을 맡고 등장하여 그 백성들 생활 속에 실제적으로 함께 어울리면서 세상을 살아가는 여러 가지의 방법과 정보를 직접 가르쳐 주곤 했었다.

구약의 내용 속에서 스가랴가 보았다는 하늘 사람들이 우주선 비행물체를 타고 내려와 그에게 정보제공을 해준 것은 건축물로써 실재적인 집이었음을 기록하고 있다. (스가랴 제5장 9~11)

〈내가 눈을 들어 본즉 두 여인이 나왔는데 학의 날개 같은 날개가 있고, 그 날개에 바람이 일더라, 그들이 그 에바를 천지 사이에 들었기로 내게 말하는 천사에게 묻되, 그들이 에바를 어디로 옮겨 가나이까. 하매 내게 이르되, 그들이 시날 땅으로 가서 그를 위하여 집을 지으려 함이니라, 준공되면 그가 제 처소에 머물게 되리라 하더라.〉

위의 성구에서도 역시 스가랴가 '학의 날개 같았다.'고 표현하고 있는 것은 비행물체로, '두 여인이 나와 에바를 천지 사이에 들었기로…' 하고 묘사하고 있다는 점이다.

구약시대 이렇게 하늘과 땅을 오르내린 신들의 행사는 현대인들이 막연하게 생각하는 추상적인 개념이 아니라, 지구인과 다를 것이 없는 보편적인 사람의 모습으로, 인간에게 거처할 집까지도 직접 마련해 주었다는 기록이다.

뿐만이 아니라, 서구 신학에서 영적인 성부 하나님으로 격상시키고 있는 여호와 신 역시도 우리와 같은 보편적인 사람의 모습으로 모세와 대면하고 이스라엘의 언약궤를 만들도록 지시할 때도 그 치수를 세밀하게 가르쳐 주었고, 또 제사장이 입을 '에봇'도 그 옷의 모양새와 재단법까지도 하나씩 열거해 가며 자세하게 가르쳐 주고 있었음을 기록하고 있다.

이처럼 구약의 내용 속에서 보여주는 것은 아득히 먼 옛날 26세기 전, 헬리콥터 비행기나 잠수함 등 문명의 이기를 보지 못했던 미개한 당시의 사람들이 그 의식 수준에서 본 일을 '하나님의 이상' 혹은 '환상'으로 표현하고 있는 그대로 믿고 받아드린다면 문명되지 못했던 당시의 사람들 그 의식 수준과 다를 것이 없다.

구약시대 하늘나라 '사람', 그 신들이 지구에 내려와 문명된 그들의 지식정보를 제공해 주고자 했음은 에스겔의 마지막 비행기록에서 더욱 확실하게 해준다.

그 당시 이방민족과의 맞수대결에서 이스라엘이 함락되었을 때에 에스겔이 '여호와의 권능'에 이끌림을 받은 것은 분명히 '비행물체'였음이다. 거기에 탑승되어 이스라엘 땅이라고 하는 어느 '극히 높은 산 위에' 내려졌고, 거기서 남으로 향하고 있는 성읍 같은 것을 목격하게 되는 장면의 기록이다. (에스겔 제40장 1~2)

〈우리가 사로 잡힌지 이십 오년이요, 성이 함락된 후 십사 년 정월 십일 곧 그날에 여호와의 권능이 내게 임하여 나를 데리고 이스라엘 땅으로 가시되, 하나님의 이상 중에 나를 데리고 그 땅에 이르러 나를 극히 높은 산 위에 내려놓으시는데, 거기서 남으로 향하여 성읍 형상 같은 것이 있더라.〉

그 물체 안에서 에스겔은 그 모양이 '놋 같이 빛난' '사람'을 만나게 되는데 그는 분명히 보편적인 사람의 모습으로 '비행사'였음이다. (에스겔 제40장 3~4)

〈나를 데리고 거기 이르시니, 모양이 놋같이 빛난 사람 하나가 손에 삼줄과 척량하는 장대를 가지고 문에 서서 있더니, 그 사람이 내게 이르되, 인자야! 내가 네게 보이는 그것을 눈으로 보고 귀로 들으며 네 마음으로 생각할지어다. 내가 네게 이것을 보이려고 이리로 데리고 왔나니, 너는 네 본 것을 다 이스라엘 족속에게 고할지어다.〉

이렇게 천상의 신들은 그들의 유전인자 색소를 닮아있는 족속에게 문명된 하늘나라 4차원의 지식정보를 그 맡은 역할에 따라서 열심히 제공해 주고 있었음을 보여 주고 있다.

그처럼 섬세하게 가르쳐 주는 지식정보는 무려 4장에 걸쳐 기록된 실측 치수로, 건물을 비롯하여 그 외곽과 안들의 크기며, 계단의 수를 비롯해서 심지어는 창의 커튼 유무와 조각들의 모양에 이르기까지 하나도 빠짐없이 문자 그대로 전부 수록되어 있는 것이었다.

그 자료의 기록만 있으면 설계도면이 필요 없이 똑같은 성전을 지을 수 있을 정도로 정확하면서도 방대한 것으로, 에스겔은 그날 '놋 같이 빛난 사람'의 분부대로 그 기록을 정확히 후세에 전하고 있다.

이렇게 지구촌은 동서로 분파된 각 민족들의 뿌리역사에서 담아 두고 있는 기록들은, 고대의 타민족 신들 역시도 이스라엘의 주신 여호와나 마찬가지로 비록 방법은 다르지만, 그 나름대로 문명된 하늘나라 4차원의 정보를 그 흔적의 메시지로 지구 도처에 남겨 두고 떠났다. 우리가 알고 있는 이집트의 피라미드가 그것이다.

그 피라미드가 재래식 의미의 '임금의 묘'라는 설명은 이미 설득력을 잃어버린 지가 오래다. 그것은 고대인들의 지적 수준과 오늘 문명된 현대과학으로도 해득하기 어려운 이상한 에너지를 가지고 있다는 사실은 이미 알려져 있다. 그래서 거기에는 천상의 신들이 인류의 후세를 위해 숨겨 놓은 메시지가 입체적으로 표현되어 있다고 보아야 한다는 것이다.

그것은 신기할 정도로 피라미드를 지나는 자오선(지구의 양극과 피라미드 정점을 지나는 선)은 지구상의 대륙과 대양을 정확히 2등분 한다는 데에 있다.

뿐만 아니라 과거 미개했던 고대인들의 의식수준으로 피라미드가 설계될 수 없었음은, 고대 이집트 왕들이 미라로 발견된 피라미드 모형도 치수에 비례되게 종이나 플라스틱판 등을 이용하여 속이 빈 피라미드 모형을 만들어 정확히 남북축 위에 놓고, 그 높이 1/3 되는 곳에 식물이나 또는 육류 조각 등을 넣어 놓고 일정한 기간이 지난 후에도 모양이나 색깔 또는 냄새 등을 그대로 간직한 채 '미라'로 변한다는 것이다.

이처럼 초과학 문명에 도달하는 피라미드를 고대 이집트인들이 설계할 수 없었음은 의심해 볼 여지가 없다. 그것은 이스라엘의 주신主神 여호와가 그 백성들에게 '하나님의 이상' 또는 '여호와의 권능'으로 보여준 4차원의 기계 메커니즘이나 마찬가지다. 이집트의 주신 역시도 천상의 문명된 과학정보 메시지를 그가 수호한 족속의 후세를 위하여 입체적으로 표현해 두고 있는 메시지로 보아야 할 것이다.

이렇게 동서고금東西古今을 통해 보는 각 민족의 뿌리역사는 '하늘사람' 그 천상의 신들이 이미 문명화된 하늘나라의 이기利器로 지상을 오르내렸으며, 그래서 성서 기록이나 마찬가지로 신화적인 요소를 동일하게 담아두고 있다는 사실이다.

그런데도 서구 신학자들은 타민족의 뿌리역사는 실재성이 없는 신화로 매도하면서, 당시 미개인의 의식수준 그대로 신과 인간을 멀리 동떨어진 신비한 존재로 구약시대 원시적 사고로 퇴락시키는 신앙관을 주입시키고 있는 실태다.

그들의 공통된 주장은 성서에 기록된 단어 내용 그대로 '까마귀'는 까마귀로, '고래'는 고래로, 그리고 여호와의 '권능의 손'은 권능의 손으로 더하지도 빼지도 말고 의심 없이 믿어야 한다는 것을 강조하고 있다.

그러한 논리가 서양문화권에서 들어온 기독신학 논리 주장으로 성서는 과학기술적 지식과는 전혀 무관하기 때문이라는 것이며, 성경은 결코 과학기술 분야의 연구대상이 될 수 없다는 것이 성직자들의 인위적인 반론이다.

그처럼 합리성이 없이 신비주의로 흐르고 있는 논리주장이다. 하지만 오늘 21세기를 살아가는 현대인들은 과거 미개했던 중세기 사람들의 의식수준이 아니다. 과거 구약시대에 그처럼 지구에 내려와 물질인간을 지적설계로 창조했던 그 '우주아' 들의 의식 수준에 도달해 있다는 사실이다.

그렇기 때문에 구약시대 여호와 신의 행사에서 이스라엘 백성과 이웃하고 있었던 이방민족을 개체로 두고 맞수대결의 싸움이나 붙이며 떼죽음을 시켜온 여호와 신을 예수께서 지칭하신 사랑이 많으시고 전지전능하신 하나님으로 격상시켜 믿게 하는 성직자들의 설교는 순진무구한 신도들을 기만하는 것이나 다를 것이 없다고 비판하기에 이른 것이다.

엄격히 말해서 기독교의 정체성은 신약복음에서 찾아야 한다는 이야기다. 그래야 만이 예수께서 말씀하신 영혼 생명의 실상을 깨닫게 해주시는 성부 하나님의 실체와 숨결을 그리스도의 세계라는 신약복음 속에서 만나볼 수 있기 때문이다.

구약은 분명히 유대민족 뿌리역사다. 그렇기 때문에 거기에 담아두고 있는 기록은 어느 한 민족을 위한 밀교서적 문헌이 아니라, 그 민족과 이웃하고 공존해온 지구촌 인류문화의 유산으로 보아야 할 것이다.

다만 여기에서 문제는 합리성이 없는 서구문화권의 신앙관 그대로를 여과 없이 우리가 그대로 받아들여 믿는다면 예수께서 지칭하신 '눈먼 몽학선생'으로, 그 논리에 주입된 눈먼 신도들과 함께 구덩이에 빠질 수밖에 없다.

사실 서구신학 논리는 지엽적인 유대민족의 뿌리역사를 지구촌 인류시원으로 예속화시면서, 구약시대 이스라엘백성만을 다스려 오던 지엽적인 여호와 신을 대우주적인 성부 하나님의 신위에 격상시켜 올려놓고 '의심은 죄니라' 하고 더는 이성적인 진리의 분별력을 막아서고 있다고 해도 과언은 아니다.

그래서 오늘 우리가 구약과 신약을 다시 검토해 볼 필요가 여기에 있다. 동서를 막론하고 종교는 인간의 정신적 소산으로서의 정신과학이며, 자연과학으로서 곧 그 민족의 문화 현상으로 예술과 역사 등을 이루어 나오게 한 그것이 우주를 '한 틀'속에서 총괄하신다는 태초의 하나님 그 섭리하심이기 때문이다.

무지無知가 유죄有罪가 된다는 것으로, 성자예수 고난의 십자가 위에 얹혀서 들어온 구약시대 여호와 유일신唯一神 숭배 사상으로는 우주를 총괄하시는 대우주적인 태초 광명하신 빛의 하나님, 그 섭리하심을 당연히 바로 헤아려 볼 수가 없다.

그렇기 때문에 구약시대를 마감하기 위해 출현하신 성자 예수께서 이스라엘 백성들을 향해 그 시대구별을 하라고 거듭 당부하여 이르신 말씀이다.

구약시대의 사람들은 하늘과 땅을 오르내리며 그들에게 여러 가지로 세상적인 지식정보를 제공하고 간 천상의 사람을 천사 또는 선지자로 묘사하고 있으며, 그들을 운송한 실제적인 비행물체를 '독수리' '까마귀' '큰새' '불수레' '불말' 등으로 묘사했고, 또 잠수함을 '큰 고래'라고 표현하고 있다.

하지만 그 이스라엘 백성들이 전지전능하신 천주님으로 믿고 숭배해야 했던 주신主神 여호와 역시도 문명된 천상의 우주선을 타고 왕래했었던 것으로, 그 비행물체가 이착륙했던 장소가 '호렙산' 또는 '시내 산' 이었음을 나타내 주는 그 기록이다. (출애굽기 19장 10~14)

〈여호와께서 모세에게 이르시되, 너는 백성에게로 가서 오늘과 내일 그들을 성결케 하며, 그들로 옷을 빨고 예비하여 제 삼일을 기다리게 하라, 이는 제 삼일에 나 여호와와가 온 백성의 목전에 시내산에 강림할 것임이니 너는 백성을 위하여 사면으로 지경을 정하고 이르기를 너희는 삼가 오르거나 그 지경을 범하지 말찌니 산을 범하는 자는 정녕 죽임을 당할 것이라, 손을 그에게 댐이 없이 그런 자는 돌로 맞아 죽임을 당하리니, 짐승이나 사람을 무론하고 살지 못하리라, 나팔을 길게 불거든 산 앞에 이를 것이니라, 하라.〉

위의 성구에서 오늘 우리 현대인이 상상할 수 있는 것은 헬리콥터가 착륙할 때에 콘크리트 바닥처럼 단단하고 깨끗한 이착륙장이 없는 한, 프로펠러에서 땅 쪽으로 내려치는 바람 때문에 먼지가 일고,

풀들이 옆으로 눕거나 또는 작은 돌멩이들 뿐 아니라 모래알들이 사방으로 날린다는 것을 생각해 볼 수가 있다.

그것이 만약 프로펠러에서 생기는 바람이 아니고 강력한 로켓 분사구噴射口에서 내뿜는 불기둥이라면 땅에 흩어져 있는 자갈이나 돌덩어리 뿐 아니라, 그 주변에 있는 나뭇가지들을 화살처럼 무섭게 사방으로 날아가 짐승이나 사람을 구별할 수 없이 사고를 칠 것임은 당연하다.

로켓 추진형 비행물체의 이착륙 때에는 불, 연기, 진동, 우레, 그리고 빽빽한 구름이 그곳에 꽉 차게 되어 있다. 그렇기 때문에 로켓이 점화될 때에는 누구도 발사대 부근에 근접을 못하도록 통제구역을 설정하기 마련이다. 그것을 염려한 여호와는 그 백성들이 그를 보려고 올라왔다가 그 변을 당할 것을 염려하고 제상 모세에게 그 경계를 단단히 타일러 신칙申飭하라고 당부하고 있었음이다.

제사장 모세에게 그러한 지시사항은 분명한 예방조치로 여호와의 뜻에 관계없이 저지할 수 없는 죽임을 막고자 한 것으로, 시내 산 강림시와 그 직후 두 번에 걸쳐 통제 구역 안으로 돌어오지 못하도록 사전에 간곡히 경계조치를 취하고 있다는 사실을 주지하지 않을 수가 없다.

그것은 여호와의 능력으로 저지할 수 없는 우주선 비행물체 이었기 때문임을 예정대로 시내 산에 강림하는 장면에서 분명히 해주고 있다. (출애굽기 제19장 16~22)

〈제 삼일 아침에 우레와 번개와 빽빽한 구름이 산 위에 있고, 나팔 소리가 심히 크니 진중 모든 백성이 다 떨더라, 모세가 하나님을 맞으려고 백성을 거느리고 진에서 나오매 그들이 산기슭에 섰더니 시내 산에 연기가 자욱하니 여호와께서 불 가운데서 거기 강림하심이라, 그 연기가 옹기점 연기같이 떠오르고 온 산이 크게 진동하며 나팔 소리가 점점 커질 때에 모세가 말한즉 하나님의 음성으로 대답하시더라, 여호와께서 시내산 곧 그 산꼭대기에 강림하시고 그리로 모세를 부르시니 모세가 올라가매 여호와께서 모세에게 이르시되 내려가서 백성을 신칙하라, 백성이 돌파하고 나 여호와께로 와서 보려고 하다가 많이 죽을까 하노라.〉

위의 기록에서 여호와는 분명히 지상 하강용 비행물체를 타고 오르내렸음을 분명히 유추해 보게 해준다. 뿐만 아니라 그 백성들이 여호와의 나팔 소리와 같은 큰 음성의 소리 때문에 '죽을까' 겁을 내면서 모세가 하나님 대신 말해주기를 간청하는 다음 성구다. (출애굽기 제20장 19)

〈뭇 백성들이 우레와 번개와 나팔 소리와 산의 연기를 본지라, 그들이 볼 때에 떨며 멀리 서서 모세에게 이르되 당신이 우리에게 말씀하소서, 우리가 들으리이다. 하나님이 우리에게 말씀하시지 말게 하소서, 우리가 죽을까 하나이다.〉

위의 성구에서 보더라도 이때에 여호와가 사용한 스피커의 용량은 산 위에서 산 아래까지 들릴 정도의 초대형 스피커였음을 나타내 주고 있다. 그렇기 때문에 문명되지 못했던 그 당시의 백성들이 떨었지만, 아무튼 그 비행물체가 착륙한 후에 이스라엘 백성 중에 선택된 대표들이 통제 구역의 돌과 화살의 위협을 받지 않고 그 비행물체에 접근하여 그 백성들이 천주님으로 받들어 섬기는 여호와를 배알한 후 실제적으로 융숭한 식사대접까지 받는 장면의 기록이다. (출애굽기 제 24장 9~11)

〈모세와 아론과 나답과 아비후와 이스라엘 장로 칠십인이 올라가서 이스라엘 하나님을 보니, 그 발아래는 청옥을 편듯하고 하늘 같이 청명하더라, 하나님이 이스라엘의 존귀한 자들에게 손을 대지 아니하셨고,

그들은 하나님을 보고 먹고 마셨더라.〉

위의 성구에서 분명히 해주는 것은 그들이 보았다는 이스라엘의 하나님이라고 칭하는 여호와 역시도 보편적인 사람의 모습으로 함께 마주대하고 대화를 나누며 실제적인 음식을 먹게 했다는 것을 주시하지 않을 수 없다.

또한 그 비행물체의 바닥이 '청옥을 편듯하고 하늘 같이 '청명'했다는 그 묘사다. 당시의 사람들은 진보된 과학지식이 없었기 때문에 그렇게 밖에 표현할 수 없었던 시대상황 이었음이다.

구약의 내용이 그러하듯이 티베트 Tibet의 고문헌에 전해지는 전설역시도 그와 유사하다. 자기들과 함께 살던 사람이 하늘로 사라지는 모습을 다음과 같이 설명을 하는 장면이다.

〈옛날 옛적에 파드삼바바라 Padmasambhava라는 이름의 '위대한 선생님' 한 분이 있었다. 그는 미지未知의 언어로 된 많은 책을 가지고 하늘에서 내려온 후, 티베트 사람들에게 하늘과 신들에 대해 가르쳤다. 그리고 그는 자기의 책들을 '그것이 이해될 수 있을 때까지' 동굴속에 숨겨 놓고, 선택된 수제자 바이르카나 에게만 그 장소를 가르쳐 주었다. 이 수제자는 자기의 위대한 선생님이 승천하는 장면을 이렇게 전하고 있다.

〈"그때 하늘에 구름과 무지개가 나타나서 아주 가깝게 접근하여 왔다. 구름 속에는 금과 은으로 된 말 한 마리가 있었다. 세상 사람들은 누구나 그가 (위대한 선생님) 신을 향해 하늘 속(공중)으로 마주 올라가는 것을 볼 수 있었다.

그 말이 한 엘레(길이 단위=약 66cm) 정도 높이로 공중에 떠 있을 때 파라마삼바바는 돌아보면서 '나를 찾으려 하지 말라, 끝없이 시간이 걸릴테니까.'라고 말한 후 그곳을 떠나 버렸다. 왕을 비롯하여 그곳에 모여 있던 모든 사람들은 마치 모래 위에 내동댕이친 물고기처럼 되어

버렸다.

사람들이 하늘을 쳐다보니 파드마삼바바는 까마귀만 크기로 보였다. 그리고 다시 쳐다보니 그는 지빠귀만하게 보였고, 다시 한번 또 쳐다보니 파리처럼 작아보였다. 그 후에도 그는 다시 보였는데 그 모습은 선명하지 않았지만 그 크기는 이의 알처럼 작았다. 그 후 사람들이 다시 쳐다보았을 때 그는 이제 보이지 않았다.")

그 설명은 구약의 내용 속에 나오는 승천장면보다 훨씬 구체적이면서 사실적인 현장감을 주고 있다. 하늘에서 내려온 운송수단의 물체를 타고 점점 하늘 속으로 멀어져가는 장면을 묘사하고 있기 때문이다.

그와 같이 하늘에서 내려온 운송수단을 타고 오르내렸던 천상의 우주아들의 행사시대 기록물이 구약의 내용이다. 그런데 그와 같은 연대의 실제적인 유물들이 현재 지구 도처의 유적지 혹은 동굴 등지에서 발굴되고 있다는 뉴스는 그 뿐만이 아니다. 그 보다 도 훨씬 앞선 기원 미상의 불가사의한 비지구형飛地求刑 문화유산의 출토를 놓고 고고학자들은 연구하고 있다.

거기에 대해서 오직 여호와 유일신 숭배사상을 주입시키고 있는 서구신학자들은 되도록 고개를 돌리고 언급을 회피하는 입장일 수밖에 없다.

그러나 그러한 고대 유물의 출토를 놓고 볼 때, 구약시대 신표를 붙이고 하늘을 오르내렸던 그들이 지구를 왕래하면서 실재적으로 4차원의 문명된 우주선 UFO를 활용하고 있었다는 사실을 의심해 볼 여지가 없다.

거기에 또한 실재적으로 입증이 되어 주고 있는 것이 고대 암벽화에서 보여 주고 있는 비행복에 헬멧을 착용하고 있는 모습이다. 구약에서 에스겔이나 엘리야 등이 그들을 보고 '독수리 같은' 또는 '사자 같은' 생물로 묘사하고 있다. 하지만 그 시대 상황을 현대인의 관점에서 미루어 볼 때, 그 묘사는 우주복 차림의 비행사들이었음이 틀림이 없다.

그들의 지구 내방 흔적들은 오스트레일리아의 산골짜기 사하라 사막 등지에서 발견된 암벽화, 동굴벽화에서도 거의 같은 모습으로 엘리야나 에스겔이 묘사하고 있는 그 특수복장의 모습들이라는 것이다.

뿐만 아니라 틀리파코야에서 출토되었다는 고대 멕시코에 가스마스크 같은 입 가리개를 하고 있는 특수복장의 모습 또한 마찬가지라고 했다. 그 분야에 대해서 지금도 연구하고 있는 과학자들은 그 당시 문명화 되지 못했었던 고대인들이 그러한 그림이나 토우를 남겨 놓았을 수가 없다는 이야기다.

사실 그러한 출토품은 고대인들의 작품이 아니라 당시 지구를 왕래했던 하늘 사람, 그 우주아들의 작품임을 구약을 통해서도 유추해 볼 수 있게 해주고 있다. 여호와 신神 역시도 실재적으로 돌 판에다가 십계명 문자를 새기어 모세에게 건네주었다는 기록이 그것이다.

그와 같은 성구를 미루어 보더라도 그때 이미 4차원 이상으로 문명된 천상의 우주아들이 그 흔적을 남겨 놓은 것이 또한 이집트의 피라미드다. 그러한 그들의 작품 흔적들은 문명화된 하늘나라 그들의 존재와 정보를 제공해 주고자 했던 그 메시지로 받아드려야 한다는 것이 과학자들의 이야기다.

그러나 오늘 지구인들은 고대 그들이 지구에 남기고 간 흔적들을 가지고 그 추축이 본분한 상황이다. 그것은 특히 서구 기독신학 논리에서 전지전능하신 하나님으로 숭배하고 있는 여호와 유일신론唯一神論 때문이다.

하지만 지금도 그때나 마찬가지로 외계인이 지구를 내왕하고 있음을 심심치 않게 거론되고 있는 UFO 사건들을 통해서 오늘 그 서구신학 논리가 얼마나 억지스러운 것인가를 다시 생각해 보게 해준다.

특히 제 2차 세계대전 이후, 그 모습을 자주 드러냈음을 여러 보고자료에 의해 드러내고 있다. 잘 알려진 사실이지만, 고대 미케네

Mycenae문명과 트로이Troy성의 발굴자인 슐리만(1822~1890)은 신화도 전설도 아닌 하나의 옛이야기를 믿었던 그는 호모레스 Homeros가 남긴 트로이 전쟁 이야기를 그대로 믿고, 1870년에 아나톨리아 Anatolia의 히사리크 언덕에서 대규모의 작업에 착수했을 때 사람들은 그를 가리켜 '옛말을 믿는 멍청이'라고 비웃었다고 한다.

그러나 그는 3년여에 걸친 노력 끝에 마침내 기원전 2000년 경에 존재했던 트로이의 유적을 찾아냄으로써 전 세계에 큰 충격을 주었다. 당시 그가 발굴한 히사리크 언덕의 제2층이 아니라, 제6층이 트로이 시대에 해당되는 것으로 얼마 전에 밝혀졌지만, 그는 심지어 호메로스의 이야기 중에서 '황금이 풍부한'이란 표현 하나까지도 믿었기 때문에 드디어 1876년 아르고리스 만의 기슭에 있는 미네케의 고분을 발굴할 수 있었다고 한다.

그러한 그의 작업은 여기에서 경이로운 재물과 보화를 발굴했을 뿐 아니라 그리스 Greece 이전에 에게 Aegean 해海에 고대문명이 있었다는 사실, 즉 크레타문명과 에게문명, 그리고 그리스문명의 관계를 밝혀내는데 크게 도움을 줌으로써, 그리스 선사고고학의 시조始祖 자리를 확보하게 되었다는 것이다.

그러한 사례를 유추해 볼 때, 우리로서는 20세기 말의 고도화된 과학적 지식과 과학문명적인 상식을 바탕으로 구약의 기록 내용을 현대인의 관점에서 이해토록 노력해야 한다는 사실이다.

그러나 오늘까지도 지구촌에 그처럼 원시적인 성서풀이를 하고 있는 서구신학 논리에 의해 아직도 그 '우주아' 신들의 존재근원의 정체성을 밝혀내지를 못하고 있는 실정이다.

그 우주아들의 정체는 구약 (창세기 1장)을 바탕으로 하지 않고서는 그들의 존재근원을 도저히 밝혀낼 수가 없다. 그들이 태초에 광명하신 하나님 빛의 말씀으로 창조된 천상의 사람으로 과학자들이 말하는 문명된 우주의 지성체知性體로서 외계인이다.

그렇기 때문에 그들이 번성하여 하늘정부를 이루고 지구를 내방하면서 그들 형상 닮은 복제 인간을 설계창조 할 수 있었던 것으로, 구약의 기록에서 여호와가 '내 영광을 위해서 지은 자를 오게 하라.'는 성구에서도 그 뜻을 분명하게 나타내 주고 있다.

유대민족의 조상신 여호와가 그 창조물의 의식진화를 관찰하면서 거듭거듭 시험을 해보고 했었던 내용이 (창세기 2장)부터의 기록이다.

그 내용의 기록에서 보여주는 것처럼 지구촌은 그 피부 색소를 달리한 각 족속들이 공중권세를 부여 받고 태초 하나님의 말씀으로 창조되었던 하늘 사람, 그들에 의해 창조되었음을 밝혀 주고 있다. 뿐만 아니라 오늘 지구촌 문화는 그들의 가르침에 의해 환경과 전통 관습 등이 전혀 다르게 그 민족 특성의 문화를 이루어 나왔음을 구약의 기록에서 그 진실을 유추해 볼 수 있게 해주고 있다.

구약은 실제적인 유대민족의 뿌리역사로 지구를 오르내렸던 천상의 사람, 그 외계인들의 운송 수단 물체를 '까마귀' 혹은 '독수리'로 묘사하고 있다. 하지만 실상은 UFO 로켓으로 왕래하고 있었던 것으로, 수단 Sudan의 마디모루Madi Moru족 역시도 그와 유사한 전설을 간직해 오고 있다는 사실이다.

그들 역시도 조상으로부터 전해 내려오는 이야기 속에서 주목되는 것은 인류의 조상들이 처음에는 하늘에서 살았지만 점차 지구를 왕래하면서 지상의 모든 동식물은 그 신들이 하늘에서 가지고 온 것이라고 믿고 있다는데 있다.

그들의 이야기는 이스라엘 백성들이 애굽(이집트)에서 노예생활을 할 때 여호와가 뽑아 세운 제사장 모세에 의해서 빠져나와 40년 광야 생활을 하고 있을 당시의 상황을 떠 올려 보게 해준다. 애굽의 노예생활에서 빠져나온 이스라엘 백성들이 광야생활을 하고 있을 당시에 하늘로부터 까마귀가 날라다 준 양식 '맛나'를 먹고 살았다고 묘사하고 있다.

그 기록의 내용이나 마디모루족의 이야기가 크게 다를 것이 없다.

그 '맛나'를 운송해 준 비행물체를 구약에서 '까마귀'로 묘사하고 있기 때문이다.

그 밖에 나사 부근의 베나라는 부족 역시도 구약의 내용과 다르지 않은 조상뿌리의 전설을 간직하고 있다. 처음에 하늘에서 두 쌍의 신이 내려와서 자신들의 조상이 되었다고 자랑하고 있다.

그런가하면 동아프리카의 호전적好戰的 부족인 마사이 Masai 족이 말하는 그들 뿌리 시원의 이야기는 오히려 오늘 서구신학자들의 논리보다도 합리적이라고 할 수 있다. 신神이 신인들을 낳아서 지상으로 내려 보냈다고 믿고 있으며, 하늘에서 내려온 신인들이 각각 적색, 청색, 백색 및 흑색의 피부를 가졌고, 지상의 모든 식물과 동물은 그들이 하늘에서 가지고 온 것이라고 말하고 있기 때문이다.

심지어는 현대문명과는 고립상태로 살아가고 있는 우간다에 있는 반투계의 나이오르족 역시도 마찬가지다. 한쌍의 신인들이 하늘에서 내려와 지구에 처음 생명을 심었다고 믿고 있으며, 클루웨라는 부족 역시도 그들의 조상을 있게 한 조상신이 하늘에서 씨앗과 땅을 고르게 하는 갈퀴와 도끼, 그리고 풀무를 가지고 내려와 그 조상들에게 세상을 살아가는 여러 가지의 방법을 가르쳐 주었다고 자랑하는 그와 같은 이야기는 유대민족의 뿌리역사 구약의 내용이나 크게 다를 것이 없다.

특히 케냐의 난디라는 부족은 유대민족 이스라엘 조상신의 성호가 '여호와'라고 한 것처럼 그들이 믿는 신의 성호가 '토로루트'라고 했다.

그들이 말하는 조상신의 모습 역시도 구약의 내용에서 보여주는 여호와의 행사 모습이나 다를 것이 없다. 사람과 같은데 날개가 달려 있었다고 했다. 거기에 더욱 흥미로운 것은 그 신이 날개를 움직일 때마다 번개가 치고 우레 같은 소리를 낸다고 한 그것이다.

그 이야기는 구약의 기록에서 여호와가 성지를 삼고 있던 시내산이나 호렙산에 모습을 나타나고 사라질 때마다 네 날개가 있고, 또 그 날개가 움직일 때마다 회오리바람을 일으키고 불이 번쩍번쩍 했다는 그 전개 상황이나 다를 것이 없다.

그런가 하면 팡웨 Pangwe지방의 반투족은 현대의 핵폭발을 연산케 해주는 태초의 근원적인 그 '불알'에 대한 이야기를 다음과 같이 하고 있다.

〈"그때에 번개는 특별한 알 속에 들어있었다. 태초의 어머니母는 이 알에서 불火을 얻었다. 그 후 알이 터지면서 양쪽의 반구半球에서 세상의 모든 보이는 것들이 쏟아져 나왔다. 위의 반쪽은 나무 버섯이되어 하늘 높이 솟아올랐고, 아래의 반쪽은 땅에 남았다."〉

그들의 이야기는 (창세기 1장)의 창조 수순의 내용과 맞물리는 정도로 천지부모 음양 조화주의 대별관계로 놓고 이해하고 있다는 사실에 주목을 끌게 해준다. 그 부분이 미급한 서구신학의 성삼위聖三位해석의 논리보다도 훨씬 더 이치적이어서 그 신빙성과 신선함을 한결 느끼게 해주고 있기 때문이다.

그와 마찬가지로 탄자니아 치바라는 반투족 역시도 그와 다르지 않은 조상뿌리 이야기를 간직하고 있다. 그들이 시조로 믿는 신의 성호를 '루가바'라고 했다. 그 신 루가바는 암흑의 공간을 지나 지구에 내려와서 그들의 조상을 창조했고, 세상을 살아가는 여러 가지를 가르쳐 준 '위대한 선생님'이었는데, 지금은 아주 먼 먼 곳에 있기 때문에 그 이름을 부르거나 그에게 제물을 바쳐도 아무 응답이 없다는 것이다.

그들이 말하고 있는 조상뿌리 역사의 상황이나 구약의 내용이 다를 것이 없다. 여호와 신 역시도 그 이스라엘 백성들과 함께 마주하고 대화를 나누면서 그 자손들의 의식진화를 위해 여러 가지 삶의 방식을 가르쳐 주었고, 심지어는 이방민족을 정복하는 전략전술까지도 가르쳐 왔었다. 하지만 고등종교의 스승 성자예수 출현이후 하늘 천법天法의 가르침, 그 신약복음시대가 문이 열리면서 구약시대 율법십계명律法十誡命으로 이스라엘 백성들에게 초등학문을 가르치며 그들의 생사生死를 주관했었던 여호와 신의 행사行事 모습은 그 어디에도 나타내지 않는다.

이처럼 지구촌에 산재해 있는 각 족속들마다 그와 유사한 조상뿌리의 역사를 그들 나름대로 간직하고 있다. 그런데도 오늘 서구신학자들은 오직 유대민족 조상 뿌리 기록의 구약만이 실재적인 '진실의 서'라고 주장하고 있을 뿐만 아니라 지구촌 전체 인류를 유대민족 아담의 후예로 예속화 시키면서 타민족의 뿌리역사는 허구의 신화로 매도한다는 것은 커다란 모순이 아닐 수 없다.

하지만 유대민족의 뿌리역사를 담아두고 있는 구약은 지구촌 인류 시원의 뿌리역사 이룸의 시대상황을 보다 진실하게 밝혀두고 있다는 사실이다.

그러나 신약은 태초의 하나님께서 섭리하신 고등학문의 시대변화로, 지구촌에 산재해 있는 그 부족들의 이야기처럼 이스라엘 백성들이나 오늘 그 추종 신도들이 여호와의 이름을 부르거나 율법 제사의 식으로 제물을 바쳐도 아무 응답이 없는 것은 성자 예수 출현 이후부터였다.

그것이 예수께서 그 시대변화를 일깨워 주기 위해 이스라엘 백성들에게 주인이 농사짓는 비유를 들어가며 말씀하신 인간농사 업장으로 하나님의 종들이 지구에 내려와 각기 그 텃밭에 인간 종자 씨를 심고 가꾸던 초등학문의 율법시대가 성자 출현으로 마감되어졌음을 분명히 해주고 있다는 사실이다.

그 시대변화가 성자예수 인류 구원이라는 하늘나라 진리의 신약복음시대로 인간 영혼생명의 이치를 일깨워주는 하늘나라 우주정신 대도大道의 고등종교로 그 문이 활짝 열린 것이다.

그러한 시대변화가 태초에 우주만물을 창조하신 영계靈界의 하나님께서 그 지으신 대자연을 관리하고 다스리게 하기 위해 말씀으로 창조하셨다는 하나님의 종복從僕 그 신계神界와 고리를 잇고 지구에 인간농사 업장을 펼쳤음이다.

그러한 하나님의 섭리가 천지인天地人 그 삼천대세계三天大世界를 이루고자 하신 우주섭리임을 예수께서는 주인이 농사짓는 비유를 들어가며 말씀하셨던 것이다.

그것이 주主되신 하나님 천기天氣에 의한 시대변화로 그 섭리에 의해 지구에 내려와 각 족속의 뿌리를 세우고 그 종자 씨 밭만을 열심히 가꾸고 수호하던 신들이 어느 날부터 그 백성을 떠나 하늘로 올라갔다는 이야기다.

구약의 내용 속에서 여호와는 이스라엘 백성들에게 그가 율법을 가르쳐 오던 구약시대가 마감되어질 것임을 (열왕기상 9장 7~8)에 미리 말해 두고 있었다.

〈내가 이스라엘을 나의 준 땅에서 끊어 버릴 것이요. 내 이름을 위하여 내가 거룩하게 구별한 이전이라도 내 앞에서 던져 버리리니 이스라엘 온 모든 민족 가운데 속담거리와 이야깃거리가 될 것이며, 이 전이 높을지라도 무릇 그리로 지나가는 자가 비웃어 가로되, 여호와께서 무슨 까닭으로 이 땅과 이 전에 이 같이 하셨는고….〉

바로 그것이다. 구약시대는 하나님 종들이 지구에 내려와 그 종자 텃밭을 열심히 가꾸어 나오던 역사시대였다. 그렇기 때문에 성자 예수 출현 이후 신약의 내용 속에는 여호와의 행사 모습은 그 어디에도 나타나지 않게 되었던 것이다.

그것은 타민족 조상신들이 그 백성들에게 시간이 오래 걸릴 테니 기다리지 말라는 이치나 마찬가지다. 그러한 시대변화는 태초의 하나님께서 목적하신 삼천대세계三天大世界를 이루기 위함인 것으로, 미완성에서 완성을 향해 가는 천기운행에 의한 섭리였음이다.

그러한 섭리변화가 또한 앞으로 지구에 있을 천지개벽으로 요한계시록에서 하나님께서 목적하신 그 뜻을 분명히 밝혀두고 있다는 사실이다.

그 기록을 통해 유추해 볼 때, 지구 개벽은 그동안 여섯 번이나 거듭 있어 왔음을 말해주고 있다. 그 증거물이 되고 있는 것이 오늘 지구 도처에서 발굴되는 수천 만 년 전의 고대 생명체의 반화석 체들이 수백만 개에 이른다는 것으로 그 물적 증거물을 놓고 전 세계 박물관과 실험실에서 지금도 연구되고 있다는 것이다.

그러한 고대 생명체의 기원을 서구신학자들의 여호와 '창조론' 시간대에 맞추었을 때는 거리가 먼 이야기임에는 틀림이 없다. 그처럼 출토된 지구이변 현상의 물적 증빙자료를 놓고 볼 때, 오늘 서구신학자들이 말하는 지구촌 인류역사 그 이전에도 하나님의 종복 신계가 지구에 내려와 그러한 물질계 창조의 역사를 여섯 번이나 거듭해 왔었음을 유추해 볼 수 있게 해준다.

그와 같은 지구 이변현상은 분명히 하나님 천기운행天氣運行에 의한 것으로 육지가 바다가 되고 바다는 육지가 되는 현상이 일어나면서 다스림의 공중권세를 부여받고 창조된 천상의 사람, 그들 행업의 창조물이 그때마다 멸종되곤 했었음을 짐작해 볼 수 있게 해주고 있다.

오늘 지구 도처에서 일어나고 있는 이변현상 역시도 마찬가지다. 태초의 하나님께서 완성을 향해 가는 천기운행天氣運行으로 요한계시록에 '7수가 돌았을 때…'라는 그 의미를 되새겨 보게 해주고 있다. 그 7수가 돌았을 때라는 것이 성자 예수께서 예언하신 지구 최종적인 말세론으로, '도끼가 이미 나무뿌리에 놓였으니…,'하시고, '이 세대가 지나기 전에 다 이루리라.'하신 것으로, 그때가 이르면 분명히 그 징조가 있을 것이라고 하시었다.

그 말씀의 뜻을 오늘 우리가 다시 상기시켜 보지 않을 수가 없다. 지구 도처에서 그와 같은 지각변동의 조짐을 나타내 주고 있기 때문이다.

혹자는 그 말세론을 종교적인 허무맹랑한 이야기라고 무시해 버리는 사람도 있다. 하지만 예수께서 말씀하신 말세는 이 땅에 새 하늘과 새 땅이 이루어진다는 그 선후천先後天이 바뀌는 천지공사天地工事로 우주순환 원리에 의한 것임을 분명히 말씀해 주셨다.

그러한 섭리변화가 태초에 하나님이 목적하신 인간 영혼 씨알이 성숙된 의인義人들만을 거두어서 살게 될 지상낙원세계地上樂園世界를 이루기 위함인 것이라고 했다.

그렇기 때문에 오늘 지구 이변현상의 조짐은 지구가 사라지는 종말을 예고하는 것이 아니라 탁하고 악한 세상을 정리하고 새 하늘과 새 땅을 새롭게 열기위한 명현瞑眩현상으로 보라는 것이 성현들의 말씀이다.

그처럼 이 땅에 새롭게 펼쳐지게 될 것이라는 지상낙원 세계가 노자 성현께서 말씀하신 신선세계神仙世界며, 석가 부처께서 말씀하신 구주미륵용화세계勒龍華救主彌世界이다.

그 뜻이 또한 우리배달민족 조상신 환웅천제께서 백성들에게 전해주신 홍익인간이화세계弘益人間理化世界인 것으로, 공자성현께서 만법萬法이 원시반본原始反本으로 동토凍土로 귀일歸一하게 될 것이라고 하신 것이다.

그러한 섭리에 의해 우리 한민족 조상들은 물질문명을 발전시켜 나온 서양과는 달리 일찍부터 정신문명을 발전시켜 나왔던 동방의 등불로 유불선 기독교 사대四大 종교의 원천지源泉地라고 했다.

그것이 하늘의 섭리에 의한 것으로 그렇기 때문에 우리 배달한민족은 조상 뿌리에서부터 대도大道의 하늘 천법天法을 배워온 천손민족天孫民族이라고 했다.

그처럼 조상 뿌리에서부터 하늘 천법을 배워온 한민족 원류의 정기精氣가 바로 우주만물이 '한 틀'속에서 운행되고 있다는 그 '한 얼' 사상으로 태초 조화주 하나님의 우주정신이라는 것이었다.

그 '한 얼' 정신이 태초의 하나님 그 예정하신 섭리가 우리 배달한민족에게 심어졌던 민족정기로 고조선시대 그처럼 동방의 정신문화를 꽃피우게 했었던 것이다.

그 빛이 후천後天 말법시대末法時代 미래 세계의 비전으로 인도의 시성 타골이 예언하고 있는 그 '동방의 등불'이다. 그 빛이 이 동토에서 다시 켜지게 된다는 것이며, 그 때가 알파와 오메가 하나님의 성공시대라고 한 것이다.

하지만 유감스럽게도 오늘 기독신학은 그 처음과 끝이라는 하나님의 섭리를 올바르게 펼쳐주지 못하고 있다. 그 문제점이 바로 성자 예수 출현으로 마감된 구약시대 유대민족 여호와 유일신 숭배사상을 등에 업고 설파하고 있기 때문이다.

그런데 뜻밖에 지구 파국의 조짐을 보이는 TV 뉴스를 보게 되면서 특히 고등 종교 스승들이 우리에게 무엇을 깨우쳐 주기 위해서 이 세상에 출현하셨는가?

그것이 주제가 되면서 버스 안에서 만난 그녀와 연이는 자연스럽게 서로의 생각을 그처럼 주고받고 있었다.

오늘 그 서구신학의 문제점을 가지고 다시 입을 열었다.

"사실 현대 지구촌 과학자들이 서양문화권에서 태동된 기독신학이 현대인의 정신의식을 퇴보시키고 있다고 할 만도하지 뭡니까. 구약시대 그처럼 실재적인 운송수단으로 하늘을 오르내렸던 여호와를 영적인 태초의 하나님으로 오도시키고 있으니까 말입니다. 그러니까 과학자들이 말하는 외계인의 존재에 대해서도 일체 언급을 못하고 있는 거죠."

"그러니까 여호와도 그 비행물체를 타고 지구를 내방한 외계인이었다는 거잖아요."

"생각해 보세요. 여호와가 호렙산에 강림할 때에 불이 번쩍번쩍하면서 그 날개에 회오리바람이 일었다고 하는 성구가 그 뜻이 아니겠어요? 더 분명한 것은 여호와가 제사장 모세에게 백성들이 그를 보려고 하다가 다칠까 염려한다고 올라오지 못하도록 신칙을 했다는 게 무슨 뜻인가 했더니 바로 그거 드라구요. 그러니까 야곱이 하고 씨름을 했다는 천사가 사다리를 타고 오르내렸다는 그게 바로 외계인의 운송수단이었던 그 비행물체가 아니고 뭐겠어요."

"세상에… 그런데 그 여호와를 우주만물을 창조하신 태초의 하나님이라니 과학자들로부터 현대인의 의식을 퇴보시키는 논리라는 말이 정말 맞네요. 그죠?"

"그렇지요. 구약 내용 속에 여호와의 행사를 돕기 위해 각자 그 역할을 맡고 오르내렸던 신들이 얼마나 많았냐구요. 그러니까 만군을 거느린 여호와라고 했는데 그게 무슨 뜻인가 했더니… 그 특색을 달리한 신들이 하늘에 정부를 이루고 있다고 과학자들이 말하는 그 외계인들이 아니겠어요?"

"이제야 이해가되네요. 엘리야가 불수레 병거를 타고 하늘로 들림을 받고 천상을 구경하고 왔다는 그 성구가 도대체 무슨 뜻인가 했더니… 그래서 세상은 하늘나라 그림자 형상이라고 한 말이 그 뜻이었나 보죠?"

"그런 이치에서 생각해 보니까 우리민족 뿌리역사에서 개천성조 환웅께서 하늘 삼천의 신장 선관들을 거느리고 내려와 배달민족뿌리를 세우고 그 신들과 함께 세상을 살아가는 의식주 해결 방법에서부터 삼라만상의 이치를 배우게 했다는 이야기가 허구의 신화가 아니고 실재적 역사였다는 사실에 믿음이 가지 뭡니까… 물론 서양 문화권에서 들어온 서구신학 논리에 의해서 우리민족 뿌리역사가 아직도 신화로 표류하고 있지만 이제 곧 정리가 되리라고 봅니다. 지구 파국이 이르기 전에…."

그러한 확신을 분명하게 갖고 있는 연이었다. 그것은 우리나라에 국운이 들어오고 있다는 것이 천기를 보는 도인들의 말이기도 했지만, 그 조짐인 듯 지구촌에 한류열풍이 불고 있다는 것이 우연한 일은 아니라는 생각이 들었다.

우리조상들로부터 전래되어 내려온 한국전통 음식문화가 연구결과 과학적인 발효식품으로 인정을 받고 있고, 한글이라는 우리나라 글이 쓰기에도 편리하고 가장 과학적인 글이라고 인정을 받고 있다. 뿐만 아니라 한복이라는 우리나라 전통의상 역시도 국제무대에서 그 멋을 인정을 받고 있는 나라다.

지난 이십세기 초에 조선은 제국주의 격랑 속에서 꺼져가는 불빛처럼 가물거렸다. 하지만 그 불씨는 결코 꺼지지 않고 대한으로 이어져서 이제는 아시아 대륙 동쪽 끝에서 태평양과 세계를 비추는 등불로 우뚝 솟게 되어 있는 국운이 들어오는 도수라고 했다.

그렇기 때문에 일찍이 미래를 내다본 인도의 시성 타골이 읊었던 '동방의 등불'이라는 시가 그것이었다.

〈일찍이 아시아의 황금시기에 빛나던 등불의 하나인 코리아, 그 등불 다시 켜지는 날에 너는 동방의 밝은 빛이 되리라.〉

그 등불은 정치, 경제, 문화, 종교적으로도 세계 어느 나라의 것과 견주어도 손색이 없는 등불이 된다는 것이다.

사실 지금은 비록 우리가 살고 있는 강역이 22만 평방킬로미터 밖에 되지 않고, 인구가 남북을 합쳐 7천만 밖에 되지 않는다. 그러나 10%에 해당하는 7백만 해외 동포가 살고 있는 서쪽의 중국과 북쪽의 러시아, 그리고 동쪽의 미국과 남쪽의 일본을 합치면 세계의 절반을 우리 동포가 차지하고 있는 것이나 마찬가지다. 이들 4개 나라들은 21세기를 이끌고 갈 세계의 핵심 세력들이다.

우리나라는 사실 반도라는 지정학적 위치 때문에 수많은 침략과 외세에 시달렸던 나라다. 한국처럼 역사의 질곡을 겪으면서 끈질기게 살아남은 민족이 없다. 징기스칸의 말발굽 아래서도, 중국 한자문화의 거대한 블랙홀 속에서도, 대륙세력과 해양세력의 소용돌이 속에서도 사상과 이념의 투쟁을 극복하면서 질기게 살아남은 민족이다.

가난의 배고픔을 아는 사람들, 그리고 나라를 잃은 피지배의 설움을 당해 본 사람들, 사상과 이념의 갈등으로 피를 흘려본 사람들, 그런 고통을 껴안고 자신을 죽이고 삭아져서 우리의 김치처럼 맛을 낼 줄을 알기에 고조선 시대 '동방의 등불'이었던 우리 조상들의 정신문화가 21세기에 진정한 문화대국으로 세계 속에 높이 우뚝 솟을 것이 틀림없다.

그것은 분명히 하나님의 섭리가운데 예정된 나라로 그 시작의 뿌리역사가 서양과는 그 차원이 다를 수밖에 없다. 지구 중심의 중앙아시아에 하늘 제사권祭祀權을 부여받은 하늘 천손민족天孫民族으로 조상뿌리에서부터 천지인天地人이 '한 틀 '속에서 조화를 이루고 있다는 하늘나라 대도大道의 '한 얼'정신을 배워왔었기 때문에 이웃민족으로부터 동방예의지국東方禮義之國이라는 칭송을 받아 왔었다고 했다.

그것이 배달민족의 정기精氣임을 나타내 주듯이 백두산 천지 못에서 부터 시작한 물줄기가 동으로 흘러 두만강이 되고, 서쪽으로 흘러 압록강이 되듯이, 지금 우리 한류문화는 동해로 흘러들고, 서해로 흘러들어 한류가 되고 난류가 되어 세계로 퍼져 나가고 있다.

그것은 분명히 우리나라가 인도의 시성詩性 타골이 읊었던 시의 내용처럼 동방의 등불이 다시 켜지는 조짐으로 국운이 들어오고 있는 것이라고 미소를 짓게 했다. 그 시를 머리에 떠 올려 보면서 거기에 대한 확고한 생각을 그녀에게 말했다.

"이보시라요. 이제까지 우리가 얘기 했지만 우리민족 뿌리역사를 바로 찾아 정리하자면 먼저 그 걸림돌을 제거해야 되지 않겠어요?… 앞으로 우리나라가 영성지도국으로 세계로 나가게 된다는 것이 현자들의 예언이기도 하지만 요한계시록에도 그 뜻을 담아두고 있으니까 멀지 않아서 그 걸림돌을 제거해 줄 하늘 조화신들이 그 소명을 맡고 이제 곧 출현하리라고 믿어지거든요."

"어머!… 금시초문이네요. 요한계시록에도 그런 예언 구절이 있어요?"

"뭐라고 한지 아세요? 동방의 해 뜨는 곳으로부터 흰옷을 입은 무리가 하나님 말씀, 그 인을 가지고 세계로 나가게 될 것이라고 했는데 흰옷 입은 자들이 누구며 또 어디서 왔느냐고 물으니까 큰 환란에서 나오는 자들인데 어린양의 피에 그 옷을 씻어 희게 했다는 거예요. 그 뜻이 뭐겠어요… 그러니까 혼합된 기독신학의 쑥물이 올바른 기독교 정신으로 그것도 동방 우리나라에서 정리되어 세계로 나가게 된다는 거 아니겠냐구요. 그때가 이르면 그처럼 많은 영혼을 노략질해온 그 사단의 회부터 심판을 받게 된다고 했으니까 그 세력권이 무너진다는 암시적인 예언 아니겠어요?… 현자들 예언 역시도 하나님의 비밀이 동방에서 밝혀진다고 했으니까요."

사실 그 뜻을 신약성경 (요한계시록 18장 1~11) 다음과 같이 담아두고 있었다.

〈이 일 후에 다른 천사가 하늘에서 내려오는 것을 보니 큰 권세를 가졌는데 그의 영광으로 땅이 환하여 지더라, 힘센 음성으로 외쳐 가로되, 무너졌도다, 무너졌도다, 큰 성 바벨론이여, 귀신의 처소와 각종 더러운 영의 모이는 곳과 각종 더럽고 가증한 새의 모이는 곳이 되었도다. 그 음행의 진노의 포도주를 인하여 만국이 무너졌으며, 또 땅의 왕들이 그로 더불어 음행하였으며, 땅의 상고들도 그 사치의 세력을 인하여 치부하였도다 하더라, 또 내가 들으니 하늘로서 다른 음성이 나서 가로되, 내 백성아, 거기서 나와 그의 죄에 참예하지 말고 그의 받을 재앙들을 받지 말라, 그 죄는 하늘에 사무쳤으며 하나님은 그의 불의한 일을 기억하신지라 그가 준 그대로 그에게 주고 그의 행위대로 갑절을 갚아주고 그의 섞은 잔에도 갑절이나 섞어 그에게 주라, 그가 어떻게 자기를 영화롭게 하였으며 사치하였던지 그만큼 고난과 애통으로 갚아 주라, 그가 마음에 말하기를 나는 여황으로 앉은 자요, 과부가 아니라 결단코 애통을 당하지 아니하리라 하니 그러므로 하루 동안에 그 재앙들이 이르리니 곧 사망과 애통과 흉년이라, 그가 또한 불에 살라지리니 그를 심판하신 주 하나님은 강하신 자이 신이니라, 그와 함께 음행하고 사치하던 땅의 왕들이 그 불붙는 연기를 보고 위하여 울고 가슴을 치며 그 고난을 무서워하며 멀리 서서 가로되 화 있도다, 화 있도다, 큰 성, 견고한 성 바벨론이여, 일시간에 네 심판이 이르렀도다 하리라.〉

그 성구 예언의 뜻이 바로 그것이었다. 그처럼 구약과 신약의 세계관을 하나로 묶어 설파하는 거짓된 서구신학의 논리로 사치의 세력을 영화롭게 치부하며 살아온 그들의 행위대로 심판을 받게 될 것이라고 했다. 그와 같은 예언의 뜻을 여호와 역시도 구약에 암시해 주고 있는 것으로, 이스라엘 백성들이 자랑하던 웅장한 이스라엘 성전이 무너져 그 길을 가는 자들의 비웃음거리가 될 것이라고 말해두고 있다는 사실이다.

성서 예언은 그뿐만이 아니다. 하나님의 종 여호와를 태초에 우주만물을 창조하신 성부하나님으로 믿고 경외하는 신앙인들에게 그 시대구별을 하라는 뜻을 (요한계시록 19장 5~6)에서 분명히 경고를 해두고 있다.

〈보좌에서 음성이 나서 가로되, 하나님의 종들, 곧 그를 경외하는 너희들아 무론대소하고 다 우리 하나님께 찬송하라 하더라.〉

그 예언의 성구에서 그처럼 분명하게 하나님의 종을 경외하는 서구신학의 논리에서 깨어나 참 생명의 하나님 그 실상을 바로 알고 찬송하라고 한 것이다.

그 때가 예수께서 새 이름으로 이 땅에 다시 오실 것이라는 그 말세末世다. 그 때에 태초에 물질을 형상화시킨 모체母體로 성모 백보좌 하나님께서 하늘 조화신단의 무리를 이끌고 지상 강림하시게 될 것임을 (요한계시록 제19장 11~17) 다음과 같이 암시해주고 있다.

〈또 내가 하늘이 열린 것을 보니 보라, 백마와 탄자가 있으니 그 이름은 충신과 진실이라, 그가 공의로 심판하며 싸우더라, 그 눈이 불꽃 같고 그 머리에 많은 면류관이 있고, 또 이름 쓴 것이 있으니 자기 밖에 아는 자가 없고, 또 그가 피 뿌리 옷을 입었는데 그 이름은 하나님의 말씀이라 칭하더라, 하늘에 있는 군대들이 희고 깨끗한 세마포를 입고 백마를 타고 그 뒤를 따르더라.〉

그 피 뿌린 옷이 바로 하나님의 종들이 역사하던 구약시대를 마감하기 위해 희생의 제물로 성체에 물과 피를 몽땅 흘려가면서 성부하나님 사랑의 도道를 이 땅에 심어주고 가신 성자 예수였다.

그 말씀이 하늘나라 영혼부활의 생명수임을 (요한계시록 제7장 15~17) 다음과 같이 기록하고 있었다.

〈그러므로 그들이 하나님의 보좌 앞에 있고 또 그의 성전에서 밤낮 하나님을 섬기매 보좌에 앉으신 이가 그들 위에 장막을 치시리니 저희가 다시 주리지도 아니하며 목마르지도 아니하고 해나 아무 뜨거운 기운에 상하지 아니할 찌니 이는 보좌 가운데 계신 어린 양이 저희의 목자가 되사 생명수 샘으로 인도하시고 하나님께서 저희 눈에서 모든 눈물을 씻어 주실 것임이러라.〉

위의 성구에서 또한 나타내 주는 것이 그들 위에 장막을 치신다는 보좌에 앉으신 하나님 앞에 어린양이 바로 새 이름으로 오신다는 재림예수임을 나타내 주고 있다.

그때가 하나님께서 섭리하신 새 하늘과 새 땅이 펼쳐질 것이라는 천지공사가 마무리 되는 하나님의 성공시대라고 했다.

그렇기 때문에 선천시대에 이 땅에 오고갔던 하늘 사람들 뿐 아니라 성모聖母이신 백보좌百寶左 하나님과 성현들까지도 모두 지상 강림을 하시므로 다시는 눈물과 고통이 없는 지상천국이 이 땅에서 이루어지게 된다는 변화의 시대로 선후천先後天이 교차한다는 말법시대다.

하지만 서구 신학자들은 그 보좌에 앉으신 백보좌 하나님의 지상 강림에 대해서는 일체 언급조차도 하지 못하고 세상 끝에 구름을 타고 온다는 예수 재림만 막연하게 말해오고 있다. 그 이유가 지금까지 (창세기 제1장)을 제대로 풀어내지지 못한 때문이다.

창세기에 기록된 '수면'은 음적陰的으로 물질을 형상화시켜 내는 모체를 뜻함이다. 그러한 이치로 볼 때 예수께서 '구름'을 타고 새 이름으로 온다는 것은 분명히 이천년 전이나 마찬가지로 물질이라는 인간 육신혈통 계보를 타고 이 세상에 다시 출현하신다는 뜻이다.

그러한 근원적인 순환원리를 풀어내지 못하고 있는 서구신학이다. 그렇기 때문에 태초의 천지부모와 연계되는 천지공사의 지구 종말론 역시도 제대로 언급하지 못하고 있고, 또한 다스림의 이치로 창조되어 지구를 내방했던 하늘 사람 그 '외계인'의 실체에 대해서도 지금까지 언급을 하지 못하고 있다.

그것은 태초의 빛으로 광명하신 하나님이 주재하시는 근원과 천지 창조의 섭리를 올바르게 풀어내지 못한 서구신학의 문제점으로 그 걸림돌이 바로 여호와 유일신唯一神 숭배사상이기 때문이다.

지구 종말의 오악탁세

삼라만상은 우주宇宙라는 시간과 공간의 개념을 벗어나서는 존재할 수가 없다. 그 말은 우주라는 개념을 알아야 삼천대세계三天大世界를 총괄하신다는 하나님과 이 세상 모든 존재들에 대해서 이해를 할 수가 있다는 말이다.

하늘이 주재하시는 우주는 작게는 미세한 먼지 하나에 이르기까지도 하나님의 천기운행天氣運行에 의한 순환원리가 아닌 것이 없다고 했다.

그 순환원리가 인간에게도 적용한다는 인과응보因果應報에 의한 윤회輪廻의 법칙이며, 지구 역시도 그 순환작용에 의해서 미완성에서 완성을 향해 거듭 변화를 하고 있다는 것이다.

성서 (요한계시록)에서는 그 순환 원리를 '7수가 돌았을 때,'라고 기록하고 있다. 그 때가 처음과 끝이라는 알파와 오메가 하나님, 그 섭리체제의 완성으로 선천시대先天時代가 마무리 되는 조물주 하나님의 성공시대라고 했다.

그 준비를 위해 선천시대에 지구에 내려와 인간 종자씨를 뿌리고 가꾸어 나왔던 하나님의 종從 '우주아'들이였으며, 그 뒤를 이어서 출현하신 성자들 역시도 그 섭리에 의해 인간의 도리道理와 가정에 화목을 가르치셨고, 또 세계 인류평화를 위해서 '네 이웃을 사랑하라.'는 그 말씀에 순종하라고 하시었다.

그것이 하늘의 뜻이라고 가르치신 성현들께서는 지구촌 변화의 시대, 후천後天은 모사재천某事在天이요. 성사재인成事在人이라고 하신 것이다. 즉, 섭리를 도모하는 것은 하늘이지만, 그 일을 이루어 내는 것은 사람이기 때문에 후천後天 말법시대末法時代는 특히 사람을 중시해야하는 인존시대人尊時代라고 했다.

그 뜻은 태초의 하나님과 일체一體를 이루고 있는 영계靈界의 성현들뿐만이 아니라, 선천시대 하늘과 땅을 오르내리며 지구촌에 인간농사 업장을 벌리고 이루어 나왔었던 하늘 그 신과들 역시도 모두가 육신 혈통계보를 타고 사람으로 오기 때문에 환경이나 외모를 보고 평가하지 말라는 뜻이다.

성현들이 예언한 말법시대는 과거 이 세상에 출현했었던 하늘 사람들이 모두 다시 온다는 시대다. 그들이 와서 하는 일은 하나님 지상낙원 세계를 운영해 나가기 위해 선천시대나 마찬가지로 저마다 그 역할 분담의 소명을 맡고 온다는 것이다.

그러한 하나님의 섭리에 의해서 이제 지구촌은 서로 싸우고 죽이는 악하고 탁한 상극시대가 마무리 되고, 새로운 상생相生의 시대가 그 문이 열린다는 것으로, 그 시대가 선후천先後天이 바뀌는 후천개벽시대라고 했다.

예수께서는 그때가 이르게 되면 지구에 반드시 그 조짐의 징조가 나타나게 될 것이라고 말씀하셨다. 그런데 오늘 지구 도처에서 그 징후를 보이고 있다.

그와 같은 현상은 동서양의 모든 종교가 말하는 하늘의 뜻이 이 땅에서 이루어진다는 지구개벽의 이변현상임에는 틀림이 없다. 그러나 그러한 지구개벽의 징후에도 무감각해져 있는 세상풍경이다.

그런데 지루한 장거리 여행에서 우연하게 버스 속에서 만난 그녀와 지구이변 현상을 나타내는 그 TV 화면을 보고 그와 같이 무거운 주제를 가지고 이야기를 나눌 수가 있다는 것은 우연한 일이 아니라는 생각까지 들었다.

잠시 휴게실에서 버스가 멈추었다가 다시 출발했다. 그 사이 바깥

공기를 쏘이고 들어온 연이는 자리에 앉아 가만하게 다시 입을 열었다.

"지루한 장거리 여행에서 이렇게 만나 무거운 종교적인 이야기를 서로 나눌 수 있다는 게 보통 인연은 아닌 것 같네요. 웬만한 사람들은 종교적인 이야기는 골치 아프다고 머리를 흔들어버리는데…."

"옷깃만 스쳐도 전생에 인연이 있다는 것이 부처님 말씀인데… 오늘 하늘이 제게 전생에 못다 한 공부를 하게 해주시는 구만요. 지구개벽에 대해서도 그렇지만 기독교 본질 문제에 대해서도 새롭게 이해를 하게 해주셨으니까요."

"말세에 십리를 가다가 사람하나 겨우 만난다고 했는데 이렇게 무거운 주제를 가지고 서로가 의사소통을 한다는 것이 어디 쉬운 일이겠어요?… 과거와는 달리 물질 풍요를 누리는 세상이라 사람들이 그런 종교적인 얘기는 골치 아프다고 들으려고 하지도 않지요. 그건 우리 인간들이 언젠가는 맞게 될 죽음의 연습을 매일 밤 하고 있으면서도 엄연한 그 사실을 크게 인식하지 못하고 살아가는 것이나 마찬가지지요. 특히나 지구 종말론 같은 이야기는 더 구나 더 그렇구요."

"저야 사실 지금은 불도신자지만 저부터도 그 말세론에 대해서 깊이 생각해 보지를 못하고 오늘까지 살아왔지 뭡니까. 인간 한시적인 삶이 전부가 아니고 죽음 또한 죽음이 아니라 인과응보 법칙에 의해서 생사윤회를 거듭하는 것이니까 늘 깨어서 자성하라는 것이 부처님 말씀인데…."

"그렇지요. 인간뿐 만이 아니라, 대자연에 속한 지구도 완성을 향해 거듭 변화를 하면서 쉴 사이 없이 크고 작은 호흡 작용으로 화산이 터지는 신음 진동으로 지구 도처에서 저렇게 지진 현상을 보이고 있는데도 모두들 그 말세론이 현실적으로 마음에 크게 와서 닿지 않는 것이 문제라는 것이지요. 그게 너 나 없이 세상을 향한 육신의 정욕을 비우지 못한 때문 아니겠어요?"

"맞아요. 조금 전에 뉴스에서 본 그런 현상이 언젠가는 우리에게도 닥쳐올 지구개벽과 전혀 무관하지 않다는 것인데….”

새삼 지구 종말론에 대해서 마음이 쓰인다는 그녀의 어투였다. 뉴스를 보고 마음이 어두운 것은 연이 역시도 마찬가지였다. 거기에 대해서 다시 말했다.

“사실 과거에도 지구 지각 변동으로 화산이 터지면서 육지가 바다가 되고 또 섬으로 갈라져 나갔고, 그래서 과거 미개했던 원시인들이 그 어떤 운송 수단도 발달되어 있지 않은 상태에서 멀리 흘러가 다른 대륙의 원주민으로 정착해 살아오기도 했다는 거 아닙니까. 그 실례로 언제 어떻게 대서양을 넘어 흘러들어갔는지 시간대는 분명치 않지만 인디언 족이나 멕시코 원주민들 생활풍습이나 피부색과 모양새의 특징하며 그 어원이 우리와 유사하다는 점으로 미루어 볼 때 그들도 우리와 같은 뿌리혈족이라는 사실이 이미 학계에 알려져 있다는 거예요. 그게 과거에도 지구에 지각변동이 있었다는 거 아니겠냐구요.”

“그러니까 과학자들이 지구의 크고 작은 지각변동은 지구 전면적인 개벽이외에도 수없이 있어 왔다는 얘기가 이치적으로 맞는 거네요.”

“그렇지요. 하지만 서양 과학자들은 지구가 생성된 이후 이제까지 우주 전체적인 순환 이유는 밝혀내지 못하고 다만 현상적인 주기적 과정에서 전개되고 있는 원인과 결과만을 가지고 지금까지 연구 분석해 오고 있다는 거예요. 그래서 변화의 핵은 지구 공전궤도가 주기적으로 변하여 지구 자전축 이동으로 빙하시대가 반복되는 데에 있다고 한답니다.”

사실 오늘 지구촌 과학자들은 그 문제를 놓고 깊이 연구 분석하는 주제가 되고 있다고 했다.

이야기를 듣고 있던 그녀가 그게 의문이란 듯이 다시 물어왔다.

“말하자면 오늘 지구촌 과학자들도 그 이상은 밝혀내지 못하고 있다는 얘기잖아요. 지구 개벽의 징후가 왜 일어나고 있는지를 말입니다. 그러니까 그 문제는 종교적인 해석으로 풀어낼 수밖에 없겠네요."

"그렇지요. 그것은 우주 창조의 법도가 창세기가 기록하고 있듯이 일곱 단계로 그 숫자가 완성 숫자라는 사실을 과학자들이 감안하지 못한 때문 아니겠어요?… 물론 큰 수의 개벽 조짐의 파장으로 화산과 지진에 의한 지구 지각변동에 불과했을 테니까요. 성서적으로 보면 천지개벽은 미완성에서 완성을 향해가는 창조주의 큰 호흡 같은 것으로 보아야 겠지요. 그 동안 여섯 번의 큰 호흡이 있어 왔고 그때마다 천상의 신들의 창조물인 생명체들은 순식간에 멸종되어 버렸음을 지구 도처에서 발굴해낸 그 반화석체들이 입증이 되어주고 있으니까요."

사실 언젠가 그러한 입증 자료 보도를 보면서 연이는 기독신학자들이 그 기사를 보고 어떻게 느껴질 것인지 궁금했었다. 그때 문뜩 떠오르는 성구가 (요한계시록 제16장 1절)이었다.

〈또 내가 들으니 성전에서 큰 음성이 나서 일곱 천사에게 말하되, 너희는 가서 하나님 진노의 일곱 대접을 땅에 쏟으라 하더라.〉

그 성구에서 '하나님 진노의 일곱 대접'은 창조의 전개단계가 7의 숫자로 이루어졌고, 천지개벽 역시도 그 7이라는 숫자로 미완성에서 완성을 목적으로 하여 이루어져 가고 있음을 느낄 수 있게 해주었다.

그런데 지구 생명체의 연대를 (창세기 2장)에서 여호와 피조물 창조의 행사로 비롯된 6000년대를 바탕으로 하고 있는 성서학자들과 우주 빅뱅이론을 주장하는 과학자들의 450억 년 전 그때 이미 별들은 생성되었고, 지구와 비슷한 흑성들이 생겨났다는 과학자들의 우주 생성 연대와의 합일을 이룰 수가 없음은 어쩌면 그 어떤 하늘의 뜻이 있을 것이라고 생각해 보기도 했다.

그와 같은 생각을 하면서 공감대를 같이 해주는 그녀의 분위기에 다시 말했다.

“오늘 그러한 기독논리는 과거와는 달리 문명된 현대인들로부터 점차적으로 호응을 받을 수 없지 않겠어요? 그래서 예수께서 말세에 참 믿는 자를 보겠느냐고 말씀 하셨던 것인지 모르겠지만 아무튼 천지개벽은 이미 문 앞에 당도해 있다는 징후를 저렇게 끔찍하게 보여주고 있으니 걱정이네요.”

“그러고 보면 오늘을 살고 있는 우리의 삶이 한밤의 꿈같은 이야기라는 말이 정말 맞네요. 그죠?”

“그러니까 고등종교 스승들 가르침이 잠시 잠깐 왔다가는 허무한 세상에서 영원한 참 생명의 실체를 깨달으라고 하신 것 아니겠어요?… 그런데 이처럼 지구 도처에서 수억만 년 전의 생명체 실증을 발굴해서 증거물로 내놓고 있는데도 신학자들이 인류역사 육천년으로 맞추고 있으니까 그야말로 허무맹랑한 허구라는 소리를 들을 수밖에 없지요. 그래서 오늘 신학자들의 성서해석은 생명의 기원에 대해서 과학자들과는 점점 더 괴리감이 생길 수밖에 없지요.”

“그런데 유독 우리나라만 전 세계적으로 십자가에 불을 켠 성전들이 늘어가는 추세라는데 그걸 어떻게 생각하세요?”

“악은 언제나 선을 위장하고 스며든다고 했지요. 그 시작의 문을 열어 준 것은 일제가 조선을 그들의 식민지화하기 위해서 먼저 동방의 정신문화를 꽃피워 왔던 우리조상 뿌리 역사를 잘라야 한다고 생각한 것이 조선총독부 식민정책으로 우리한민족 뿌리 얼 말살 정략이었다는 거 아닙니까… 일제가 왜 그런 정책을 썼겠어요. 사람이 동물과 다른 점은 정신 즉, 마음이 있다는 것이고, 그래서 개개인에게 정신이 있듯이 인간 집단이나 국가와 민족에게도 그 나름대로의 국민정신 민족정신과 같은 주체적인 집단정신이 있다는 것 때문이지요. 그 민족 겨레 얼이 되살아서 뭉쳐지면 어떤 무기보다도 크고 강한 힘을 발휘하게 된다는 사실을 그들이 알고 있었기 때문인 거죠.”

“그럼 우리나라 경제성장도 좋지만 먼저는 우리 민족정신부터 부활시켜야 하는 것이 급선무네요. 그래야 동족상잔으로 으르렁대는 삼팔선도 허물어 질테니까요."

"바로 그겁니다. 그 민족정신이 일정한 방향을 가지고 살아 움직일 때 그 가치가 인정되면서 엄청난 힘을 발휘하게 된다는 것이니까요. 그렇기 때문에 우리 한민족의 얼을 과소평가 하기위해서 일제가 의도적으로 우리 국사를 왜곡시킨 것이 바로 우리 국조 단군왕검이 곰과 상간하여 탄생된 인간으로 토테미즘을 삽입시켰던 것이랍니다."

사실 연이가 우리 배달한민족 뿌리역사를 공부해 온 바로는 그로부터 우리 민족 뿌리역사는 일제의 식민정책에 의해 왜곡된 채 잘려 나갔다. 일제가 국조이신 단군왕검 이전의 개천성조開天聖祖이신 환웅桓雄을 곰녀로 짐승 곰을 나타낼 때 쓰는 곰 웅熊자로 표기시켰기 때문이다.

결국 그 속에 숨겨진 함정은 최고의 문화향상을 대표하는 민족에게는 토테미즘 따위는 존재하지 않고 최저의 문화형상을 나타내는 민족에게만 존재한다는 이야기로 몰고 간 것이다.

그 이해를 돕기 위해서 그 부분에 대해서 다시 말했다.

"일제가 우리민족 뿌리역사에 그처럼 토테미즘 이론을 도입한다는 것은 저절로 저질의 문화민족임을 공술하는 것과 같은 논리였지요. 그만큼 일제는 조선을 그들의 식민지로 만들기 위한 침략정책의 일환으로 우리민족 뿌리역사를 왜곡시킴으로 개국조이신 우리 단군한배검에게 역사적인 실재성과 그 탄생에 있어서 신화적인 두 면이 있게 된 것이랍니다."

사실 일제가 영구히 조선을 식민지하에 두기 위해 조선 총독부에서 국사의 2141년을 잘라버리고, 위만조선으로부터 겨레역사가 시작된 것처럼 국사 교과서를 꾸며내게 했기 때문이다.

그러나 발해의 석실石室에서 우리 민족의 3대 원시 경전 중의 하나인 삼일신고三一神誥를 봉장한 것이 남아 있어 한민족 성전의 보존 승계국으로 우리 겨레의 뿌리의 얼은, 환국桓國 신시神市로부터 그 주맥을 이루어 나왔음을 찾아 볼 수 있게 해준 것이다.

신시神市란, 하늘사람 신들이 지구에 내려와 일구어온 문화도시라는 뜻이며, 그로부터 세워진 나라를 환국桓國이라 했음은 밝은 하늘나라 천손민족 국가를 조상신 환웅천제桓雄天帝님으로 하여 이 땅에 세움을 받았다는 뜻을 내포하고 있다고 했다.

그처럼 지고한 우리 한민족 조상 뿌리역사를 일제가 식민정책의 일환으로 민족 주체성을 말살하기 위해 곰의 자손으로 왜곡시켰던 것이다.

그로부터 더욱 겨레 얼을 잃어버린 우리 배달민족 후손들이다. 배달倍達이라고 했음은 하늘의 이치를 배로 통달한다는 뜻으로 조상뿌리에서부터 조화주 하나님의 당위적인 하늘나라 대도의 천법天法을 배워왔다는 뜻에서 천손민족이라고 했다고 한다.

그렇기 때문에 고조선시대 동방의 등불로 세계 속에 빛을 발했다는 우리 조상들이다. 그러나 그처럼 자랑스러웠던 배달한민족 뿌리역사를 오늘까지도 바로 세워 정립하지 못하고 있는 나라가 대한민국이다.

그 이유는 해방이 되고 본격적으로 유대민족 뿌리역사에 업혀 들어온 서구 기독신학자들의 논리 그대로를 받아드려 뿌리내린 기독교가 오늘 국교이상의 자리를 차지하고 있기 때문이다.

그 또한 어쩌면 일제가 노린 식민정책의 일환이나 크게 다를 것이 없다는 생각을 해보게 해준다. 유대민족의 뿌리 조상 아담과 이브가 지구촌 오색인종五色人種의 조상으로 인류의 시조라는 서구 신학자들의 논리가 일제로부터 잘려나간 우리민족 뿌리역사를 바로 정립하지 못한 걸림돌 역할을 지금까지 해왔기 때문이다.

그 생각을 가만하게 다시 말했다.

"교직 생활을 해오셨다니까 물론 잘 아시겠지만 일제가 우리배달민족 뿌리족보는 저질적인 곰의 자손으로 개국조이신 단군왕검을 허구의 단군신화로 왜곡시켜 버렸잖아요. 족보 없는 상것을 만들어 놔야 주체성이 없이 고분고분하게 말을 잘들을 테니까 그 정책을 쓴 것이지요. 그게 문제였던 거 같아요. 그런데다가 해방이 되고 서양 문화권에서 들어온 서구 기독교 신학자들이 유대민족 뿌리 족보를 십자가 위에 얹고 들어 왔지만 이미 말살되어버린 민족정신인데 정부나 국민이 거기에 크게 신경을 쓰지 않고 있는 것이지요. 그러니까 조금 전에도 말했지만 일제 강점기에 우리조상 뿌리 역사와 민족정신을 잃어버린 상태였기 때문에 해방공간에서 밀려들어 온 서양문화를 여과 없이 최고의 선진국 문화라고 받아들이면서 우리 민족 정서의 소중함을 더욱 잃어버린 국민들이라고 할 수 있지요."

"그러니까 서양 쓰레기 문화는 몽땅 다 쓸어 담고 들어와서 그게 선진국 문화라고 특히나 요즘 젊은 층들이 다 찢어진 청바지에 쑤석이 장발머리를 하고 키득 거리고 앉아 있는 풍경이라니… 사람이 옷 입은 모양대로 살아간다는 것인데 말입니다."

"그게 바로 정부나 국민이 주체성을 잃고 강대국에 의지하려는 안타까운 걸인근성으로 오늘 우리나라 국민정서를 대변해 주는 것이지 않겠어요?"

"그건 매스컴에도 문제가 있다고 저는 보거든요. 그게 무슨 최첨단 패션 유행이라고 방송 연예인들이 그 모양을 하고 화면에 나와 코믹한 연기라고 펼치고들 있으니 젊은 애들이 마치 연예인이나 되는 것 마냥 너도 나도 그 흉내를 내고 다니는 거죠 뭐."

"그런 걸 보면서 군사정부 시절 새마을 운동을 시도 했었던 박대통령이 미니스커트 단속을 하고 장발족 단속을 했었던 일은 정말 박수를 보냈어야 했을 일이라고 이제야 그런 생각이 들지 뭐예요."

사실 그 일은 박정희 대통령 시절, 그 무엇보다도 잘한 일이라고 생각했다. 요즈음 거리에서나 전철 속에서 보여주는 젊은 세대들이 유행처럼 펼치는 패션은 차마 눈을 뜨고 쳐다보고 있기가 민망스러울 정도였기 때문이다.

특히나 여름철이면 허연 젖가슴을 거의 드러내 보인 아가씨들의 패션이 더욱 그랬다. 엉덩이에 찰싹 달라붙고 허연 허벅지가 다 나오게 짧은 그야말로 침실에서나 입을 팬티 같은 반바지를 걸치고 집밖으로 나온 걸 보면 먼저 걱정부터 앞섰다. 앞으로 내 자식 내 손녀가 그것도 시대 흐름의 최첨단 유행이라고 그 흉내를 낼 것이기 때문이다.

오늘 우리 사회는 너나없이 물질 지향적인만큼 정신세계는 더 없이 황폐해져 있다. 그러한 현실 세태의 흐름 속에서 그처럼 허연 속살을 대중들 앞에 드러내고 관능미를 자랑하는 아가씨들의 부끄러움 없는 몸짓들이고 보면, 그게 결코 남의 일이 아니라는 생각이 들었다.

그야말로 발양성發陽性으로 벌떡벌떡 일어나는 수컷들의 본능이 앞뒤 생각 없이 무조건 덮쳐서 눕혀 놓고 보자는 성폭행 강간 사건을 우리 사회에 더욱 유발시킬 것이기 때문이다.

사실 오늘 우리사회 풍경이 그렇기 때문에 마음이 무거워 지면서 가만하게 말했다.

"세상이 어떻게 되려고 그러는지 걱정이지 뭡니까. 요즘 그런 아가씨들 패션은 아름다움이 아니라 오히려 더 추하게 느껴지지 뭐예요. 남성들이 그런 패션을 보고 좋아서 히득거리니까 그럴는지 모르겠지만 사회문제로 강간 성폭행이 더 심해지는 거 아니겠냐구요… 쇼팬하우어가 그랬지요. 키가 작고 어깨가 좁으면서 엉덩이만 큰 종자 여인들을 아름답다고 생각하는 것은 남성 에너지가 성욕으로 눈이 가려진 탓이라구요. 하긴 오늘 그런 풍경이 패륜적인 말세 현상이라고는 하지만…."

"그러니까 오늘 우리 현실이 과거에 수치도 몰랐다는 원시인간 시대로 되돌아가는 풍경 아니겠어요? 훗, 후후…."

"웃을 일이 아니지요. 과거에 수치도 모르고 선과 악이 무엇인지도 몰랐다는 그들의 무지가 유죄로 내침을 받고 고통을 당했듯이 오늘 우리나라 현실이 그렇지 뭡니까. 제 정신 얼이 빠진 백치처럼 민족정신이 뭔지, 사상이 뭔지도 모르고 배만 부르고 아랫도리만 즐거우면 그게 지상천국인양 키득거리는 오늘 이 사회가 원시시대 풍경 그대로 되돌아가고 있는 거죠. 적어도 의식이 있는 사람이라면 그럴 수는 없잖겠어요?"

연이의 그 말에 그녀 역시도 사뭇 걱정이 된다는 듯이 응수를 해왔다.

"그래서 우리 조상들이 윗물이 맑아야 아랫물이 맑다고 한 말이 새삼 실감나네요. 조상 뿌리 족보마저 노랑머리에 파란 눈으로 바꾸어 버렸으니까 우리 청소년들이 마치 혼혈아처럼 검은 머리를 노랗게 물을 들이고 과거 서양 원시인들이나 하고 다닌 모양새를 그대로 흉내를 내고 다니는 거죠 뭐."

"그런 현상은 이조 말엽에 배가 고픈 양반님 네들이 조상 족보 들고 나가 팔아먹은 것이나 뭐가 다르겠어요. 그러니까 사상이고 뭐고 내 알바가 아니라는 듯이 강대국에 빌붙어 먹을 생각이나 하고들 있는 거죠. 내가 나의 주인공이라는 주체성이고 나발이고 내 배만 부르면 된다는 그런 식이지요."

"걱정이네요. 이대로 가다가는 점점 더 심해질 텐데 앞으로 자라나는 우리 아이들 교육이…."

"그러게 말입니다. 언젠가 전철 속에서 그것도 옷이라고 허연 젖가슴을 그대로 다 드러내 보일 정도로 하고 나온 아가씨가 마치 팬티 같은 반바지를 걸치고 있는 것을 보고 어떤 노인이 쳐다보고 있기가 차마 민망했던지 한마디 했다가 그대로 무안을 당하는 것을 보고 기가 막히지 뭐예요. 그게 말세 현상이라고는 하지만…."

"그건 그 모양새를 하고 나가는 자식을 그냥보고 앉아있는 그 부모한테도 책임이 있는 거 아니겠어요?"

"그게 바로 오늘 우리 사회가 본능적인 것만 추구하는 서양문화권의 원시시대 풍경화를 그대로 재현시켜 주고 있는 거 아니겠어요?… 그래서 말인데 이제는 도리고 뭐고 제 부모도 죽이는 패륜아들이 늘어나는 세상인데 하물며 민족 뿌리역사 정체성 찾는데 관심이나 있겠냐구요. 머릿속 복잡한 것은 딱 질색을 하는 요즘 아이들인데….”

“그러니까 우리가 아담의 자손이면 어떻고, 또 곰의 자손이면 어떠냐는 그런 식이잖아요. 오늘 우리나라 현실이….”

“말하면 뭘 합니까. 그게 다 우리 조상들로부터 전래되어 내려온 전통문화를 잃어버린 때문인데… 사실 우리나라가 일제로부터 해방된 민족이라고는 하지만 오늘까지도 곰의 자손으로 왜곡된 조상족보 하나도 정리하지 못한 나라가 무슨 해방된 민족입니까? 물론 그건 해방공간에서 복잡하게 얽힌 시대 상황이라 어쩔 수 없었다고는 하지만….”

사실 생각해 보면 일제가 고조선 시대 동방의 등불로 찬란하게 빛나던 한민족의 유구한 뿌리역사를 잘라 곰의 자손으로 왜곡시킨 것이 우리 한민족 정통성 말살정책이었다.

그러나 그 이후 우리나라가 일제로부터 해방은 되었다고는 하지만 자력이 아닌 강대국의 힘을 빌려서 해방이 되었던 만큼 우리민족 뿌리역사는 오늘까지도 그대로 표류하고 있는 실태다.

나름대로 우리민족 뿌리역사와 근대사를 틈틈이 공부해 왔던 연이였다. 해방공간에서 있었던 그 분위기를 떠 올리며 가만하게 다시 말했다.

“해방공간에서 물밀 듯이 들어온 서양 문화 풍경 속에서 가장 크게 역동을 한 것이라면 아담과 이브가 인류의 조상이라는 논리를 들고 들어온 기독교 세였지요. 거기에 세뇌될 수밖에 없는 시대 분위기였다고나 할까요?… 아무튼 그 당시는 배고픈 백성들이라 이것저것 족보 따져 볼 것도 없이 여호와를 믿으면 서양처럼 배부르게 해준다면서 구호물자로 선심을 쓰고 들어오니까 이치적으로 따져 볼 것도 없이 그냥 받아드릴 수밖에 없었던 그 시대 상황이었고 더구나 그 기독교리가 사랑의 하나님 우주정신이라는데 손해 볼 것 없다고 대다수가 그렇게 생각한 거죠 뭐….”

"하긴 일제 강점기에 노예나 마찬가지로 억압을 받던 백성들이었으니까 노랑머리에 파란 눈을 한 아담과 이브가 우리뿌리 조상이라고 하거나 말거나 이치적으로 따져볼 그런 시대상황이 아니었던 거죠. 해방은 됐다고 하지만 우리 국민모두가 배고프던 시절 이었으니까요. 흐흥!…."

"하지만 그 또한 하늘의 뜻이 있기 때문 아니겠어요? 서구신학이 유대교 여호와 유일신 숭배사상을 설령 정복무기로 업고 들어왔다고 하더라도 어찌됐거나 기독교 스승이신 성자 예수 우주정신이라는 사랑의 도를 그들을 통해서 알게 됐고, 또 만법이 동토로 귀일하게 될 것이라고 한 것이 공자님 말씀이고 보면 유대교를 업고 들어온 서구신학이 그 일을 해준 거라고 봐야겠지요. 만사는 다 뜻이 없는 게 없다고 했으니까요…."

언젠가부터 그렇게 미루어 짐작해보는 연이었다. 유대민족 창조수호신 여호와가 그 백성들에게 심어준 민족정신은 전쟁무기를 양산해내는 과학기술과 이방민족을 정복하는 상극적인 이분법의 정복문화 정신이 그 원형이다.

그렇기 때문에 인류구원이라는 기독교 스승 우주정신이라는 사랑의 도道를 여호와 유일신 숭배사상과 그럴듯하게 하나로 묶어서 세계로 전파될 수 있었든 것이라고 미루어 짐작해 보게 했다.

그것이 오늘 기독교 정신을 어지럽게 혼미 시키고 있는 서구신학자들의 문제점이다. 하지만 그 또한 하늘의 뜻이 있기 때문일 것이라는 생각까지도 들었다.

공자님께서 말씀하신 원시반본原始返本이란 뜻도 그렇지만 동서로 오고간 현자들 역시도 만법萬法이 동토凍土로 모아져서 '한 틀' 속에 묶여 세계 속에 빛을 발하게 될 것이라는 그 암시를 주고 있기 때문이다.

그 뜻을 살포시 떠 올려보면서 다시 말했다.

"사실 오늘 서양문화권에서 들어온 서구신학 교리는 진정한 기독교 정신에는 위배되는 유대교 여호와 유일신 숭배사상에 업혀서 들어온 격이지만 그 또한 하늘의 뜻이 있을 것이라고 생각하거든요. 생각을 해보세요. 구약시대 너와 나를 이분법으로 가르치고 이방민족과 맞수대결을 시켜온 여호와가 그 백성들에게 심어준 것이 정복문화 유산이었으니까 하나님은 사랑이시라는 기독교 정신을 그럴듯하게 포장을 했고, 그러한 서구신학 논리가 예수께서 족속을 초월해서 전파하라고 하신 말씀을 구실로 삼아서 세계로 나갈 수 있지 않았겠어요? 그래서 우리나라에도 들어와 뿌리를 내릴 수 있게 되었던 거구요."

"그러니까 기독교 스승 고난의 십자가를 어떤 무기보다도 근사하고 강력한 정복무기로 삼은 셈이네요. 그죠?"

"그렇지요. 엄연히 그 유전인자 색소를 달리하고 있는 지구촌 오색인종의 뿌리역사를 아담의 후예로 오도시키고 있는 근사한 포장이 예수님 십자가로 그 포장이 되어준 셈이지요. 원수까지도 사랑하라는 것이 기독교 정신이니까요."

"어쩐지… 그 논리가 도무지 어지러워서 저는 고개를 돌려버렸지 뭐예요."

"그게 과거와는 달리 문명된 현대인들의 지성이라는 거 아니겠냐구요. 서구 신학자들이 십자가 위에 업고 들어온 유대교 유일신 숭배사상을 그대로 설파하고 있으니까 이치적으로 합리성이 없고 어지러울 수밖에요. 하지만 때가 되면 오늘 그러한 기독논리가 바르게 정리될 것으로 봅니다. 만사는 다 정해진 때가 있다고 했는데 유독 세계 속에서 우리나라가 종교백화점을 방불케 하는 것도 뭔가 하늘의 뜻이 있을 테구요."

"저렇게 오늘 한 집 건너 십자가가 세워져서 불을 켜대는데 쉽게 정리가 되겠어요? 더구나 세금도 안 내고 고스란히 남는 장사니까 논리적인 이치 따져 볼 것 없다는 그런 풍경인데…."

"물론 그래서 너도 나도 신학을 나와 목회자가 되겠다고 하는 풍경이 오늘 우리 현실이란 거 아닙니까. 심지어 이제는 춤쟁이 아줌마들도 그렇고 시장에서 망태기 장사를 하던 아주머니들 까지도 목회자로 나서는 풍경이지만 뭔가 뜻이 있을 것으로 봅니다. 예수께서 지적하신 그 초등학문이 무엇이란 것을 배운 사람들이 많이 나와야 때가 되면 유대교와 혼합된 기독교를 바르게 정리할 수 있지 않겠어요? 오늘 현대인들의 의식은 과거처럼 그렇게 무조건 맹신하지는 않을테니까요."

"핫, 하하… 하지만 사람의 정신이란 것이 그 물에 한 번 빠져들면 어디 쉽게 빠져 나오겠어요? 그래서 농담이지만 의사는 직업적인 의식에서 모든 사람을 환자로 보고, 목사는 모든 신도들을 어리석게 본다고 하드라구요. 스스로 이 죄인을 용서해 달라고 제물을 갖다가 바치니까 직업치고는 최상의 직업 아니겠어요?"

농담까지 섞어가면서 하는 그녀의 말에 저절로 웃음이 나왔다. 과거 연이 자신 역시도 그처럼 열심히 제물을 갖다 바치면 죄사 함을 받는다는 구약시대 유대인의 면죄부 신앙생활로 위로를 받아왔었기 때문이다.

그러나 그 또한 초등학문에 수업료를 바쳤던 것이라고 생각하면서 지난날 목사님에게 자신이 질문했었던 그 논제를 머리에 떠 올려보면서 말했다.

"그게 바로 구약 여호와 율법시대 면죄부를 사서 사함을 받던 제사의식이지요. 이스라엘 백성들이 여호와 율법규례에 따라 행한 제사의식이 바로 그 샤머니즘 형태이기 때문에 예수께서 그 백성들을 향해 여호와 율법을 배웠거든 이제는 그 약하고 천한 초등학문 규례에서 벗어나 진정한 마음의 제사를 지내라고 하신 것이 이단의 괴수로 내몰리게 된 불씨가 된 것이지요. 그 율법 제사의식을 폐하게 되면 제사장들 직위가 박탈당한 것이나 마찬가진데 그들이 가만있었겠어요?… 그 백성들이 절대자 하나님으로 숭배해온 여호와 하나님에 대한 불경모독이라는 죄목으로 마침내 예수가 십자가에 참수형을 당하신 것이 그 이유였는데….”

“그런데 그처럼 억울한 예수님 십자가 위에 여호와를 으젓하게 성자예수 아버지 하나님으로 모셔 얹고 들어온 격이잖아요?”

“그렇지요. 하나님의 종 여호와가 역사하던 구약시대를 마감하기 위해 그 유대 땅에 출현하신 예수께서 그처럼 억울하게 십자가를 짊어지고 피를 흘리셨던 것인데, 이제는 그 위에다가 여호와를 얹고 들어왔으니 하나님의 종이 성자 예수가 지칭하신 성부하나님 아버지로 둔갑을 해버린 겪이라, 그러니 이치적으로도 태초에 우주만물을 사랑으로 지으셨고 총괄하신다는 하나님 인상에 부합될 턱이 없지요.”

“그러니까 예수님이 인간 영혼을 살리려 왔다는 생명수가 아니라 영혼을 혼미하게 하는 섞어 잡탕물이 돼버린 거잖아요.”

“그런 셈이지요. 예수께서는 새 술은 새 부대에 담아야 둘 다가 보존된다고 하셨는데… 그래서 오늘 의식이 깨인 서양인들이 그 기독신학 논리에 점점 고개를 돌리기 때문에 교회들이 텅텅 비어서 팔려나간다는 거 아닙니까.”

“그럼 거기에 대한 죄 값은 누가 받죠?…”

“무지가 유죄가 된다고 했으니까 그 논리를 펴온 신학박사라는 사람들이 먼저 받겠지요. 그들이 받을 심판에 대해서 요한계시록에 분명히 기록해 두고 있드라구요. 뭐라고 한지 아세요? 자칭 유대인이라고 하는 그들이 실상은 거짓말하는 사단의 회라고 했고, 그들이 많은 영혼을 노략질 해온 대가로 먼저 심판을 받게 될 것이라고 했지요. 예수께서 인간 영혼을 성숙시키기 위해 뿌리신 영생수의 말씀을 율법신 여호와의 세계관과 하나로 묶어 혼탁한 쑥물로 만들어 버린 그 죄 값을 지상천국이 이 땅에 이루어지기 전에 받게 된다는 거죠.”

그녀의 눈이 크게 떠지면서 그 말에 응수를 해왔다.

“정말 쑥물이 맞네요. 그 논리가 어쩐지 불투명하게 찜찜한 것이 그렇드라니까요.”

사실 오늘 기독신학은 구약시대 유대민족만을 수호하고 다스려온 여호와 유일신唯一神숭배사상을 그대로 주입시키면서 신성시 하고 있다. 하지만 예수께서는 그 율법신律法神 여호와를 본질상 하나님이 아니라고 분명히 지적하셨고, 그로 인하여 그들의 숭배신 여호와를 폄하했다는 죄목이 이단의 괴수로 십자가에 매달려 참수형을 당하게 된 그 이유였다.

하지만 예수께서는 생전에 제자들에게 말씀하신 그대로 장사한지 사흘만에 활달자재豁達自在할 수 있는 영체靈體, 곧 부활의 능력이 어떠한 것인가를 실제적으로 세상에 나타내 보임으로써 비로소 인류구원이라는 그리스도께서 '나는 길이요. 진리요. 생명이라.'고 하신 그 말씀의 모델이 되어 보이신 것이었다.

그처럼 활달자재豁達自在하는 생체부활의 능력을 이 세상에 나타내 보여줌으로써 영원한 참 생명의 실체를 믿음으로 심어주기 위해 십자가 위에서 고난을 받으셔야 했던 성자 예수였다.

그것이 성부 하나님의 뜻이기 때문에 성자 예수께서 이 땅에 오셔서 해야 할 일로 그 성체가 희생의 제물이 되어야 함을 생전에 제자들에게 귀띔해 주셨던 것이다.

그리스도란 구원이란 뜻이다. 그처럼 인류구원이라는 사명으로 이 세상에 오셔서 고난의 십자가를 짊어져야 했던 것이 성자 예수에게 정해진 운명으로 성서는 하나님 두루마리 책속에 만세전부터 인류구원의 제물로써 희생이 될 것임을 암시해 주고 있다. (히브리서 제10장 1~9)

〈율법은 장차 오는 좋은 일의 그림자요 참형상이 아니므로 해마다 늘 드리는바 같은 제사로는 나아오는 자들을 언제든지 온전케 할 수 없느니라, 그렇지 아니하면 섬기는 자들이 단번에 정결케 되어 다시 죄를 깨닫는 일이 없으리니 어찌 드리는 일을 그치지 아니하리요. 그러나 이 제사들은 해마다 죄를 생각하게 하는 것이 있나니 이는 황소와 염소의 피가 능히 죄를 없이 하지 못함이라, 그러므로 세상에 임하실 때 가라사대, 하나님이 제사와 예물을 원치 아니하시고, 오직 나를 위하여 한 몸을 예비하셨도다. 전체로 번제함과 속죄제는 기뻐하지 아니하시나니 이에 내가 말하기를 하나님이여 보옵소서, 두루마리 책에 나를 가리켜 기록한 것과 같이 하나님의 뜻을 행하려 왔나이다. 하시니라, 위에 말씀하시기를, 제사와 예물과 전체로 번제함과 속죄제는 원치도 아니하고 기뻐하시지도 아니하신다 하셨고, 이는 율법을 따라 드리는 것이라, 그 후에 말씀하시기를 보시옵소서, 내가 하나님의 뜻을 행하려 왔나이다. 하셨으니 그 첫 것을 폐하심은 둘째 것을 세우려 하심이니라.〉

위의 성구는 예수께서 그 백성들을 향해 너희가 시대구별을 하라는 그 뜻을 분명히 밝히고 있다. 그처럼 하나님의 섭리는 그 첫 단계로 구약시대 세상이라는 밭에 종從을 내려 보내 종자 씨를 뿌리고 가꾸는 것은 주인의 뜻에 따르는 종복從僕들이 맡아해야 하는 일이며, 때가 이르면 그 종의 시대를 마감하기 위해 영계靈界의 성부 하나님의 아들 성자예수를 보내어 그 첫 것을 폐하게 하심은 둘째 것을 세우려 하심이라고 분명히 밝혀두고 있다는 사실이다.

그 뜻이 바로 유대 땅에 출현하신 성자 예수께서 주인이 밭에 농사짓는 비유를 들어 말씀하신 그 시대변화의 섭리였음이다.

그러한 천주天主 하나님 시대변화의 섭리가 단계적인 천기운행으로, 하나님 종從 여호와의 초등학문 율법의 구약시대에서 성자예수의 고등학문 신약복음시대로 그 변화의 섭리를 구약과 신약으로 그 세계관이 분명히 다름을 나누어 밝혀두고 있다.

그와 같은 단계적인 섭리변화에 의해서 하나님의 종 여호와가 그 이스라엘 백성만을 다스려 오던 구약시대를 마감하기 위해 십자가 위에서 희생의 제물이 되어야 했었던 것이 만세전부터 성자예수에게 정해진 운명이었음을 성서는 분명히 기록해두고 있다.

예수께서 그처럼 운명적으로 짊어지셔야 했던 십자가를 짊어지시기에 앞서 산상기도에서 하신 절규가 "아버지여 이 쓴 잔을 내게서 면하게 하실 수는 없사옵니까. 그러나 내 뜻대로 마옵시고 아버지 뜻대로 하옵소서!" 바로 그것이었다.

하나님 종 여호와의 율법 제사의식을 마감하기 위해 십자가 위에서 성체에 피 흘림으로 산제물이 되어야 했던 것이 이미 성자 예수에게 정해진 운명이었음을 그 성구에서도 나타내 주고 있다.

그렇기 때문에 묵묵히 육신이 찢기는 그 고난을 참아내면서 마침내 그 운명의 순간에 '다 이루었다.' 이 다섯 마디를 남기셨다.

그 뜻이 바로 종의 율법시대를 마감하기 위해서 희생양으로 산제물이 된 성자 예수의 십자가 공로에 의해서 여호와가 그 텃밭 가꿈의 행사로 일관된 구약시대가 비로소 막을 내리게 되었음을 나타내 주고 있는 것이다.

그로부터 영생하는 하늘나라 복福된 진리의 말씀으로 인간 영혼생명을 거듭나게 하는 신약복음시대가 그 문이 열리게 되면서 이 땅에 우주만물의 주主되신 성부하나님, 그 사랑의 도맥道脈이 기독교 스승의 정신을 상징하는 십자가로 세워지게 된 것이다.

그런데도 불구하고 성자 예수를 여호와 아들의 계보에 묶어 들어온 논리가 서양문화권에서 들어온 기독신학으로 그 문제점임에는 틀림이 없다.

그러나 그와 같이 합리적이지 못한 논리에 의식이 깨어 있는 현대인들은 당연히 그 의문을 갖게 될 수밖에 없다. 그래서 질문을 하게 되면 '의심은 죄가 됩니다.' 하는 것이 목회자들이 한결같이 그 질문을 막아내는 통상적인 말이다.

그러한 기독신학 논리가 어지럽고 복잡해서 고개를 돌려버렸다는 그녀가 가만하게 다시 입을 열었다.

"그 서구신학 논리가 어쩌면 의도된 것 아닐까요? 일제가 그랬던 것처럼 각 민족이 가지고 있는 뿌리 얼 말살정책으로 말예요."

"분석해 보면 그렇다고도 할 수 있지요. 일제가 식민정책 일환으로 우리한민족 뿌리역사를 신화적인 허구로 잘라버렸듯이 그 보다 더 좋은 정복무기는 없지 않겠어요?… 그러니 예수께서 말세에 참 믿는 자를 보겠느냐고 염려 하시고, 내가 너희를 위해서 수고한 것이 헛될까 염려하노라, 하신 그 말씀이 그대로 응해진 거 아니겠냐구요."

"어쩐지 그 설교가 이치적으로 맞지를 않드라니까요. 그래서 고개를 돌렸지만… 사실 오늘 일부에서는 그 기독교리가 오히려 더 샤머니즘 형태를 주입시키고 있다는 비난을 하고 있거든요."

"그럴 만도 하지요. 그러나 십육 세기 초 중세에 들어와서 독일 비덴베르크 대학에서 성서학을 가르치던 수도사 루터가 교황청이 파는 면죄부에 대한 반기를 들고 일어나면서, 마침내 그의 항변은 그 정통성을 주장하는 구교에서 개신교파로, 기독교 장로교파, 거기에서 또 감리교로 분파되고, 오늘에 이르러서는 수십 종파갈래로 분파되었지요. 하지만 어찌된 건지 여전히 유대민족 여호와 유일신 숭배사상을 주입시키는 것은 그대로 예수님 족보가 성부하나님의 종 여호와의 아들로 내려 앉아버린 격이니 그 논리가 어지러울 수밖에요."

"그러니까 이 시대에도 루터와 같은 종교혁명의 신학자가 반기를 들고 나와야 되는 거 아닐까요?"

"그 또한 하늘의 뜻에 따라 이루어질 걸로 봅니다. 요한계시록에 성경이 다시 쓰여 지게되리라고 했는데, 그 사단의 회에서 나온 몇 사람이 그 일을 하게 될 것이라고 했드라구요. 그러니 믿고 기다려 볼 수 밖에요."

"어머! 정말요?…"

"그럼요. 그런데 목회자들은 서구 단일적인 여호와 유일신사상에 깊이 젖어있기 때문에 창세기 일장에 기록된 태초의 빛이라는 영계의 하나님 그 가족 구성원에 대해서는 언급조차도 하지 못하고 있고, 그러니 그로 연계된 요한계시록은 더군다나 더 이해될 수가 없으니까 일체 묵비권 행사를 하면서 열심히 여호와 하나님은 나의 목자시니를 외치면서 찬송하고 있지요."

사실 그 문제를 화두로 해서 목회를 하고 있는 이웃사촌 오빠에게 그와 같은 의문 제시를 함으로 입씨름을 한 적도 있었다.

오늘 기독신학에서 성자 예수 아버지로 격상시키고 있는 여호와 행사의 모습은 우주만물을 총괄하신다는 사랑의 하나님 그 행사가 아님을 구약 (사무엘상 제17장 46)에 다음과 같이 기록해 두고 있었기 때문이다.

〈오늘 여호와께서 너를 내 손 끝에 붙이시리니 내가 너를 쳐서 네 머리를 베고 블레셋 군대의 시체로 오늘날 공중의 새와 땅의 짐승에게 주어 온 땅으로 이스라엘에 하나님이 계신 줄 알게 하겠고….〉

그 성구를 보더라도 여호와는 전쟁을 주도하는 신이다. 그러나 그 정복문화 정신이 이스라엘의 하나님 여호와의 이름을 온 땅에 알리게 될 것이라고 했다.

바로 그것이다. 그 성구 그대로 이웃민족과 전쟁 붙임을 주도해 나왔던 이스라엘의 하나님 여호와의 이름이 기독교 십자가 위에 얹혀 지구촌에 그대로 알려졌기 때문이다.

그러나 그러한 서구신학자들 논리에 의한 여호와는 우주만물을 사랑하신 다는 그런 하나님의 모습이 분명히 아니다. 그처럼 너와 나를 개체로 가르는 이분법으로 이방민족과의 전쟁을 진두지휘하는 여호와의 행사는 다만 지엽적인 민족 수호신으로써의 모습임을 그 성구 내용에서도 보여주고 있다는 사실이다.

그처럼 구약시대 보여주는 여호와의 행사 모습은 성자 예수께서 이 땅에 평화를 주러 오셨다는 기독교 정신이 분명히 아니다. 그 여호와의 행사는 그의 창조물 이스라엘 백성으로 하여 그의 이름을 높이 빛내기 위한 전쟁 신神이었음을 다음 성구에서 더욱 분명하게 밝혀 주고 있다. (사무엘 상 제17장 47)

〈…전쟁은 여호와께 속한 것인즉 그가 너희를 우리 손에 붙이시리라.〉

위의 성구에서도 여호와의 실체를 밝혀주고 있다. 그와 같은 여호와의 행사는 우주 만물을 총괄하시는 사랑의 하나님이 아니라 다만 지엽적인 이스라엘의 민족수호신으로 이방민족과의 전쟁 이름을 통해서 그 이름을 높이 빛내려고 했었음을 분명하게 나타내 주고 있다는 사실이다.

그런데도 오늘 서구신학은 지엽적인 이스라엘 민족수호신 여호와를 대우주적인 하나님으로 격상시키고 있으며, 그러한 논리에 의해서 지구촌 인류역사 뿌리를 유대민족 조상 뿌리 아담의 후예로 단일화 시키고 있다.

하지만 구약의 내용에서는 이스라엘 민족과는 또 다른 이방민족이 그 조상뿌리를 달리하고 존재하고 있었음을 다음 성구에서도 실재적으로 밝혀주고 있다. (레위기 21장 23~)

〈너희는 내가 너희 앞에서 쫓아내는 족속의 풍속을 쫓지말라, 나는 너희를 만민 중에서 구별한 너희 하나님 여호와라.〉

바로 그것이다. 이스라엘민족 조상신 여호와는 이방 족속과의 경계의 선을 그처럼 철저하게 긋고 있는 것으로, 구약은 이스라엘민족의 뿌리역사로 그 진실을 거짓이 없이 진솔하게 밝혀주고 있다.

그처럼 구약은 하나님의 뜻에 따라 인류역사가 이루어져 나왔음을 진솔하게 밝혀두고 있는데도 그러한 내용을 일체 은폐하고 지구촌 인류 뿌리역사를 단일화 시키고 있는 서구신학이다.

그것이 서양문화권에서 우리나라에 들어온 기독교 신학의 가장 핵심적인 문제점으로 우리민족 뿌리역사를 정립하는데 그 걸림돌이 되고 있다고 해도 과언은 아니다.

그 문제의 주제를 들고 다시 거론했다.

“성당을 다니셨다니까 아시겠지만 우리 같은 사람도 창세기 일장과 이장이 구별이 되는데 더구나 신학박사라는 사람들이 그처럼 영계와 신계로 엄연히 나누어 져있는 그 세계관을 이해하지 못하고 하나의 세계관으로 묶어서 여호와라는 그 이름표를 붙이고 지구에 내려와 지엽적인 행사를 보인 여호와를 예수께서 나는 영이니 아버지가 내안에 내가 아버지 안에 함께 있느니라, 하신 그 영계에 올려놓고 설파한다는 것이 도무지 이해가 되지 않지 뭡니까."

"그러니까 영계와 신계가 그처럼 엄연히 다른 세계관인데 하나로 묶어서 설파를 해서 그랬던지 아무튼 예수님 십자가 공로의 뜻이 아리송하니 뭐가 뭔지 도대체 머리가 어지럽지 뭐예요."

"소위 신학박사란 사람들이 오늘 그렇게 원시적인 성서풀이를 하고 있으니 웃긴다는 거 아닙니까. 하지만 현대 물질문명을 발전시켜 나온 서양의 과학자들이 양자역학 상대성 원리로 밝혀낸 우주원소가 태초의 빛이라는 건데 그 빛이 바로 창세기 일장에 기록된 태초 만물의 근원이신 영계의 하나님 그 가족구성원이라는 거 아니겠냐구요."

"사실 저 역시도 그 대목을 깊이 생각해 보질 않았거든요."

"물론 신도들이야 그렇다고 하지만 신학박사라는 사람들은 거기에 대해서 깊이 생각해 봐야 할 것 아니겠어요?… 창세기 일장에서 분명히 그 지으신 모든 것을 너희가 다스리라는 축복을 받고 창조되었다는 이때의 사람에 대해서는 일체 언급조차 못하고 있다는 거 아닙니까."

"그러니까 성호를 달고 지구에 내려온 그들이 태초에 하나님 말씀으로 창조되었다는 하늘 사람으로 그 신들의 존재란 말인데 그죠?"

"그렇지요. 그들이 다스림의 공중권세를 부여 받고 창조되었다는 우주 지성체들이기 때문에 지구에 내려와 물질인간을 창조할 수 있었던 그 능력행사를 보였던 것이지만 그들 지적설계에 의한 물질인간 창조는 본질적인 하나님 능력이 아니었기 때문에 그 창조물이 분별 의식이 없었던 원시인간들이었다는 거 아닙니까… 나 역시도 과거에는 그 생각을 못했지만 생각해보세요. 태초에 우주만물을 지으셨다는 전지전능하신 하나님 능력 같았으면 여호와가 그렇게 발가벗고 다녀도 수치를 몰랐었다는 원시인간들을 만들어 놓고 거듭거듭 시험을 해보면서 인간 만들었음을 한탄했다는 것이 이치적으로 맞는 소리냐구요."

"맞아요. 이치적으로도 정말 그렇네요."

그녀는 얼굴 표정이 밝아지면서 입가에 미소를 흘렸다. 그 분위기에 지난날 성경을 읽고 자신이 느껴온 그대로를 다시 피력했다.

"그들이 하늘 사람으로 공중권세를 부여 받고 하나님의 말씀으로 창조되었기 때문에 지구에 내려와 그 능력행사를 보여준 신계로 과학자들이 말하는 외계인이라는 거 아니겠어요? 그러니까 그들이 하늘에 처소를 두고 하늘 정부를 이루고 있으면서 이미 문명화된 하늘나라 사차원의 비행기술로 하늘과 땅을 오르내리면서 보여준 게 바로 지구촌 과학자들이 말하는 외계문명이라는 거 아니겠어요?… 그들이 탑승하고 하늘과 땅을 오르락 내리락 했었던 그 우주선 비행 물체를 구약에 까마귀 독수리라고 원시적으로 묘사해 두고 있지만 생각해보세요. 그 실체적인 물체에서 내려온 사다리를 타고 내려 왔다는 천사하고 야곱이 씨름을 해서 갈비뼈가 부러졌다는 것이 뭐겠어요. 하늘에서 내려온 천사라고 묘사하고 있지만 그 또한 실제적인 사람 모습으로 밥도 식탁에 앉아서 함께 먹고 이야기도 나누었다는 기록이잖아요."

"사실 지금까지 우리가 생각하는 추상적 개념의 신이란 존재는 물질인간과는 다르게 먹지도 배설하지도 않는 줄 알았는데… 그처럼 보편적인 사람의 모습으로 피조물 인간과 씨름도 하고 했었다니, 훗, 후후…."

"어디 그뿐이랍니까? 당시 땅에 물질로 창조된 인간 자손과 하늘 사람이 성교도 하고 해서 자식을 낳았는데 그들이 용사라 고대에 유명한 사람이었다는 거예요. 그러고 보면 하늘에서 내려온 사람이라고는 하지만 우리와 별다를 것이 없는 보편적인 사람의 모습 그대로라는 거 아닙니까. 또 창세기 육장 기록에도 보면 하늘 사람들이 내려와 땅 위에 번성하고 있는 인간 딸들의 아름다움을 보고 자기들이 좋아하는 자를 취해 아내를 삼았다고 했지요. 그 하늘 사람이 외계문명권으로 공중권세를 부여 받았기 때문에 지구를 왕래하면서 그 행사를 보여 온 신계라는 것 아니겠냐구요."

사실 그처럼 기록하고 있는 내용의 장면이 구약시대 하늘에서 내려 왔다는 신들의 행사장면 이였다. 그들이 바로 하나님의 뜻에 따라 움직이는 하나님 종복의 신분으로 지구를 오르내렸던 '우주아'들이었음을 구약의 내용에서는 그렇게 분명히 밝혀주고 있다는 사실이다.

그런데도 그처럼 신계와 영계를 나누어 구별을 하지 못하고 있는 신학자들이라는 생각을 하면서 다시 말했다.

"생각해보세요. 구약시대 그 하늘 사람 우주아들 운송 수단이던 비행물체를 까마귀, 또 잠수함을 고래로 묘사한 그대로를 주입시키는 서구신학자들이고 보면 그 원시인간들 의식이나 다를 게 없잖아요. 그러니 예수께서 오셔서 설파하신 하늘나라 진리의 말씀 영생수가 구약시대 여호와의 행사와 하나로 혼합된 쑥탕물이 되버렸으니 이치적으로 타당성이 없을 수밖에요."

"맞아요. 구약의 내용을 읽다보면 그리스로마 신화나 조금도 다를게 없드라니까요. 후, 후훗…."

사실 구약이 기록하고 있는 그러한 장면의 내용을 현대 지성인들이 읽어 볼 때는 마치 신화처럼 느껴지는 많은 부분들이 있다. 그 내용 중에서 특히 여호와 존재와는 또 다른 '몰렉'이란 이름의 신이 이스라엘 자손의 딸을 취해 성교를 함으로 여호와가 그 백성들에게 그 경계를 시키고 있는 (레위기 제20장 1~7) 장면의 기록이다.

〈여호와께서 모세에게 일러 가라사대, 너는 이스라엘 자손에게 또 이르라, 무릇 그가 이스라엘 자손이든지 이스라엘에 우거한 타국인이든지 그 자식을 몰렉에게 주거든 반드시 죽이되, 그 지방 사람이 돌로 칠 것이요. 나도 그 사람에게 진노하여 그를 그 백성 중에서 끊으리니 이는 그가 그 자식을 몰렉에게 주어서 내 성소를 더럽히고 내 성호를 욕되게 하였음이라. 그가 그 자식을 몰렉에게 주는 것을 그 지방 사람이 못 본 체하고 그를 죽이지 아니하면 내가 그 사람과 그 권속에게 진노하여 그와 무릇 그를 본받아 몰렉을 음란히 섬기는 모든 사람을 그 백성 중에서 끊으리라. 음란하듯 신접한 자와 박수를 추종하는 자에게는 내가 진노하여 그를 내 백성 중에서 끊으리니 너희는 스스로 깨끗하게 하여 거룩할 찌어다. 나는 너희 하나님 여호와니라.〉

위의 내용에서 밝혀주고 있듯이 구약시대는 하늘의 신들이 보편적인 사람의 모습으로 그들의 피조물인 인간과 성교를 가져보기도 했었음을 그처럼 진솔하게 기록해 두고 있다는 사실이다.

그 성구에서 여호와가 경계시키는 몰렉의 행위는 분명히 여호와의 영광을 위해서 일구어 나온 유대족 씨종자 텃밭을 혼혈시키는 일이기 때문에 악惡으로 간주하고 진노의 엄한 벌을 내리겠다는 선포다.

바로 그것이다. 또 다른 신과의 성교에 의해서 번성되는 자손은 혼혈아로서 유대민족 수호신 여호와 호흡으로 창조된 그 자손 혈통의 정기精氣가 흐려지게 됨으로 그의 성소를 더럽히는 욕이 된다면서 악惡으로 간주하고 있다.

하지만 그 당시 원시 인간들은 선악의 분별력이 없는 존재들일 수밖에 없었다. 그처럼 어린 아이와 마찬가지로 지각이 없었기 때문에 흘러 들어온 이방 족속과도 어울려 혼혈아를 낳아 번식시켰던 것으로, 여호와는 마음에 근심하고 마침내 '죄악이 관영하다' 하여 그들 모두를 물로 쓸어버렸던 그것이 바로 노아 홍수였다.

그러한 여호와 진노의 벌이 유대 종족 혈통번식의 순수를 잃었기 때문인 것으로, 혼혈되지 않은 노아의 가족만 '완전한 자'라고 하여 보존하고 모두를 쓸어버린 것이 여호와의 물 심판이었다.

그와 같은 구약의 내용을 통해서 보더라도 오늘 지구촌 전체 인류가 서구 기독신학자들이 설파하고 있는 것처럼 유대민족의 뿌리 조상 그 아담의 혈통 계보가 아님을 분명히 드러내 주고 있다는 사실이다.

그런데도 그 여호와 유일신 숭배사상을 펼치고 있는 오늘 기독신학자들이다. 그 문제점을 다시 생각하면서 말했다.

"구약의 그러한 내용을 현대 지성인들이 읽어볼 때는 마치 신화처럼 느껴지게 마련이지요. 그런데 그 시대구별을 아직까지도 하지 못하고 있는 것이 오늘 기독신학의 문제점이라는 겁니다. 그래서 유대 이스라엘 민족하고 이웃하고 있었다는 이방민족의 뿌리역사는 허구로 꾸며진 신화고, 그 유대 민족 뿌리역사만이 지구촌에 유일한 진실의 서라고 내세우는 이유가 뭐겠어요?… 그게 바로 유대민족 주체성으로 민족자긍심이라는 거지요. 그래서 일제가 우리민족 주체성 말살정책으로 실재적인 우리 한민족 뿌리역사를 허구의 단군신화로 왜곡시켜 버린 것이나 다를 게 없는 것이지요. 그러니 족보 없는 상것으로 강대국에 빌붙어 먹을 생각이나 하고들 앉아서 같은 조상 혈손끼리 삼팔선으로 허리를 묶고 서로 총부리를 겨누면서 으르렁 대고 있는 원인이 바로 우리민족 주체성을 상실해 버린 때문 아니겠냐구요."

"정말 그렇게 우리 조상 뿌리정신 얼이 빠져버린 민족인데 남북통일 문고리가 쉽게 열리겠어요? 그처럼 왜곡된 우리역사 뿌리 찾기가 쉽지 않은 시대 분위기인데…."

"꼭 그렇게 낙관할 일만은 아니죠. 서구 신학자들이 무지해서 그랬던지 어떤 다른 목적의 의도가 있어서 그랬던지 간에 오늘 우리나라에 들어온 기독교 십자가 위에 얹혀 들어온 유대교 여호와 유일 숭배사상만 정리되면 아담과 이브가 인류의 조상이라는 논리도 따라서 정리 되는 거 아니겠어요?… 예수께서 그러셨지요. 새 술은 새 부대에 담아야 둘 다 본존 된다구요. 구약은 유대민족 실재적인 뿌리역사로 허구의 신화라고 할 수 없듯이 일제가 왜곡시키고 또 서구신학에 의해서 오도 된 우리민족 뿌리역사도 마찬가지로 단군신화가 아닌 실재적인 역사로 정립되지 않겠냐구요."

사실 그 문제가 오늘 우리에게 주어진 숙제라는 생각이기도 했다. 만물에서 혈통이란 그들의 정기가 전개되는 줄기다. 한 그루 나무 대궁에서 가지가 뻗어나는 것이 자연의 섭리며 이치듯이 그 가지의 혈통 줄기는 나무의 '종자됨'에서 비롯된다.

이것이 태초 본자연에서 비롯된 '대원인'으로 음양건곤陰陽乾坤이라는 조화주 하나님 자성自性이 칠색七色의 빛으로 분열 화신하여 만물을 조물 할 수 있었던 근원적 뿌리의 정기精氣라고 한 것이다.

이와 같은 우주원리가 근원적인 태초 광명하신 하나님의 섭리로 조화주이신 하나님의 정기精氣가 태초의 빛이라고 했다.

그 빛이 (창세기 1장)에서 '우리'라는 복수형卜數形을 나타내 주는 칠색七色으로 음양陰陽 우주영혼宇宙靈魂이라는 천지부모와 일가一家를 이루고 있는 분자分子로서 영계靈界의 빛의 세계관임을 나타내 주고 있다.

그 세계관이 우주 원문도原文道로서 조화주 하나님의 분자적인 얼이 칠색으로 분열 팽창되는 전개과정에서 그 빛이 음양 5행 육합으로, 지구 역시도 오대양 육대주로 나뉘어져 있다. 뿐만 아니라 인간의 내장 역시도 오장육부를 형성하고 변수의 조화를 부리고 분열하는 것은 본자연本自然으로 존재하신 하나님의 그 운행법칙임을 말해 주고 있다.

이러한 본자연 오행五行의 극이 바로 오륜五輪과 오상五常으로 천도의 윤리인 것이기 때문에 태초 빛의 말씀으로 창조되었다는 그 하늘 사람들 역시도 천도天道의 윤리에 따라서 그 형색形色이 오색五色으로 창조되어지면서 황인종(청룡족, 황웅족) 백인종(백호족) 흑인종(현구족) 적인종(주작족) 등의 색족色族으로 그들이 번성하여 하늘정부를 이루고 있는 곳이 과학자들이 말하는 외계 문명권임을 나타내 주고 있다.

그렇기 때문에 그들의 지적인 설계 호흡에 의해 창조된 지구촌 인간 종자 역시도 오색인종五色人種으로 그 피부색을 달리하는 족속이 엄연히 달리 존재해 나왔음이다.

혈통이란 근원적인 뿌리의 정기精氣를 전개함으로써 그 기상을 존재로서 나타내기 위함으로 그 종자를 번식시키며 그 정기를 전해주는 것을 업행業行이라고 했다.

그처럼 본자연本自然하신 하나님의 운행법칙에 의해서 지구촌에 산재한 오색인종五色人種의 혈통들은 영계의 '종자됨' 그 뿌리에서 분열전개되어 나온 신계의 '종자 씨' 들인 것임에는 틀림없다.

그 선후대가 본자연 영계靈界는 대자연 신계神界로 고리를 잇고, 신계는 또 자연이라는 인계人界로 삼천대세계三天大世界가 '한 틀' 속에서 고리를 잇고 그 자성을 물려주면서 시종始終이라는 '종자됨'의 천업天業을 이루려는 그것이 바로 태초의 하나님이 목적하신 그 뜻임을 성경의 내용 속에서 그처럼 분명하게 밝혀주고 있다.

그 섭리역사를 (창세기 1장)과 (창세기 2장)으로 그 행업行業을 분명히 나누어 담아두고 있는 것으로, 본체신 하나님의 섭리에 의해 지구에 내려와 인간 종자 씨를 심고 가꾼 각 색족色族의 조상신들은 그 분열법칙에 의해 그들의 텃밭 순수혈통을 지켜야 할 책임과 의무가 있었던 것이다.

그러한 그들의 행사를 구약의 내용 속에 담아 두고 있는 것으로,

저마다 성호聖號를 붙인 신들이 그들 '종자 씨' 텃밭 이룸의 과정에서 혼혈은 그 정기精氣의 기상을 흐려 놓는 질서 위반으로 악惡으로 간주했었음을 기록하고 있다.

그렇기 때문에 여호와는 그의 '성호'를 욕되게 하는 것을 용서하지 않겠다고 분명하게 선포했던 것이며, 그러한 여호와의 행사 이룸은 유대족속을 창조하여 그 혈통의 기상을 세움으로서 그의 영광이 되는 것이기 때문에 '혼혈'은 그의 성소를 더럽히는 일이라고 그처럼 경계의 선을 분명하게 긋고 있었음을 보여주고 있다.

그러한 구약시대의 상황에서 그들의 혼혈에 근심하고 한탄 할 수

밖에 없었던 여호와는 '나 이외는 다른 신을 섬기지 말라!'는 계율을 그 백성이 엄히 지켜야 할 율법으로 세워 놓았던 것이다.

그 경계는 다른 색족色族의 신들 역시도 마찬가지였다. 그 혼혈을 막기 위해서 서로가 의기투합까지 했음을 보여주고 있다. 그것이 '바벨탑' 사건으로 그 장면이다. (창세기 제11장 1~10)

〈온 땅에 구음이 하나이요. 언어가 하나이었더라, 이에 그들이 동방으로 옮기다가 시날 평지를 만나 거기 거하고 서로 말하되, 자! 벽돌을 만들어 견고히 굽자, 하고 이에 벽돌로 돌을 대신하여 역청으로 진흙을 대신하고 또 말하되, 자! 성과 대를 쌓아 대 꼭대기를 하늘에 닿게 하여 우리 이름을 내고 온 지면에 흩어짐을 면하자 하였더니 여호와께서 인생들이 쌓는 성과 대를 보시려고 강림하였더라, 여호와께서 가라사대, 이 무리가 한 족속이요. 언어도 하나이므로 이같이 시작하였으니 이후로는 그 경영하는 일을 금지 할 수 없으리로다. 자! 우리가 내려가서 거기서 그들의 언어를 혼잡케하여 그들로 서로 알아듣지 못하게 하자, 하시고 여호와께서 거기서 그들을 온 지면에 흩으신고로 그들이 성 쌓기를 그쳤더라, 그러므로 그 이름을 바벨이라 하니 이는 여호와께서 거기서 온 땅의 언어를 혼잡케 하셨음이라, 여호와께서 거기서 그들을 온 지면에 흩으셨더라.〉

바로 그것이다. 그 당시 피부색을 달리한 족속들이었지만, 그러나 천상에 정부를 두고 있었던 신족들은 공통된 언어言語를 사용했었음을 나나내 주고 있다. 그렇기 때문에 그 당시 백성들은 이방민족과도 그처럼 의사소통을 자유롭게 할 수 있었든 것이다.

그것이 구약시대 상황의 분위기로 하늘에서 내려온 다른 신들과도 자유롭게 의사소통을 하면서 그 신들과 성교도 했고, 또 그처럼 이웃 족속 간에도 혼혈되고 있었기 때문에 그 혈통 정기가 흐트러짐을 막고자 한 것이 바벨탑 사건이었음을 나타내 주고 있다.

그처럼 혼혈됨을 악으로 간주하고 근심했던 여호와는 그 백성들에게 '나 이외는 다른 신을 섬기지 말라!'는 명령의 선포를 함과 동시에 다른 이방 족속과의 혼혈을 그처럼 막으려고 했었음을 보여주고 있다.

하지만 그 당시 원시인간들의 지능은 보편적인 사람의 모습으로 나타나서 그들을 간섭하고 다스리는 신들과의 관계를 크게 자각할 지능이 없었음을 특히 바벨탑 사건에서도 보여주고 있다.

그 기록에서 그들은 하늘이 끝없이 높음을 인식하지 못하고 그 들을 주관하는 조상신들이 하늘에서 내려와 권세를 부리며 그들을 간섭하는 것을 막아 보려고 성을 쌓고 '우리의 이름을 내고' 싶어 했다는 기록이 바로 그것이다.

이처럼 그 당시 백성들은 하늘에서 내려와 그들을 주관하는 신들의 존재를 마치 '족장'정도로 생각했다는 이야기가 된다. 그럴 수밖에 없었든 것은 그 신들이 보편적인 사람의 모습으로 함께 음식도 나누어 먹고 성행위도 하고 했었기 때문이다.

그래서 더욱이 그들의 존재를 크게 의식하지 못했던 당시의 인간들은 그들의 간섭적인 보호권에서 벗어나고 싶어 했음을 그 바벨탑 사건에서 보여주고 있다는 사실이다.

그들이 오늘 서구 신학자들의 논리처럼 여호와의 창조물로 한 뿌리 혈통계보 족속이었다면 굳이 '자! 우리가 내려가서 그들의 언어를 흩으러 놓자,'고 할 이유도 없고, 또 온 지면에 흩어져 살게 하지도 않았을 것이다.

그 바벨탑 사건을 통해서 볼 때, 그때를 비롯해서 서양에 포함된 여러 족속들이 언어를 달리하고 지구촌에 흩어져 살게 되었음을 짐작해 볼 수 있게 해준다.

물론 이때 흩어져 살게 되었다고는 하지만 그 경계를 크게 벗어나지 못했었기 때문에 신들은 이방 족속과 잦은 싸움으로 그 능력대결을 보여 왔으며, 그 백성들이 그들 수호신의 간섭을 벗어나고 싶어 했을 때, 그 응징의 벌이 얼마나 무서운 것인가를 선포하고 있는 그

성구다. (여호수아 제24장 20절)

〈만일 너희가 여호와를 버리고 이방신을 섬기면 너희에게 복을 내리신 후에라도 돌이켜 너희에게 화를 내리시고 너희를 멸하시리라.〉

위의 성구에서 나타내 주고 있는 이방신이다. 그러나 그 이방신의 정체에 대해서 신학자들은 언급조차 하지 못하고 있다. 하지만 오늘 우리는 그 성구를 두고 다시 생각해 보지 않을 수 없다.

여호와가 그의 창조물 아담과 이브의 지각을 시험해 보기 위해 세워놓은 것이 그 선과 악을 분별하게 하는 선악과였다. 하지만 아직 그러한 분별력이 약했던 그들은 사탄의 꼬임에 넘어가 여호와가 계율로 세워 놓은 금단의 열매를 따먹음으로 죄인이라는 멍에의 굴레를 쓰고 동산에서 쫓겨났다고 했다.

성구의 기록이 그렇듯이 여호와가 매도하고 있는 '악신'이란 그의 질서를 어지럽히는 존재들로 '사탄' 혹은 '마귀' 또는 '사단의 무리'라고 표현해 두고 있다.

그렇기 때문에 여호와 신은 '나 이외는 다른 신을 섬기지 말라!'는 그 계율戒律을 으뜸으로 세워 놓았다. 그처럼 여호와는 이방민족의 신을 철저하게 경계시키고 감시해 왔음을 구약 속에 담아 두고 있다. 그 계율은 여호와가 이스라엘 민족 뿌리 조상신임을 인식시키기 위한 방편 법으로 그 지혜였음이다.

그 생각을 연이는 그녀를 돌아보며 다시 말했다.

"오늘 우리 배달겨레 얼의 손상은 광복이후 분단된 상황에서 더욱 가속화 되었지요. 미군의 통치를 받게 된 남한에 서양문화가 물밀 듯이 들어오면서 그처럼 왜곡된 기독신학 논리를 주입식으로 배워온 신도들이 파란 눈에 노랑머리 아담과 이브가 인류의 조상이라고 믿고 있기 때문에 군사정부 시절 이래서는 우리나라가 자력강생을 할 수 없겠구나 하고 우리 한민족 정체성을 다시 찾기 위해서 뿌리 역사를 정리하려고 했었지만 무산되어 버렸다는 거 아닙니까. 이미 서양 문화권에서 들어온 서구신학 논리가 종교적 측면에서 더욱 급속히 겨레 얼을 말살시켜버린 상태였으니까요. 하지만 오늘 문명된 된 서양 기독교인들 의식은 벌써부터 달라지고 있으니까 우리나라도 멀지 않아서 의식이 깨인 지성인들에 의해서 그처럼 기독교리를 업고 들어온 여호와 유일신 숭배사상에서 벗어나리라고 봅니다."

"하긴 예수님 족보만 바로 세워 정리하자는 것인데 어렵게 생각할 일도 아니네요. 그죠?, 오히려 기독교 십자가에 불빛이 지구촌에 더 초롱초롱하게 새롭게 세워질 일 아니겠어요? 훗, 후후…."

"그렇지요. 태초에 우주만물을 지으시고 총괄하신다는 사랑의 하나님 아들 성자 예수를 그처럼 이분법으로 이방민족과 경계의 선을 긋고 그토록 싸움이나 붙여온 모양새 없는 여호와 아들 계보에서 본자리 족보를 바로 찾게 되는 일이니까요. 아무튼 때가 되면 그 일꾼을 보내시지 않겠어요? 그게 하늘이 하는 일로 인류구원이니까요."

"하긴 세상 끝에 다시 오신다는 예수님이니까 먼저 그 길잡이 증인으로 세례 요한을 보냈듯이 이제 그 일꾼이 새롭게 나타나게 될지도 모르겠네요. 그죠?"

"서구 신학자들이 왜곡시키고 있는 그 진실이 지구 파국이 오기 전에 분명히 밝혀지리라고 봅니다. 그래야 하늘의 뜻이 이 땅에서 이루어 질테니까요."

연이의 생각은 때가 이르면 그렇게 되어 질 것이라고 확고하게 믿어 오고 있었다. 그것이 또한 성서 예언이기 때문이다.

사뭇 진지하게 듣고 있던 그녀 역시도 과거에 성당을 다녔기 때문인지 그 말에 동조를 해왔다.

"제발 그렇게 되면 저부터도 가슴이 다 후련하겠네요."

"기다려 보십시다. 지구 종말이 오기 전에 거기에 대한 심판이 먼저 있을 것이라는 것이 성서 예언이니까 그렇게 되리라고 나는 믿네요. 생각해 보세요. 인류 구원이라는 성자예수 신약복음 시대가 문이 열리면서 나는 영이니 하시고, 참되신 하나님 그 생명의 말씀을 듣고 거듭남을 입어야 영혼구원을 받게 된다고 하신 것이 영생수로 하늘나라 복된 진리의 말씀이라는 것인데 혼합된 쑥물로 여호와는 나의 목자시니 아멘 믿습니다. 하고 주억거리고 앉아들 있으니 영혼 구원을 받겠냐구요. 무지가 유죄가 된다는 것인데…."

"그러니까 천지가 개벽하기 전에 종교 개벽부터 먼저 온다는 것이네요. 훗, 후후…."

"그게 요한계시록 예언이니까요. 그래야 만이 예수께서 족속을 초월해서 전파하라고 제자들에게 당부하신 태초의 하나님 그 우주정신이 다시 되살아나서 혼합된 쑥물에 고개를 돌렸던 신도들의 눈이 다시 크게 떠질 것 아니겠어요?"

"저부터도 생각을 달리 해야겠네요. 저런 지구 개벽 징후를 보니까 종교 판 정신개벽이 더 시급해지네요."

"예수께서 말씀하신 지구 종말이 온다는 조짐이 저렇게 눈앞에 펼쳐지고 있는데 혼탁한 쑥물을 이대로 그냥 놔두지는 않을 걸로 봅니다. 요한계시록에 분명히 동방 해가 뜨는 곳에서 흰옷을 입은 무리가 하나님의 말씀의 인을 가지고 세계로 나간다는 것이 그 예언이 잖겠어요…. 그러니까 일찍이 동방의 등불로 빛을 발했었다는 우리 한민족이 다시 깨어나서 그 일을 기필코 이루어 내리라고 봅니다. 이건 내 생각이지만 루터처럼 시대적인 종교개혁의 소명을 받고 온 일꾼이 지구 개벽이 오기 전에 분명히 또 나타날 겁니다. 그게 성서 예언이니까요."

사실 루터가 1517년 학문상의 토론을 할 목적으로 만든 면죄부 판매를 포함한 로마 교황청의 행위를 비판하는 양심 포고문 95개의 논제가 종교 개혁이라는 역사적인 운동에 불씨를 당긴 것이다. 하지만 시대적인 분위기에 루터의 종교개혁의 불씨는 제 기능역할을 제대로 하지 못하고 다만 유대교 율법적 면죄부 속죄의식만 겨우 폐했을 뿐이었다.

그리고 여전히 구약시대 이스라엘 민족의 숭배신 여호와를 천지의 주재자로 믿고 있는 신앙에는 달라진 것이 없었다. 그 이유는 그 불씨가 확산되면 무엇보다도 서양 문화권의 막강한 중심부에 서 있는 로마 교황청이 그 타격을 입기 때문이다.

그러한 로마 교황청의 의도에 의해서 루터의 종교 혁명은 제빛을 발하지 못하고 겨우 면죄부 의식만 달라졌을 뿐 여호와 유일신 숭배 사상은 변함이 없었다. 그래서 일반인들은 상식적으로 그리스도 기독교 논리의 교리 자체가 그처럼 얕은 샤머니즘적 행위를 해오지 않았느냐 하는 의구심을 갖고 있고, 구교와 개신교를 하나의 종교세계관으로 묶어 통칭하고 있다.

하지만 기독교 스승 예수께서는 그 시대 구별을 하라고 분명히 말씀하셨다. 구약시대는 하나님의 종 여호와가 그 텃밭에 그의 영광이 된다는 종자씨를 뿌리고 그 초기적인 역사를 이루어 나오던 율법시대며, 신약은 그 텃밭을 기초로 삼은 고등종교 스승 성자 예수께서 출현하여 그 백성들에게 하늘나라 참 생명의 이치를 깨닫게 하는 가르침이 바로 '내가 너희에게 새계명을 주노니 서로 사랑하라.' 그 말씀이 태초 빛의 하나님 그 우주정신이라는 기독교 정신이다.

그런데 서구 성서학자들이나 로마 교황청이 그 시대 구별을 그처럼 진정으로 헤아리지 못했을까 하고 수군거리며 비난하는 측도 있다. 제사장 제도는 구약시대 여호와의 율례에 따라 세워진 제도로서 제사장 직은 곧 여호와 하나님 대행권의 직분이기 때문에 여호와를 '천주님' 자리에서 끌어내리게 되면 율법행위의 제사장 직분은 무익해 질 수밖에 없게 되면서 자동적으로 해체될 수밖에 없는 입장이다.

로마 교황청은 여호와 율법에 의해서 세워졌고, 그로부터 지금까지 권력의 막강한 중심부에 서 있어 왔다. 그런데 그 율례를 폐지하고 여호와를 천주님에서 끌어내리게 된다면 그것은 곧 로마 교황청의 붕괴를 의미하는 것으로, 막강한 그들의 권력이 반납되어져야 함을 의미하는 것이나 마찬가지다.

그런 또 한편 서구 신학자들이 애써 여호와를 우주의 주재자 하나님으로 설파하고 모든 민족이 믿어야 할 유일하신 하나님이라고 주장하는 또 다른 이유를 살펴보지 않을 수 없다.

사상이란, 곧 정신을 만드는 것으로, 개개인에게 그 사람의 의지가 되는 정신이 있듯이 각 나라마다 그 민족정신이 있다. 그런데 지금까지 서양의 문화를 이루어 나온 것은 구약성서에 의한 '나 이외는 다른 신을 믿지 말라.'는 여호와 그 계율의 선포로 오직 유일신관이다.

그러한 여호와의 존체를 본체신 성부 하나님의 종복從僕의 신분으로 낮춘다는 것은 이제까지 그들이 믿어온 여호와 하나님으로부터 유일하게 선택받은 민족이라는 긍지의 주체사상에 일대 혼란을 가져오게 될 수밖에 없다. 이것이 그들로서는 대단한 자존심의 문제가 되는 것이다.

그것이 또한 서양 문화권의 자긍심으로, 유대 땅에 성자예수 출현에 의해 구약이 마감되면서 그 존재의미가 사라진 여호와 성호聖號의 깃발을 기독교를 상징하는 십자가 위에 얹고 설파하고 있는 이유일 수가 있다.

그러나 그처럼 합리적이지 못한 서구신학자들의 논리가 결국 예수께서 제자들에게 족속을 초월해서 전파하라고 당부하신 기독교 정신을 혼미한 쑥물로 만들어버린 원인이며, 또한 지구촌 종교통일을 가로막고 있는 걸림돌 역할을 해온 그 문제점이라고 해도 과언은 아니다.

그렇기 때문에 오늘 서구 기독신학의 논리가 지구 파국이 오기 전에 다시 새롭게 정리되어져야 함에는 두말할 여지가 없다.

그날 우연하게 버스 속에서 만나 그와 같은 기독 신학의 문제를 주제로 서로의 견해를 함께 나누면서 참으로 많은 생각을 다시 하게 해주는 유익한 시간이었다.

절대자 하나님의 섭리역사

모든 자연 만물은 태초 광명하신 천지부모 하나님의 능력에서부터 비롯되었다. 이 근원 자리를 절대자라고 말한다.

이 세상 모든 것은 절대자 하나님의 섭리역사 속에서 이루어져 나왔음을 특히 성경은 창세기를 비롯해서 구약과 신약으로 나누어 그 순환 변화원리를 밝혀두고 있다.

구약은 지구에 내려온 여호와가 하나님 종복從僕의 신분임을 나타내는 신표를 붙이고 유대민족 뿌리역사를 이루는 그 시원에서부터 국가 사회로 발전해 나오기까지의 전개과정을 담아두고 있다.

그 내용 속에는 그 당시 지구촌에 유대민족 이외에도 또 다른 이방민족이 존재하고 있었으며, 그들을 다스리는 수호신들의 이름이 각기 등장하고 있다는 사실이다.

그 시대가 동서東西가 마찬가지로 하늘에서 내려온 신들이 물질인간을 창조하고 그 피조물의 의식진화를 돕기 위해서 함께 어우러졌었던 신인합발神人合發의 시대로, 그 실재적인 상황을 구약 속에서 유추해 볼 수 있게 해주고 있다.

지구촌 인류역사는 그처럼 동서가 마찬가지로 하늘 사람 신계가 하늘 문을 열고開天지구에 내려와 물질인간을 창조하고 세상을 살아가는 이치와 도리를 가르치면서 함께 어우러졌던 원시시대로부터 진화 발전되어 나왔다.

그런데 놀랍게도 지구촌에서 아직도 문명과 고립된 채로 살아가고 있는 수단의 마디모루족이 있다. 그들 역시도 그 조상신의 존재에 대해서 다음과 같이 이야기 하고 있다.

〈신은 처음 하늘에서 살았지만 점차 지구를 왕래하게 되면서 지상에서 살았다.〉

그들이 간직하고 있는 조상뿌리 이야기가 구약의 내용과 다를 것이 없다. 그런가 하면 우간다에 있는 반투계의 나이오로 부족 역시도 그와 비슷한 뿌리역사를 간직하고 있는 것으로, 처음에 한 쌍의 신인들이 하늘에서 내려와 그들 조상의 생명을 심었다는 이야기다.

그들이 말하고 있는 조상 뿌리 이야기는 오늘 서구 신학자들이 (창세기 2장)에서 부터 등장하는 여호와가 흙으로 먼저 남자 아담을 만들고 그를 잠들게 한 후 그 갈비뼈 하나를 취해서 여자 이브를 만들었다고 하는 것이나 크게 다를 것이 없다. 아니 오히려 더 합리적이다.

그렇다면 그와 같이 말하는 타 민족의 조상 뿌리역사도 오늘 우리가 실재적인 사실로 인정을 해주어야 하는 것이 정석이다. 그들의 뿌리역사가 합리성이 없는 허구의 신화라고 한다면 구약의 내용역시도 누군가에 의해 꾸며진 허구의 신화로 우스갯거리가 될 수밖에 없다.

그러나 그것은 절대자 하나님의 섭리역사임에는 틀림이 없다. 지구촌은 오대양 육대주로 나뉘어져 있으며, 그처럼 분파되어 있는 각 족속들마다 구약의 내용이나 크게 다르지 않은 조상뿌리 역사를 간직하고 있다는 사실이다.

그렇기 때문에 지구촌에 산재해 있는 각 족속들마다 그들 조상신의 가르침에 따라서 풍습과 문화가 이루어져 나왔음을 구약의 기록을 통해서도 유추해 볼 수 있게 해주고 있다.

서양 유대민족의 조상신 여호와는 그 백성들에게 거대한 성전을 건축하는 방식을 직접 세분하게 가르쳤으며, 이웃과의 맞수 대결에서 사용할 무기제작법까지를 주도면밀하게 가르쳐 주고 있다. 그렇기 때문에 그들이 세계 속에 우수한 두뇌로 물질 과학문명을 앞서 발전시켜 나올 수가 있었음이다.

이스라엘 민족의 주신主神 여호와가 백성들에게 가르쳐 준 것은 문명된 4차원의 지식정보 뿐만이 아니다. 이웃하고 있었던 이방민족과의 맞수대결의 전쟁에서 상대방을 유인하는 전략전술까지를 가르쳐 주기도 했었다.

그렇게 그 백성들에게 심어준 여호와 호흡의 정기精氣가 정복문화 유산으로, 그 민족정신의 기틀이 되게 한 것이었음을 유추해 볼 수 있게 해준다. 그것이 또한 조상신 여호와로부터 심어진 민족자긍심으로 세계 속에서 유일하게 선택받은 민족이라는 것을 자랑으로 내세우고 있다.

하지만 그러한 유대민족과는 달리 아직도 지구촌에 과거 원시인이나 마찬가지로 벌거벗고 살아가는 벰바 부족이 있다. 그들 역시도 조상으로부터 전해 내려오는 그 뿌리 이야기를 다음과 같이 말 하고 있다.

〈신이 처음에 살풍경한 지구에 내려와 진흙덩이로 되어 있는 지구 태초의 모습에 질서를 잡아 주었고, 물을 다스리는 치수治水 후에 식물을 나게 하고, 두 사람을 하늘로 보내어 동물의 종자를 가져오게 했다.〉

그들이 부르는 신의 이름이 '카베차'라고 했다. 그런가 하면 콩고의 남부에 살고 있는 펜대라는 부족 역시도 간직하고 있는 조상 뿌리 이야기가 있다. 그들이 말하는 신은 '마웨제'이다. 그들은 태초의 창조에 대해서 다음과 같이 말하고 있다.

〈태초에 시간이 없을 때에는 아무것도 없었다. 사방에는 어둠 뿐이었다. 쉴 새 없이 비가 내렸지만 땅에는 아직 하천이 없었다. 비가 그친 다음에 비로소 상제 마웨제가 물이 강줄기를 따라서 흐르게 했고, 아무것도 모르는 무지한 사람을 창조했다. 상제 마웨제는 우주의 조물주로서 하늘의 별들을 만들었을 뿐 아니라, 수수와 옥수수, 야자나무의 경작법도 가르쳐 주었다. 그는 무바딜라를 아내로 삼아 세상의 모든 씨족을 낳았다. 땅에 사람이 많이 번성하자 그는 하늘로 돌아갔는데 그 때에 많은 사람을 함께 데리고 갔지만 불을 주어서 지상으로 되돌려 보냈다.〉

그들의 이야기가 구약의 내용이나 크게 다를 것이 없었다. 그들 조상신 역시도 여호와의 행사나 마찬가지로 무지한 원시 인간을 창조했다는 것이고, 그들에게 세상을 살아가는 여러 가지 방법을 가르쳐 주었다고 말하고 있다.

뿐만 아니라 하늘에서 내려와 그 조상들을 가르쳐 왔다는 신들이 구약의 내용이나 마찬가지로 우리 인간 모습이나 동일하게 보편적인 모습으로 함께 대화를 나누었다는 것하며, 또 성서 속에서 에녹이 천상을 다녀왔다는 기록과 유사한 이야기를 그처럼 간직하고 있다는 사실이다.

그런데도 서구신학자들은 유대민족의 뿌리역사가 지구촌 전체 인류역사로 한 혈통계보에 묶어 설파하고 있다. 그리고 타민족이 간직하고 있는 뿌리역사는 허구의 신화라고 말하고 있다.

그것은 커다란 모순이 아닐 수 없다. 구약의 내용 속에는 이스라엘 백성과 이웃하고 살았다는 타민족의 조상신들이 각기 존재하고 있었음을 분명히 밝혀주고 있기 때문이다.

오늘 우리는 서양 문화권에서 '진실의 서'라고 내세우는 구약을 바탕으로 하여 각 족속을 이루어 나온 신의 섭리를 새롭게 재조명해 보지 않으면 어디까지가 허구의 신화인지 그 진실을 밝혀낼 수가 없다.

오늘날 지구촌 물질과학문명을 발전시켜 나온 서양은 그 지식 정보를 구약에 바탕을 두고 있다고 해도 과언은 아니다. 유대 이스라엘의 뿌리 역사를 이루어 나온 여호와 신은 그의 영광을 위해 창조했다는 아담과 이브에게 가죽 옷을 직접 지어 입혀주는 것으로부터 시작된다.

그들은 아직 이성의 분별력이 갖추어져 있지 않았었기 때문에 빨가벗고 다녔어도 수치를 몰랐었다고 했다. 그들에게 의복의 필요성을 일깨워 주었으며, 또 문명의 시작인 활자 문화를 돌 판에 새긴 것이 그 백성이 엄히 지켜야 할 십계명十誡命이다. 그 문자를 여호와 신이 직접 새겨 모세에게 전해 주었다.

그처럼 문명된 하늘나라 지식 정보를 점차적으로 제공해준 것이 제사장이 입어야 할 예복에서부터 물 위에 뜨게 하는 노아의 방주가 그것이며, 비밀한 언약궤의 제작법과 그가 타고 오르내렸던 운송수단의 로켓비행기 안으로 백성들 중에서 우수한 사람 몇을 골라 뽑아 초대하고, 거기서 실제적인 음식을 나누어 먹으면서 그 안의 모든 것을 보여 주면서 그 정보를 제공해 주고 있었음을 구약의 내용 속에 담아두고 있다.

그러한 기록들을 서구신학자들이 아직도 실재적으로 해석하지 못하고 비현실적인 논리로 해석하고 있기 때문에 외계문명권을 말하고 있는 과학자들과의 사이에 일치점을 이루지 못하고 있다.

하지만 그 기록들을 오늘 문명된 지성인들이 읽어볼 때, 그 신들의 처소인 천상은 그때 이미 4차원 이상의 과학문명이 발달되어 있었음을 유추해 볼 수 있게 해준다는 사실이다. 그런데 아프리카 옛 사람들 역시도 그와 다르지 않은 조상 뿌리 이야기를 후대에 그처럼 생생하게 전해주고 있다는 것이 놀랍지 않을 수가 없다. 그들이 말하는 하늘은 무한한 허공이 아니라 지극히 현실적이고 생동적인 공간으로 신들이 우리 인간처럼 육체를 가진 보편적인 존재로 하늘을 오르내렸다고 말하고 있다.

그들이 말하는 조상뿌리의 시원 이야기가 구약의 내용이나 조금도 다를 것이 없다. 하늘에서 내려온 신들의 모습이 보편적인 우리 인간들이나 다름이 없는 존재로서 생활 속에 함께 어우러졌다고 말하고 있기 때문이다.

그처럼 그들이 간직하고 있는 조상 뿌리 이야기는 서구 신학자들의 성서 풀이 논리 해석보다도 오히려 더 진솔하고 이치적이다.

사실 오늘 그처럼 불투명한 서구신학자들의 논리가 기독교스승 성자예수께서 말씀하신 것과는 달리 혼미하여 많은 의문을 제시해 주고 있는 것이 사실이다.

그렇기 때문에 태초의 천지부모로 주主되신다는 하나님 그 실체적인 섭리역사를 바로 헤아려 볼 수 없게 만든 커다란 벽으로 작용하고 있다고 해도 과언은 아니다.

오늘 그처럼 합리성이 없는 서구신학자들의 논리가 태초에 본자연本自然으로 광명하신 빛의 하나님, 그 존재계 '있음'의 근원을 불투명하게 할 뿐만이 아니라, 그리스도 기독교에 대한 회의론자들을 만들어 내는 원인을 제공해 주고 있는 것이라고 할 수 있다.

그런데 우연하게 달리는 버스 속에서 만나 기독신학 논리가 주는 그 의문을 주제로 서로가 이야기를 주고받으면서 마치 오랜 만남처럼 거리감이 좁혀지고 있었다.

그녀가 잠시 사이를 두고 다시 말을 꺼냈다.

"그러고 보면 진리를 바로 안다는 것이 참 어려운 일인 것 같아요. 제 경우에도 그렇지만…."

"그래서 예수께서 아무나 듣고 그 뜻을 이해하는 것이 아니기 때문에 귀 있는 자는 들으라고 하셨지 않겠어요? 이제 세상적인 이치를 겨우 배워가는 초급학생이 눈에 보이지도 않는 하늘나라 영혼 생명을 이야기 해주면 듣고 이해를 하겠냐는 거죠."

"그러니까 듣고 이해하는 것도 부처님 말씀대로 전생이든 현생이든 갈고 닦아 영혼이 성숙된 자들만이 그 우주 섭리에 대한 이치의 법문을 듣고 이해한다는 것 아니겠어요?"

"그게 맞는 말이지요.그것이 붓다께서 말씀하신 그 생사윤회의 이치 아니겠어요? 예수께서도 그런 뜻에서 어린아이는 단단한 음식을 씹지 못한다고 했거든요. 이제 갓 태어난 아이에게 부모가 우유나 젖을 먹이듯이 초등학문을 배워서 익히고 난 후에 고등학문을 배우게 한다는 것이 그 수순으로 예수께서 이스라엘 백성들을 향해서 그 시대구별을 하라고 이르시다가 이단의 괴수로 내침을 받았다는 거 아닙니까."

"이제야 이해가 좀 될 것 같네요. 그런데 그 초등학문을 가르쳐 온 여호와 신을 고등학문 스승 성자예수 아버지로 믿으라니… 그 논리가 혼합된 쑥물이라서 그랬던지 아무튼 머리가 어지러워서 결혼을 하고부터 고개를 돌려버렸지 뭐예요."

"그 논리가 이치적으로 맞지 않는다고 의문을 갖는다는 자체부터가 전생에 그 기초 공부가 어느 정도 되었기 때문이라고 보아야겠죠. 사실 기독교 스승 가르침은 대우주적인 성부 하나님의 존재를 바로 알게 해주겠다는 말씀이었지요. 그 이치를 바로 깨달았을 때 비로소 영존하신 하늘나라 성부하나님을 내 아버지라고 부를 수 있게 된다고 하신 것이지요."

사실 예수께서는 그 백성들을 향해 여호와의 가르침 초등학문 율법으로는 영혼구원을 받지 못함으로 이제 그 율법을 놓고 하늘나라 '새 계명' 을 배우라고 하시었다.

그 외침이 성자 예수가 이단으로 내몰려 참수형을 받게 된 이유였고, 그 고난의 십자가를 인류구원을 위해 짊어지신 공로에 의해 영원하신 참 생명의 하나님과의 사이에 막힌 담이 뚫렸다는 것이 기독교 정신으로 그 십자가의 상징성이다.

이야기를 듣고 있던 그녀가 이해가 된다는 듯이 응수를 해왔다.

"그러니까 서구 신학자들이 성자예수 출현이후 마감된 유대교를 성자예수 기독교정신과 하나로 묶어서 십자가 위에 불을 켜고 들어온 겪이네요. 그죠?"

"그렇지요. 우주 만물을 지으신 태초의 하나님, 그 심부름꾼으로 지구에 내려와서 그 씨종자 텃밭을 가꾸어 나온 유대민족 조상신 여호와를 성자예수께서 지칭하신 태초의 성부 하나님 그 신위에 올려 놓고 설파하고 있으니까요. 그러니 그 논리가 천지부모 하나님의 실체를 바로 헤아려 보지 못하게 막고 있는 혼합된 쑥물이 아니고 뭐겠어요. 그들이 많은 영혼을 노략질하는 사단의 회라고 계시록에 지적해 놓고 있는데 그들이 말세에 심판을 받게 될 것이라고 했지요."

"만사에 뜻 없는 게 없다더니 오늘 큰 공부를 하게 해주시네요. 저런 지구개벽 징후도 그렇고 말입니다. 훗, 후후…."

"그렇게 생각해 주신다니 감사하네요. 나 역시도 오늘 이렇게 영혼 양식을 곱씹는 시간이 되게 해주었으니까요."

사실 그랬다. 예수께서 신약성서에 일러주신 그 진리의 말씀이 미완된 인간을 거듭나게 해주는 하늘나라 영혼생명의 양식이라고 하시었다.

그 진리의 말씀을 듣고 깨달아 영혼이 성숙 되었을 때, 참 생명의 실상을 바로 알게 되면서 태초에 광명한 빛으로 우주만물을 창조하시고 주관하신다는 하나님과 일체관계를 이룰 수 있게 된다는 말씀이다. 그런데 오늘 서구신학자들은 태초 본자연本自然으로 광명하신 하나님의 종從, 그 신계神界의 여호와를 광명하신 영계靈界의 성부聖父하나님으로 격상시키고 있다.

그러나 성자예수 출현으로 문이 열린 신약의 내용 속에는 여호와의 실체를 분명히 드러내 주고 있으며, 그 유일신唯一神 숭배사상을 구약시대나 마찬가지로 주입시킬 그들의 무지無知에 대해서도 밝혀두고 있다는 사실이다. (고린도전서 제8장 4~8)

〈그러므로 우상의 제물 먹는 일에 대하여는 우리가 우상은 세상에 아무것도 아니며, 또한 하나님은 한 분 밖에 없는 줄 아노라, 비록 하늘에나 땅에나 신이라 칭하는 자가 있어 많은 신과 많은 주가 있으나, 그러나 우리에게는 한 하나님 곧 아버지가 계시니 만물이 그에게서 났고 우리도 그를 위하며, 또한 주 예수 그리스도께서 계시니 만물이 그로 말미암고 우리도 그로 말미암았느니라, 그러나 이 지식은 사람마다 가지지 못하여 어떤 이들은 지금까지도 우상에 대한 습관이 있어 우상의 제물로 알고 먹는고로 그들의 양심이 약하여지고 더러워지느니라.〉

위의 성구에서 밝혀주고 있는 것이 바로 그것이다. 여호와는 영원하신 참 하나님의 형상이 아니므로, 성자 출현 이후, 구약시대의 답습으로 여전히 여호와를 숭배하여 섬기는 자들은 그 양심이 약해지고 더러워 질것이라는 경고를 그와 같이 분명히 하고 있다는 사실이다.

그들이 바로 (요한계시록)에 진리가 아닌 '쑥물'로 많은 영혼을 노략질 하는 거짓목자들이라고 지적함과 동시에 경계를 시키고 있는 그 '사단의 회'임에는 틀림이 없다. 예수께서 지칭하신 하나님 아버지는 분명히 만물을 창조하신 대우주적인 하나님이기 때문에 손으로 지은 전에 계시지 아니한다고 하시었다.

그러나 구약시대 여호와는 그 백성들에게 웅장한 성전을 짓게 하고 날과 달과 절기를 철저하게 지키게 하면서 그때마다 물질제사를 바쳐 올리도록 했었다.

그런데 성자 예수로 문이 열린 신약복음 내용에서는 그러한 여호와 율법규례의 행사는 아무것도 아닌 우상 앞에 절하게 하는 것이며, 그 제물을 먹게 함으로 그 영이 탁하고 더러워진다고 경계를 시킴과 동시에 구약시대 그러한 행사를 해나온 이스라엘의 주신 여호와의 존재는 지구에 내려온 많은 신과에 속해 있음을 분명히 밝혀 주고 있다는 사실이다. 바로 그것이다. 성자예수 출현이전 구약시대 그 율법행사를 가르치며 주관해 나왔던 여호와 신의 존재는 오늘 우리가 사는 세상과는 전혀 상관이 없는 우상과 같은 존재임을 신약성서는 그처럼 분명히 고지시켜 주고 있다.

그러나 그 지식은 사람마다 가지지 못한다고 했으며, 그런 뜻에서 예수께서도 듣고 깨달는 자는 복이 있다고 하시며 '하늘을 아는 것이 지식의 근본이다.'고 하시었다.

하지만 그 경계의 성구 예언이 그대로 응해지고 있는 것이 오늘 우리의 현실이다. 성자 출현 이후, 이 세상을 살아가는 우리와는 전혀 상관이 없는 유대민족의 주신主神 여호와 유일신 숭배사상을 주입시키는 서구신학이기 때문이다.

그러한 기독신학의 문제점을 다시 재고해 보면서 말했다.

"아무튼 오늘 서구신학자들이 설파 하는 그 여호와 유일신 숭배사상 논리가 문제인 것만은 틀림이 없다는 생각이지 뭡니까. 과거와는 달리 문명된 오늘 현대인들에게 많은 의문점을 제시해주게 되는 것이니까요. 생각해 보세요. 태초의 빛으로 존재하신 영계의 하나님이 천지창조의 주되신 분이기 때문에 성자 예수께서 나는 영이니… 하시고 아버지가 내 안에, 내가 아버지 안에 있다고 하시면서 그 백성들을 향해서 영생하는 하늘나라 말씀을 듣고 거듭남을 입었을 때에 형제라고 부르기를 부끄러워하지 않겠다고 하셨든 거 아니겠어요. 여호와 율법으로는 영혼 구원을 받지 못한다구요."

"그러니까 구약시대 여호와 창조물은 영혼생명이 없는 다만 육체만 있었다는 얘기네요."

"그래서 예수께서 구약시대 영혼 생명이 없는 그 이스라엘 백성들을 회칠한 무덤에다 비유하시고 너희는 걸어 다니는 송장이라고 하셨다는 거 아닙니까. 여호와가 전지전능하신 하나님이라면 그처럼 분별의식이 없었다는 미완된 원시인간을 만들어 놓고 한탄 했었다는 것이 말이나 되는 소립니까?… 그건 예수께서 말씀하신대로 여호와는 본질상 하나님의 능력이 아닌 종의 신분으로 지구에 인간 종자 씨를 뿌리러 온 주인의 심부름꾼이었기 때문에 하늘나라 본질적인 영혼생명을 불어넣어 줄 수가 없었다는 거죠."

"이제 좀 이해가 될 것 같네요. 여호와가 태초의 전능하신 하나님이라면 구세주라는 성자 예수가 이 세상에 와서 너희를 영원한 생명으로 거듭남을 입게 해주겠다고 구태여 그런 수고를 하실 필요가 없었을 테니까요."

"바로 그겁니다. 그러니까 그런 사망의 자식들을 불쌍하게 보신 하나님께서 그 심부름꾼 종들에 의해서 창조된 영혼 씨알이 없는 인간 종자들이 번성해서 무성해졌을 때쯤 유대 땅에 보내신 하나님 사랑의 선물이 바로 영원한 생명으로 거듭남을 입게 해주겠다는 구세주 성자예수 출현이었다는 거 아닙니까. 하지만 외모만을 중시했던 그 시대 백성들이었기 때문에 비천한 모습으로 출현한 성자 예수를 구세주로 믿어주지 않고 그 시대 이단자로 내몰아서 십자가에 매달아 피를 흘리게 했다는 것인데… 그 부분에 대해서 우리가 생각을 좀 해보자구요. 이스라엘 백성들을 감시감찰하고 지켜보면서 그 행위에 따라서 복과 저주를 내렸다는 여호와 행사였잖아요. 그런데 서구신학자들 논리대로 성자 예수가 여호와의 아들이라고 한다면 그 백성들이 섬겨온 조상신 여호와를 그처럼 불경스럽게 모독했다고 예수를 십자가에 매달아 놓고 네가 하나님 아들이라면 거기서 뛰어내려 보라고 비웃고 온갖 고통을 다 주고 있는 그 끔찍한 현장을 여호와가 가만히 보고 있었다는 게 말이나 되는 소립니까?… 전에 그런 일이 없도록 여호와가 먼저 막았어야 신학자들 논리대로 아버지와 아들 관계가 성립되는 거죠. 안 그래요?"

"듣고 보니까 정말 이치적으로 그렇네요. 그런데 그런 논리를 의심하면 죄가 된다고 믿으라니, 흐흥!…."

"그게 오늘 기독교 정신을 어지럽게 하고 있는 혼미한 쑥물임에는 틀림이 없다는 생각이 들지 뭐예요. 그건 여호와가 지구에 내려온 하나님의 종의 신분이었기 때문에 주인이 섭리하시는 그 뜻이 무엇이란 것을 이미 알고 있었다는 얘기가 아니겠어요?… 그러니까 그런 끔찍한 행사를 막지도 않았고 또 일체 언급하지도 않고 있는데 그 이유가 뭐였겠어요?…"

"글쎄요… 제 머리로서는 어렵네요."

"성자 예수가 십자가를 짊어져야 했던 것이 인류구원이라는 명제로 이미 만세 전에 예정되어 있었다고 했지요. 그 피 흘림의 고난이 왜 정해져 있었겠어요. 그건 사망의 권세를 깨뜨리고 부활하는 영혼생명의 능력을 그 십자가의 고난을 통해 세상에 알리려 고 하신 거 아니겠어요. 그래서 너희 믿음대로 이루어지리라고 하셨던 거구요. 그러니까 그러한 하나님의 섭리역사가 그 유대 땅에서 이루어 질 것을 여호와는 이미 알고 있었다는 거 아니겠어요? 하나님 종으로 그 심부름꾼이었으니까….”

사실 그 뜻이 구약시대 유대 땅에 오고간 선지자들 예언으로 그때가 이르면 만왕의 왕 구세주가 유대 땅에 출현하게 될 것이라고 했었다.

그런데 그 만왕의 왕 구세주 예수가 유대 땅에 출현해서 그 백성들이 절대자 하나님으로 믿고 있는 여호와를 본질상 하나님이 아니라고 그 실체를 밝힘으로 이단의 괴수로 내몰려서 고난의 십자가를 짊어지셔야 했었다.

그러한 고난이 성자 예수에게 만세전에 이미 정해져 있었다는 운명으로 장사한지 사흘 만에 사망의 권세를 깨뜨리고 다시 살아나 보이신 그 생체부활이었던 것이다.

그처럼 십자가의 고난을 통해 활달자재 할 수 있는 부활의 능력이 태초 우주만물을 하나님과 함께 창조하셨다는 성자 예수의 능력임을 나타내 보이시고자 하셨음이 그 섭리역사 이었음에는 틀림이 없다.

그렇기 때문에 그리스도 인류 구원이라는 진리의 말씀을 듣고 믿는 자는 그와 같이 영혼부활의 생명을 얻게 된다는 것으로, 예수께서 ‘너희 믿음대로 이루어지리.’라고 말씀하셨던 것이다.

그것이 우주만물을 총괄하신다는 성부하나님 인류구원의 섭리역사로 성자 예수를 은혜로우신 하나님 약속의 선물이라고 했음이다. 그 영혼부활의 실상을 이 세상 사람들에게 영생하는 구원의 ‘믿음’으로 심어주기 위해 산 제물로 희생이 된 기독교 스승 성자 예수였다.

거기에 이해를 돕기 위해 다시 덧붙여 말했다.

“그러니까 대우주를 총괄하신다는 하나님의 섭리역사가 유대 땅에서 이루어 질 것을 여호와는 이미 알고 있었기 때문에 그 상징적인 비유로 나타내 주고 있는 것이 아담에게서 먼저 낳은 아들 카인은 농사를 짓게 했고, 둘째 아들 아벨은 양을 치는 목동이 되게 했던 거 아니겠어요… 그래놓고 이 후에 보여 준 여호와 행사가 농사를 지어 바친 형 카인의 제사는 기뻐하지를 않고, 양을 치는 동생 카인의 제사만 흡족하게 받았기 때문에 카인이 동생을 질투를 해서 죽였다는 거 아닙니까. 그게 바로 여호와가 주인 하나님의 섭리역사임을 그 상징적으로 나타내 보이고 있었던 거 아니겠냐구요."

"??…."

그녀는 그 부분에 대해서 이해가 잘 되지 않는다는 듯이 얼굴에 물음표를 만들어 내며 다음 말을 기다렸다.

"그러니까 지구에 성자 보다 먼저 내려와 인간 종자씨를 심고 가꾼 여호와 율법제사는 하나님이 기뻐하시지 않고, 그 후에 두 번 째로 나타나 양을 치는 목동 성자 예수의 산제사를 하나님께서 기뻐하신다는 그 상징적인 비유를 여호와는 그 유대종자 씨 밭을 일구는 시작에서부터 그렇게 나타내 보이고 있었던 거라는 생각이 들지 뭡니까. 그게 바로 주인이 인간농사를 짓는 섭리역사를 심부름을 하는 종은 알고 있었다는 얘기가 아니겠어요?"

"어머! 듣고 보니 정말 그렇네요. 까닭 없이 동생 아벨의 제물만 받는 다는 것은 한쪽만 편애한다는 것이니까요. 또 설상 그렇다 치더라도 형이 동생을 죽이게 놔둔다는 것도 그렇구요."

사실 여호와는 성부하나님의 뜻에 따라 지구에 인간농사를 짓기 위해 내려 왔지만, 그로 하여 심어진 인간 종자는 영혼생명이 없으므로 하나님께서 그 제사를 기뻐 받으시지 않는다는 상징성을 그 시작에서부터 보여주고 있었음이다.

그 뜻을 내포하고 있는 장면의 기록이다. (창세기 4장 9~13)

〈여호와께서 가인에게 이르시되 네 아우 아벨이 어디 있느냐, 그가 가로되, 내가 알지 못하나이다. 내가 아우를 지키는 자니이까. 가라사대, 네가 무엇을 하였느냐, 네 아우의 핏소리가 땅에서부터 내게 호소하느니라, 땅이 그 입을 벌려 네 손에서부터 네 아우의 피를 받았은즉 네가 땅에서 저주를 받으리니 네가 밭 갈아도 땅이 다시는 그 효력을 네게 주지 아니할 것이요. 너는 땅에서 유리하는 자가 되리라.〉

바로 그것이었다. 여호와는 그 종자 텃밭을 일구면서 그가 다스려온 이스라엘 백성이 때가 이르면 출현하게 될 성부하나님의 아들을 질투하고 마침내 십자가에 매달아 땅에 피를 쏟게 할 것임을 그때 벌써 상징적으로 나타내 주고 있었던 것이다.

그렇게 여호와가 그 종자 텃밭 이룸의 시작에서부터 그 비유를 나타내 보인 것이 또한 아브라함이 본처 사라의 소생을 얻기 전에 본처의 계집종 하갈로부터 자손을 얻게 하고, 이후 본처의 소생 이삭이 태어나게 했다. 그리고 계집종 하갈로부터 얻은 이스마엘이 본처 소생의 이삭을 희롱함으로 계집종과 그 아들이 본처 앞에서 함께 쫓겨나게 하는 역사를 이루어 보인다.

바로 그것이다 이스마엘이 본처 소생보다 먼저 태어났지만 계집종의 몸을 빌려서 태어났기 때문에 기업의 상속권이 없다는 그 비유적인 상징성을 나타내 주고 있었음이다.

그것이 여호와가 그 혈통계보를 통해 주主되신 하나님의 인간농사 이루심의 섭리역사를 비유적으로 나타내 주고 있었던 것으로, 주인이 아닌 종의 몸을 빌어서 먼저 태어난 물질 인간은 영생하는 하늘나라 기업의 상속권이 없음을 그처럼 나타내 주고 있었음이 틀림이 없다. 그러한 비유의 상징성은 그 이후로도 유대민족의 혈통계보를 통해서 계속 나타내 보여주고 있다.

그것이 주主되신 하나님의 섭리역사임을 신약성서 속에 다음과 같이 밝혀 주고 있었다. (로마서 3장 1~2)

〈형제들아, 내가 법을 아는 자들에게 말하노니 너희는 율법이 사람이

살 동안만 그를 주관하는 줄을 알지 못하느냐.〉

바로 그것이었다. 하나님의 종 여호와의 율법은 세상을 살아나가는데 필요한 기초적인 학문일 뿐으로, 하늘나라 영혼생명의 상속권을 얻을 수 없음을 그 성구에서도 밝혀주고 있다.

그렇기 때문에 여호와는 하늘나라 기업의 상속권이 그 이후 이 세상에 출현하신 본질적인 하나님의 아들 성자예수에게 있음을 그 상징적인 행사를 그 족속 뿌리 이름에서부터 보여주고 있었다.

그것이 이치적인 하나님의 섭리역사로 다만 형상적으로 육체뿐인 인간 생명체를 심고 가꾸어 나온 하나님 종, 여호와의 율법시대에서 하나님의 아들 진리의 성자 예수 신약복음시대로 그 문이 열리게 됨을 여호와는 그 혈통 계보를 통해 그때 벌써 나타내 주고 있었다는 사실이다.

그러한 섭리역사에 의해서 하나님의 종 여호와가 일구어 놓은 유대 땅에 출현하신 예수께서 그 시대구별을 하라고 이르신 말씀의 뜻이 거기에 있었음을 헤아려 볼 수 있게 해주었다.

그 시대 구별에 대한 이해를 돕기 위해 예수께서 그 이스라엘 백성들을 향해 하신 말씀을 머리에 떠 올리며 연이는 그녀를 보고 가만하게 말했다.

"그러니까 예수께서 구약시대에 영혼생명을 얻지 못한 그 여호와의 창조물을 보시면서 너희는 회칠한 무덤이라고 하시고 또 걸어 다니는 송장에다 비유하신 거 아니겠어요? 하늘나라 영혼생명의 상속권이 없다는 거죠. 그런 상황은 지금까지도 마찬가지기 때문에 현자들 비결서에 말세에 십리를 가다가 겨우 사람하나 만나 본다고 한 것이 바로 그 뜻 아니겠어요?

그렇게 영혼성의 불씨가 없는 인간들을 불쌍하게 보신 하나님의 섭리가 그 인간의식을 깨우쳐서 성숙시키기 위해 영혼 닦음의 도장이라는 이처럼 고통스러운 인간 세상에 거듭 환생을 시켜서 깨달음의 기회를 주고자 한 것이 불교에서 말하는 윤회의 이치가 아니겠냐구요. 그 뜻을 신약성서에도 담아 두고 있드라구요."

"어머! 처음 들어보네요. 성경에도 그런 구절이 있어요?…"

"그럼요. 그것이 하나님 섭리에 의해서 지구도 새롭게 변한다는 것이고, 인간 목숨 또한 죽음 이후에 다시 또 의복처럼 갈아입고 온다고 했는데 그것이 불가에서 말하는 윤회의 이치가 아니겠어요?"

"하지만 기독교인들은 그 윤회를 인정하지 않잖아요?…"

"그건 초급한 구약시대 율법 신앙을 그대로 답습하고 있는 서구신학자들이 단일적으로 천당과 지옥만을 생각하기 때문에 그런 것이지요. 하지만 성자 예수로 문이 열린 신약성서는 분명히 그 윤회의 이치를 여러 곳에 담아 두고 있거든요."

사실 그랬다. 연이가 읽어온 신약 (디모데전서 5~6절)은 인간 환생幻生에 대한 확신을 주고도 남았다. 그 구절을 상기시키면서 거기에 대한 확신을 갖고 다시 말했다.

"그러니까 인간이 몸을 바꾸어 이 세상에 다시 태어나게 한 것은 만물을 다스리는 영장으로 그 영혼을 성숙시키고자 함이라고 했지요. 예수께서 이르시기를 경건에 힘쓰라고 하셨는데 거기에 확신을 주는 성구가 육체의 연습은 약간의 유익은 있으나 경건은 범사에 유익하니 금생과 내생에 약속이 있느니라. 하신 그 성구가 뭐겠어요. 몸을 바꾸어 다시 온다는 바로 그 윤회의 이치가 아니겠냐구요."

그 성구가 불가佛家에서 말하는 연기설緣起說과 일치된다고 생각했다. 그렇기 때문에 이 세상에 태어난 인간들은 누구나 전생의 업보業報에 따라 인연因緣의 고리를 맺고 영혼 성숙을 위해 생사윤회生死輪廻를 거듭하고 있다는 확고한 믿음을 갖게 해주었다.

사실 연이는 과거 기독신앙생활을 해오면서 그 인간 윤회에 대해서는 한 번도 들어 본 일이 없었다. 그러나 신약성경은 그 진실을 밝혀 놓고 있다는 사실에 새삼 눈이 크게 떠진 것이다.

거기에 대해 말해 주어야겠다고 생각하고 덧붙여서 말했다.

"오늘 기독교 신학 목회자들이 다만 이분법으로 천당과 지옥만을 가르쳐 오기 때문에 기독신앙인들이 그 윤회사상을 인정하지 않으려고 하지만, 성경은 분명히 그 윤회사상을 곳곳에 언급하고 있거든요."

"듣고 보니 부처님께서 말씀하신 삼세 인과법을 더욱 실감 나게 하네요. 오늘 네가 사는 모습을 보면 전생을 알고, 오늘 너의 생각을 보면 다음 생이 보인다고 하셨으니까요. 그래서 이 세상에 두고 가신 경전을 늘 가까이 하라고 제자들에게 거듭 당부 하셨는데 그 말씀이 생사윤회의 이치로 중생들아! 현세에 와서 겪는 아픔의 고통을 다시 되풀이 하고 싶지 않거든 그 경전의 말씀으로 마음을 닦아 수행하라는 것이었지요. 그러니까 세상은 인간 영혼이 성숙해지기까지 생사윤회를 거듭한다는 닦음의 도장으로 눈물 없이는 살 수 없다는 고통의 바다라고 하셨지요. 부처님께서…."

"옳으신 말씀이요. 예수님께서도 그러셨지요. 이 세상에 태어난 인간은 누구나 각자가 짊어져야 할 고통의 십자가는 다 있다구요. 그리고 하신 말씀이 하나님은 감당할 수 있는 십자가 이외는 주지 않는다고 하셨지요. 그 말씀의 뜻을 가만히 생각해 보니까 각자에게 주어진 고통의 십자가는 인간 영혼 성숙을 위해 운명적으로 이 세상에 와서 그 이치를 깨닫고 풀어야 할 업보로 숙제라는 것 아니겠어요?… 그래서 지나가다가 돌 뿌리에 치여서 아파도 스승으로 보라는 말도 있지만, 아무튼 그게 이 세상에 태어난 인간 숙명이라, 결국 그 고통을 감당하고 알곡으로 익은 인간 씨알들을 말세에 거두러 오신다는 것이 주되신 하나님 그 가을 추수타작 마당이라고 하셨지 않겠어요?"

"그러니까 저런 지구이변의 징조가 하나님이 벌리신다는 추수 타작마당으로 그 날이 오늘 우리 눈앞에 이르렀다는 조짐이네요."

"그렇게 보아야겠지요. 예수께서 말씀하시기를 처음과 끝이라는 그 주되신 하나님 추수 때가 이르게 되면 지구에 그 조짐의 징조가 분명히 나타날 것이라고 하셨는데 금세기에 들어와서 저렇게 징후를 나타내는 지구이변이 급격하게 일어나고 있으니까요."

그것이 연이가 신약성구를 통해 다시 떠 올려보는 말세末世에 일어날 징후임에는 틀림이 없다고 생각했다. 예수께서 '이 세대가 다 지나가기 전에 있을 것이라'고 분명히 말씀하셨기 때문이다.

그녀는 새삼스러이 걱정이 된다는 듯이 앉음새를 고쳐 앉으면서 그 말에 응수를 해왔다.

"그러니까 현생인류는 하나님 추수마당에서 세상모르는 철부지 마냥 히득거리면서 소꿉장난질 하고 앉아있는 격이네요. 저렇게 지구이변의 징후를 보이는데 그죠?…"

"예수께서는 그게 장차 지구에 있을 불 심판이라고 하셨지요. 그때가 이르면 분명히 그 징후가 있을 것이라고 했는데 오늘 저렇게 소름이 끼치도록 실감나게 하네요."

"정말 생각만 해도 끔찍하지 뭐예요. 저런 일이 언제 우리에게도 닥칠지 모르니까요."

"끔찍하다 뿐입니까. 얼마 전에 일본에서 일어난 충격적인 그 이변현상이 뭐겠어요. 그러니 오늘 우리도 안심하고 살 수 없다는 거 아닙니까. 금년 들어와서 우리나라 서해안 백령도 해안 부근에서도 스물일곱 번이나 옮은 지진 현상이 일어났었다니 결코 남의 일이 아니지요."

"그 참… 그런데 우리 집안 형제들부터도 부모 유산을 놓고 법정싸움이나 벌리고 앉아들 있으니…."

그녀는 새삼 경각심을 불러일으킨다는 듯이 걱정스럽게 말했다.

"부모님 유산이 많은가 보죠? 하긴 얼마 전 방송뉴스에 동생이 그 형님에게 자기보다 많이 배분된 부모재산에 앙심을 품고 부모를 살해하고 그 형님뿐 아니라 세상모르는 조카들까지 모조리 죽였다는 뉴스 못 보셨어요? 그게 바로 패륜적인 말세현상이라는 거 아니겠냐구요."

"그게 어디 사람이 하는 짓이겠어요? 귀신이 씌워서 그런 것이지…

그래서 부처님께서도 중생들아! 넋 놓고 앉아 있지를 말고 늘 경전을 가까이 하라고 이르셨던가 봐요. 말법시대가 이르면 다시 새 몸을 받고 태어나는 윤회 시간도 끝이 난다구요. 그러니 새 몸을 받지 못한 탁한 영가 귀신들이 떠돌다가 넋 놓고 앉아 있는 사람 속으로 들어가 그 짓을 하게 된다는 그게 바로 빙의라고 하는 것 아니겠냐구요."

"맞아요. 그래서 머리 검은 짐승은 믿지를 말라는 말도 있는 것 아니겠어요? 넋 놓고 앉아 있으면 언제 그 탁한 영가 귀신이 사람 몸에 들어가서 그런 짓을 저지를지 모르니까요. 그게 특히 말세에 일어날 현상이라고 했지요. 성경 예언에도 그때가 이르면 형제간에는 말 할 것도 없고 부모가 자식을 죽이고 자식이 부모를 죽이게 될 패륜적인 세상이 될 것이라고 했는데 그게 어디 사람 본마음 제정신이면 그런 짓을 하겠냐구요."

사실 생각이 똑 바른 인간이라면 도저히 그럴 수가 없는 일이라고 생각했다. 하지만 오늘 현실은 생각만 해도 끔찍한 그런 사건들이 도처에서 일어나고 있는 그토록 충격적인 보도 뉴스였다.

그것이 성현들이 이르신 패륜적인 말세에 일어날 징조라고 생각하면서 다시 말했다.

"항차 배웠다는 대학교수가 숨겨 온 첩에게 돈을 뜯기다가 빚을 지고서는 홀로 사는 어머니에게 손을 내밀었는데 갚아주지 않는다고 그 어머니를 몰래 죽였다는 거 아닙니까. 결국은 들통이났지만… 어디 그뿐입니까? 남편이 몰래 감춰둔 첩년이 돈을 주고 깡패를 사서 본처 자식을 모두 죽였다는 끔찍한 사건도 있었잖아요."

"걱정이네요. 어쩌다가 세상이 이 지경이 됐는지… 하긴 소위 부처님 법시를 중생들에게 깨우침으로 준다는 일부 스님들조차도 염불보다는 잿밥에 눈이 어두워서 몽둥이 싸움질인데 말해 뭐하겠어요. 그래서 미래 세상을 내다보신 부처님께서 하신 말씀이 집 기둥에 불이 붙어 타들어 가고 있는데도 중생들이 집안에서 소꿉놀이 장난질이나 하고 있는 격이라고 하셨다는 거 아닙니까요."

순간 연이는 신약 (디모데후서 제2장 3절) 말씀이 퍼뜩 떠올라 고개가 끄덕여졌다. 그 말을 받아 거기에 응수를 해주었다.

"사실 성경 말씀에도 말세에 고통을 하는 때가 이른다고 했지요. 그 뜻이 뭐겠어요. 갈수록 참혹해지는 반인륜적이고 비도덕적인 사회범죄가 늘어나는 것이 그 징후라는 것 아니겠느냐구요. 그때에 사람들은 자기를 사랑하고 돈을 사랑하며, 교만하고 훼방하며, 부모를 거역하며 감사하지 않고, 또한 무정하고 절제하지 못하면서 선한 것을 좋아하지 아니한다고 했지요…. 그리고 또 쾌락을 사랑하기를 하나님 사랑하는 것보다 더해서 경건의 모양은 있으나 경건의 능력은 부인하는 자들이라, 이와 같은 자들에게서 돌아서라고 했드라구요."

그 설명에 그녀는 거기에 이해가 간다는 듯이 고개를 끄덕이면서 다시 입을 열었다.

"그래서 부처님께서는 중생들에게 세상을 향한 기만의 눈을 내 안으로 돌려서 자아 성찰하라고 당부하셨든 거군요. 하지만 그게 어디 쉬운 일이냐구요… 물론 저부터도 아직 그렇지만 소위 불제자라고 자칭하는 스님들조차도 물론 다 그런 것은 아니겠지만 돈을 좋아해서 그 모양으로 돈 나와라 뚝딱! 하고 점이나 봐주는 무당처럼 삼재풀이다 뭐다하고 기복신앙을 가르치고 있다는 거예요. 그러니 신도들이 그 밑에서 무얼 배우고 깨우치겠어요?"

제대로 불교 교리를 공부해온 신도라는 느낌이 들면서 반가웠다. 저절로 웃음이 나오면서 그 말을 받아 응수를 했다.

"맞습니다. 그러니 세상 부귀영화나 추구하는 기복신앙적인 제물이나 갖다 올려 받치게 하고 있는 것이 오늘 종교 판이지요. 예수께서 그러셨지요. 진정한 산제사는 너희 마음이라구요… 그 모델이 고등종교 스승들 삶의 족적에서 읽어볼 수가 있었답니다. 어떤 우연한 기회에 불교의 교조 석가부처님 삶의 족적을 잠시 훑어보았지요. 그런데 자신에게 주어진 세상적인 부귀영화 모두를 버리고 깨달음을 얻기 위해 수행의 길로 접어들어서 온갖 고초를 다 겪으시고 그 깨달음을 중생들에게 법문으로 주고 가셨드라구요. 그런데 사원을 찾아간 신도들이 부처님 불상 앞에 엎드려서 현세 복이나 빌고들 있으니 뭐라고 하시겠어요? 이 멍청한 중생들아! 나는 주어진 세상 부귀영화도 다 버리고 바리떼 하나만 달랑 들고 나와 수행을 한 내게 와서 지금 뭐 달라고 절을 해대느냐? 그리고 빙그레 웃고 계시지 않겠냐구요? 훗, 후후….”

“사실 아직 나 역시도 그런 상태이긴 합니다만… 그래서 오늘 공부를 이렇게 시켜주신 것 같네요. 저런 징조를 보여 주신 것도 그렇고….”

그녀는 말끝을 채 맺지 못하고 웃음을 날렸다. 연이 자신 역시도 과거 그와 다를 것이 없는 기복신앙에 매달려 왔었다는 생각에 웃음이 나왔다. 그때 문뜩 머릿속에 예수께서 광야에서 시험을 당하던 장면의 성구가 떠올라 표정을 바꾸고 말했다.

“그러고 보면 고등종교 스승들의 말씀의 뜻은 결국 하나로 귀결되지만 삶의 행적은 참으로 대조적이라는 생각이 들지 뭐예요. 성당을 다니셨다니까 아시겠지만 이 세상에서 그 누구보다도 비천한 환경 속에서 사생아라는 딱지까지 붙이고 말구유에서 태어난 예수님이셨지요. 그리고 밑바닥 생활로 목수 일을 하는 의붓 아버지 요셉의 문짝 심부름이나 해주면서 학교 문전에도 가보지 못했다는 거 아닙니까. 그처럼 비천한 환경 속에서 자란 예수에게 광야에서 있었던 시험이 뭐였겠어요. 세상 헛된 부귀영화로 그 시험을 해보기 위해 보내진 사자 앞에 엎드려 무릎을 꿇으면 세상에서 누릴 수 있는 부귀영화를 몽땅 약속해 주겠다는 것이었지요. 하지만 예수께서는 그 유혹을 단호하게 뿌리치신 말씀이 사람이 떡으로만 살아갈 것이 아니라, 하나님 말씀으로 살아야 한다고 하셨다는 거 아닙니까. 그 교훈을 예수께서 세상에 오셔서 모델적인 표본으로 보이신 것이지요. 공중에 나는 새도 둥지가 있고, 들에 짐승도 들어갈 굴이 있는데 인자는 머리 둘 곳이 없다고 하시면서 말입니다.”

"그러고 보면 불교 스승이나 기독교 스승이나 세상적인 것을 크게 보지 말라는 표본이 되어 보여 주신 격인데 그죠?"

"그렇지요. 그 표본을 보이신 예수께서 하신 말씀이 물질은 일만 악의 뿌리니라, 하시고 부자가 천국에 들어가기가 낙타가 바늘구멍으로 들어가기 보다도 더 어렵다고 하신 그 말씀의 뜻이 뭐겠어요. 잠시 잠깐이면 없어질 헛된 세상의 부귀영화를 쫓아서 마음을 세상적인 것에 뺏기지 말라는 것 아니겠어요?… 그런데 오늘 우리 현실에서 불신자는 말할 것도 없고 종교판 역시도 물질지향적인 기복신앙의 믿음을 깨뜨려 주지 못하고 있으니 예수께서 말세에 참 믿는 자를 보겠느냐고 하신 그 말씀이 더욱 실감나지 뭐예요. 하긴 그게 말세 현상이라고 한 것이지만…."

"정말이지 중생들이 이 세상에 와서 하루하루를 사는 것이 도를 닦기 위한 공부라고 하더니… 오늘 뜻밖에 큰 공부를 하게 해주시네요."

"그래서 인간 한생의 삶이 죽을 때까지 배우고 간다는 것 아닙니까. 오늘 일어나고 있는 저런 이변현상이 종교적으로 막연하게 느껴져 오던 지구 종말의 징후로 잠자는 내면의 세계를 일깨워 주니까 이런 얘기도 할 수 있는 것이구요."

"맞아요. 그러니까 실제 적으로 일어나고 있는 저런 재앙의 상황을 보면서 헛된 꿈에서 깨어나라는 것인데… 오늘 세상 풍경이 성공과 출세를 위해서 악착같이 물불 가리지 않고 동료와의 경쟁으로 시기 질투에 모함까지 해가면서 헐떡거리는 요지경속 풍경인데 자라나는 아이들이 뭘 보고 배우겠어요. 흐흥!"

그 말을 하고 그녀는 앉음새를 고쳐 앉으면서 갑자기 화제를 돌려 정치판 돌아가는 얘기를 꺼냈다.

"저런 재앙의 화면을 편당 가르기에 열을 올리고 자기주장 말만 퍼붓고 돌아서는 우리나라 정치야심가들이 좀 보고 느껴야 하는데… 마음이 어두운 사람에게 지식이 있으면 그는 보다 더 영악한 죄를 만들어 낸다는 말이 요즘 정치판을 보면서 더욱 실감이 나지 뭡니까. 훗, 후후….”

갑자기 정치판 돌아가는 그녀의 이야기에 웃음이 나오면서 그 말에 응수를 했다.

“원체 세상적인 욕망으로 똘똘 뭉쳐 있는 정신들이 저런 현상을 본다고 쉽게 반응이 올까요? 국민을 대변한다는 일꾼들이 자기 과시욕에만 혈안이 돼서 눈에 심줄을 세우고 편당 가르기에 상대방을 끌어내리려고 열심히 헛소리 들이나 하고 앉아들 있으니… 그래서 셰익스피어도 왕관을 쓴 머리는 편안하게 잠들지 못한다고 하더니 지금 말이 그렇지 더구나 여자 몸으로 얼마나 괴롭겠냐구요. 물론 그것이 제왕은 하늘이 점지한다는 것이니까 그 고통이 타고난 운명의 팔자소관이라서 어쩔 수 없는 일이겠지만….”

“그러게 말입니다. 소위 국민을 위한다는 대변인으로 진정한 나라 사랑하는 마음을 가진 정치인이라면 그처럼 시장바닥에서 모개흥정을 하는 장사꾼들처럼 그런 모양들을 하고 있겠어요?”

“그러게 말입니다. 적어도 국가와 민족을 위해 그 한목숨 정의를 위해 불사르겠다는 정치인이라면 그처럼 어리석게 편당 가르기에만 열을 올리는 그런 추태는 안 보일 테니까요.”

“그 모양새가 그야말로 오늘 혼탁한 종교 판이나 마찬가지로 염불보다는 잿밥에만 눈이 어두워서 그런 거 아니겠어요?… 그러면서도 한결 같이 두 손을 들어 보이면서 맑고 깨끗한 정치를 말해 왔고, 또 서로가 서로에게 진실하라, 진실하라고 하면서도 자신은 그 허위 속에서 자기 자신을 제외시키고 있다는 것을 스스로도 눈치 채지를 못하고 오히려 진실한가, 아닌가를 감시하는 눈초리로 자기만은 맑은 정치인으로 착각하며 열변을 토해 왔던 것이 과거 우리 국민들에게 보여준 정치인들 모습이었잖아요. 흐흥!….”

그녀가 하는 말에 문뜩 사심불구蛇心佛口란 말이 떠올랐다. 뱀의 마음에 부처님의 입이란 뜻으로 마음은 간악하면서도 입으로는 착한 말을 꾸미는 일이나 또는 그런 사람을 일컬을 때 쓰는 말이다.

"도둑이 따로 있는 것이 아니지요. 허다한 자신의 허물을 뒤로 한 채 상대방 허물만 입질하는 정치인들이 도둑 중에서도 영악한 도둑이라는 거 아닙니까. 그래서 콩 심은데 콩이 나고, 팥 심은데 팥 난다고 하는 말이 있듯이 그들 뒷모습이 보여준 게 뭐겠어요. 그래서 진실의 밧줄을 타고 건너가는 사람과 걸려 넘어지는 사람을 하늘은 저렇게 큰 눈을 뜨고 하나도 놓치지 않는다고 했지요. 그것이 현자들이 말씀하신 만고불변의 진리라 거 아닙니까."

사실 우리 국민들은 그처럼 하늘을 두려워하지 않고 변장술에 능숙한 위정자들의 모습을 지난날 TV를 통해 너무나 많이 보아왔었다.

그처럼 그들 스스로가 마음에 사육시키고 있는 그 같은 어리석음의 독소는 남보다 뛰어나다는 교만으로 스스로 나서려는 값싼 영웅주의 적인 참견과, 상대를 억압하려는 포악성을 잘 드러내 보였다. 그런 모습들은 마침내 착취하려는 비정으로 그 말 한마디면 상대를 죽일 수도 살릴 수도 있다는 무엄함까지도 내보였었다.

국어사전에 청렴淸廉이라는 어휘는, 성품과 행실이 높고 맑으며 탐하는 마음이 없는 것을 뜻한다는 것으로, 그만큼 인품이 고상하고 아름답다는 의미를 내포하고 있다고 했다.

그러나 오늘 우리 국민들은 그처럼 맑은 청백리의 정치인을 누구나 기대해 보지만 지금까지 실망만을 안겨 주었다고나 할까? 그야말로 트럭으로 실어 온 천문학적인 숫자를 일말의 가책도 없이 서로 나누어 가지고, 그러고도 모자라서 누가 더 삼켰는가를 감시하고 심지를 세우는 그들의 눈빛들을 지난날 TV 화면을 통해 보면서 그와 같은 실망이 다시는 거듭되지 않기를 바랐었다.

그러나 세상은 또한 그렇지 않은 사람들로 구성되어 있기 때문에 오늘을, 그리고 또 내일을 기대하면서 살아갈 수가 있는 것일 게다.

우리는 지나온 역사 속에서 그와 같이 선을 이루기 위해서 스스로 고독한 길을 택했던 이름들을 오래도록 기억하며 시대를 한 발 앞서

간 선구자라고 말한다.

그들은 한결같이 암울했던 시대에 어둠과 맞서 싸운 사람들이다. 그러한 그들의 용기는 고독할 수밖에 없었다. 하지만 그들은 한 때의 외로움은 영원한 아름다움의 선으로 그것이 영원불멸의 참사람으로 세상의 불빛이 된다는 것을 마음의 의지로 삼아온 사람들이다.

그들의 지혜는 시대적인 어둠 속에서 온몸을 태우는 촛불처럼 스스로의 심지를 태우는 용기를 만들어 내게 했을 것으로, 의로운 명예는 결코 죽지 않는 다는 것을 스스로 자각한 열린 정신의 소유자들이었음에는 틀림이 없다.

어느 시대나 있어 왔던 선구자들은 모든 권력은 한 시대가 지나면 붕괴한다는 것을 말해 왔고, 그러므로 지금 살아 있는 육체로 하여금 고귀한 자기 자신의 영혼을 짓밟아 버리는 그 같은 악덕을 멀리 피하는 삶을 살아왔음을 그들의 행적에서 보여주고 있다. 그렇기 때문에 역사 속에 그처럼 고귀한 이름으로 오늘도 회자되어지고 있으면서, 오늘도 반짝이는 그 이름 앞에서 묵상하며 고개를 숙이게 해준다. 그들의 삶의 행적에서 참으로 지성인다운 고결한 품격의 향기를 맡게 해주고 있기 때문이다.

그러나 오늘 우리나라 정치판이 국민들 앞에 보여 주고 있는 모습들은 자신들을 위한 파벌을 만들고 상대방을 끌어내리기 위해 그럴듯한 허물을 만들어 들춰 내가면서 열변을 토하고 있는 모습들이다.

그러한 모습의 정치인들이 오늘 그와 같은 지구 개벽의 징후를 보고 그 깊은 착각의 잠에서 깨어나야 한다고 말하는 그녀였다. 그 마음이 짐짓 알아지면서 말했다.

"하지만 어쩌겠어요. 그게 과거에 탐관오리들 모습이 그랬듯이 혐오스런 구렁텅이에 스스로를 내맡긴 채 서로를 파멸로 밀어내려는 당파싸움이 서로를 헐뜯고 시기 질투하면서 서로를 끌어내리기 위해 급급했었다는 거 아닙니까. 그 결과가 어땠는지 지나온 우리 역사가 말해 주고 있잖아요. 그게 국운이라는 것이지만…."

"어머! 그럼 어쩌지요? 오늘 우리나라가 무엇보다도 안고 있는 숙제가 통일과업을 이룩해야 하는 것인데…."

"그러게 말입니다. 우리의 소원이라는 통일 과업을 이루어 내기 위해서는 국민 개개인과 나라가 먼저 주체성을 확립하고 남북대화의 길을 열려고 노력해야 되는 거 아니겠냐구요. 그것만이 우리 민족이 주체성 있는 통일 국가로 새로운 문명시대를 열어가는 세계화 속에 대동단결해서 과거 고조선시대 우리 조상들처럼 세계에 빛을 발하지 않겠어요?

물론 그 노력에는 넘어야 하는 많은 장애물과 괴로움이 따르기 마련이겠지만, 그러한 진통의 괴로움이 없다면 보다 나은 내일은 결코 약속될 수가 없지요. 노력과 인내 앞에서는 이루어지지 않는 것이 없다고 했으니까요."

"그러니 걱정이지 뭡니까. 국가와 민족의 백년대계를 위한다고 스스로 자처하고 나선 정치인들이 국민들 앞에 보여주고 있는 오늘 모습들이 그야말로 종교판이나 마찬가지로 염불보다는 잿밥에만 눈이 어두운 시나리오를 만들어 내고 있으니 말입니다."

"참 이제 생각이 나네요. 우연한 기회에 어떤 도인을 만났는데 그 분이 하는 말이 신라통일시대 전라도 지리산에 화엄사를 지어 놓은 선덕여왕이 용화기운을 타고 온 선녀과였다는 거예요. 그 선녀가 말법시대에 다시 현신해 와서 우리나라 통일의 물고를 열게 될 것이라고 하드군요. 그러니 누가 압니까?

빛은 어둠을 필요로 하고, 영웅은 난세에 만들어진다는 그 말을 오늘 이처럼 암울한 현실을 바라보면서 믿어보고 싶지 뭡니까. 실패는 성공의 어머니라는 격언이 있듯이 그 실패의 요인이 무엇이란 것을 그 누구보다 실제로 보고 겪어왔기 때문에 가슴에 맺힌 그 많은 한이 그 누구도 갖지 못한 지혜를 소리 없이 열어가게 될 것이라는 생각이 들지 뭡니까. 영국의 격언에도 사람의 참된 용기는 인생의 가장 곤란하고 위험한 위치에 있을 때 비로소 나타난다고 했으니까요."

사실 오늘 우리나라 국운을 말해 온 도인들은 대체적으로 그런 말들을 했었다. 말법시대末法時代는 해원상생解寃相生의 음도수陰道數기 때문에 여자가 대통령으로 나와서 그 일을 하게 된다는 것이다.

그와 같은 말을 20년 전, 우연한 기회에 어느 도인을 만나 직접들은 적이 있었다. 그 분은 지난날 군사정부시절 청와대를 출입했었다고 하신 분이었다.

그때 그 도인이 우리나라 국운에 대해서 일러주던 말이다.

"두고 보십시오. 지금 우리나라에 지난 갑자년부터 국운이 밀려 들어오고 있기 때문에 과거에 오고갔던 천재 신과들이 대체적으로 우리나라에 태어나게 되어 있소이다. 그들이 와서 하는 일이 뭐겠소, 그게 바로 석가모니 부처께서 말씀하신 평화의 구주미륵용화세계를 이 땅에 건설하는데 각자 그 분담 역할을 맡고 온다는 거요. 그 중심혈 자리가 선천시대 우리 한민족 조상신 환웅께서 하늘 군대 삼천 신장 선관들을 거느리고 내려와서 그 초석을 이루어 놓았던 텃밭이 바로 지구 중심의 혈 자리로 중앙아시아 백두대간 이였던 거요. 그런데 선천시대를 마무리 하는 후천 말법시대는 하늘의 뜻이 이 땅에서 펼쳐진다는 음도수라, 만 생명을 살려 낼 생기의 자궁혈 터가 백두대간에서부터 주맥을 이루고 소백산으로 뻗어 내려서 뭉쳐진 자궁혈 터가 한반도 남쪽 끝자락 지리산이라 한 거요. 그게 부처님께서 말법시대 이 땅에 이루어질 일을 예언해 두고 있는 화엄경이라, 불교가 국교처럼 되어 있던 신라시대 선덕여왕이 그 예언서를 토대로 구례 지리산에 화엄사를 지어 놓았던 거요. 그 뜻이 뭔지 아시요?… 우리한민족 조상신 환웅이 태초 천지부모 성모님의 위치라, 만물을 자비와 사랑으로 포태한 그 정기가 종교뿐만 아니라 세계를 평화로서 통일하게 될 화엄기운이라 한 거요. 그러니 머지않아서 동방예의지국에 아침 해가 또 다시 뜨는 날, 예를 구하는 고장 그 터에서 발원을 해서 세계로 나가게 된다고 한 것이외다."

그 도인의 말은 성부 하나님의 근본 불火기운이 예禮로 그것이 부처님이 말씀하신 '화엄기운'이라고 했다.

아무튼 그 정기가 뭉쳐있는 자궁혈 터가 구례 지리산이라고 하는 말에는 반가웠다. 고향이 지리산 자락이 감싸고 있는 구례였기 때문이다.

그런데 그 다음으로 이어지는 그의 말이 더욱 많은 생각을 하게 해주었다.

"현자들 비결서에 후천 말법시대에 구원의 방주를 찾으려거든 소 울음 소리가 나는 곳을 찾으라고 했는데 그 뜻이 뭔지 아시오? 소는 조상을 상징한다고 한 거요. 그게 바로 우리 한민족 조상들이 고조선 시대 동방의 등불로 꽃을 피웠던 정신문화로 하늘과 땅과 사람이 한 틀 속에 운행되어지고 있다는 그 조화의 협동 정신이라, 하늘 풍류도라고 했던 거요. 그러니까 천상의 아름다운 신문명세계 그 풍류도가 후천 정법시대에 지리산에서 발원을 해서 세계평화 통일을 이루게 된다는 것이 만법의 왕이신 구주미륵포태 기운이라, 지리산을 어머니 산이라고 한 거고 또 천왕봉이라고 한 것 역시도 마찬가지로 그 의미가 내포되어 있다는 거요. 그 터가 후천 말법시대에 만 생명을 살려낸다는 구주미륵님의 구원의 방주라, 방장산이라는 지명 역시도 그래서 붙여진 거요. 그래 말법시대에 하늘의 은혜를 입고 그 지혜가 열린 자들을 모아서 새 노래를 부르게 된다는 지상낙원 세계를 십승지十勝地라고 한 것인데, 그 지리산이 정심정도 정법시대가 도래하면 그 정법의 왕 구주미륵기운을 포태하고 있는 그 화엄의 운기가 발원을 한다는 거요. 그 기운이 불효심을 진효심으로 바꾸고 무례심을 진례심으로 바꾸고, 부정직심을 진정직심으로 변화시켜 예의를 아는 도덕적인 참사람만이 존대를 받는 참된 진리의 세계, 곧 이화융화세계를 이루고, 그 법계를 들고 세계로 나가게 될 것이라고 했소이다. 그게 현자들 비결서에 정도오령이 전라도에서 나와서 출세를 한다는 것이고, 또 공자님이 만법이 동토로 귀일한다고 하신 그 말씀의 뜻이 바로 그 대도의 원통맥에서 분파된 유불선 기독교가 우리 한민족 그 홍익대법 안으로 다시 모아져서 앞으로 우리나라가 세계의 영성지도국으로 나가게 된다고 한 거요. 그게 천기라, 두고 보시면 알겠지만 이제 그 국운이 우리나라에 들어오면서 그 평화통일의 화엄기운이 발원을 해서 세계로 나가기 전에 그 기운으로 먼저는 분단된 조국통일 부터 이루어지는 게 그 수순이라는 것이외다. 그런데 선후천이 바뀐다는 시대는 해원상생의 음도수라, 용사권을 쥐고 이 땅에 출현해서 그 준비를 하게 된다는 팔대 선녀 중에 한 선녀가 대통령으로 나와서 한다는 일이 바로 그 통일의 물고를 열게 된다고 했는데, 그 의미가 정감록 비결서에 남방에서 여왕이 나온다고 한 거요. 두고 보시면 알겠지만, 핫, 하하…."

과거 기독교인이었던 연이로서는 혁명보다도 더 엄청난 이야기에 머리가 어지러웠다. 그러나 이후 다시 그를 만나 우리한민족 뿌리역사 공부를 하게 되면서 우주를 총괄하신다는 하나님의 섭리역사에 점차적으로 눈이 떠지기 시작했었다.

그 또한 부처님의 말씀대로 인연법에 의한 만남이었다고 감사하는 마음이었다. 그로인해서 우리민족 뿌리역사를 공부 하게 되면서 그동안 성경적인 의문의 성구들이 자동적으로 정리가 되기 시작했었기 때문이다.

지난날 그 이대감이 우리나라 국운에 대해서 하던 말이 그녀와 정치판 돌아가는 이야기를 하다가 새삼스럽게 생각나면서 말했다.

"오늘 정치판이 요지경으로 어둡지만 앞으로 우리나라가 세계의 스승국으로 나간다는 것이 성현들이나 현자들의 동일한 예언이니까 믿고 기다려 봅시다. 모든 자연 순환원리가 그렇듯이 그 전환기가 가장 어둡고 힘들다고 하더니 그래서 그런 것인지 남북 대결문제도 그렇고 정치판도 시끄럽지 뭡니까. 그러니 그런 정치판 속에서 진정하게 국태민안을 위한 정치인은 할 말을 잃어버린 벙어리 냉가슴일 수밖에 더 있겠냐구요. 그래서 그런 말이 있잖아요. 병신들이 모여 있는 곳에 가면 오히려 멀쩡한 사람이 병신취급을 받는다고요. 오늘 그처럼 민족 자긍심이 뭔지도 모르고 일신의 명예욕만 머리 통속에 꽉 차가지고 주절대는 정치꾼들 때문에 시끄럽지만 후천 정법시대가 이 땅에 도래하는 도수라니까 멀지 않아서 정리가 될 걸로 봅니다. 그래야 지구촌에 유일한 분단국가라는 불명예를 씻어내고 우리나라가 일찍이 하늘 섭리가운데 세워졌던 동방의 등불이었다고 자랑스럽게 외치면서 세계로 나가게 되지 않겠어요? 그게 모든 경전뿐 아니라 현자들 예언이니까요."

"맞아요. 남북이 통일되어야 대동단결해서 우리나라가 세계로 나갈수가 있게 되겠지요?… 하지만 오늘 정치판이 저 모양으로 소위 대통령을 모시고 나간 국제회의 무대에서 보여준 추태가 그야말로 치욕적인 국제망신이지 뭐예요."

"망신이고, 말고요 이건 내 생각이지만… 그게 정부편당을 갈라 끌어내리기 위해 꾸며진 수작 같다는 느낌도 들지 뭐예요. 저렇게 떠벌리는 것을 보니까 그렇잖아요? 그게 사실이던 허구든 간에 그 낯 부끄러운 사건이 한 울타리 안에 있는 내 집 일이라고 생각한다면 되도록 덮어야지 크게 떠벌려서 돌아온 이득이 뭐겠어요. 대통령 망신시키는 일이고, 나라 망신시키는 일이 잖겠느냐구요. 그것도 국위선양이라고 생각한 것인지 국제무대에서 말입니다. 내원…."

"그 생각은 저도 같아요. 그게 국내에서 일어난 일도 아니겠고 하필이면 국제무대에 나가서 그런 일이 있었다는 것 자체가 말입니다. 흐흥!"

"하긴 그래요. 아무튼 그게 진실이든 꾸며진 것이든 간에 생쥐처럼 얄팍하게 굴리는 회전머리들이 지구촌에 코리아를 알리는 수단방법도 여러 가지라니까요."

연이의 생각도 그녀와 다르지 않았다. 그러나 아침 동이 트기 전에 새벽미명이 가장 어둡다는 말을 다시 떠 올려보면서 말했다.

"하긴 예수를 팔아넘긴 제자 가롯 유다가 있었으니까 오늘 세계 속에 성자예수 피 흘림의 고난을 상징하는 십자가가 불을 켜고 지구촌에 전파될 수 있었듯이 뭔가 하늘의 뜻이 있겠지요. 누가 압니까? 그 악역도 하늘이 그 사람에게 내려준 역할로 운명의 팔자소관인지 모르니까 아무튼 기다려 봅시다. 우리나라가 이제 통일로 가는 기운이 들어와 있다고들 하니까 믿고 기다려 볼 수밖에요."

사실 연이는 오늘 우리나라 정치판이 어지러운 것 역시도 선천先天시대를 마무리하기 위한 하늘의 섭리로 그 개혁이 분명히 있을 것이라고 믿고 싶었다. 성서적으로도 그렇지만 동서東西로 오고간 현자들의 예언 역시도 우리나라가 세계의 스승 국으로 우뚝 서게 된다는 것을 암시해 주고 있기 때문이다.

그러나 그 예언을 믿기에는 오늘 우리의 현실은 너무나 아득하고 어두운 상태에 놓여 있는 것만은 사실이다.

국민들에게 보여주는 정치판이 그야말로 한심스럽다는 듯이 그녀가 혀를 끌끌 차면서 다시 입을 열었다.

"소위 고위층 간부라는 사람이 반나체로 화면에 비친 모습도 그렇고… 돌아가는 정치판이 그야말로 어지러운 흙탕물이라는 생각이 들지 뭐예요."

"물론 오늘 우리나라 정치 분위기가 그렇지만 누가 압니까?… 예수께서 십자가의 고난을 통해 세계 속에 빛으로 드러났듯이 코리아가 타골이 예언했듯이 이제 우리나라가 동방의 등불로 우뚝 드러나게 하려고 그런 저런 시련의 고통을 겪게 하는 것인지… 공자님도 그러셨지요. 하늘이 큰 사람을 만들려면 뼈를 깎는 고통을 준다구요. 생각해 보세요. 지구촌에 우리 민족처럼 수난과 고통을 겪고 온 민족이 어디 또 있겠어요. 그러고도 이렇게 끈질기게 살아남은 것은 현자들이 예언했듯이 세계 속에 크게 드러내 쓰시려고 그런 것이겠지요. 뭐, 훗, 후후…."

듣고 있던 그녀의 표정이 조금 전과는 달리 밝아지면서 응수를 해왔다.

"제발 그렇게 된다면 오죽이나 좋겠어요. 지금 같아선 도무지 그래질 것 같지 않지만….”

“믿고 기다려 보십시다. 사람에게도 각자 정해진 운명이 있듯이 나라의 흥망성쇠도 하늘 섭리에 의해 정해진다는 거 아니겠어요? 내가 오늘 믿는 것은 불원간에 통일의 문고리가 분명히 열리게 되리라고 믿어지거든요… 지구 개벽이전에 우리나라가 세계의 스승국으로 나간다는 것이 현자들 예언인데 남북통일이 되지 않고서는 그런 일이 이루어질 수가 없는 거 아니겠어요?”

“그렇게만 된다면 오죽이나 좋겠어요. 하지만 이북 공산주의가 저렇게 핵무기를 내세우고 떠드는데 쉽게 통일이 되겠어요?”

“공산주의?… 그 소련 공산주의가 무너져 버린지가 언젠데 이북이 멍청하게 그쪽 사상을 업고 저렇게 떠들겠어요. 그건 우리국민들이 해방공간에서 있었던 일들을 사실적으로 제대로 몰라서 그런 것이지만… 아무튼 그 당시 이북 수령 김일성이는 미군정 세력을 등에 업은 남측과는 달리 어쨌거나 일제치하에서 그 일익을 맡아 독립운동 진영을 염탐하고 독립운동가들을 체포 학살 고문해오던 고등계 형사와 헌병들뿐만 아니라 일제를 돕던 지주와 실업가들 모두를 청산 했었고 또 강대국이던 소련의 간섭을 받지 않겠다고 가감하게 물러가라고 했다는 거 아닙니까.”

“??….”

듣고 있던 그녀의 표정이 뜨막해지면서 얼굴에 물음표를 가득 만들어냈다. 그 표정에 다시 말을 이었다.

“사실 그 당시 우리나라가 일제억압에서 해방은 되었다고는 하지만 격동의 시대였지요. 그러니까 새롭게 재건되어야 할 국가 기관에 미군정을 등에 업은 남측 주권자들은 친일세력을 청산하지를 않고 오히려 그들을 존재기반으로 남한만의 단독정부를 구축하고 있었으니까 대립되면서 부딪칠 수밖에요… 그래서 독립운동 선봉장이셨던 김구선생 역시도 남한만의 단독정부 수립에 반기를 들고 일어났고, 거기에 전국적으로 불이 붙어 일어난 것이 공산주의 빨갱이로 내몰린 민중봉기 이었다는 거 아닙니까. 그게 바로 오늘까지도 남과 북이 삼팔선으로 허리가 묶이게 된 민족비극의 불씨였던 것이지요."

"그 당시 지식인들이라면 독립운동가들을 체포 학살하고 고문해오던 친일파들이 해방 정국에 다시 등용되면서 활개를 치게 되는 것을 그냥보고 넘어갈 수 없는 일이지요."

교직생활을 해온 그녀 역시도 그 부분을 인정하고 지적했다. 거기에 대해서 연이는 설명을 해주듯이 다시 말했다.

"그들이 재건 정부에 등용된다는 자체가 남한만의 단독정부를 수립하려는 성격이 무엇인가를 입증해주는 것 아니겠어요?… 그자들은 일제의 식민정책 하에서 직위는 낮았지만 가장 핵심적인 기능역할을 수행해 왔고, 또 그런 그들 작태가 우리 민족사에 끼친 영향은 막대했으니까요."

"맞아요. 해방된 나라에서 처단해야 할 민족 반역자들을 사면해 주고, 거기에다가 더구나 권력기관에 끌어들인다는 것은 말이 안 되는 일이지요."

"그건 민족이 힘을 뭉쳐야 한다는 주체세력을 파괴해 보자는 속셈이나 마찬가지 아니었겠어요? 그들은 외세의 앞잡이 노릇을 할 수밖에 없는 정신구조를 가지고 있는 자들이었으니까요."

"그럼 해방공간에서 미군정이 그들을 활용하려고 했던 거네요."

"사실 그때쯤 우리 민족의 해방을 위해 목숨을 걸고 일제와 싸웠던 애국지사들은 남한만의 단독정부를 세우려는 미군정의 방해물로 취급되고 있었다는 거 아닙니까. 그것이 해방 정국의 실태로 뜻있는 지식인들과 국민들에게 거듭 실망만을 안겨주면서 분노하게 했었던 민중봉기의 불씨였는데… 말하자면 일제 패망 이후 우리 민족은 무엇보다도 먼저 통일된 민족국가를 수립하는 것이었답니다. 하지만 미군정은 우리 국민이 염원해오던 기대와는 달리 계획된 남한만의 단독정부 수립을 위해 민족을 괴롭혀 온 민족반역자들 생존 활로를 열어 주었을 뿐만 아니라, 그들을 활용하기 위한 남한 단독정부 수립정책의 일환으로 등용되면서 오히려 더 당당하게 네 활개치고 다닐 수 있게 되었다는 거 아닙니까."

이야기의 주제가 바뀌면서 연이는 해방공간에서 일어났던 근대사를 다시 머리에 떠올려 보았다.

사실 그들이 일제로부터 훈련된 악습은 이후 민중항쟁에서도 그 형태를 보여주었다. 일제의 식민시대에 독립투사들을 괴롭혀 온 그들의 수법은 민족 자주독립을 외치는 세력을 좌익, 혹은 불순세력으로 몰아붙이면서 남한만의 단독정부에 반기를 드는 쪽을 탄압하기에 앞장서고 나섰던 것이다.

그처럼 혼돈스러웠던 해방공간에서 김구 선생이 주도하고 있었던 임시정부 계열은 해방된 조국에 어떠한 외세의 간섭도 받아서는 안 된다는 것이었다.

그 주장은 이북의 수령 김일성 역시도 마찬가지였다. 그래서 임시정부를 중심으로 하는 '과도정부 수립'을 천명했던 김구 선생은 즉각 독립을 내걸고 반탁운동의 선두에 나섰던 것이다.

그 당시에 미군정에 대응하고 나선 김구 선생은 많은 대중적 지지를 받았었고, 이때 함께 반탁입장을 취하던 이북의 주체세력들이 통일정부 수립을 위해 통일위원회를 설치할 것을 제의해 왔었다고 한다. 그러나 임시정부가 비상정치회의 소집을 통해 그 제안이 결렬되고 말았다.

그러자 북측 세력들인 이른바 '인민공화국' 노선은 마침내 1946년 1월 2일 3상회의 지지를 공식적으로 밝히고, 2월 15일 '민주주의민족전선'(민전)을 결성하면서 그들만의 통일전선을 이루어 임시정부 김구 선생과의 노선을 달리하고 말았었다.

그로부터 남측은 임시정부를 중심으로 비상정치회의 준비회의를 열고, 이승만의 '독립촉성중앙협의회'가 이에 합세하면서 이북 김일성이 뜻을 추종하는 세력권이 불참한 가운데 비상국민회의가 개최되면서 국내 내분은 극으로 치닫기 시작했었던 것이다.

이렇게 해방공간에서 한반도 신탁통치 문제를 놓고 국내의 각 정파의 입장이 그 견해를 달리하면서 이를 둘러싸고 반민족 친일세력, 민족주체세력간의 대립적 구도가 좌우익 대립으로 바뀌기 시작했다.

이러한 국내 분열로 인하여 마침내 김구 선생 등, 통일정부수립의 노력이 끝내는 좌절될 수밖에 없는 상황이 되고 말았다. 그것은 미군정 세력을 등에 업은 친미세력들을 유리하게 만들어 주었기 때문이다.

결국 각 정파 간의 격렬한 대립은 미군정 세력을 등에 업고 일신의 영달만을 추구하는 정치꾼들에게 기회를 만들어 준 것으로, 그러한 내분은 마침내 미군정이 남한 단독정부수립 노선을 치닫게 하는데 도덕적 명분을 만들어 주는 민족분열로 완전한 통일국가를 이룰 수 없게 만들어 버린 것이었다.

사실 모스크바 3상회의 결정에는 한반도의 분단보다도 통일정부수립을 가능하게 하는 구상이 더 많이 포함되어 있었다고 했다. 그런데도 서로 간에 생각을 달리하는 분열로 인하여 미국과 소련의 타협을 유도하려는 노력을 적극적으로 하지 못했다는 평가를 받고 있는 것이 사실이다.

신탁통치안의 내용 중에는 한반도를 어느 1개 강대국의 지배에 놓지 않으려는 한반도의 중립화적 구상이 포함되어 있었기 때문이다.

신탁통치란 국제연합 감시하에 특정국가가 특정지역에 대해 실시하는 특수 통치제도를 일컫는다. 그래서 통치국은 이 제도의 기본 목적에 따라 평화증진, 주민보호, 인권존중, 자치 또는 독립원조를 하도록 되어 있었던 것으로, 신탁통치를 거친 후 독립시킨다는 구상이다. 그러나 안타깝게도 내분으로 해방정국을 이끌고 나갈 구심점이 약해지면서 그 기회를 잃고 말았던 것이다.

그로부터 뒤를 잇는 민족적 비극은 암울한 그림자로 다시 이어지면서 마침내 남북으로 갈라진 통탄의 민족 분단의 아픔을 초래하고 말았다. 그러한 사태는 우리 민족의 해방이 자력이 아닌 강대국의 힘을 빌리지 않으면 안되었기 때문에 일어난 비극이었다.

그야말로 새롭게 재건되어야 하는 국가 건설을 놓고 구심점이 약했던 관계로 외세의 간섭을 받아야 했고, 그로 인하여 내분이 만들어졌기 때문이다.

하지만 그 당시 끝까지 우리 민족의 독자적인 재건국가를 고집해온 '민족주의자'도 많았다. 그 대표적인 사람이 바로 백범 김구 선생이었고, 그를 따르던 임시정부 요원들 모두가 민족주의자들이었다.

그 당시 백범 김구 선생을 비롯한 그들은 오직 민족 주체사상만이 나라와 민족을 살릴 수 있다고 말해왔었고, 그 생각을 같이한 동지들이 대부분 배달한민족 뿌리의 '얼' 그 '한 사상'을 바탕으로 하는 대종교 활동을 펴온 애국지사로 독립운동가 들이었다.

그러나 이들은 해방을 맞은 조국에 돌아와서 설 자리를 잃고 뒤로 밀려나고 말았다. 새로운 재건 정부에 주축을 이루는 대열에는 당시 친일적인 이력을 가지고 있던 인사들이 다시 활개를 칠 수 있는 무대가 만들어지고 있었기 때문이다.

그들은 민족의식을 말살하고 황국식민이 되어야 한다는 일제의 논리에 애당초부터 순응하게끔 접착력이 좋은 사람들이었다는 평가를 받고 있다.

사실 일제의 식민 정책은 종교적 측면에서 소위 내선일체內鮮一體를 이루기 위해서 한민족 '겨레 얼'을 말살시키고자 실재적인 개국조 단군왕검의 역사를 신화로 왜곡시킬 정도로 전력투구했었다.

그런데 그 당시 해외 유학을 하고 돌아온 식자층 대개가 거기에 편승하는 정신구조를 이루고 있었다고 한다. 하지만 그들이 신학문을 배우면서 서유럽의 민주주의 사상을 제대로 배워왔더라면 오늘 우리나라의 운세는 달라졌을지도 모른다.

그들은 '나'와 민족이 하나라는 개념에 있어서 전혀 결렬되어 있었기 때문에 시류에 영합하는 그러한 모습을 만들어 나왔고, 그래서 개인주의나 자유주의가 무엇인지조차 모르는 오직 일신만의 영달만을 추구하는 그러한 삶을 살아왔음을 그들의 행적에서 보여주고 있었다.

그러나 그들의 행적 또한 오늘을 살아가는 우리 모두를 각성하게 하는 교훈이 되어주고 있는 것인지도 모른다. 옛 속담에도 앞서 지나간 수레바퀴 자국을 보라는 말이 있기 때문이다.

종교적인 문제를 놓고 주고받고 있던 이야기의 주제가 일제가 우리한민족 뿌리역사를 왜곡시킨 이유에서 비롯되어 해방공간에서 있었던 근대사의 정치적인 화제로 바뀌었다.

연이는 서구신학이 우리나라에 들어와 뿌리를 내리게 된 그 시대 배경을 설명하기 위해서라도 해방공간에서 있었던 정치적인 일들에 대해서 자신이 듣고 배운 부분만큼 다시 말했다.

"그 당시 좌파와 우파로 분열된 해방 공간에서 국민대다수는 백범 김구선생을 지지하고 남한만의 단독정부를 수립하기 위해 단독선거라니? 그건 민족과 국토를 갈라놓으려는 것이 아니고 뭐냐고 결사반대를 하고 나섰고, 미군정도 물러가라고 했다는 거 아닙니까. 그때 그 중개 역할을 했던 분이 독립운동의 선봉장이셨던 김구 선생님이셨는데 이승만 정부를 설득하다가 결국 암살을 당하고 말았던 이유가 바로 그거였답니다. 그러니까 김구 선생 주장은 강대국에 의해 남북으로 갈라진 삼판선을 팔 베게 삼고 누워도 두 눈을 감기 전에는 남한만의 단독정부는 끝까지 반대를 하겠다는 그 고집이 독립운동가로서의 결의였다는 거 아닙니까. 그게 바로 민족 주체사상이라는 거였지요."

"그럼 이북에서 내 세운 주체사상이나 마찬가지로 외세의 간섭을 받지 않고 자주독립을 하겠다는 것이었네요."

"그렇지요. 그게 바로 해방공간에서 애국투사들이 미군정을 등에 업은 남한만의 단독정부 수립을 결사반대했던 이유였답니다. 독립운동가들이 내세운 주체사상은 내가 나의 주인공이라는 정신 상태로 외세에 간섭을 받지 않겠다는 투철한 민족주의 사상이지요. 그 당시 의식이 깨어있는 지식인들은 모두 거기에 합세를 했다가 공산주의

자, 빨갱이로 몰려 참수형을 당한 사람이 어디 여운영, 조봉암선생 그 한두 사람뿐 이랍니까?"

"어머, 그랬군요. 저는 진짜 좌익 공산주의 빨갱이라서 그런지 알았는데…."

"그 소름 끼치는 빨갱이 소리를 아직도 하시는데… 그건 당시 김구 선생을 추앙하는 국민들로부터 호응을 받지 못한 측에서 그 반대 세력을 무너뜨리기 위해 머리 굴려 붙여 놓은 것이 그 공산주의라는 빨간딱지였던 거요. 그 사실을 우리 국민들이 아직도 모르고들 있는데 대구 민중봉기에 이어서 제주도로 불붙은 민중 봉기를 진압시키기 위해 군부대 십사연대를 출동시켜 여수에 주둔하게 되었을 때지요.

그 당시 여수 순천이라고 민심이 별 달랐겠어요?… 전국적으로 남한만의 단독정부를 반대하는 민중 봉기에 불이 붙어 들고 일어나면서 거기에 합세를 했었던 학생들이었답니다. 그때 제주 민중봉기를 진압시키기 위해 여수에 주둔해 있던 십사연대가 회군하여 오히려 민중봉기에 합세를 한 사태가 바로 여순 반란이라는 거요. 그게 국민들이 들고 일어난 민중봉기지 어디 반란이요?"

"세상에나… 그런 것을 모르고 지금까지 빨갱이들 반란으로 알고 있었지 뭐예요."

"그런 참상은 일제가 조선의 주권을 빼앗고 식민지로 삼십 육년 간 노예생활을 시켰을 때에도 그처럼 처절하게 국민을 때려죽이는 참혹한 사건은 없었다는 겁니다. 민중봉기를 일으켰던 지식인들 대부분이 처형을 당했고, 그 난장판 속에서 겨우 빠져나간 도망자들이 숨어 산속으로 달아났었는데 정부군이 그 뒤를 쫓았던 비극이 바로 지리산 공비토벌이었다는 거 아닙니까."

"세상에나… 그런데 저는 지금까지 공산주의를 선호하는 좌익 빨갱이들이 일으킨 반란으로 알고 있었거든요."

새삼 놀랍다는 그녀의 표정에 연이는 자신도 모르게 어깨에 힘이 주어지면서 다음 말을 이었다.

"그게 바로 국민이야 피를 흘리고 떼죽음을 당하던 말든 일신의 명예욕에만 눈이 어두운 그 당시 정치꾼들 때문 아니겠어요? 항차 독립운동 선봉장이셨던 김구 선생께서 그 깃발을 들고 남북을 오고가면서 민족이 하나로 뭉쳐야 한다는 그 슬로건이 바로 민족주체사상이라는 건데 그럼 김구 선생도 공산주의 빨갱이였다고 우리 국민들이 평가 할 겁니까?"

"그러니까 내심을 감추고 일본과 손을 잡은 매국노 이완용이가 따로 없네요. 해방공간에서…."

"그게 바로 민족 주체사상이 뭔지를 모르는 얼이 빠진 정신이었다는 거 아닙니까. 하지만 그 의식이 깨어있는 젊은이들이 사일구 혁명을 일으켰다는 거 아닙니까. 미국은 물러가라고 외치면서 말입니다."

사실 그 당시 미군정 세력을 등에 업은 정치 통치권자 이승만의 행적을 따라가 보면 서양 기독교를 디딤돌로 대서양을 넘나들며 대자유를 누렸던 행운아였다. 그 시기에 독립운동가들은 그 한목숨 조국에 바치겠다는 비장한 결의로 황망한 만주벌판을 추위와 굶주림에 허덕이면서 오직 민족해방만을 부르짖으며 온갖 시련을 다 겪고 있을 때였다.

그 독립운동 기간 동안 중국인 손문孫文의 삼민주의三民主義나, 모택동의 신민민주주의新民主主義, 혹은 조소앙趙素昻의 삼균주의三均主義, 그리고 이북 김일성 체제의 민족주의民族主義 등에 견줄만한 체계화된 사상이념을 국가 통치자로서 갖추지 못했던 이승만 이었다.

그렇기 때문에 해방이 되고 분단국가 통치자로서 민족통일이라는 과제를 안고 있는 대통령으로 거기에 대처하는 뚜렷한 독창적인 사상을 창출하지 못했던 것이 사실이다.

다만 업적이라면 새로운 서양문물을 받아드렸기 때문에 하나님의 머리 도맥道脈 고등종교 스승 성자 예수를 알게 하는 기독교를 이 땅에 뿌리 내리게 한 것뿐이었다. 그것이 건국대통령으로 크게 이룩해 놓은 유일한 업적이라고 할 수 있었다.

거기에 아쉬운 것이 있다면, 한민족의 후예로서 서양사를 알기 전에 동방의 찬란한 정신문화를 꽃피워 고조선시대 열국을 무릎 꿇게 했었던 우리 배달한민족의 뿌리 사상을 먼저 알았어야 했다.

이승만 대통령이 통치자로서 실패한 것은 바로 왜래 사상에 깊이 물들어 있었기 때문에 민족적 긍지를 세워놓는 정치 이념을 창출하지 못했다는데 그 원인이 있다고 평가받고 있다.

사실 이승만 대통령은 기독교에 바탕을 한 서양문명을 전면적으로 수용하는 서양노선을 취했었기 때문에 해방이 되고도 일제가 침략정책으로 왜곡시킨 우리민족의 역사관을 바로 세워 놓는 일에 관심이 없었던 것만은 사실이다.

그와 같은 시대 상황에서 우리 배달겨레 '얼'의 손상은 광복이후 미군의 통치하에서 더욱 가속화 되었다. 19세기 말 개항 이래 한반도에 밀려들어 온 서구문화의 기독교는 발을 붙인 그 순간부터 우리 한민족의 고유한 문화와 함께 조상 뿌리의 역사까지 부정하게 만들었다.

그처럼 유대민족의 뿌리 아담과 이브가 인류의 조상이라고 단일화시키며 기독교를 포장하고 들어 온 서구신학 논리에 의해서였다. 그러한 종교 논리에 의해 일제식민정책 하에서 허구의 단군신화로 왜곡시킨 우리 한민족 시원의 뿌리역사는 그로부터 송두리 채로 뽑혀 나가버린 격이 되고 말았다.

그로부터 이 땅에 뿌리를 내린 서구신학 논리의 훼손은 일제시대보다 더욱 심각하게 우리 한민족의 뿌리역사와 민족혼을 송두리 채로 뽑아 저 멀리 표류시켜 버림으로, 오늘까지도 회복을 하지 못하고 있다.

하지만 그 또한 하나님의 섭리역사에 의한 것이라고 생각해 볼 수도 있다. 지구촌 뿌리역사를 왜곡시키고 있는 서구신학 논리지만 그 계기를 통해서 성부하나님의 머리 도맥道脈 기독교가 십자가에 불을 켜고 우리나라에 들어와 알려졌고, 또 만법萬法이 지구촌 사대종교四大宗教의 원천源泉이었던 이 동토로 들어와서 새롭게 정리되어 세계로 나가게 된다는 것이 현자들의 예언이기 때문이다.

이승만 대통령은 미국에서 정치학박사뿐 아니라 신학박사 학위도 취득했었다. 그러나 진정으로 좀 더 깊이 서구신학을 연구 분석하고 공부했더라면 지구촌 5색 인종의 뿌리 역사가 엄연히 다르고, 또 그 창조신이 각기 달리 존재하고 있다는 사실에 대해서 생각해 보았을 법도 하다. 구약은 유대민족 뿌리역사 기록임을 분명하게 밝혀두고 있기 때문이다.

구약의 내용은 그 당시 유대 족속 이외에 이방족속들이 실재적으로 존재하고 있었음을 다음 대목에서도 나타내 주고 있다.

〈야곱 족속아 오라! 우리가 여호와의 빛에 행하자, 주께서 주의 백성을 버렸음은 그들에게 동방의 풍속이 가득하며, 그들이 브레셋 사람같이 술객이 되며 이방인으로 더불어 손을 잡아 언약하였음이라.〉

위의 내용에서 분명하게 나타내 주고 있는 것이 그 '이방인'이며, 또한 '동방의 풍속'이다. 그 기록을 참고 해보더라도 인류 뿌리역사를 단일화 시키고 있는 서구신학 논리와는 달리 그들과 이웃하고 있었다는 이방인은 분명이 조상 뿌리의 혈통 계보가 다름을 나타내 주고 있다는 사실이다.

그런데 새롭게 재건되어야 하는 국가 통치권자가 조상뿌리를 왜곡시키는 외래종교 논리에 손을 잡고 깃발을 흔들어 주는 선봉장이 되어주고 있었다. 그로부터 민족 수난기에 허구의 단군 신화로 왜곡된 우리민족 뿌리역사는 더욱 깊이 묻혀 오늘에 이르기까지 암울하게 표류할 수밖에 없게 된 것이 그 시대 배경이었다.

동서시원東西始原의 개천開天 개국開國

자연 세계가 그렇듯이 뿌리 잘린 나무는 아름다운 새싹과 꽃잎을 피울 수가 없다고 했다.

고조선시대 12제국을 평화로서 다스려 왔다는 우리 조상들이다.

우리 배달한민족 시원의 뿌리역사는 서양보다 무려 4000년을 앞서 이 땅에 세워진 민족이다.

서양의 유대민족 시원의 뿌리역사 연대는 6000년으로, 구약 (창세기 2장 5절)에서부터 비롯된다. 그 기록에서 하늘 문을 열고 지구에 내려와 그 민족의 조상뿌리를 세운 개천성조開天聖祖의 성호聖號를 '여호와'라고 했다.

그 유대민족 시원의 뿌리역사가 그렇듯이 우리 배달한민족 시원의 뿌리역사도 마찬가지다. 〈9210년 전〉 하늘 문을 열고 지구에 내려와 동방의 중앙 아시 땅에 우리 배달한민족 조상뿌리를 세워주신 개천성조를 환웅천제桓雄天帝, 또는 환웅천황이라고 칭했다.

'환웅桓雄'이라함은 밝고 웅장한 하늘나라 제석촌의 성부聖父 환인천제桓因天帝님의 대위代位가 되는 물질계의 모태母胎로서 성모聖母님의 위치라는 뜻이다. 그 의미를 중국의 산해경山海經에는 천상모태황후天上母胎皇后라고 기록하고 있다.

그처럼 지극하신 제석촌 성모의 위치이신 환웅천제께서 광명하신 성부 환인천제님의 뜻을 받들어 천상의 신장, 선관 삼천三千의 무리를 거느리시고 지상강림을 하시어 하늘 제사권 민족으로 배달나라 조상뿌리를 세우셨다고 했다.

배달倍達이라 함은, 밝은 하늘나라 이치를 배로 통달한다는 의미를 내포하고 있다는 것으로, 그로부터 번성되어진 자손을 으뜸 장손민족이라 하였고, 또 천손민족이라고 했다는 것이다.

그처럼 성부 환인천제님의 뜻을 받들어 이 땅에 광명한 지상천국을 건설하기 위한 섭리에 의해 배달나라 뿌리를 세우신 환웅천제께서는 거느린 삼천의 신장선관들로 하여금 번성하는 자손들을 지켜보게 하면서 먼저는 세상을 살아가는 물리적 방법과 함께 인간의 도리를 가르치게 하셨으며, 점차로 하늘의 이치를 가르쳐 의식을 개명 진화시켜 나오던 신들의 역사 시대를 신불시대神佛時代라고 했다.

그 신불神佛의 시대가 동서東西가 마찬가지로 그 뿌리 세움에서 나라를 건국하기에 이르기까지 있어왔던 신과 인간이 함께 어우러지던 신인합발神人合發의 시대로, 유대민족 뿌리역사 구약의 전체적인 내용이 그것이다.

그처럼 유대민족 뿌리 역사가 에덴동산으로부터 비롯되어 점차 발전되어 그 나라가 세워지기까지 신과 인간이 함께 어우러졌었던 그 시간대가 구약이 마감되기까지 4000년이었다.

그와 마찬가지로 우리 배달한민족의 뿌리 역사도 3840년 동안 신과 인간이 함께 어우러졌었다는 신불의 시대가 드디어 마감을 하고, 〈4346년 전〉 신성神性을 내재한 존엄한 단군왕검께서 그 후사로 마침내 아침 밝기의 나라, 조선朝鮮을 개국開國하기에 이르렀다.

신인神人이라는 단군왕검께서 개국을 하시고 백성들에게 이르신 훈칙은 조상신 환웅천제님으로부터 심어진 조화주 하나님의 우주정신 '한 얼'사상으로, 천지인天地人, 하늘과 땅과 사람이 '한 틀'속에서 운행되고 있다는 홍익인간弘益人間 〈성통광명性統光明재세이화在世理化〉이념이었다.

그 개념의 사상이 인간주체로서의 인본주체사상人本主體思想이며, 서로가 서로를 인정해주는 인간조화의 협동정신으로 홍익대법弘益大

法이라고 한 것이었다.

그처럼 인간 최고의 사상과 철학을 백성들에게 심어준 스승이자 개국조이신 단군왕검의 조선은 그렇기 때문에 건국이래, 서양 유대 민족처럼 이방민족을 먼저 침략해 본 일이 없었다는 민족이다.

중국의 최고 지리지地理志인 산해경山海經에 이르면, 동방에 있는 군자불사지국君子不死地國은 의관을 정제하고 칼을 찼으며, 성격이 양보를 좋아하고 다투지 않으며, 아침에 피어나 저녁에 지는 꽃(무궁화)이 있다고 하였다.

또한 2500년 공자님 논어論語에서도 중국에는 도道가 행해지질 않기 때문에 한반도 백성 구이九夷의 나라에 가서 살고 싶다고 하시며, 우리 민족국가를 군자국君子國, 또는 예의지국禮儀之國이라고 하시고, 동서북방민족東西北方民族과는 다르다고 하시였다.

이렇게 배달겨레 단군왕검 조선은 건국이래 47대의 단군에 거쳐 〈2096년 간〉황금시대가 이어지면서 만주(배달나라 본토)를 중심으로 동양문화와 동양철학의 근원인 나라로 보다 훌륭한 우리역사의 틀을 견고히 하였으며, 한족漢族을 비롯한 이웃민족들을 지배하였던 우수한 민족이었다.

그러나 그토록 오랜 배달겨레 조선은 해모수천황(고무서)를 마지막으로 황실의 문이 닫히고, 〈2252년 전〉고주몽의 독립된 왕조로 배달나라의 맥이 겨우 이어졌다.

고구려는 배달나라의 전통적인 맥을 면면히 이어 받아서 마침내 본토를 수복하고 찬란한 전통문화를 계승하고, 또 발전시켜 태평성세를 이루다가 왕조수립 725년 만인(서기 668년) 28대 보장왕 27년에 신라와 당나라의 연합군에 의해 평양성이 함락되고 왕조가 멸망하기에 이르렀다.

이무렵 고구려사람 대중상이 흩어진 유민을 이끌고 본토를 중심으로 하여 말갈족과 그 외 소수부족들을 규합하여 대진국(발해)이라는 새로운 왕조를 세워 고구려의 정통 맥을 계승하였다.

그리하여 대중상의 맏아들 대조영이 왕위에 오르면서 나라 이름을 발해라고 하고, 연호를 천통으로 배달나라의 전통을 계승해 나오다가 왕조수립 258년에 이르렀을 때에 아율아보기가 침략하여 홀안성이 함락되고 왕조가 멸망하였다.

그 후 유민들은 본토에서 200여년 간 광복투쟁을 하였지만 그 뜻을 이루지 못하고 일부는 사방으로 흩어져 살기에 이르렀고, 또 일부는 고려로 망명하여 살았다.

이렇게 환웅천제께서 천지인天地人 삼계三界 대권주로 이 땅에 내려와 배달나라를 세우시고 후사이신 단군왕검으로 하여 조선을 개국하신 이후, 3840년 동안 통일자주 국가로서 홍익인간 이화세계 건국이념아래 만주를 중심으로 아세아 대륙을 주름잡고 다스리던 천황의 나라는 왕국으로 전락하면서 점차 그 빛을 잃어가기 시작하였고, 따라서 배달사람들의 사상도 흐려지기 시작하였다.

그처럼 자랑스럽던 우리 배달한민족의 정기精氣가 후손들의 자만에 의해 점차적으로 흐려지기 시작하면서 고려 고종 때에 이르러 원나라 임금 홀필렬은 단군을 받드는 모든 의식행위를 탄압하면서 배달정신을 빼앗아 버리려고 전력투구를 다 하였다.

그 계책이 인도에서 중국을 거쳐 들어온 불교만을 숭상하게 하여 마침내는 우리 배달겨레의 민족신앙이 흐려지면서 국력은 심히 약화되고 백성들은 주체성을 잃어가기 시작하였다.

그야말로 우리 조상들로부터 전래되어 내려온 만물감통 사상의 풍류도와 불교의 본질적 가르침과는 변질되어 들어온 혼합체는 점점 더 세속적으로 근본의 정신과는 거리가 멀어지게 되면서, 그 본질이 퇴색되어 나갔다. 그것은 인도에 성자 석가 출현이전 원주민들의 자연신숭배 사상이던 샤머니즘적 신앙과 복합된 것이었기 때문이다.

그로부터 풍수음양 주술적 잡술과 결탁되어 미신적 차원으로 떨어지면서 본래의 민족정신이 아물아물 멀어져 가기 시작하면서 고차원적인 우리 배달한민족 정기精氣의 주체성을 점차로 잃게 된 것이다.

주체성이란, 내가 나의 주인공이라는 마음의 상태로 내가 개체가 될 수 없는 것이며, 그러므로 주체성에는 부족의 주체성이 있을 수 있고, 또 민족의 주체성, 개인의 주체성이 있다.

이와 같은 주체성은 곧, 내가 나의 주인공이라는 자부심의 자각에서 비롯되는 것으로, 우리 배달겨레의 주체성이란 인간이 창조된 뜻대로 참 자아를 깨달아 자기의 위치를 바르게 확보한 상태로 그 정신사상인 것이다.

곧 인간이라는 내가 만물의 영장으로서 영장다운 자격을 얻은 소우주체로서 천하 만물을 다스리는 권한을 소유한 주인으로서, 본질적인 자기의 보좌에 앉아 심라만상 뿐만 아니라 모든 인간과 화이동和而同 하는 상태를 말하는 것이라고 했다.

그 개념이 바로 고등종교 불교나 기독교 스승들께서 가르치신 하늘 천도天道의 대법大法으로, 태초의 조화주 하나님과 일체관계를 이루었을 때, 비로소 활달자재豁達自在할 수가 있는 성인의 반열에 오르게 된다는 그 가르침과 동일한 것이었다.

그러한 우주사상이 우리 배달한민족 뿌리에서부터 심어진 홍익대법弘益大法으로, 환웅천제께서 개천하신 이래 우리 한민족 정신세계에 깊이 뿌리를 내려 찬란한 동방의 문화를 꽃피게 했었던 배달겨레 주체성의 극치였던 것이다.

그러나 안타깝게도 그러한 우리 한민족의 정신이 외세의 전략 정책에 의해 그처럼 흐려지기 시작하면서 고려 말기에 이르러서 우리 조상들의 제후국이었던 변방의 중국이 급부상하기 시작했다.

그로부터 그들의 사관을 견지하고 신봉하기 시작한 유학자들이었다. 그러한 시대 분위기에 의해 조상의 존귀함을 잃고 중국을 숭상하는 모화풍조가 특히 이조李朝에 들어와서 가속화 되었다. 유학자들이 중국 사대주의 사관을 더욱 견지하고 중독中毒에 빠짐으로 소중한 우리 한민족의 정통성은 그대로 암울하게 묻혀지고 있었던 것이다.

그 원인은 중국을 숭상하는 유학자들이 우리 배달한민족 상고사의 역사가 기자조선에서 위만조선으로 이어졌다는 중국의 기록과 그 주장을 그대로 신봉하고 받아드렸기 때문이다.

거기에 일조를 했었던 그 대표적인 인물이 고려시대 「삼국사기」를 쓴 김부식이었다고 한다. 그는 그 기록에서 고구려를 계승한 대진국(발해)의 역사를 사대주의 사관을 신봉하였기 때문에 삭제를 해버렸던 것이다.

그로부터 그 기록을 더욱 내세우는 중국은 과거 우리 조상들의 고토故土로 활동무대였던 발해를 '중국사'라고 우겨대는 동북공정을 펴내는데 가속화 시키고 있다.

그러한 현상은 특히 이조에 들어와서 중국으로부터 유교를 받아드려 국가의 통치이념으로 삼았었기 때문에 한민족 고유의 사서史書들은 허구라고 매도하기에 이르렀다. 실재로 조정이 솔선하고 나서서 압수하여 소각해버리는 사태로 진전되면서 태종은 서운관書雲觀에 소장되어 있었던 우리 사서들을 모두 불태워 버렸었다고 한다.

그 당시 집권층의 의식이 그랬던 만큼, 그 밑에 사대부 유학자들은 중국의 사대주의 사관을 더욱 신봉하게 되면서 우리 한민족 뿌리역사를 그처럼 홀대하면서 경시했다는 것이다.

그와 같이 중국을 숭상하는 조정과 유학자들의 이념과 학문의 생활문화가 마침내 한민족 정체성을 잃게 했었던 원인으로. 그 결과는 일제의 식민지로 전락하고 말았다. 내가 나의 주인공이라는 민족 주체성을 잃어버렸기 때문이다.

그렇게 조상 뿌리의 '얼'을 잃어버렸던 후손들에 의해 그처럼 고조선시대 12제국을 다스려 나왔던 우리의 개국조이신 단군왕검은 일제의 식민정책에 의해 곰의 자손으로 둔갑되어 저질 문화민족으로 전락되는 비통함을 겪게 되었던 것이다.

그만큼 우리 민족의 뿌리역사는 민족정기民族正氣의 '얼'을 잃어버린 후손들에 의해서 외세의 침략정책에 의해 날조되었고, 그 후손들은 결국 일제의 지배하에 36년 간을 온갖 시달림의 고통을 당해야만

했었다.

그러다가 마침내 자력이 아닌 연합국의 개입과 그 승리에 의해서 일제로부터 겨우 해방을 맞게 되었다. 그러나 그 또한 민족 주체성을 잃고 그들로부터 풀려난 해방은 여전히 미완된 독립으로 외세에 의한 뿌리역사 왜곡은 여전히 그 상태로 마찬가지다.

그 원인을 거슬러 올라가 보게 되면 고려 말기에 중국의 중화주의 사관에 영향을 입고 깊이 빠졌었던 중독中毒에 이어서, 이후 일본의 식민주의 사관이 끼친 왜독倭毒, 그리고 해방이후 서양문화권이 밀려들면서 노랑머리 파란 눈의 아담과 이브가 인류의 조상뿌리라는 서구신학 논리의 양독洋毒에 의해서 우리 배달한민족의 뿌리 역사는 허구로 꾸며진 단군신화로 무색한 형국이 되고 말았다.

과거 고조선 시대에 그처럼 찬란한 '동방의 등불'로 빛나던 우리민족의 뿌리역사는 결국 사대주의. 식민주의, 실증주의에 함몰되었던 얼빠진 후손들에 의해 참으로 무참하게 오늘까지도 표류하고 있는 실정이다.

그렇기 때문에 우리국민들은 우리민족 정신문화와 그 본질의 정체성이 무엇인지를 전혀 모르고 있다. 그것은 과거에 기독신앙에 함몰되어 있었던 연이 자신 역시도 마찬가지였었다. 서양문화권에서 들어 온 기독교 여호와 유일신唯一神 숭배사상을 받아드린 집안 분위기 속에서 자랐었기 때문이다.

그러나 언젠가부터 그 기독논리에 의문을 갖기 시작했다. 노랑 머리에 파란 눈을 한 아담과 이브가 우리의 조상이라는 논리주장이 그랬고, 구약의 내용에서 유일하게 이스라엘 민족만을 감싸는 전반적인 여호와의 행사가 도무지 이해가 되지 않았다.

그 의문을 가지고 목사님에게 질문했을 때 대답은 간단했다.

"하나님의 존체는 무지한 인간의 머리로서는 감히 헤아릴 수 없는 대우주적인 존체이므로, 의심은 죄가 됩니다."

무조건 믿어야 한다는 말이었다. 그러니까 여호와 하나님은 짧은 인간의 머리로서는 헤아릴 수 있는 존재가 아니라는 것이 통상적인 답변이었다.

하긴 그럴 수도 있겠다는 생각에 되도록 그 의구심을 털어내려고 머리를 흔들곤 했었다.

그러나 그러한 맹신적인 신앙생활을 해오다가 마침내는 이단뿐 아니라 종교 판이란 종교 판은 이집 저집 모두 걸쳐 기웃거린 별난 신앙전력으로 주위로부터 별종 취급을 받기도 했었다.

하지만 그러한 신앙경력이 어쩌면 전생에 못다 한 공부를 이 세상에 와서 배우게 하기 위한 하나님의 섭리였던 것인지도 모른다.

언젠가부터 그처럼 고등종교 스승들의 가르침과는 일치되지 않는 여호와 하나님을 믿으면 들어가고 나가도 복을 준다는 기복신앙 논리에 대한 회의를 느끼기 시작했다. 그로부터 신은 죽었다라고 역설한 니체의 그 같은 말을 흉내를 내면서 세상을 질척이고 있을 그때였다.

그 또한 하늘의 섭리였던지 우연한 기회에 군사정부시절 청와대를 출입 했었다는 이 대감이라는 분을 만나게 되었다. 그 도인을 통해서 생각지도 않았던 우리 배달한민족 뿌리역사를 공부할 수 있게 해준 그 동기가 되어준 것이었다.

그 분이 참고해 보라면서 건네준 고서古書가 우리 배달한민족 뿌리역사를 기록해두고 있는 환단고기桓檀古記 삼국유사三國遺事였다. 그 내용을 훑어보면서 참으로 놀라운 새로운 사실에 눈이 떠지기 시작했다. 그 내용에서 동방 아시 땅에는 웅족과 호족이 나란히 이웃하고 살았었다고 명시되어 있었다.

그 기록이 구약의 내용에서 내포하고 있는 그 '이방인'이라는 존재들에 대한 의문을 비로소 풀어지게 해주었다.

사실 구약성경 (창세기 제2장 5절)에서부터 지구에 성호聖號를 붙이고 등장하는 여호와였다. 그리고 보여주는 그 행사行事의 순서는 물질인간 아담을 창조한데 이어서 에덴동산 창설이다.

동산창설이라 함은 분명히 구획적임을 나타내 준다. 그 에덴동산의 위치가 바로 해가 뜨면 제일먼저 비취는 동방이라고 다음과 같이 기록해 두고 있다.

〈여호와 하나님이 동방의 에덴에 동산을 창설하시고 그 지으신 사람을 거기 두시고….〉

그 기록에서 유대민족의 처음 조상뿌리 세움 역시도 우리 배달한민족과 같은 위치로 동방이었다는 사실이다.

그들이 바로 몸에 털이 많은 서양 족으로, '호족'이었음을 배달한민족 뿌리역사에서 나타내 주고 있다는 생각이 들면서 눈이 크게 떠지기 시작했었다.

그것이 동서양으로 나누어 분파된 인류 시원의 뿌리역사로 각 족속 창조 수호신이 달리 존재하고 있었음을 새롭게 발견하게 되면서 그로부터 구약과 비교 분석해 보기 시작했었던 동기였었다.

구약의 기록에서 여호와는 그 백성들을 향해 '나 이외에는 다른 신을 섬기지 말라!'는 경계의 선을 분명히 하고 있었다.

그러나 그 백성들은 어느 한 때 그들의 주신主神 여호와 계율의 명령을 어기고 이방민족의 주신을 섬겼던 것으로, 거기에 진노한 여호와였다. 그 벌로 애굽(이집트)에서 400년 간을 노예로 종살이를 시켰다고 했다.

그들이 이방민족 밑에서 그처럼 굴욕적인 종살이를 할 때, 애굽 왕이 이스라엘 백성들을 향해 말하고 있는 대목에서 지구촌 전체 인류가 아담과 이브의 후예가 아님을 더욱 분명하게 해주고 있는 그 (출애굽기) 기록이다

〈이 백성 이스라엘 자손이 우리보다 많고 강하도다. 자! 우리가 그들에게 대하여 지혜롭게 하자, 두렵건데 그들이 더 많게 되면 전쟁이 일

어날 때에 우리 대적과 합하여 우리와 싸우고 이 땅에서 갈까 하노라.〉

바로 그 내용이었다. 애급 왕은 이스라엘 백성이 그들의 종족보다 더욱 번성하고 창성해지는 것을 염려했고, 그래서 그 족속의 씨를 번성시키지 못하도록 더욱 혹독한 고역을 시켰다고 했다.

그러나 그들의 생육은 더욱 번성하고 왕성해져서 애급왕이 고심하고 마침내 이스라엘 족속의 여자가 사내아이를 낳으면 무조건 죽이라는 명령을 내린다.

이때에 훗날 이스라엘 족속을 이끌고 가나안 땅으로 가게 될 제일의 제사장 모세가 태어났다. 그 부모는 갓난아이의 준수함을 보고 차마 죽이지를 못하고 석달을 몰래 숨겨 키웠다. 그러다가 끝내는 더는 몰래 키울 수가 없게 되자 갈대 상자를 만들어 역청과 나무진을 칠하고 그 안에 아이를 담아 바로왕의 딸 공주가 그 시녀를 데리고 가끔 목욕을 하러 나온다는 하수가로 떠내려 보낸다.

마침 그때 애급의 공주가 시녀들과 목욕을 하러 나왔다가 갈대 상자 속에서 우는 아이를 가엾이 여기고 궁으로 데려가 아들로 삼아 키우게 된다.

물론 그때 숨어서 동태를 살피던 모세의 생모가 다리를 놓아 유모로 들어가게 되면서 장성한 모세는 그가 이스라엘 자손임을 알게 되고 마침내 애급에서 노예 생활을 하고 있는 이스라엘 백성들을 구해내는 인도자로 세움을 받는다. 궁궐에서 자란 모세였기 때문에 당시의 모든 학문을 익히고 섭렵할 수가 있었다고 했다.

그 모세에게 여호와는 지혜를 주어 이스라엘 족속의 뿌리 기록을 남기게 한 것이 이스라엘 민족 뿌리역사 구약으로 창세기에서부터 출애굽기, 레위기, 민수기, 신명기에 이르기까지 진실하게 기록할 수가 있었다.

이처럼 서양 유대민족의 뿌리역사가 모세에 의해 기록되었듯이 동양 우리 배달한민족의 뿌리역사 역시도 마찬가지였다. 그 기록에 의

하면 하늘에서 지구에 내려온 천신天神 환웅천제께서 우주의 생성원리의 함축도가 들어있는 원방각 3개의 천부인天符印을 하늘 증표로 가지고 내려오셨다고 했다.

그 천부인에서 원방각 둥근 도로방 모양은 원대 무궁한 우주를, 사각은 대자연의 물질계 땅을, 그리고 세뿔은 사람을 뜻하는 것으로, 곧 천지인天地人이라는 삼천대세계三天大世界가 하나님의 '한 틀'속에서 운행되어지고 있다는 진리의 표상이라는 것이었다.

그 원방각 천부인의 원리를 환웅께서 보좌신명 사관신지士官神知에게 풀어 기록하게 한 것이 우리 배달한민족의 단독경전 천부경天符經으로, 그 천부인이 토대가 된 것이라고 했다.

그 내용은 태시太始에 우주가 생성된 함축도의 원리를 내포하고 있는 것으로, 천지만물을 창조하신 조화주 하나님 우주 창조 당위법칙을 담아두고 있는 그 원문도原文道였음이다.

천부경의 시작에서 일시무시一始無始란 뜻은 (창세기 1장) 기록이 내포하고 있는 의미와 조금도 다르지 않았다. 태초 우주만물이 생성된 근원으로 존재하신 하나님은 영계靈界로서 그 하나의 시작은 형체를 드러내지 않음 속에서 움직이고 있었다는 의미다. 그 대목이 (창세기 1장) 기록과 일치되고 있었다.

〈태초에 하나님이 천지를 창조하시니라, 땅이 혼돈하고 공허하며 흑암이 깊음 위에 있고….〉

그리고 뒤를 이어 이름 없는 하나님의 신神이 수면水面을 향해 움직이는 행사력을 보여주고 있다. 그 성구의 묘사가 우리 조상들이 천부경을 토대로 이해하고 있는 음양陰陽 조화주 하나님의 이성교합의 첫 장면이었다는 사실에 눈을 뜨게 해주었다.

천부경 속의 석삼극析三極의 원리는 태초 천지부모 영靈과 혼魂의 결합에 의해서 우주만물을 만들어내는 생명의 원소, 그 능력의 일 곱

색 빛이 (창세기 1장)에서 하나님 보시기에 좋았다고 묘사되고 있는 그 분자적인 칠성자의 개념이었다.

그러한 근본의 이치를 배워왔었던 우리 조상들이다. 그렇기 때문에 동네마다 삼신각三神角과 칠성각七星閣을 세워놓고 하늘에 빌어 왔던 민간 토속신앙이 그로부터 비롯되어 전래된 것이라고 했다.

그 삼신사상이 천부경 속에 내포하고 있는 일석삼극무진본一析三極無盡本이라는 의미며, 그 삼신의 존체가 시간의 시작에서부터 종료가 없다는 영계靈界로서 무시무종無始無終이라고 했었음이다.

그와 같은 이치를 담고 있는 천부경을 토대로 한 것이 삼태극三太極의 원리며, 또한 불교 경전에서 말하는 삼존불三尊佛 의미로 그런 뜻에서 석가 부처께서 중생들에게 성불成佛하여 삼보귀의三寶歸意하라고 하셨음이다.

그 법문의 뜻을 세분하면 성부聖父는 법신불法身佛, 성모聖母는 보신불報身佛, 그리고 성자聖子는 화신불火神佛로서 성삼위聖三位 일체론一體論이다. 그처럼 태초 광명하신 영계의 하나님 그 가족구성원의 세계가 우리 배달민족의 단독경전 천부경속에 담고 있는 본심본태양本心本太陽 의미였으며, 예수께서 '나는 영이니' 하신 말씀의 뜻이 거기에 있었음이다. 그것이 또한 고등종교 스승 석가 부처께서 중생들에게 그 진리의 말씀을 듣고 자아성찰自我省察하여 완성을 이룬 성불체成佛體로 삼보三寶에 귀의歸意 하라고 이르신 결론의 말씀이다.

그와 같은 태초의 우주만물의 근원, 그 성삼위 일체론을 구약 (창세기 제1장)에 담아 두고 있다. 그런데도 서구신학자들은 그 영계의 가족구성원을 그처럼 정석으로 풀어내지 못하고 있다.

그것이 오늘 서구 기독론의 문제점이다. 그렇기 때문에 (창세기 제2장 5절)에서부터 지구에 내려와 다만 유대민족 뿌리를 세우고 세상적인 질서의 법리, 그 율법십계명律法十誡命으로 이스라엘 백성만을 지엽적으로 다스려 온 신계의 여호와를 우주만물의 근원이신 태초빛의 하나님, 그 영계의 성부하나님으로 격상시켜 설파하고 있다.

그처럼 왜곡된 기독신학의 논리가 오늘 지구촌 종교 통합을 이룰 수가 없게 만든 근본원인 작용으로, 그 걸림돌 역할을 하고 있는 것이 사실이다.

기독교 스승 성자 예수께서 지칭하신 성부하나님은 태초의 광명한 빛으로 영계이기 때문에 연대가 없으신 하나님이라고 하신 것이다. 그 의미가 또한 천부경 속에 담아 두고 있는 석삼극무진본析三極無盡本으로, 태초의 하나님 그 영계靈界의 가족 구성원임을 밝혀 주고 있었다.

태초에 우주만물이 생성된 존재근원을 그처럼 밝히고 있는 천부경이다. 그 당위법칙으로 성경 (창세기 1장)를 비추었을 때, 그 이치가 오늘 과학자들이 말하는 상대성 양자역학과도 맞물리고 있는 그 원리였다.

즉 태초의 성부하나님은 발양성으로 양적陽的이며 용적用的으로 분열 팽창되는 에너지기 때문에 '하나님의 신이 수면水面을 향해….' 바로 그 묘사였다. '수면'은 음적陰的 이며 체적體的으로 만물을 형상화 시키는 모태母胎로서 성모聖母하나님의 상징성임을 나타내 주고 있는 것이었다.

그러한 천부경의 원리를 놓고 볼 때 태초의 천지부모天地父母 음양태극陰陽太極의 위치이신 조화주 하나님 사랑의 '얼'이 분자적인 성자의 신위神位로서 석삼극무진본析三極無盡本이라는 삼태극三太極의 원리다. 그 이치가 태초 천지부모이신 조화주 하나님과 함께 우주만물을 단계적으로 형상화 시켰다는 분자적인 그 일곱 색의 빛이 (창세기 1장)에서 복수형卜數形의 '우리'로 나타내고 있는 다수多數의 일곱 성령체聖靈體였다는 사실이다.

그렇기 때문에 기독교 스승 예수께서 '아버지가 내 안에, 내가 아버지 안에 함께 있느니라.' 하신 그 영계靈界의 가족 구성원으로 우리 배달민족 천부경의 내용 속에서도 그 의미를 담고 있는 것이었다.

그 성삼위聖三位의 처소가 바로 우주만물의 근원 영대靈臺로서 시간적으로 주류불식注流不息하는 본자연의 리기理氣가 뭉쳐 운행하는 장면이 그 (창세기 1장)이다. 그 기록이 바로 공간적으로 대대불휴待代不休하는 영계의 하나님께서 정주定住하신다는 빛의 세계관이었음이다.

바로 그것이었다. 그 창세기 기록이 그렇듯이 우리 한민족의 경전 천부경의 원리가 태초의 조화주이신 천지부모 우주 영혼의 법리에 의해서 우주宇宙는 영적으로 형체가 없는 시간과 음적으로 형상적인 변화의 공간을 함께 공유하게 되었다는 그 논리였다.

그 뜻이 또한 불가佛家에서 말하는 색즉시공色卽是空 공즉시색空卽是色으로, 태초의 성부聖父하나님 그 양적陽的인 영靈은, 우주의 본질로서 무형체無形體의 에너지기 때문에 변함이 없지만, 만물의 모태母胎이신 음적陰的 성모聖母하나님의 혼魂은 물질 개념이다.

물질이란 공간적으로 형상화 된 위치다. 그렇기 때문에 그로 비롯된 자연은 그 순환작용에 의해서 생멸변화를 거듭한다는 것이며, 그 자연 섭리에 의해 인간생명 또한 마찬가지로 미완성에서 완성을 향해 생사윤회生死輪廻를 거듭한다는 부처님의 법문이었다.

그러한 하늘 천기운행의 법리를 성경 창세기 1장과 같은 맥락의 이치理致로 우리배달한민족 단속경전 천부경天符經 속에 담아두고 있다는 사실에 눈이 크게 떠졌다.

그 기록이 서양 유대민족보다 4000년을 훨씬 앞서 지구촌에 세움을 받은 우리 배달한민족의 뿌리역사였던 것이며, 그로부터 전수되어 내려온 우리 조상들의 삼일철학三一哲學이 대도大道의 하늘 천법天法으로, 삼천대세계三天大世界가 '한 틀' 속에서 운행되고 있다는 그것이 천지인天地人 사상이었다.

그처럼 차원이 높은 우리 배달한민족 조상뿌리의 '한 얼'사상은 유대민족의 조상신 여호와가 그 백성들에게 이분법으로 '칼에는 칼, 눈에는 눈으로 대적하라'고 가르쳐 온 것과는 근본적으로 그 차원이 다른 것이었다.

우리 배달한민족 조상신의 가르침은 하늘과 땅과 사람 즉, 천지인天地人이 '한 틀' 속에서 운행되고 있기 때문에 서로를 인정하고 조화를 이루어야 한다는 하늘 천법天法으로 태초의 천지부모 우주영혼이 합일된 조화의 사상이었다.

그렇게 조상뿌리에서부터 심어진 조화의 '한 얼'정신이 한민족 종교며 철학으로 일찍이 동방의 정신문화를 꽃피우게 했었던 태초의 천지부모 조화주 하나님의 우주정신으로 자연을 거슬리지 않는다는 풍류도風流徒라고 했으며, 그 대도大道를 만물감통萬物感通 사상이라고도 했다.

그처럼 하나님의 섭리가운데 조상 뿌리에서부터 하늘나라 대도大道의 천법天法을 가르쳐 배우게 했었던 것은 지구촌에 하늘 제사권祭祀權을 부여받고 세움을 받은 민족이라는 것을 나타내기 위함인 것이라고 했으며, 그러한 연유에서 배달민족을 천손민족天孫民族이라고 했다는 것이다.

그처럼 크신 하나님의 섭리 가운데 세움을 받은 배달겨레 천손민족이다. 하지만 조상 뿌리가 세워지는 시작의 전개 내용은 유대민족 뿌리역사 구약의 전개상황과 크게 다르지는 않았다.

다만 다른 것이 있다면 조상신 환웅桓雄의 존체가 서양 족의 조상신 그 신계神界 위에 있는 영계靈界로서 물질을 형상화 시키는 음적陰的이신 성모하나님 존체이시기 때문에 그 상징성의 성호聖號가 환웅桓雄으로, 그 뜻은 밝고 큰 하늘나라 웅장하신 하나님이라는 의미를 내포하고 있다는 것이다.

중국의 전통 기서奇書 중의 하나인 〈봉신연丰神連에 의하면, 곤륜산파 신선들과 장백산파 신선들의 스승으로 나오는 홍균노조洪鈞老祖는 대황조大皇朝 환웅桓雄을 나타내는 중국식 이명이라고 했다.

홍균이란, 오지그릇을 만드는데 쓰이는 바퀴모양의 연장을 뜻한다는 것으로, 이 기구를 회전시켜 갖가지 오지그릇을 자유로이 만들 수 있다고 전화轉化하여 만물의 조화주, 조물주란 뜻으로 기술한 것이라고 한다.

그런 유래적인 관계성에 의해 만주일대와 중국 각 지역에서는 오늘까지도 홍균노조를 모시고 숭배하는 중국인들의 유풍이 그대로 남아있다는 것이다.

그러한 의식은 물질계의 모태가 되시는 천상모태황후天上母胎皇后이신 성모님을 대황조大皇朝라고 한 것으로, 그들의 시조라는 의미다. 하지만 그들과는 달리 실재적으로 우리 조상뿌리의 근본이 되신 환웅천황桓雄天皇의 소중함을 민족수난기의 역사왜곡으로 그 은혜의 고마움을 느끼지 못하고 있는 그 후손들이다.

그처럼 웅장하신 태초의 천지부모 성모 하나님의 위치에서 하나님의 종복從僕들인 신관神官 삼천의 무리를 거느리고 지상강림하신 날이 우리 배달한민족倍達韓民族의 경축일로 개천절開天節의 의미가 바로 그런 뜻이라고 했다.

음력 10월, 상달 상날(10월 3일) 환웅천제께서는 하늘 삼천三千무리의 신관 신장들을 거느리고 동방의 중앙 아시 땅에 강림하시어서 그 신족神族들과 함께 창조한 물질인간 남자를 '아반'이라고 했으며, 여자를 '아만'이라고 했음에도 그 의미가 있었다.

아시兒時란 어원은 처음 시초란 의미를 담고 있는 것으로, 서양 유대민족 조상뿌리 남자를 '아담'이라고 한 것 역시도 그런 의미를 내포하고 있다. 아담이 처음 창조되어진 곳은 성경 기록상으로 우리민족 조상뿌리가 세워졌던 동방의 중앙아시 땅이었다.

그렇기 때문에 그 시초라는 뜻에서 '아담'이라고 했었던 것임을 우리배달 한민족 뿌리역사를 통해서 짐작해 볼 수 있게 해준 것이다.

바로 그것이었다. 동서 민족의 뿌리 역사는 그 연대는 다르지만 그 조상 뿌리가 세워졌던 그 시초는 하늘에서 내려온 신들에 의해서 이 땅에 피조물로 창조되었다는 기록이다.

우리 배달한민족 시원 역시도 하늘 문을 열고開天 내려온 조상신의 지적설계에 의해 창조 되었고, 그로부터 뿌리혈통을 잇고 번성되어지는 역사과정에서 조상신 환웅천제님으로부터 지고至高한 배달민족의 정기精氣가 그 호흡으로 심어지기 시작했음이다.

그 호흡의 정기는 투쟁과 억압의 대립적인 서양사상과는 달리 하늘과 땅, 사람 천지인天地人이 은혜로우신 천부天父 하나님의 섭리 속에 '한 틀'로 운행되어지고 있기 때문에 서로 조화를 이루고 상생의 공동체를 지향해야 한다는 삼일철학三一哲學이 바로 그 '한 얼'사상이라는 것이었다.

그렇게 조상신 환웅천제로부터 심어진 배달한민족의 '한 얼' 사상이 찬란한 동방의 정신문화를 꽃피우게 했던 기틀로 너와 나를 유익하게 한다는 홍익인간弘益人間 이념이었음을 상고사에 기록해 두고 있었다.

그러한 하나님의 대별적인 섭리역사가 동양은 정신문명을 그리고 서양은 물질문명을 발전시켜 나오게 한 것으로, 그것이 태초의 조화주 하나님 자연법칙에 의한 음양陰陽상대성 원리로 동서東西로 나누어진 지구촌 뿌리역사였음을 유추해 볼 수 있게 해주었다.

그것이 하나님의 섭리역사임에는 틀림이 없다. 유대민족과 동서東西로 분류된 동기는 에덴동산의 선악과 사건으로부터 비롯된다. 여호와는 에덴동산 중앙에 세워둔 그 선악과실 만큼은 따먹지 말라는 금기를 계율로 세워 놓았다. 그러나 아직 이성의 분별력이 없었던 아담과 이브는 그들의 의식을 시험해 보기 위해 나타난 사탄의 유혹에 넘어가 그 계율을 어기고 말았다.

여호와는 그 계율을 어겼다는 벌로 그들을 에덴동산에서 쫓아내고 그들이 다시 그 길로 돌아오지 못하도록 안개와 화염검을 둘러 그 길을 막았었다고 했다.

그렇게 동산에서 쫓겨나게 된 그들은 그 길로 스메루와 우르과이 쪽으로 흘러들어가 정착한 곳이 오늘 서양 이스라엘 민족 자손들이다. 그것은 어쩌면 조화주 하나님의 뜻을 받들어 지구에 내려온 여호와 신이 조화주 하나님의 음양대별적인 섭리역사를 이루기 위한 것이라고 생각해 볼 수 도 있다. 조화의 세상을 이루는 것이 하나님의 섭리역사기 때문이다.

하지만 지난날 기독생활을 해왔던 연이로서는 그 성구가 도무지 이해가 되지 않았었다. 그 원시인간 한 번의 실수조차도 용서하지 못하고 내친다는 것은 '하나님은 사랑이시라'는 성자예수의 기독교 정신에는 도무지 부합될 수가 없는 행사였기 때문이다.

뿐만 아니라 그와 같은 여호와 진노의 행사는 그로부터 번성되어지는 그 자손들에게 계속 이어지면서 그 성구가 도무지 납득이 되지 않은 채 의문으로 남아 혼돈스러웠다.

그 행사 모습은 태초에 전지전능하신 빛의 말씀으로 우주만물을 지으시고 그 모든 것을 사랑으로 총괄하신다는 대우주적인 성부하나님 인상에 어울릴 수가 없었기 때문이다.

의문은 그 뿐만이 아니었다. 이후 번성하는 그 백성들을 향해 '동방의 풍속을 좇지 말라!'는 선포를 하는 것 역시도 그랬다. 그것은 분명히 서구신학자들의 논리와는 달리 조상뿌리 혈통계보가 다른 민족이 주신主神을 달리하고 존재하고 있었음을 분명하게 나타내 주고 있었다.

그런데 우리배달민족 뿌리 역사를 공부하게 되면서 그것이 바로 태초의 천지부모 음양 조화주 하나님의 섭리역사였다는 사실에 이해가 되기 시작했던 것이다.

태초의 하나님 존재 근원부터가 음양이성陰陽異性으로 조화를 이루고 있었으며, 그로부터 공중권세를 부여 받고 남자와 여자로 창조된 하늘사람들 역시도 음양으로 자손을 번성하여 하늘 정부를 이루고 있고, 또 그들에 의해 지구에 창조된 물질인간 역시도 마찬가지였다. 심지어는 공중에 나는 새와 땅에 번성하는 모든 동식물에 이르기까지 그 어느 것 하나도 음양 대별적이 아닌 것이 없다. 그것이 태초 본자연本自然으로 존재하신 하나님의 대자연의 법칙이기 때문에 모든 만물이 그러한 음양의 이치로 조화를 이루게 하기 위한 섭리역사였다는 사실에 눈을 뜨게 해주었다.

그러한 대별 적인 음양의 이치에서 유대민족의 조상신 여호와는 지구촌에 물질문명을 발전시키기 위한 지식정보를 그 백성들에게 직접 세밀하게 가르쳐 주기도 하고, 또한 거느린 보좌신명들에게 각기 그 역할 분담을 주어 가르치기도 했었음을 기록하고 있다.

유대민족의 뿌리역사 구약에서 만군의 보좌신명을 거느렸다는 여호와는 그의 천사들을 바람으로, 또는 그의 사역자들을 불꽃으로 삼아 그 행사를 돕게 했다는 기록이다.

바로 그것이었다. 배달한민족의 조상신 환웅천제님 역시도 그 역할분담이 각기 다른 보좌신명 삼천의 무리를 거느리고 지상 강림하시었다고 했으며, 그 신들이 각기 맡은 역할의 상징성을 나타내 주는 내용이 바로 비바람 구름으로, 대자연을 다스리고 움직이는 소명을 맡고 온 그 신들이었음이다.

그와 같이 동서東西 시원始原의 뿌리역사 기록의 상황전개는 크게 다르지 않음을 새롭게 발견하면서 비로소 단일적인 유대민족 여호와 유일신唯一神 숭배사상 논리에 고개를 돌리게 된 연이었다.

사실 유대민족의 뿌리역사 구약의 기록 속에는 '이방' 족속을 다스려 나온 주신主神들의 이름이 많이 등장하고 있다. 그 주신들 역시도 여호와 신이나 마찬가지로 그 보좌신명들에게 주어진 역할 분담이 각기 다름을 나타내 주고 있었다.

그 전개 상황은 배달한민족 뿌리 역사 기록역시도 마찬가지였다. 원시집단의 형태에서 우관 팽우는 토지를 개척하여 산과 길과 마을을 만들게 했으며, 농관 고시는 곡식을 만들어 돌로 불을 일으켜서 밥을 익혀 먹는 방법을 가르치고, 또한 비서갑신모는 누에치기와 길쌈 법을 만들어 의식주 제도의 제도적 형태를 가르쳐 주도록 했다.

또한 사관 신지는 짐승 발자국 모양의 문자(녹도문)을 제정하여 인륜도덕을 강론하게 했고, 우사 옥저는 질병을 앞질러 막아 주었으며, 풍백지제는 명령체계를 살피고, 뇌공 숙신은 온갖 형벌을 판별케 해주었으며, 운사 수기는 권선징악勸善懲惡을 제도화 하여 가르쳐 주도록 하는 신등으로 크고 작은 역할 분담을 각기 맡아 하는 행사를 보여주고 있다.

그러한 상황은 구약 속에 등장하는 이름을 가진 많은 신들이 여호와의 행사行事를 도와 그 백성들을 가르쳐 온 것과 크게 다르지 않은 행사 장면의 모습들이었다.

이렇듯 인류 시원의 뿌리역사는 그 전개 상황이 동서東西가 크게 다르지 않았다. 하늘에서 내려온 '천상의 사람' 신들이 그들의 지적설계로 창조한 원시 인간들에게 세상을 살아가는 여러 가지 생활의 지혜뿐 만이 아니라, 옳고 그름의 행위에 따라서 상과 벌을 내려 깨닫게 하는 방법 역시도 동서東西의 뿌리역사 시원始原에서 크게 다르지 않음을 보여주고 있다는 사실이다.

그것이 각 족속마다 창조신을 달리한 정기精氣의 호흡으로 민족마다 그 문화의 특성을 달리한 풍속도風俗圖가 이루어져 나왔음을 미루어 짐작해 보게 해주고도 남았다.

그 뿌리역사 기록을 통해 각 민족문화의 특성을 참고 볼 때, 이스라엘 백성을 감시감찰하고 다스려 나온 여호와의 행사行事는 마치 무리를 이끌고 병정놀이를 하는 골목대장과도 같은 모습으로 비춰질 정도였다. 그 백성들에게 '눈에는 눈, 칼에는 칼로 대적하라!'고 가르치고 있기 때문이다.

그 뿐만이 아니다. 이웃 민족과의 전쟁 붙임에서 계략의 술수까지도 그 보좌신명 천사들과 의논하여 가르쳐 주고 있는 그 장면의 기록을 특히 주목해 볼 필요가 있다. (열왕기상 22장 19~23절)

〈마가야가 가로되 그런 즉 왕은 여호와의 말씀을 들으소서, 내가 보니 여호와께서 그 보좌에 앉으셨고 말씀하시기를 누가 아합을 꾀어 저로 길리앗 라못에 올라가서 죽게 할꼬? 하시니 하나는 이렇게 하겠다 하고, 하나는 저렇게 하겠다. 하였는데 한 영이 나아와 여호와 앞에 서서 말하되 내가 저를 꾀이겠나이다. 여호와께서 저에게 이르시되 어떻게 하겠느냐? 가로되, 내가 가서 거짓말하는 영이 되어 그 모든 선지자의 입에 있겠나이다. 여호와께서 가라사대 너는 꾀이겠고 또 이루리라, 나가서 그리하라.〉

이처럼 이웃 이방 족속과 전쟁 붙임에서 거짓말을 잘하는 영까지도 동원했다는 이스라엘 주신主神 여호와의 행사 모습은 분명히 너와 나를 개체로 가르는 이분법二分法으로 전쟁과 지배의 논리다.

그와 같이 지엽적으로 이스라엘 백성만을 수호하고 가르친 여호와의 행사 모습은 예수께서 '나는 아버지 일을 행하러 왔노라.'하시고 '서로 사랑하라, 내 아버지는 사랑이시라' 하신 그 하나님의 인상과는 어울릴 수가 없는 것이 사실이다.

여호와의 행사 모습은 기독교 스승 예수께서 하나님은 전지전능하시고 사랑이 많으시다는 그런 하나님의 위상과는 거리가 먼 다만 지엽적인 유대민족 수호신임을 그처럼 분명히 나타내 주고 있기 때문이다.

사실 구약의 전체적인 내용에서 보여주는 여호와의 행사는 대우주를 태초의 빛으로 창조하시고, 그 지으신 모든 것을 총괄하시며 사랑하신다는 그런 하나님 위상의 모습이 아님을 진솔하게 밝혀주고 있다.

그러한 내용으로 점철된 구약시대가 인류시원에서 동서東西를 막론하고 신과 인간이 함께 어우러져 먹고 대화를 나누던 신인합발神人合發의 시대로 우리 배달한민족 뿌리역사 기록 역시도 그 전개 상황은 크게 다를 것이 없었다.

바로 그것이다. 유대민족의 주신主神 여호와가 하늘의 보좌신명들과 함께 그 이스라엘 백성들을 가르쳐 진화시켜 나오던 구약시대가 바로 신인합발神人合發하던 시대였었기 때문에 유대민족이 절대자 하나님으로 믿어 온 주신主神 여호와로부터 세상적인 도리道理와 질서를 배워오던 그 율법적인 계율戒律의 십계명十誡命을 예수께서는 초등학문이라고 지적하셨던 것이다.

그 여호와의 율법 초등학문 구약시대가 영계靈界의 본체신 성부聖父하나님의 아들이신 고등종교의 스승 성자예수 출현으로 비로소 마감되어졌음을 신약성서에서 분명히 밝혀주고 있다는 사실이다.

그 변화의 섭리가 본자연本自然으로 태초의 빛이신 영계靈界의 하나님 그 천기운행天氣運行에 의한 시대변화로 인간 생명의 본원本源자리, 곧 우주 영혼靈魂의 실상을 깨닫게 하는 예수그리스도 진리의 성자출현이었다.

그리스도란 구원이라는 뜻이다. 그 말씀이 인간 참 생명의 실체를 깨닫게 하는 영원한 하늘나라 변하지 않는다는 진리로, 예수께서 '나는 길이요. 진리요 생명이라'고 하신 것이다.

그 말씀이 곧 만물이 '한 틀'속에서 비롯되어졌기 때문에 그 모든 것을 총괄하시고 사랑하신다는 태초의 하나님과 나와의 일체성을 깨닫게 하기위한 하늘나라 복福된 소식으로, 성자 예수로 그 문이 열린 신약복음 속에 담고 있는 전체적인 내용이다.

그러한 시대 변화에 의해서 여호와가 그 백성들에게 세상의 법리法理, 그 율법십계명律法十誡命만을 가르쳐 오던 초등학문의 구약시대가 성자 예수 출현으로 드디어 마감되어 졌음을 신약에서 분명히 밝혀주고 있다는 사실이다.

그러한 시대변혁이 올 것을 구약시대 그 유대 땅에 오고간 선지자들이 예언해 주고 있었던 바로 그 '구세주 메시아' 출현이었다. 그 예언적인 성구에서 예수는 오늘 기독신학에서 설파하는 그 여호와의 아들이 아님을 더욱 분명하게 밝혀주고 있다. 그 이사야 선지자의 예언이다.

〈어지러이 싸우는 군인의 갑옷과 피 묻은 복장이 불에 섶같이 사라지리니 이는 한 아기가 우리에게 낳고, 한 아들을 우리에게 주신바 되었는데, 그 어깨에는 정사를 메었고, 그 이름은 기묘자라, 모사라, 전능하신 하나님이라, 영존하시는 아버지라, 평강의 왕이라 할 것임이라.〉

그 예언에서 때가 이르면 유대 땅에 태어나게 될 것이라는 아기는 전능하신 하나님이며, 또한 영존하시는 아버지라고 칭했고, 분명히 평강의 왕이라고 했다.

바로 그것이다. 성자 예수의 출현은 태초의 빛으로 본자연本自然하신 '사랑'의 성부聖父 하나님과 일체一體를 이루고 있는 관계로 곧 성령聖靈의 임재臨齋하심을 나타내 주고 있는 것이었다.

그 성구를 통해서 보더라도 구약시대 이스라엘 백성들에게 '눈에는 눈, 칼에는 칼로 대적하라!'이르고, 또한 전쟁에 나가 거짓말을 하는 전략전술까지를 가르쳐 준 여호와의 행사行事는 도저히 평강의 왕이라는 그 사랑의 하나님 모습일 수가 없다.

그런데도 서양문화권에서 들어온 서구신학자들의 논리는 대우주적인 성부하나님의 아들 성자 예수를 그처럼 이웃 민족과의 살상대결에서 그들을 정복하는 전략술수까지를 가르쳐 온 여호와의 아들 계보에 묶어 설파하는 커다란 오류를 범하고 있다.

그러한 기독신학의 논리는 이치적으로도 당위성이 없음을 창세기에서 뿐만 아니라, 신약성서의 내용에서도 분명히 밝혀주고 있다. 구약과 신약은 그 가르침의 차원이 초등학문에서 고등학문으로, 그 세계관이 엄연히 다름을 나타내 주고 있기 때문이다.

여호와 초등학문의 구약시대, 유대민족의 조상신 여호와 호흡의 정기精氣는 전쟁과 지배라는 특징적인 정복문화 정신을 심어준 것으로, 그 민족정신의 원동력이 되었던 것임을 구약의 내용에서 보다 분명 하게 밝혀 볼 수 있게 해주고 있다.

그것이 여호와 하나님으로부터 지구촌에 유일하게 선택을 받고 세워졌다는 유대민족 자긍심의 정기精氣로 조상 뿌리에서부터 심어진 정복문화 유산에 의해서 비롯된 것이 오늘 서구기독론이라고 할 수 있다.

그렇기 때문에 엄연히 그 차원이 다른 구약과 신약의 세계관을 '한 틀' 계보에 묶어 지구촌 오색인종五色人種의 뿌리가 유대민족의 조상 아담과 이브의 후예라는 논리를 펴고 있으며, 또한 그들의 조상신 여호와를 태초 우주와 만물을 창조하신 성부 하나님으로 격상시켜 설파해오고 있다.

그처럼 비합리적인 서구신학자들의 논리를 여과함이 없이 미군정 세력을 등에 업고 들어와 이 땅에 깊이 뿌리를 내리게 했던 이승만 대통령이었다.

그런 만큼 해방공간에서 우리 배달한민족 뿌리의 정체성을 바로 되찾아 남북이 통일하자는 민족주의자들을 공산주의 빨갱이로 내몰았던 것이며, 그것이 대립적인 강대국의 사상대결로 이승만 정권의 체제하에서 있어왔던 민중봉기의 사건이었다.

그와 같은 민족사의 참담한 비극이 오늘까지도 종결을 짓지 못하고 세계 속에서 유일하게도 분단국가라는 불명예를 씻지 못하고 있는 그 이유라고 해도 지나친 말은 아닐 것이다.

그 비극을 종결짓기 위해서는 먼저 그 어떤 무기보다도 강력한 힘을 가지고 있는 민족정신의 '얼' 그 뿌리역사를 바로 알아야 한다는 것이 오늘 우리에게 주어진 숙제임에는 틀림이 없다.

우리 배달한민족 조상들에게 심어진 종교적인 심성心性은 너와 내가 '한 틀' 속에서 비롯되었다는 조화의 협동정신으로 대도大道의 하늘 천법天法 이라고 하여 '한 사상'이라고 했다.

그 천법이 바로 하나님께서 고대하고 바라시는 그리스도 인류평화를 구현하는 사랑의 복음福音으로, 분단된 조국통일은 물론 동서화합의 문이 열리는 그 열쇠 역할을 해줄 것이 틀림이 없다.

그것이 지구 대파국이 이르기 전에 지구촌에 펼쳐지게 될 것이라는 것을 (요한계시록 제7장 2~4)에 다음과 같이 예언해 두고 있기 때문이다.

〈또 보매 다른 천사가 살아계신 하나님의 인을 가지고 해 돋는 데로부터 올라와서 땅과 바다를 해롭게 할 권세를 얻은 네 천사를 향하여 큰 소리로 외쳐 가로되, 우리가 우리 하나님의 종들의 이마에 인치기까지 땅이나 바다나 나무나 해하지 말라, 하더라.〉

바로 그 성구다. 지구 파국이 이르기 전에 또 다른 천사가 하나님의 말씀의 인印을 가지고 해 돋는 곳으로부터 올라온다고 했다.

지구촌은 과거에서부터 오늘에 이르기까지 오색인종이 분포되어 살아가고 있다. 그런 만큼 우주만물을 사랑으로 총괄하신다는 하나님의 섭리에 의해서 시대와 나라를 달리하고 동서東西로 보내심을 입고 출현했었던 세계 칠대성현들이다.

그처럼 인간 영혼 성숙을 위해 이 땅에 보내심을 입었다는 칠대성현들께서 가르치신 천도天道의 말씀이 지구 파국이 이르기 전에 그 뜻이 하나로 모아지게 된다는 것이며, 그러한 섭리 역사가 하나님의 비밀이었다고 성경 (요한계시록 제5장 1절)에서 다음과 같이 말해주고 있다.

〈내가 보매 보좌에 앉으신 이의 오른 손에 책이 있으니 안팎으로 썼고, 일곱인으로 봉하였더라, 또 보매 힘 있는 천사가 큰 음성으로 외치기를, 누가 이 책을 펴며 그 인을 떼기에 합당하냐 하니, 하늘 위에나 땅 아래에 능히 책을 펴거나 보거나 할 이가 없더라, 이 책을 펴거나 보거나 하기에 합당한 자가 보이지 않기에 내가 크게 울었더니 장로 중에 하나가 내게 말하되, 울지 말라, 유대 지파의 사자 다윗의 뿌리가 이기었으니 이 책과 그 일곱 인을 떼시리라 하더라, 내가 또 보니 보좌와 네 생물과 장로들 사이에 어린양이 섰는데 일찍 죽임을 당한 것 같더라, 일곱 뿔과 눈이 있으니 이 눈은 온 땅에 보내심을 입은 하나님의 일곱 영이더라, 어린양이 나아와서 보좌에 앉으신 이의 오른 손에서 책을 취하시매 네 생물과 이십사 장로들이 어린양 앞에 엎드려 각각 거문고와 향이 가득한 금 대접을 가졌으니 이 향은 성도들의 기도들이라,

새 노래를 노래하며 가로되 책을 가지고 그 인봉을 떼시기에 합당하시도다 하더라.〉

위의 성구에서 유대지파의 다윗의 뿌리가 이기었다는 것과, 또한 어린양이라는 묘사다. 사실 전쟁을 일삼아온 유대 텃밭에 인류 평화를 위해 출현하시어 희생의 제물이 된 어린양이 성자 예수였다.

그처럼 예수그리스도께서 인류를 위한 희생은 태초의 천부天父하나님 그 대도大道의 '사랑'을 이 땅에 나타내시기 위함으로, 분열 팽창되는 양적陽的 성부하나님의 상징성이 태양으로 불火기운이기 때문에 그 능력을 장사한지 사흘 만에 생체부활로서 나타내 보이신 것이다.

그렇게 우주만물을 사랑으로 총괄하신다는 성부 하나님의 '사랑의 도'를 이 땅에 와서 펼치신 성자 예수를 신약 성서 속에서 하나님의 '머리'라고 묘사하고 있다.

그 뜻은 태초의 천지부모 분자적인 빛이 〈빨, 주, 노, 초, 파, 남, 보라〉 그 일곱 색으로 요한계시록에서 이 땅에 보내심을 입었다는 하나님의 '일곱 영'이다. 그 중에서 성부 하나님의 우주정신 그 '사랑'의 도를 설파하신 성자예수의 기독교 정신이 성부 하나님의 불火기운으로 부분지체 도맥道脈 중에서 가장 으뜸 '머리'가 된다는 뜻을 내포하고 있는 것이다.

그러한 성부 하나님 머리 도맥 기독교 정신이 동방에서 새롭게 정리 되어 분파된 칠대성현들의 말씀이 하나로 모아져서 새 노래를 부르게 될 것이라고 했다.

그러한 하나님의 뜻이 지상에서 이루어지게 될 그 때, 하나님의 장막에 어린양이 그 불을 밝히는 등燈이 되면서 그 책의 진실을 밝히게 될 것임을 요한계시록에서 '그 일곱 인을 떼시리라고,' 한 것이다.

또한 계시록에서 그 일을 할 사명자가 성자 예수 기독교 도맥을 타고 출현하여 일곱인으로 봉해진 그 비밀한 책을 펴게 될 것이라고 했다.

바로 그것이다. 보좌에 앉으신 하나님 앞에 켜져 있었다는 일곱 등불이 하나님의 분자적인 '일곱 영'으로 이 땅에 보내심을 입었다는 세계칠대 성현들이다. 그 말씀의 귀결은 결국 처음과 끝이라는 본자연本自然하신 하나님을 향해 하나로 관통하면서 대동소이하다는 사실이다.

그렇기 때문에 그 스승을 달리하고 분파된 지구촌 신앙인들이 그 때가 이르면 해 돋는 곳으로부터 하나님의 인봉된 말씀의 인印을 떼서 들고 올라온 천사의 외침에 귀를 기울임으로 영혼구원을 받게 된다는 것이다.

그 성서 예언에서 지구촌에 최종적으로 그 깨우침을 주는 사명이 일찍이 동방에 제사권祭祀權을 부여받고 세움을 받았다는 우리 천손天孫민족에게 있음을 다음 성구에서도 더욱 분명하게 나타내 주고 있다. (요한계시록 제7장 9~15)

〈이일 후에 내가 보니 각 나라와 족속과 백성과 방언에서 아무라도 능히 셀 수 없는 큰 무리가 흰 옷을 입고 손에 종려나무 가지를 들고 보좌 앞과 어린양 앞에서 큰 소리로 외쳐 가로되, '구원하심이 보좌에 앉으신 우리 하나님과 어린양에게 있도다. 하니 모든 천사가 보좌와 장로들과 네 생물의 주위에 섰다가 보좌 앞에 엎드려 얼굴을 대고 하나님께 경배하니 가로되, '아멘 찬송과 영광과 지혜와 감사와 존귀와 능력의 힘이 우리 하나님께 세세토록 있을찌로다. 아멘' 하더라.

장로 중에 하나가 응답하여 내게 이르되, 이 흰옷을 입은 자들이 누구며 또 어디서 왔느뇨? 내가 가로되, 내 주여 당신이 알리이다, 하니 그가 나더러 이르되, 이는 큰 환란에서 나오는 자들인데 어린양의 피에 그 옷을 씻어 희게 하였느니라. 그러므로 그들이 하나님의 보좌 앞에 있고, 또 그의 성전에서 밤낮 하나님을 섬기매, 보좌에 앉으신 이가 그들 위에 장막을 치시리니 저희가 다시 주리지도 아니하며 목마르지도 아니하고, 해나 아무 뜨거운 가운데 상하지 아니할찌니 이는 보좌 가운데 계신 어린양이 저희의 목자가 되사 생명수 샘으로 인도하시고, 하나님께서 저희 눈에서 모든 눈물을 씻어 주실 것임이러라.〉

그 예언의 성구에서 나타내 주고 있는 것이 바로 그 흰옷을 입은 무리며, 또한 그들이 큰 환란에서 나온 자들이라고 한 바로 그 대목이다.

우리배달민족은 조상 뿌리에서부터 하늘나라 우주정신 천법天法을 배워왔었기 때문에 조화의 협동정신으로 이웃민족으로부터 군자국君子國이라는 칭송을 받았으며, 역사 이래로 이웃민족을 먼저 침략해 본 일이 없었다는 평화를 추구해 온 민족이었다.

그러나 오늘에 이르기까지 900회가 넘는 외세의 침입을 받아왔다. 그처럼 거듭된 수난의 역사를 겪어오는 동안 어느 땐가 부터 민족 주체성의 '얼'이 빠진 상태에서 밀려들어오는 외래 사상에 젖어 근세에 들어와 마침내는 동족끼리 대립적인 살상대결로 아름다운 금수강산 삼천리에 한 많은 피를 흘려왔었다.

그처럼 연속적인 환란과 고통으로 그 피눈물의 한限 맺힘이 어느 민족보다도 많은 민족임에는 틀림이 없다. 그러나 그 고난이 운명적으로 예수께서 짊어져야 했던 십자가의 고난이었던 것처럼, 때가 이르면 세계 속에 찬란하게 빛을 발하던 우리 조상들의 정신문화를 다시 찾아 회복하고 우리나라가 세계로 나가게 될 것을 성경뿐 아니라 동서로 오고간 현자賢者들 또한 그와 같이 예언해 두고 있다는 사실이다.

특히나 성서 요한계시록의 예언에서 '흰옷'을 입은 무리는 고대사에서 우리배달 한민족 조상의 상징성이다. 그 유례를 거슬러 올라가 보게 되면 지구에 터를 잡고 처음 물질계를 열기 시작했던 터전을 중앙아시아中央兒時亞라고 했다.

그 백두산맥의 정기를 타고 세워진 우리배달민족을 백의민족白衣民族이라고 했음에도 큰 의미가 부여되어져 있다. 배달민족 뿌리를 세워주신 조상신 환웅천제桓雄天帝님의 신위는 서양 족의 조상신과는 그 차원이 다른 영계靈界의 음양陰陽 조화주이신 성부聖父하나님의 대위代位가 되는 백보좌 성모聖母하나님의 입지立志다. 그 신위神位를 중국의 산해경山海經에는 천상모태황후天上母胎皇后라고 기록하고 있다.

즉 밝은 하늘나라의 근원이신 성부聖父 환인桓因하나님의 뜻을 받들어 우주 만물을 웅장하게 형상화시킨 물질계의 음적陰的 모태母胎이신 성모님이라는 뜻에서 환웅천제桓雄天帝라고 했다.

그처럼 물질 모태의 근원이신 성모 하나님이 요한계시록에 나타내 주고 있는 백보좌桓雄로 선천시대 성부 하나님의 뜻을 받들어 보좌신명 삼천의 무리, 그 신장 들을 거느리고 하늘 문을 여시고開天 지구에 강림하시어 중앙아시아 백두대간에 물질계를 열어주셨다는 우리 한민족의 조상신 하나님이다.

그날이 배달한민족 조상 뿌리가 중앙아시아 백두대간에 은혜롭게 세워졌다고 하는 우리 한민족의 경축 행사가 바로 그 개천절開天節의 의미였다고 한다.

그렇게 성부 하나님의 뜻을 이 땅에 이루시고 하늘 본자리로 오르신 환웅천제님께서 때가 이르면 다시 오시게 될 것을 약속으로 두고 가셨다는 그 말씀을 토대로 우리 조상들이 생활 속에서 흥얼거렸던 민요 가락이 바로 그 '강강 수월래' 였다는 것이다.

물론 소리발음은 '강'으로 하고 있다. 하지만 본래의 뜻은 간艮으로 우리나라가 지구 간방艮方에 위치해 있기 때문이라고 했다.

그리고 수월래水月來라는 뜻은 태초의 천지부모天地父母 그 음양陰陽 이성異性의 대별적인 상징성이 한낮을 밝히는 양적陽的 태양과 어둠을 밝혀주는 음적陰的 달님으로, 그 음적陰的 성모님의 신위神位가 바로 환웅천제桓雄天帝이시며, 백보좌 하나님의 존체로서 때가 이르면 다시 이 땅에 오신다는 뜻이 바로 그 '수월래水月來'라는 의미다.

그 성모이신 백보좌 하나님의 실체를 서구신학에서 오늘에 이르기까지 언급조차도 하지 못하고 있다. 그러나 성경 요한계시록은 말법시대에 '백보좌'의 하나님께서 하늘 군대를 이끄시고 지상강림하시는 장면을 그처럼 분명히 기록해두고 있다는 사실이다.

그 예언의 계시록에서 백보좌 하나님께서 지상 강림하시어 지상낙원 세계를 이루시기 전에 먼저는 성인들의 이름을 자기의 이익을 위해 팔아먹고 사는 거짓된 종교 판부터 먼저 정리하게 될 것이라는 것을 그처럼 암시해 주고 있었다.

그 기록에서 그가 분명히 피 뿌린 옷을 입었으며, 그 이름은 '하나님의 말씀'이라고 했다. 그러한 암시는 진리의 말씀을 이 땅에 전하기 위해 십자가 위해서 피를 흘리기까지 고난을 받으셨던 기독교정신이 때가 이르면 올바르게 정립되어 진다는 뜻이다.

그 예언적인 장면의 성구대목이다. (요한계시록 제19장11~17)

〈또 내가 하늘이 열린 것을 보니 보라, 백마와 탄자가 있으니 그 이름은 충신과 진실이라, 그가 공의로 심판하며 싸우더라, 그 눈이 불꽃 같고 그 머리에 많은 면류관이 있고, 또 이름 쓴 것이 있으니 자기 밖에 아는 자가 없고, 또 그가 피 뿌리 옷을 입었는데 그 이름은 하나님의 말씀이라 칭하더라 하늘에 있는 군대들이 희고 깨끗한 세마포를 입고 백마를 타고 그 뒤를 따르더라.〉

그 약속의 하나님이 지구에 물질계를 열기 위해 과거 선천시대先天時代에 하늘 문을 열고 개천開天을 하시었다는 우리 백두민족의 조상신 환웅천제님으로 '백보좌' 하나님의 신위神位이신 것이다.

그처럼 선천시대 이 땅에 물질계를 열어주신 성모 하나님의 존체에 대해서 기독신학은 오늘까지지도 언급조차하지 못하고 다만 새 이름으로 다시 오신다는 성자 예수의 재림만 설파하고 있다.

하지만 성경은 말세가 이르렀을 때에 그 백보좌 성모 하나님의 지상강림의 장면을 구체적으로 여러 곳에 기록해 두고 있다. (요한계시록 제21장 1~8〉

〈또 보매 새 하늘과 새 땅을 보니 처음 하늘과 처음 땅이 없어졌고, 바다도 다시 있지 않더라, 또 내가 보매 거룩한 성 새 예루살렘이 하나님께로부터 하늘에서 내려오니 그 예비하신 것이 신부가 남편을 위하여 단장한 것 같더라. 내가 들으니 보좌에서 큰 음성이 나서 가로되, 보라! 하나님의 장막이 사람들과 함께 있으매 하나님이 저희와 함께 거하시리니 저희는 하나님의 백성이 되고 하나님은 친히 저희와 함께 계셔서 모든 눈물을 그 눈에 씻기시매 다시 사망이 없고 애통하는 것이나 곡하는 것이나 아픈 것이 다시 있지 아니하리니 처음 것들이 다 지나갔음이라. 보좌에 앉으신 이가 가라사대, 이 말은 진실하고 참되니 기록하라 하시고, 또 내게 말씀하시되 이루었도다. 나는 알파와 오메가요 처음과 나중이라. 내가 생명수 샘물로 목마른 자에게 값없이 주리니 이기는 자는 이것들을 유업으로 얻으리라. 나는 저희 하나님이 되고 그는 내 아들이 되리라."〉

그 예언에서 주목되는 성구가 바로 그 '알파와 오메가요 처음과 나중이라.'는 대목이다. 이 땅에 물질계 그 선천시대先天時代를 열어 주셨던 성모님이신 백보좌 환웅천제님께서 세상 끝에 다시 오셔서 그 동안 생사윤회生死輪廻를 거듭하면서 그 많은 고통에 눈물을 흘리면서 영혼이 성숙된 인간 씨알을 추수하여 그 눈에 눈물을 닦아 주실 것이라고 한 것이다.

그처럼 성서가 예언하고 있는 하나님의 장막이 이 땅에 세워진다는 지상천국으로 '새 예루살렘' 성전인 것임에는 두말할 여지가 없다. 그 때가 이르게 될 때에. 성부 하나님의 우주정신 사랑의 도맥道脈을 심기 위해 유대 땅에 출현하시어 그토록 희생의 제물이 되었던 '어린 양'이 그 등燈에 불을 밝히게 될 것이라고 했다.

그렇기 때문에 세상 끝에 지상강림하실 백보좌 성모하나님 새 예루살렘 장막의 성전에 찬란하게 불을 켜야 할 기독신학의 논리가 새롭게 정리되어야 함은 두말할 여지가 없다.

그처럼 하나님의 뜻이 이 땅에 이루어지게 될 것이라는 그 때가 '처음과 끝이라는 알파와 오메가' 그 하나님의 성공시대로, 예수께서

'너희가 중언부언 기도하지 말고 하늘의 뜻이 땅에서 이루어지이다.' 하고 기도하라고 이르신 그 지상낙원地上樂園의 세계가 이루어지게 된다는 예언의 기록이다. 그토록 눈물과 고통이 없는 평화로운 세계가 불가佛家에서 말하는 충만한 법法의 왕이 지상에 펼치게 될 구주 미륵용화세계救主彌勒龍華世界라는 것이며, 또한 우리의 개국조開國祖이신 단군왕검께서 배달민족 뿌리정신으로 백성들에게 가르쳐 주신 홍익인간이화세계弘益人間理化世界로 다만 용어상으로 다를 뿐이었다.

'홍익인간 이화세계'라 함은 인간들로 구성된 현실적 지상 국가이다. 그 세계가 서로들 인정하고 도와주면서 서로를 이롭게 한다는 조화의 풍류세계로 노자성현께서 말씀하신 바로 그 신선세계神仙世界인 것이다. 그러한 하나님의 섭리 역사가 일찍이 하늘 제사권을 받고 세움을 받은 배달한민족 위에 예정되어 있었기 때문에 칠대성현들의 가르침이 동서東西로 분파되었다가 때가 이르면 원통맥圓通脈의 동토凍土로 다시 하나로 모아지게 된다는 것이 또한 공자성현께서 말씀하신 원시반본原始返本이며 만법귀일萬法歸一이라고 하신 것이다.

이렇듯 만세전부터 하나님 섭리하심의 예정가운데 하늘 제사권의 천손민족으로, 백보좌 환웅천제님으로 하여 세움을 받은 축복받은 우리 배달한민족이다.

그렇기 때문에 오늘 우리는 그토록 찬란한 동방의 등불로 우뚝 솟았었던 우리 배달겨레의 뿌리 정신 '얼'을 되찾아야 하는 것이 오늘 우리 정부나 국민이 대동단결해서 풀어야 할 숙제임에는 틀림이 없다. 그래야 만이 지구 대파국이 이르기 전에 우리민족의 주체성 확립으로 먼저는 우리의 소원인 남북통일의 과업부터 이루게 될 것이며, 그 힘을 하나로 뭉쳐 세계의 스승국으로 나가게 될 것이다.

그것이 일찍이 동방의 등불로 불을 밝히게 했었다는 우리배달민족이 이루어야 할 소명의 과업으로, 하늘에는 영광이며 땅에는 평화가 된다는 그 영적 제사에 의해서 테러와 종교 전쟁의 환란 속에서 신음하고 있는 지구촌 인류를 구원해 낼 수 있을 것이기 때문이다.

지구촌 사상대결의 종말

오늘 지구 도처에서는 파격적인 이변현상을 보이고 있다.

그처럼 참담한 침수와 온난화 현상은 성현들께서 이르신 말세론적인 징후임에 틀림이 없다. 그 징조가 분명히 있을 것이라고 하셨기 때문이다.

그러나 거기에는 무감각해져 있는 세상 풍경이다. 하지만 그와 같은 이변현상의 징후는 대자연의 엄숙한 이치 앞에서 훌륭한 성현들의 우주 근본 가르침을 묵상하고 자신의 오고감을, 그리고 나는 왜 오늘 여기 존재하는가? 다시 한 번 자신을 되돌아보게 해주는 경보울림이 아니겠는가.

그러나 오늘 날 종교는 인류 구원이라는 명제를 놓고 파행, 기행을 일삼으면서 자기만의 종교세계를 영위하고자 하고 있다. 그것은 기독교일수도 있고, 불교일 수도 있고, 혹은 유교, 도교 등등 종교적인 것을 바탕에 깔아 둠으로서 자신의 파행, 기행을 정당화시키고 있다.

그래서 종교란 어쩌면 어둠의 가시권可視圈인지도 모른다는 생각을 하면서 고개를 돌렸었다. 인간의 가변성可變性은 바로 그 종교라는 이름으로 자행되는 것을 무수히 보아온 연이의 신앙경력이었기 때문이다.

그런데 우연하게도 TV 뉴스를 통해 그와 같은 지구 이변의 현상을 목도하게 되면서 결국 삼라만상의 시작과 끝, 그 이치를 주고받던 이야기가 오늘 우리 사회 현실적인 풍경 이야기로 화제가 바뀌었다.

버스가 휴게실에 잠시 멈추어서 내렸다가 볼 일을 보고 자리로 돌아온 연이는 그녀를 쳐다보면서 조용하게 다시 입을 열었다.

“이보시라요. 만사는 뜻 없는 게 없다고 하더니 오늘 이렇게 지루한 장거리 여행에 서로가 의사소통을 할 수 있다는 게 보통 인연은 아닌 것 같네요”

“그러게 말입니다. 저도 이제 생각을 다시 정리해야 할 것 같네요. 지난날 천주교에서 불교로 전향을 했었지만 사실 깊이를 모르는 건 마찬가지거든요. 다만 그 신에 대한 논리만 어지럽지 않을 뿐이지요.”

“라지니쉬가 그랬지요. 신을 알고 신이라는 단어를 사용한다면 그 말은 다이아몬드처럼 광채가 나지만 신에 대해 모르고 신을 말하면 광채 없는 돌멩이에 불과할 뿐이라구요. 그러니까 그 돌멩이는 무거운 짐이 된다는 것이 예수께서 하신 말씀으로 내가 너희에게 자유함을 주러 왔노라고 하시면서 이제는 다시 그 무거운 종의 멍에를 메지 말라고 하신 뜻이 뭐겠어요?

그런데 서구신학이 우리나라에 들어와 본질적인 하나님이 아닌 여호와 종의 굴레에다가 묶어서 우리 조상 뿌리를 말살시키고 우리를 노예로 만들고 있다는 생각이 들지 뭡니까.”

“그게 바로 공자님 말씀대로 조상을 몰라보게 하는 악행이 아니고 뭐겠어요. 우리 하고는 전혀 무관한 노랑머리 아담과 이브를 조상뿌리로 믿으라고 한 것이니까요.”

“그렇지요. 그러니 그게 올바른 기독교 정신입니까? 성자 예수께서는 그 백성들에게 이제는 너희가 본질상 하나님이 아닌 종의 굴레에서 벗어나라고 하셨다가 그 제사장들로부터 이단으로 내몰려서 참수형을 당하셨던 것인데…. 당치도 않게 오늘 서구신학자들이 하나님의 종 여호와를 그처럼 예수 아버지로 믿게 하고 그 창조물 아담과 이브를 우리 조상으로 믿으라니 그게 사실 조상을 몰라보게 하는 악행이지요. 그 서구신학 논리가 그들 조상신 여호와가 이스라엘 백성들에게 민족정기로 심어준 정복문화 유산이드라구요. 성경을 보니까…."

"설마 그들이 믿는 주신 여호와가 그런 악행까지 가르쳐 왔을 라구요…."

"그건 내 생각이 아니고 그 사실을 구약의 내용에서 분명히 기록해 두고 있다는 거 아닙니까. 여호와가 이방민족하고 정쟁을 붙이는 장면인데 그 전략적인 술수로 거짓말을 잘하는 영까지도 동원해서 가르쳐 주고 있지 뭡니까."

사실 그 내용이 지난날 도무지 이해가 되지 않은 부분이었다.

여호와는 다만 이스라엘 민족수호신으로 이방민족과의 전쟁 붙임에서 그 보좌신명들과 함께 의논해 가며 전쟁행사를 주관해 나왔음을 보여주고 있었다.

그것이 너와 나를 개체로 가르는 여호와의 이분법적인 행사였으며, 또 그때 이미 문명화된 천상의 무기로 상대방을 전멸시키는 정보를 그 백성들에게 제공해 주고 있었다는 사실이다.

그 장면의 기록이다. (여호수아 10장 10~11)

〈여호와께서 그들을 이스라엘 앞에서 패하게 하시므로 여호수아가 그들을 기브온에서 크게 도륙하고 벧호론에 올라가는 비탈에서 추격하여 아세가와 막게다까지 이르니라, 그들이 이스라엘 앞에서 도망하여 벧호론의 비탈에서 내려 갈 때에 여호와께서 하늘에서 큰 덩이 우박을 아세가에 이르기까지 내리우시매 그들이 죽었으니 이스라엘 자손의 칼에 죽은 자보다 우박에 죽은 자가 더욱 많았더라.〉

그 기록에서 묘사하고 있는 것이 '큰 덩이 우박'이다. 그것은 천상문명세계의 신무기로서 전면적인 폭격이었음을 나타내주고 있다. 그처럼 구약의 내용 속에서 묘사되고 있는 선지자나 신들의 존재는 오늘 과학자들이 말하는 문명된 외계인으로, (창세기 1장)에서 태초 광명하신 하나님 그 빛의 말씀으로 다스림의 공중권세를 받고 창조되었다는 천상의 사람으로 그 '우주아'들이다.

그와 같은 여호와의 행사 모습은 예수께서 지칭하신 대우주를 '한틀'속에서 사랑으로 총괄하신다는 그 성부하나님의 모습일 수가 없다. 예수께서는 여호와를 본질상 하나님이 아니라고 분명히 말씀하셨다. 그런데 구약속의 내용을 통해서 그 진실을 더욱 밝혀 볼 수가 있게 해주었다.

오늘 서구신학자들은 유대민족 조상신 여호와를 성자예수께서 지칭하신 성부하나님으로 격상시켜 올리고 성자예수를 그 아들의 계보에 묶어 설파하고 있다.

그러한 서구신학 논리는 그들의 조상신 여호와가 이방민족과의 전쟁붙임에서 상대방을 정복하기 위해 거짓말을 잘하는 영까지 동원해가며 전략적인 술수까지 동원하고 있는 그 장면의 성구를 다시 참고해 보게 해주었다. 그것이 그들 조상신 여호와 정기精氣의 호흡으로 심어진 서양문화권의 원형이기 때문이다.

그런데 놀라운 것은 그들의 실체를 성경 (요한계시록)에서 분명히 밝혀 주고 있는 것으로 '자칭유대인이라고 하나 거짓말하는 자들이라.'고 했으며, 그들이 또 많은 무리를 이끄는 '사단의 회'라고 지적함과 동시에 하늘의 뜻이 이 땅에서 이루어지기 전에 그들이 먼저 심판을 받게 될 것임을 기록해 두고 있다는 사실이다.

그 성구를 통해 그들의 논리가 얼마나 거짓된 것이며, 망령된 악행인가를 다시 느끼게 해주면서 그 진실이 세상에 기필코 밝혀져야 한다고 생각했다. 그래야만이 나라는 생명체가 오늘 이 세상에 존재하게 된 이유와 하나님의 섭리를 바로 깨달을 수가 있기 때문이다.

하지만 오늘 우리의 현실은 그처럼 거짓된 '사단의 회'와 맞수대결을 하기가 결코 쉽지 않은 분위기다. 하지만 그 서구신학 논리를 정리 하지 않고는 일제가 식민정책으로 곰의 자손으로 왜곡시켜 놓은 우리민족 뿌리역사를 바로 정립할 수가 없다. 그 사례를 박정희 대통령 시절에 보여 주었다.

그때 있었던 이야기를 가만하게 떠 올리며 말했다.

"우리나라가 앞으로 세계의 영성지도국으로 나가게 된다는 것이 모든 현자들 예언이지만 그처럼 조상 뿌리를 왜곡시키고 있는 서구 신학 논리를 정리하지 않으면 우리의 소원이라는 남북 통일은 커녕, 하늘이 예정가운데 세우셨다는 우리민족 정신이 불을 밝히고 세계로 나갈 수가 없다는 거 아닙니까.

그래서 박대통령 시절에 이래선 안 되겠다하고 일제의 식민정책에 의해서 곰의 자손으로 왜곡된 우리민족 뿌리역사를 바로 정립하려고 삼청공원에 개국조이신 단군성전을 건립 한다고 하니까 거기에 반기를 들고 시청 앞에 곰 탈을 쓰고 나와서 곰의 자손은 물러가라! 하고 시위데모를 했던 사람들이 그 서양 종교 물독에 깊이 빠져 있는 사람들이었다는 거 아닙니까."

"그러니까 우리민족 뿌리역사는 허구의 단군신화라는 거잖아요. 기독교인들이…."

"그렇지요. 하지만 생각해 보세요. 그건 분명히 성자 예수로 세워진 올바른 기독교 정신이 아니 잖겠어요? 예수께서 족속을 초월하라고 하신 것은 각 족속의 혈통계보가 다르다는 것을 인정하신 것이고…. 거기에다가 여호와는 본질상 하나님이 아닌 다만 심부름꾼 이란 뜻에서 그 종의 멍에를 다시는 짊어지지 말라고 했다가 참수형을 당하신 건데 그 논리가 이치적으로 맞는거냐구요."

"세상에… 그러니까 여호와로 세워진 유대교를 성자예수 기독교 세계관으로 포장하고 묶어서 들어온 거네요. 그죠?"

"그게 바로 일제가 식민정책으로 우리 조상뿌리를 왜곡시킨 것처럼 민족정체성 말살정책이나 다를 게 뭐있겠어요. 사실 그게 그 조상신 여호와가 그 백성들에게 보여주고 심어준 전략 병법이었다는 생각이 들지 뭐예요. 구약의 내용을 보니까…."

"어쩐지… 그 논리가 이치적으로 맞지를 않드라니까요. 그런데 오늘 그 기독교 세가 국교 이상으로 자리를 차지하고 있으니 문제잖아요."

새삼 걱정이 된다는 그녀의 표정이었다. 하지만 연이는 그 또한 하늘의 뜻이 분명히 있을 것이라고 믿고 싶었다. 만사는 다 하늘의 뜻에 따라 정해지고 또 이루어지는 것이라고 했기 때문이다.

그 생각을 살포시 내비쳤다.

"물론 해방 공간에서 그 서구신학 논리가 민족정신 말살정책으로 유대민족 조상신 여호와를 업고 들어왔다고 하드라도 어찌됐던 하나님의 아들 성자 예수를 그들을 통해서 알게 해주었으니까 기여한 부분도 없지만은 않지요. 하지만 그런 서양문화권의 바람이 밀려들어오면서 조상은커녕 제부모도 몰라보는 그런 사회분위기가 조성되어가고 있으니 이 나라 장래를 짊어지고 나갈 우리 아이들 인성 교육이 문제라는 거 아닙니까."

"맞아요. 오늘 우리나라 젊은 청소년들이 선진국 문화라면 무조건 선호해서 흉내를 내고 이제는 위아래도 몰라보고 부끄러움도 없이 반나체를 하고 나와서 출렁거리고 다니니 말입니다."

"쇼펜하우어가 그랬지요. 키가 작고 어깨가 좁으면서 엉덩이만 큰 종자 여인들을 아름답다고 생각하는 것은 남성의 에너지가 성욕으로 눈이 가리워진 탓이라고요. 그러니 그렇게 부끄러움도 없이 반나체로 출렁대고 다니니 앞으로 강간 성폭행이 더 심해지지 않겠어요? 물론 그게 말세 현상이라고는 하지만…."

"그러니까 오늘 우리 사회분위기가 과거에 수치도 모르고 선과 악이 무엇인지도 몰랐다는 원시시대로 되돌아가는 풍경 아니겠어요?"

"아담과 이브의 무지가 유죄로 내침을 받고 고통을 당했듯이 오늘 우리나라 현실이 그렇지 뭡니까. 제 정신 얼이 빠진 백치처럼 조상이 뭔지, 사상이 뭔지도 모르고 배만 부르고 아랫도리만 즐거우면 그게 천국인양 키득거리는 오늘 이 사회가 빨가벗고 다녀도 수치를 몰랐다는 여호와 에덴동산 풍경을 그대로 닮아가고 있으니까요."

“그러니 앞으로 자라나는 우리 아이들이 걱정이지 뭡니까. 윗물이 맑아야 아랫물이 맑다는 것인데….”

그녀는 오늘 우리 사회 풍경이 사뭇 걱정이 된다는 그런 표정이었다. 그 생각은 연이 역시도 마찬가지였다. 사람의 도리가 무엇인지도 모르고 절제함이 없이 자유스럽게 출렁대는 생활 훈습이 하루아침에 고쳐진다는 것이 결코 쉽지 않은 일이기 때문이다.

오늘 우리 사회 분위기가 걱정이라는 그녀의 말에 가만하게 응수를 했다.

“그러니까 머릿속 복잡 한 것은 딱 질색을 하는 요즘 아이들이 더구나 우리민족 사관에 관심을 갖으려고 하겠어요? 거기에다가 민족주체성을 찾아야 통일로 갈 수 있다고 말하면 뭐가 뭔지도 모르고 무조건 좌익분자라고 내모는 판인데….”

“부끄럽지만 사실 저도 미국이란 나라가 약소 국가였던 우리나라를 일제로부터 해방시켜 준 것이라고 고맙게 생각했기 때문에 민족주의자 들은 저부터도 이북 공산주의를 선호하는 별종으로 빨갱이라고 생각했지 뭡니까.”

“그건 해방공간에서 미군정을 등에 업고 들어온 측에서 민족주의자들을 공산주의 빨갱이로 내몰아 취급했기 때문이지요. 그러니까 우리 국민들이 해방공간에서 일어났던 사건의 진상도 바로 알아야겠지만, 먼저는 지구촌에 대립적인 사상을 낳게 했던 유대교 여호와 유일신 숭배사상에서 벗어나야 한다는 겁니다. 그러기 위해서는 이웃을 내 몸과 같이 서로 사랑하라는 성자 예수 기독교정신을 그럴 듯하게 그 유대교 대립적 민족 정신위에 포장해서 얹고 들어온 서구신학 문제점이 무엇이란 것부터 우리국민 모두가 바로 알아야 한다는 것이지요.”

“그러니까 서양에서 들어온 오늘 기독교 신학논리는 그 성경해석 자체가 본질과는 다르게 설파되고 있다는 얘기잖아요. 그죠?”

“생각해 보세요. 구약과 신약의 세계관이 엄연히 다른 세계관인데 한 그물판에 얹고 믿으라니, 오늘 문명된 현대인들이 과거 무지했다는 원시 인간들입니까? 여호와를 유일하신 하나님으로 의심 없이 믿고 엎드려 빌면 부강한 서양처럼 들어가고 나가도 복을 받게 되는 것이라니, 그게 어디 말이나 되는 소리냐구요."

"그러게 말입니다. 하지만 정치를 해보겠다는 야심가들이 더러는 그 기세를 등에 업으려고 하잖아요. 그래야 표몰이를…."

그녀는 말끝을 맺지 못하고 웃음을 날렸다. 거기에 수긍을 하면서 그 말을 받았다.

"그 대표적인 인물이 대한민국 건국 대통령 아니겠어요? 우리 조상뿌리를 왜곡시켰거나 말거나 미군정을 업고 일신의 영달만 취하고 보자는 식이었으니까요. 하지만 동서로 오고간 성현들의 말씀은 먼저 네 부모를 공경하라고 하셨다는 거 아닙니까. 그런데 오늘 이 사회 풍토가 자신의 생명을 낳고 길러준 육신의 부모 은공도 모르는 패륜적인 세상으로 변해가는 판국에 더구나 우리 민족뿌리에까지 관심을 갖겠어요?"

"그래서 공자님도 부모 은공을 모르는 사람과는 공론하지 말라고 하셨군요. 자기 이익을 위해서 언제 배신 할지모르니까요."

"그렇습니다. 사람으로서 도리를 모르는 자가 어찌 사회에 나가 위계질서를 지키겠느냐는 것이지요. 그래서 공자님 말씀이 가화만사성이라 하신 그 뜻이 뭐겠어요. 먼저 가정의 화목부터 이루는 인격자가 되었을 때 비로소 이웃과 나라를 다스릴 수 있는 자격을 이룬 자라는 것이지요. 그게 바로 공자님께서 가르치신 효사상 이라는 거 아닙니까."

그녀는 수긍이 간다는 듯이 고개를 끄덕이면서 그 말에 응수를 해왔다.

"그것이 기초적으로 밑바탕에서부터 이루어져야 한다는 인성교육이라는 것인데, 어쩌다가 우리나라가 이 모양 요지경이 됐는지 안타깝지 뭐예요."

"교육자 생활을 해오셨다니까 말이지만, 오늘 우리가 남북으로 갈라져서 동족끼리 서로 원수처럼 눈알을 부릅뜬 원인이 뭐겠어요. 조상뿌리 고마움을 모르고 민족정신 얼을 잃어버린 때문 아니겠냐구요."

"맞아요. 사상 이념을 떠나서 그것도 같은 혈족끼리 말입니다."

"바로 그겁니다. 후손들이 우리 조상들이 심어준 겨레 얼이 무엇인지를 알았다면 오늘 이 모양을 만들어 왔겠어요?

그러니까 이스라엘 민족사를 통해서 보여 주는 것처럼 이조시대 왕조가 우리 조상 뿌리 얼을 잃어버렸었기 때문에 과거 우리 조상들의 지배국이던 중국 명나라에 소중화로 자처하고 들어가서 조공을 바치고 굽실거렸다는 거 아닙니까. 그게 바로 민족 주체성을 잃어버렸다는 거 아니겠어요?

그렇게 조상 뿌리 고마움을 모르는 벌로 결국 조선이 일제의 침략을 받고 노예로 삼십 육년 간 종살이를 하면서 굴욕적으로 만들어 놓은 게 바로 저질 문화민족으로 그 곰의 자손이란 거였지 뭐예요."

"듣고 보니까 그렇네요. 여호와가 그 백성을 정신 좀 차리라고 애굽 노예로 팔아 종살이를 시켰다고 하듯이 말입니다."

"그게 조상신 고마움을 모르는 진노의 벌 이었다는 거 아닙니까. 그런데 아직도 우리 국민이 제정신을 못 차리고 이제는 노랑머리 파란 눈에 아담과 이브 후예로 변신을 하고 아멘 믿습니다. 하고 머리를 주억거리고 앉아들 있으니 하늘에서 내려다보고 있는 조상님이 기가 막혀서 불끈 동여맨 저 삼팔선 끈을 풀어 주겠느냐구요. 얼빠진 자손들아, 고생을 좀 더 해라 하신 거죠 뭐."

"그러니 이북이 저렇게 핵무기로 엄포를 주는 거 아니겠어요? 너희들 붙어 볼라믄 붙어 보자는 식으로 말입니다. 그러니 걱정이지 뭡니까"

사실 당장 눈앞에 놓인 상황만으로 보면 그렇게 생각할 수도 있었다. 그러나 결코 그녀가 우려한대로 과거처럼 극한 상황까지는 가지 않게 될 것이라고 생각하면서 그 말을 받았다.

"하지만 조상님 들이 언제까지 방관만 하시지는 않을 겁니다. 때가 이르면 여호와가 모세를 제사장으로 삼아 그 백성을 구해내듯이 그렇게 해주실 거라고 믿어지거든요. 그래야 하늘이 예정하신 섭리대로 우리나라가 세계 영성지도국으로 나가게 될 테니까요. 그것이 성경뿐 만이 아니라, 동서로 오고간 현자들의 한결 같은 예언이거든요."

"제발 그렇게 돼야 할 텐데…."

"그렇게 될 겁니다. 지구 개벽이 오기 전에 우리 민족에게 주어진 소명이 있다고 했으니까요. 그게 뭔지 아세요? 지구촌에 정신개벽을 시키는 일이 오늘 우리민족에게 예정되어 있다는 거 아닙니까. 핫, 하하…."

그것이 오늘 연이가 유일하게 가져보는 희망으로 그 생각만 하면 기분이 좋아졌다. 웃음을 그치고 다시 덧붙여 말했다.

"사실 우리 배달민족 조상님 환웅천제께서 백성들에게 심어주신 조화사상은 물질문명을 발전시켜 나오게 했었던 서양과는 차원이 다른 우주정신으로 만물과 조화를 이루게 하는 협동정신이었다는 겁니다. 그것이 우리 조상 뿌리에 심어진 정신문화로 하늘 풍류도 라고 했다는 거예요. 그러니까 서양처럼 너와 나를 개체로 가르지 않고 이웃을 포용하는 그 신선사상이 고조선 시대에 세계 속에 찬란한 동방의 등불로 우뚝 솟을 수 있었다는 거 아닙니까."

"그런데 그 후손 우리가 언제부터 그 정신을 잃고 이 모양이 됐는지 모르겠네, 잉, 그 참…."

당연이 그 말이 나올법했다. 웃으면서 말했다.

"화무십일홍이라는 말이 있듯이 길을 안내하는 성현들의 가르침 역시도 오래되면 마가 꾀인다는 말이 있듯이 후손들의 자만에 의해서 삼국시대에 들어와 그토록 찬란했던 단군조선의 빛을 잃기 시작했다는 거 아닙니까. 그로부터 고려 때에 이르러서는 원나라 임금 홀필렬은 개국조 단군을 받드는 모든 의식 행위를 탄압하기 시작했다는 거예요."

"그러니까 그 원나라 역시도 우리민족 뿌리정신을 말살시키려고 그런 정책을 썼던 거네요."

"그래서 단군을 받드는 행위를 철저하게 탄압하고 인도에서 중국을 거쳐 들어온 불교를 받아드려 신봉하게 했다는 거 아닙니까. 그게 오늘 기독교나 마찬가지로 붓다가 인도에 출현하기 이전 원주민들이 믿고 있던 샤머니즘적인 기복신앙을 복합적으로 업고 들어온 거랍니다. 그러니까 불교의 진면목과 다르게 섞어 혼합된 다신숭배 기복신앙으로, 돈 나와라 뚝딱! 그거라는 거죠."

"세상에… 그러니까 불교 역시도 오늘 기독교나 마찬가지로 혼합된 기복신앙에 업혀 들어온 거네요. 그죠?"

"그렇지요. 사실 붓다 이전 그 원주민들의 사상 역시도 유대민족이나 마찬가지로 자연신 숭배 사상이었다는 거 아닙니까. 그 샤머니즘적인 기복신앙을 업고 들어온 불교를 국교로 받아드리게 된 고려는 그로부터 더욱 국력이 약해졌고, 반대로 과거 우리 선조들의 지배국으로 조공을 바쳐오던 명나라가 부강해지면서 적반하장 격이 되고 말았다는 거 아닙니까."

"적반하장이라뇨?"

"그 입지가 완전히 뒤바뀐 것이지요. 강대국으로 부상한 명나라가 우리 조상들 활동무대였던 고토의 기념비적인 철령위를 내놓으라고 당당하게 고려에 사신을 보내왔다는 거 아닙니까."

"그야말로 완전히 적반하장이 된 격이네요. 그죠?, 흐흥…!"

"하지만 그때까지 조상숭배사상이 남아있던 고려의 위왕이 거기에 굴하지 않고 오히려 명나라에서 보내온 사신 열 명을 최영장군을 시켜서 처형케 해버렸다는 거 아닙니까. 그들의 요구에 대응하겠다는 도전장을 내민 것이지요."

사실 고대로부터 우리 선조들의 숨결이 살아있는 고토古土를 다시 찾아 회복하겠다는 것이 선왕先王이신 공민왕의 북벌정책이었다고 했다. 그래서 그들의 요구를 단호하게 거절하고 나선 위왕이었다.

거기에 대한 설명이 필요할 것 같았다.

"그러나 거기에 불만의 반기를 들고 나온 이성계였다는 거 아닙니까. 이유는 무력이 약화된 나라가 강대국과 맞서 상대할 수 없다는 것이었지요. 그래서 왕명을 받고 출전했던 위화도에서 회군을 해서 나라를 찬탈하고 등극했다는 거 아닙니까."

사실 그와 같은 역성혁명易姓革命으로 국명國名이 이씨李氏 조선으로 바뀌면서 제도마저도 바뀌었다. 개국조開國祖 단군왕검시대부터 장래 나라의 인재人才로 출중한 청소년들을 뽑아 문무文武를 가르쳐 왔던 천지화랑天地花郎제도는 신라에서 인재등용의 기틀을 이루었던 화랑도로서 신라통일의 원동력이었다. 그러나 이조시대李朝時代에 들어와서는 그러한 제도 자체는 흔적조차 없이 소멸되어져 버렸다고 했다.

연이는 민족사적인 그 전환기의 기록을 머리에 가만하게 떠올려 보면서 그 생각을 말했다.

"어느 시대나 그 나라 지배계급의 사상은 그 나라 전체를 지배해 왔고, 또 그것이 국태민안의 행복과 불행의 역사를 이루어 나왔다는 거 아닙니까. 우리의 근대사가 그 사실을 입증해 주고 있듯이 말입니다."

"그러니까 이조에 들어와서 인간 기본 도리만을 가르쳐 온 유교를 중국으로부터 받아들여 숭상하게 된 것이네요."

"그 또한 불교나 기독교나 마찬가지로 공자님 유교사상 역시도 그 본질과는 다르게 변질된 것이었답니다. 정치적인 색체를 띠고 지배자의 방편으로 이용되기 시작했으니까요. 그게 바로 이조에 들어와서 신분관계를 중시하는 관존민비, 남존여비, 반상제도 등 그야말로 엄격한 인간차별의 사대주의 사상을 뿌리내리기 시작했다는 거예요."

"아, 그래서 쌍놈 양반하고 신분 차별을 하게 된 거군요. 이조에 들어 와서….”

“그렇지요. 그로부터 중국을 숭상하는 모화풍조가 사대주의로 게으르고 나태한 유림선비들 그 인간군상을 만들어 내기 시작했던 거랍니다. 그게 바로 나라가 망할 징조였던 것이지요.

그러니까 오직 방안에서 글줄만 읽어내는 나태한 양반 유림 선비들을 배출하는 데만 중점을 두고 엄격한 지배계급 사회를 나왔던 이씨 조선이었다는 거 아닙니까.”

사실 그로부터 양반 신분으로 자처하는 유생들은 수족을 움직이는 농공과 상업행위 등 생산적인 면보다는 공자님의 글이나 암송하면서 벼슬길에 올라 나라에서 내리는 녹이나 받기를 즐겨 했다.

나라에서 그러한 모습을 만들어 낸 유림 선비들은 형식적인 윤리와 도덕으로 내세에 대한 적극적인 관념도 없었다. 생활 또한 자연적인 성정性情에 맡겨 둠으로서 사회에 수없이 많은 폐단을 가져오게 했었음이다.

그 원인이 바로 배달민족 뿌리의 정체성을 잃어버렸기 때문이라고 생각하는 연이었다. 고조선 시대 우리 조상들의 화랑제도의 뜻을 다시 머리에 떠올리면서 가만하게 말했다.

“그러니까 고조선시대로부터 만들어져 나온 그 화랑제도는 글자 그대로 하늘과 땅 사이에 밝고 아름다운 지성의 인꽃으로 피어나라는 뜻을 내포하고 있었다는 겁니다. 그것이 우리 조상들에게 심어진 한얼 사상이라는 뿌리정신이었다는 건데….”

“이조가 우리 조상님 뿌리정신을 제대로 알았다면 오늘 우리가 이 지경까지는 안왔을 텐데 그죠?”

“그렇지요. 그런데 그처럼 지고한 우리 조상 얼을 소중하게 여기질 않고 잃어버렸기 때문에 그 벌로 일제의 침략을 받고 삼십육년 동안 노예로 얼마나 많은 피눈물을 흘렸습니까. 그리고 겨우 해방은 되었다고는 하지만 생각해보세요. 자력이 아닌 강대국에 의해 겨우 풀려났기 때문에 남북이 분단 상태로 이 모양이지 뭡니까.

생각해보세요. 우리가 일제로부터 해방은 되었다고는 하지만 아직까지도 완전한 주권조차도 회복하지 못하고 강대국에 의지하지 않으면 안되는 입장이 무슨 해방된 민족이라고 큰소리를 칠 수가 있겠냐구요. 같은 조상 혈손끼리 서로 총부리를 겨누고 강대국 눈치나 슬슬 보고 앉아 도움이나 청하고 앉아 있는 꼴인데…."

"생각해 보니 구구절절이 옳으신 말씀이네요. 자주 독립할 수 있는 능력을 갖추지 못했으니까 전략 권마저도 아직까지 미국이란 나라가 가지고 있다면서요?"

"바로 그겁니다. 그게 어디 자주독립으로 완전한 해방이겠어요? 그러니 남북 회담 장소에서 남한 정부는 미국 등 뒤에서 어깨너머로 측은하게 옵서버 노릇이나 하고 있다는 거 아닙니까."

가만히 듣고 있던 그녀 역시도 한심스럽다는 듯이 혀를 차면서 응수를 해왔다.

"그 참… 그러고도 국제무대에 나가서 해방된 민족이라고 힘차게 대한민국 만세 삼창을 하고 앉아들 있으니…."

"그러니까 옛 속담에도 있듯이 지나간 수레바퀴 자국을 거울삼아서 교훈으로 보라는 거 아니겠어요? 과거에도 그랬지만 민족 주체성을 잃게 하기 위해 변질이 되어 들어 온 종교논리부터 정리해야 되는 거 아니겠냐구요. 그래야 나와 더불어 있는 나라와 민족의 주체성을 회복하게 될테니까요.

그러기 위해서는 먼저 그처럼 조상 뿌리역사를 왜곡시키고 있는 서구신학의 문제점부터 풀어야 한다고 생각하거든요. 그 논리가 우리민족 주체성을 회복하는데 무엇보다도 걸림돌이 되고 있으니까 말입니다."

그리고 거기에 다시 덧붙여 말했다.

"예수께서 왜 내가 너희를 위해 수고 한 것이 헛될까 하노라, 그 말씀을 하셨겠어요. 그 염려가 뭐겠어요? 그게 바로 태초의 하나님 그 우주정신 사랑의 기독교 정신을 바로 찾아 정립해야 된다는 것이지요. 그와 동시에 우리민족 뿌리정신 얼을 바로 찾게 될 테니까요. 그렇지 않고서는 분단된 조국통일은 불가하다는 것이 내 생각이거든요"

"우리민족 뿌리 역사도 제대로 모르고 교직생활을 해왔다는 게 부끄럽네요."

"그게 정부 산하에 있는 지금까지의 문교 정책인데 누구 탓을 하겠습니까? 생각해 보세요. 일제가 식민정책으로 조선총독부에서 노렸었던 게 바로 민족뿌리 정신 말살을 위한 정책이었다는 거 아닙니까. 그게 우리민족 뿌리역사 왜곡으로 단군신화라는 거였지요. 말하자면 우리배달민족 뿌리역사가 실제성이 없는 허구라는 것인데 그게 바로 저질문화 민족으로 암곰의 자손이라는 함정으로 토테미즘을 삽입시켰던 것이었지요."

사실 그것이 일제가 노렸던 우리 배달한민족의 뿌리정신 말살정책이었다. 그만큼 과거 고조선 시대 12제국을 다스려 나왔던 배달한민족 뿌리정신이 피지배자의 고난 속에서 다시 민족 주체사상의 정신혼을 되찾아 뭉쳐지게 된다면 그 어떤 무기보다도 강력한 힘으로 대응할 수가 없음을 염려했기 때문이다.

그 토테미즘(totemism)의 개념을 모르는 사람에겐 사뭇 고압적인 자기 현시의 수단으로 동원되는 논리다. 그 토테미즘을 학계에 제일 먼저 소개한 학자가 바로 일본 학자로서 그 이론에는 엄청난 함정이 숨겨져 있다는 것이다.

현재 일본에서 토테미즘의 최고 권위의 학설을 내놓고 있는 오야마시大林太良 동경대학교 문화 인류학 연구 실장은 다음과 같이 말했다.

〈토테미즘이 인류의 종교 발전사상 최고의 현상이라고 하는 주장은 잘못된 것이다. 더욱이 민족학적으로 보아도 최고의 문화양상을 대표하는 제민족에게는 토테미즘 따위는 존재하지 않는다. 아리안 종족이나 히브리 민족에게 그것이 없다. 한마디로 토테미즘이란 모든 민족이 경과하지 않으면 안 되는 역사적인 발전단계도 아니고, 또 문화권설에서 주장된 것처럼 특정한 문화 복합체의 표지도 아니다. 특히 어떤 동물을 전 부족이 숭배하는 것은 북아시아에서 행해지는 곰에 대한 제사 같은 데서 보여지는 현상인데, 이것은 토테미즘 속에 속하는 것이 아니다.〉

결국 토테미즘에 숨겨진 함정은 최고의 문화양상을 대표하는 민족에겐 토테미즘 따위는 존재하지 않고 최저의 문화현상을 나타내는 민족에게만 존재한다는 이야기다.

조선 총독부가 한국 사학에 그러한 토테미즘의 이론을 도입한다는 것은 저절로 저질의 문화민족임을 공술하는 것과 같은 논리기 때문에 한국사에 토테미즘을 도입시켰던 것이라고 했다.

사실 우연한 인연으로 우리 배달한민족 뿌리역사를 공부하게 되면서 지구촌 인류역사에 크게 눈이 떠지기 시작했었다.

물론 처음에는 어려서부터 주입된 기독신학의 논리가 지구촌 인류의 시조가 여호와의 창조물인 '아담과 이브'라는 그 고정관념에 서 벗어난다는 것이 쉽지를 않았다.

하지만 목회자들의 오직 단일적인 여호와 유일신唯一神 숭배사상의 주장과 구약의 기록이 일치점을 이루지 못하고 있는 의문의 성구가 우리 배달한민족 뿌리역사를 통해 풀어지면서 놀랍게도 새로운 사실을 발견하게 된 것이다.

그것이 바로 구약시대 유대 이스라엘 민족과 이웃하고 있었다는 이방민족의 존재와 우리배달민족 시원의 뿌리역사가 엄연히 달리 존재하고 있었다는 사실이다.

서양 유대민족과는 달리 그렇듯 차원이 높은 조상신 환웅천제님의 섭리가운데 세움을 받은 천손민족이었기 때문에 그 가르침이 물질과 학문명을 이루어 나온 서양과는 본질적으로 그 차원이 다른 것이었다.

우리 한민족 뿌리조상 환웅님의 가르침은 유대 민족의 조상신 여호와가 그 백성들에게 가르친 초등학문의 율법십계명律法十誡命이 아니라, 고등종교 스승들이 하늘의 섭리를 일깨워 주신 바로 그 대도大道로서 하늘 천법天法이었다.

그 가르침이 본연의 조물주와 자연의 일부분인 인간이 합리적으로 조화를 이루면 조물주와 일체로 통합된다는 원리로 인간은 우주 삼라만상과 더불어 있는 조물주의 기운이기 때문에 '소우주'라고 한다는 것이었다.

그와 같이 서양과는 차원이 다른 한민족의 뿌리사상이 천지인天地人이 '한 틀' 속에서 비롯되었다는 조화주 하나님의 우주정신으로, 동방의 정신문명을 꽃피울 수가 있었던 것이다.

그 대도의 우주정신이 성자 예수께서 구약시대를 마감하고 제자들에게 족속을 초월하여 전파하라고 이르신 기독교 정신과 그 맥을 같이하고 있는 태초의 하나님 그 우주정신이라는 것이었다.

그렇듯 하늘나라 대도의 천법을 조상뿌리 세움에서부터 배워온 배달한민족 조상들이었고, 그로 비롯된 민족정기가 '동방의 등불'로 이웃민족들로부터 동방예의지국東方禮義之國이라는 칭송을 받게 된 것이라고 했다.

그처럼 세계 어느 민족과도 비견할 수 없는 자랑스러운 배달한민족, 그 본래의 뜻이 조화주 하나님 섭리하심 가운데 세움을 받았다고 해서 천손민족天孫民族이라고 했다는 것이다.

그토록 자랑스러웠던 우리 배달한민족의 뿌리역사가 오늘에 이르러 참으로 '얼' 빠진 후손들의 무지無知에 의해 세계 속에 유일하게 분단국가라는 불명예를 오늘까지도 씻어내지 못하고 있다. 그 원인이 서양이 지구촌에 발전시킨 물질문명을 우선적으로 선호하기 때문이다.

하지만 하늘의 섭리 가운데 조화주 하나님 우주정신의 정기精氣를 심어 세워진 민족이라는 것이 우리 뿌리역사 공부를 통해서 확고하게 믿어졌고, 그것이 또 현자들의 예언이기 때문에 그렇게 되어 질것 이라고 희망을 갖게 해주었다.

그 마음을 웃으면서 그녀에게 내비치었다.

"성경 예언에도 물론 그렇지만 얼마 전에 한국을 다녀간 작가 게오르규도 인도의 시성 타골이나 마찬가지로 빛은 한국에서 나온다고 했다는 거 아닙니까. 그러니 오늘 우리 현실이 이처럼 참담하게 어두워도 믿고 기다려 볼 수밖에요."

"그러니까 불원간에 하늘 섭리에 의해서 남북통일 문고리도 열어 주시겠네요. 삼팔선으로 허리끈이 질끈 동여매어가지고 힘을 쓸수 없는 일이니까요."

"당연하지요. 지구 파국의 말법시대에 인류를 구원할 사명이 우리 천손민족에게 있다고 했는데 남북통일이 이루어지지 않고 어떻게 우리가 세계로 나가겠어요? 그래서 인도의 시성 타고르가 일찍이 동방의 등불이었던 코리아여 깨어나소서! 했다는 거 아닙니까. 그 뜻이 뭐겠어요. 과거에 우리 조상 뿌리가 하나님 섭리가운데 제사권 민족으로 세워져서 찬란하게 동방의 빛을 발했듯이 그 겨레 얼을 다시 찾아 회복했을 때 세계 평화를 주도해 나가는 스승국이 된다는 것이지요.

그 일을 지구 개벽이 오기 전에 우리 민족이 하게 된다는 거 아닙니까. 그런데 오늘 지구 온난화 현상으로 인한 지구 재앙은 일어날 수 있는 상황을 예고하는 수준을 넘어 진행되어짐을 저렇게 분명히 하면서 기후 변화 재앙에 대비할 시간이 그리 많지 않다는 점을 강력한 메시지로 전하고 있는데 우리 국민이 정신을 차려야 할 것 아닙니까. 배만 부르면 좋다는 식으로 기복신앙에 매달려서는 안 된다는 거죠."

그리고 거기에 덧붙여서 생각하는 바를 다시 말했다.

"오늘 지구촌 과학자들 그와 같은 보고서에 그린피스 관계자는 이전의 보고서가 잠을 깨우는 전화였다면, 새 보고서는 절규하는 사이

렌이라고 했답니다."

"어쩌면 종교인들 보다 더 깨어 있는 과학자들이라고 할 수 있겠네요."

"그렇다고 볼 수 있지요. 저렇게 지구 재앙의 경종이 울리고 있는 사이렌 소리에도 불구하고 사람 살아가는 지구촌 풍경은 종교 전쟁에서 비롯된 테러와 전쟁으로 더욱 암울해져 있으니까요. 그래서 이 세상 모든 악은 언제나 선을 위장하여 스며든다고 하는 말이 있듯이 진리의 실상을 바로 알지 못하는 것처럼 어리석고 무서운 형벌은 없다고 했지요."

"지금까지 말씀하신 것으로 보아 예사 분은 아니신 것 같은데 실례지만 어떤 직업을…."

전력을 묻는 그녀의 물음에 피식하고 웃음이 나왔다. 갑자기 장난기가 발동을 했다.

"직업이라…? 그럴듯한 폐품 주워 모아 팔아먹고 사는 넝마주이라고나 할까요. 그게 취미니까요."

"넝마주이…?"

잠시 두 눈을 꿈벅거리던 그녀의 표정이 갑자기 바뀌면서 웃음을 담고 말했다.

"제 느낌은 예술을 하시는 분 같은데…. 그렇지요?"

"그렇게 보아 주셨다니 감사하네요. 누가 알아주지도 않고 무게 없이 너절하게 버려진 폐품 같은 이야기나 주워 모아 그게 작품이라고 엮어서 팔아먹고 사니까 넝마주이 아니겠어요? 흣, 후후…."

"어머! 그러니까 글을 쓰시는 작가시군요? 어쩐지 말씀하신 게 좀 다르다는 느낌이 들었어요. 저 보다는 더 연배로 보이시는 그 연세에…."

"그게 폐품 속에서 얻어진 공부였으니까요. 사실 그 작업이 세상을 살아가는데 크게 도움도 되지못하고 고통스럽기는 하지만 그래도 거기에서 얻어진 지식정보가 과거 내 종교적인 내면세계의 무지를 깨우쳐 주고 있다고나 할까요? 핫, 하하….”

그렇게 너털웃음을 흘리던 연이는 표정을 바꾸고 다시 말했다.

“아무튼 그 일이 하늘이 내게 주신 은총이라고 생각한답니다. 주머니에 가진 것은 없지만 예수께서 범사에 감사하라고 하셨으니까요. 하늘이 큰 사람을 만들기 위해서는 뼈를 깎는 고통을 준다고 하셨는데 그 말씀이 뭐겠어요. 그 고통을 감사함으로 바꾸고 더욱 정진해서 영혼을 갈고 닦으라는 것이 오늘 내게 주어진 업장이라는 거 아니겠어요? 그러니 감사할 수 밖에요.”

“역시나… 그래서 우리 조상들이 그 사람 살아온 생활을 알려거든 그 얼굴 상판에서 베어 나오는 기색을 보라고 하셨다더니 틀린 말이 아니네요. 부처님도 그러셨지요. 오늘 네 모습을 보면 전생이 보이고 오늘 네 생각을 보면 다음 생이 보인다구요. 그러니까 그 사람 마음가짐 본판 형태대로 본상이 나온다는 거 아니겠어요? 핫, 하하….”

그 느낌을 말하고 웃는 그녀의 말에 웃음이 나왔다. 시선을 주면서 응수를 했다.

“아시다시피 글품을 팔아먹고 사는 예술가는 가난이 대명사처럼 되어 있지요. 돈! 그 물질이 세계를 지배한다는 세상에서 돈이 없다는 게 무슨 큰 자랑이 되는 것도 아니고… 품위 유지비는 그렇다 치고서라도 산다는 게 불편하니까 과연 종교란 무엇인가? 골방에 들어앉아 그 공부를 열심히 하게 됐지 뭡니까.

그것이 불가에서 말하는 운명적으로 이 세상에 와서 내가 닦아야 할 업장이라는 거 아니겠어요? 그래서 자기 전생의 기운대로 운명의 굴레를 쓰고 그 인연 기운을 타고 이 세상에 태어난다는 거 아닙니까. 핫, 하하….”

사실 언젠가부터 그렇게 생각하면서 정신이 움직여 주는 기운대로 열심히 손놀림 해왔던 연이였다. 그로 인해 폭 넓게 얻어지는 정신세계는 기쁨 없는 고독한 생활 속에서 유일한 위로가 되어 주기도 했다.

그처럼 새벽 물소리를 들으며 심취해 들어갔던 공부는 달이 뜨고 달이 지는 속에 어두운 대지大地의 밤, 그 빛을 더욱 반들거리게 해주면서 새롭게 가슴속에 파고드는 그 반짝임은 울타리 너머 햇빛 쏟아지는 세상의 즐거움을 향해 언젠가부터 고개를 돌리게 해주었다.

그로부터 내면 깊숙이 스며드는 우주의 섭리에 두 눈이 크게 떠지기 시작하면서 지구 종말론적인 천지개벽은 왜 오는가?

그 의문은 뱃사공이 눈에 힘줄을 세우고 노를 저어가듯이 모든 경전이 담고 있는 그 예언의 성구를 뒤척이다가 지금까지 크게 관심을 갖지 않았던 성구에 두 눈이 화들짝 크게 떠졌다. 비밀한 그 성구는 (요한계시록 16장 1절)이였다.

〈또 내가 들으니 성전에서 큰 음성이 나서 일곱 천사에게 말하되 너희는 가서 하나님 진노의 일곱 대접을 땅에 쏟으라 하더라.〉

여기에서 주목되는 성구가 바로 그 '하나님 진노의 일곱 대접'이라는 대목이었다. 그것은 태초 우주의 근원을 기록하고 있는 (창세기 1장)의 기록에서 하나님 우주만물의 창조 전개단계가 7이라는 숫자로 이루어졌고, 천지개벽 역시도 그 7이라는 숫자로 전개 되어 나왔다는 사실에 눈이 크게 떠진 것이다.

그 상황을 미루어 짐작해 볼 수 있게 해주는 것이 또한 〈인도 문명의 수수께끼 토다족〉에 관해 실린 기사였다.

'인도에 인간이 살기 시작한 것은 매우 오랜 시대의 일이라고 한다. 1400~800만 년 전의 호모 사피엔스(인류)의 선조 화석이 발견된 것과, 1922년 인더스 문명의 발상지라는 하라파 모헨다조로의 발굴 등이 잇달았으나 아직도 풀 수 없는 수수께끼들이 많다.'

바로 그 의문의 수수께끼가 현대인의 숙제로 고고학자들이 발굴해

낸 기원전 고대 초기 인류 화석에서 나온 '골'의 특징은 지구 인류의 시조라는 아담 이후의 시대에서부터 나온 두개골과는 전혀 다른 하나로 원시 '호모사피엔스'라고 했다.

그 유전인자 염색체 분석결과에서 지구의 모든 남자들이 가지고 있는 y염색체가 없다는 것으로, 최소한 6만년 전에 존재했던 고대 인간 생명체의 유전자라는 견해는 지구 최근에 속하는 아담의 후예들이 아니라는 것을 입증해 주고도 남는다.

이러한 인류 고고학자들의 연구는 그렇다면 과연 어떻게 그러한 유전적 인간 변이의 호모사피엔스라는 생명체가 과거 지구에 존재하게 되었던 것일까? 그 의문의 숙제를 제시해 준다.

그들 역시도 오늘 현생인류처럼 지구에 분포되어 한 시대를 열고 존재해 왔었음을 중동이나 아시아, 그리고 아프리카 등지에서 뿐만 아니라 지구 도처에서 발굴되고 있는 그 화석체들이 말해 주면서, 그들이 남긴 유적들 또한 흥미로운 수수께끼로 그 의문을 던져주고 있기 때문이다.

잠시 그 생각을 모으고 있는 동안 그녀가 다시 입을 열었다.

"역시 그처럼 정신세계 공부를 해오셨으니까 그 개벽에 대해서도 남다른 이해를 하고 계셨던 거군요. 그러니까 불교에서나 기독교에서나 지구 종말의 천지개벽은 분명히 온다는 거 아니겠어요."

"그게 조물주 스스로가 완성을 향해가는 천기운행이라는 거죠."

"그런데 이전에도 그런 현상이 있었던 것인지 순식간에 바다 속으로 파묻힌 고대 폼페이 도시를 텔레비전에서 비춰 주잖겠어요. 아무튼 불가사의한 일이지만 현대문명 보다도 더 발달된 도시던데 그럼 이전에도 전면적인 지구 재앙이 있었다는 거 아니겠어요?"

"그 변화 원리를 모르는 서구 신학자들이 하나같이 천당 지옥이니 하는 별개의 보이지 않는 세계만 이야기 하고 있으니까 그 부분이 도대체 풀 수 없는 수수께끼라는 것이지요. 하지만 생각해 봅시다. 지구에 존재했던 것들이 그렇게 사라지는 것은 그렇다 치더라도 저 공간 속에서 어머어마하게 큰 물질덩어리 별이 그 자리에서 빛을 발하고 모습을 드러내다가 순식간에 없어졌다 이겁니다. 그 없어짐이 실일진대 어떻게 없어질 수가 있느냔 거지요. 그 존재 없이 사라지는 별이야 말로 우리 인간이 살고 있는 이 지구 땅덩어리 보다 더 큰 것이었는데… 그래서 과학적 규명이 자꾸만 되고 있지만 왜 중세대의 거대한 생명체들은 왜 졸지에 사라졌는가? 왜 죽음이라고 하는 것이 서서히 오는 것이 아니라 풀을 뜯어 먹다가 말고 순식간에 왜? 멸종을 했었던가. 그처럼 오늘 우리가 알지 못했던 것들이 과거에 존재했었다는 겁니다.

그렇다면 그걸 영원히 못보는 것이냐? 그걸 인간 세계에서 보는 세계가 또 따로 있다는 겁니다. 그 세계가 바로 성현들께서 말씀하신 영원무궁하다는 진리의 세계에서 풀어지기 때문에 꿈결 같은 이 세상 아웅다웅 악다구리 들끓듯 하지 말고 오직 변하지 않는 참 생명의 실상을 찾으라고 하신 것이지요.

그래서 예수께서 천국이 여기 있다 저기 있다 하지 말라, 천국은 너희 마음에 있느니라, 그 말씀의 뜻이 바로 마음의 본성을 지킬 때에 하나님의 생기가 어재 하시는 천국으로 독야청청하게 된다는 것이고, 그게 석가 부처님이 보리수 아래서 그 고통의 수행을 통해서 각이 열리고 나서 천상천하유아독존이라고 하신 말씀과 뭐가 다르겠냐구요.

그래서 예수님이나 부처님이나 중생들에게 하신 말씀이 잠시 잠깐이면 없어질 허상을 쫓지 말고, 기만의 눈을 마음 안으로 돌려 영원한 참 생명의 소중함을 알고 불성을 이루게 되면 누구나 독야청청한 본자연과 일체로 부처가 된다고 하신 거 아니겠어요? 그런데 그 이치를 모르는 인간들이 천만년을 살 것같이 서로 다툼질이나 하지만 너도 나도 언젠가는 이 땅에서 사라질 목숨, 부귀영화 권세가 무슨 필요가 있느냐 거죠. 성현들 말씀이…."

그리고 우주섭리에 대해서 다시 덧붙여서 말했다.

"그러니까 인간과 더불어 우주 삼라만상이 생멸변화 하는 것은 조물주 자신이 스스로 성숙하기 위한 섭리라는 것이지요. 거기에는 정심, 정도, 정법이라는 진리가 질서정연하게 그 섭리 가운데 완성을 향해 순서를 이루고 있기 때문에 예수께서 이스라엘 백성들에게 새술은 새 부대에 담고 시대 구별을 하라고 하셨던 거죠.

그게 바로 완벽한 주체께서 미완성의 것을 창조해내서 은혜만 베푼 것이 아니라 조물주이신 자체가 그 의무를 다 간직하고 있는 곳에서 존재로서의 스스로 그 완성을 위한 필요한 창조물이기 때문에 그 완성체의 존재, 그 일곱 성자들을 이 땅에 내려 보내셨다는 거 아닙니까.

그 상태에서 생멸변화 하는 형상을 영적인 측면에서 생각하는 영혼적 개념이라고 하는 그 정신적 주체가 인간 자체라고 하는 영장체인 위치라는 것이지요.

그 섭리가 조물주 마음을 이루어 세우기 위한 말하자면 체와 용이 반듯한 하나를 이루려는 완성을 위한 천기운행으로, 그동안 지구 개벽이 거듭 있어왔고, 이제 마지막으로 이 땅에 하나님의 지상천국을 건설하게 된다는 것이 예수께서 이 세대가 지나기 전에 다 이루리라고 하신 그 말씀의 뜻이 그거 아니겠어요?

그러한 조물주의 뜻은 영광된 스스로의 보좌를 만들기 위해 미완성인 인간자체의 불완전한 마음을 정리정돈 시키려고 진리, 즉 조물주의 숨결 그 기운을 펴서 조물주 자체가 진리인 것 같이 미완성인 인간 그 자체를 진리되게 하려는 그것이 조물주께서 본자연과 자연을 하나의 기운으로 완전하게 세우기 위한 섭리라는 거지요. 그러니까 삼천대세계를 총괄하시는 조물주 하나님과 피조물 인간이 동떨어진 것이 아니라 하나라는 개념이 우리 조상 뿌리에서부터 배워온 그 한얼 사상이었다는 거 아닙니까."

"정말이지 우리 조상들이 배워 왔다는 한얼 사상은 서양사상과는 비교도 할 수 없는 우주사상이라고 할 만하네요. 그래서 우주의 비밀은 동양에서 풀어질 거라고 한 거군요. 이제 이해가 될 것 같네요."

"그렇지요. 그러니까 정신은 자연의 원성, 그 자성이 되는 것이기 때문에 화생하는 본자연적 성질의 우주원소로 우주 속에서 생멸변화를 하는 만사의 이치는 인간의 심신이 변화하는 이치와 상통한다는 거죠. 그 우주 원리와 인간의 원리가 한 이치로 정신의 통일이란, 정에 대하여 공간적으로 생멸변화를 하는 음적인 상태고, 신은 정에 대하여 용적이기 때문에 시간적으로 생멸변화 하는 양적 현상이라는 것이지요. 그 원리가 바로 창세기 태초의 하나님 그 빛의 원기로 성부 양적인 정의 소질과 성모 신의 자용의 원성이 합리적으로 조화를 이루면 정과 신이 통합하여 본자연하신 하나님 우주정신으로 나타나는 것을 정신통일이라고 하는 거랍니다.

그렇게 정신 통일이 되면 공간적인 물리적 법리와 시간적인 사리적 도리에 통달하게 됨으로 조화를 이루어서 공간적으로 신체적 자제를 얻고 시간적으로 용심의 자유를 얻게 됨을 실제로 나타내 보인 모델이 성자 예수 그 생체부활이었다는 거 아닙니까."

거기까지 설명을 해준 연이는 그녀를 쳐다보며 질문을 했다.

"불제자라고 하셨는데 불교의 삼대 수행법을 아세요?"

"글쎄요. 제가 뭘 깊이 알겠습니까. 다만 부처님께서 설하신 몇권의 책을 읽으면서 수행의 정도, 사법계, 이법계, 이사법계, 사사법계란 무엇인가를 읽고 그 뜻을 조금 이해할 뿐이랍니다."

그 정도의 식견을 갖춘다는 것도 쉽지는 않은 일이라고 생각하면서 가만하게 말했다.

"내가 이해하고 있는 사법계란 사람이 사는 동안 눈앞에 보이는 현상에 집착하는 마음이고, 그래서 일반적으로 중생이 가지는 세계라고 하지요. 그리고 이법계란 현상이면에 있는 본질적인 세계를 꿰뚫어 보고 삶의 현상에 흔들림이 없는, 그러니까 놀아나지 않는 세계 즉 공의 세계이면서 현상과 본질이 다른 것이 아니라는 것을 가르치는 것이 이법계고, 그리고 사사법계는 두 맘을 하나로 이룬 상태에서 세상의 차별 속에서도 좌우로 치우치지 않고 여여하게 살아가는 모습을 가르쳐 주신 법문이드라구요."

"맞아요. 사람들이 지나치게 사물에 얽매여 가지고 거기에 얽매인 상태에서 살아왔기 때문에 본연을 모르니까 조식, 금촉, 지감을 하고 난 이후에 견성을 보게 됨으로 자기의 성품을 바르게 본다는 것인데 그게 어디 쉬운 일이냐구요. 핫, 하하…."

"그러니까 부처님 말씀이나 예수님 말씀이나 그 이치적인 가르침의 결론은 하나를 관통하고 있는 말씀 아니겠어요? 그래서 예수께서 무릇 지킬 만한 것 보다 네 마음을 지키라고 하신 말씀이 허망한 세상 것에 얽매이지 않는 마음이었을 때에 비로소 곧 견성을 볼 수 있다는 것이고, 그렇게 본성을 지키는 자의 한 생명이 우주보다 크다고 하신 것이 곧 조물주와 일체가 되는 관계로 부처께서 말씀하신 성불의 경지가 아니겠냐구요. 그런 경지에 올랐을 때 본자연하신 조물주 하나님의 우주섭리를 통달하게 된다는 거죠."

"그러니까 오늘 저런 지구 개벽 징후도 그렇지만 고고학자들이 지구 도처에서 발굴해 내는 그런 불가사의한 기원 미상의 유적과 비지구형 문화유산들에 대한 의문 역시도 결국 종교적으로나 풀어낼 수 밖에 없다는 얘기네요."

"그렇지요. 그와 같은 고고학자들의 의문의 수수께끼는 여호와가 지구에 내려와 물질인간을 창조하기 이 세대 훨씬 이전에도 지구 개벽이 몇 번에 걸쳐 있어 왔고, 또 그때마다 문명된 천상의 사람, 그 신계가 지구에 내려와서 그러한 창조역사를 거듭 이루어 나 왔었음을 요한계시록에 그 일곱 수가 돌았을 때라고 암시해 주고 있다는 거 아닙니까. 하지만 고대 사람들은 그러한 신의 내방 흔적을 신화적으로 생각했고, 이후 문명이 발달된 현대인들은 논리적으로 신빙성이 없는 다만 신화적인 이야기라고 웃어넘기고 있다는 거 아닙니까"

신화란 비유적인 이야기로 신화(myth)의 어원인 무토스(muthos)와 논리(logic)는 본래 다 같은 '이야기'라는 의미로 이것을 증명한다고 했다.

거기에 대해서 다시 말을 계속했다.

"오늘날 서양이 발전시켜 나온 물질과학 문명의 과학적 합리성은 동양과는 달리 인간 자체 속에 내재한 무재한성의 정신문명 앞에서 서양 신학자들의 인류 시원의 창조론을 놓고 재고하지 않을 수 없는 상황에 이른 것이지요. 뿐만 아니라 지구 재앙의 개벽론 역시도 마찬가지랍니다. 지구 도처에서 발굴된 고대 인간 호모사피엔스 화석체들과 그 흔적의 유적들을 참고해 보았을 때에 지구 전면적인 개벽이 거듭 있어 왔다는 증거라고 할 수 있지 않겠어요?"

"그게 현대 문명 과학자들이 그 원인을 정확히 밝혀내지 못하고 있는 숙제라는 건데 그죠?"

"그렇지요. 그게 서양 과학자들의 연구 숙제로 지구가 생성된 이후 이제까지 우주 전체적인 변화 순환의 근본적인 원인을 밝혀내지 못하고 있으니까요. 다만 현상적인 주기적 변화과정에서 전개되고 있는 원인과 결과만을 가지고 연구 분석해 오고 있다는 거예요. 그러니까 지구변화의 핵은 지구의 공전 궤도가 주기적으로 변하여 지구 자전축의 이동으로 빙하시대가 반복되는 것이라고 한답니다."

사실 그 이상을 밝혀내지 못하기 때문에 어떤 과학자들은 그러한 현상을 반복한 것이 200회까지라고 주장하고 있다. 그러나 그것은 우주 창조의 법도가 성서적으로 7수에 의해 모든 것이 이루어져 나왔다는 사실을 감안하지 못하기 때문이다.

하지만 성서 요한계시록의 성구를 참고해 볼 때 그 200회라고 하는 것은 큰 수의 개벽 조짐의 파장으로 화산과 지진에 의한 지구 지각변동에 불과 했을 것임을 미루어 짐작해 보게 해주었다.

그래서 성자예수께서는 하늘나라 천년이 이 세상 하루와 같다고 하시고, 이 세대가 다 지나기 전에 지구 종말론적인 말세末世가 올 것을 경고하시고 그 때에 분명히 그 징조가 있을 것이라고 하시었다.

그로부터 2000년이라는 시간대가 흘렀다. 그런 오늘 지구 개벽의 징후를 알리는 경종이 지구 도처에서 그처럼 울리고 있다는 사실이다.

그와 같은 천지개벽의 징후는 처음과 끝이라는 알파와 오메가의 하나님 그 미완성에서 완성을 향해 운행되는 큰 호흡 같은 것으로, 성서 (요한계시록)에서 천사에게 '하나님 진노의 일곱 대접을 땅에 쏟으라.'하셨다는 그 성구를 다시 음미해 보지 않을 수가 없었다.

그 성구를 미루어 볼 때, 지구변화의 개벽이 이전에도 여섯 번이나 있어 왔고, 그때마다 천상에서 내려온 신들의 창조물이라는 생명체들은 순식간에 멸종될 수밖에 없었을 것이라는 생각이었다.

오늘 지구 도처에서 발굴된 수천만 전의 인간 변이의 호모사피엔스 반화석체들이 전 세계의 박물관과 실험실에서 지금도 연구되고 있다고 했기 때문이다.

그런데 오늘 신학자들이 수억만 년 전의 생명체 실증의 증거물들을 성서적 창조의 역사연대 6000년으로 맞추었을 때, 과학자들로 부터 허무맹랑한 허구라는 소리를 들을 수밖에 없다.

오늘 진보 발전된 현대인들의 의식에 대두되고 있는 것이 '지적설계론'으로 1990년 이후 새롭게 등장한 과학이론이다. 그 논제는 서구신학의 합리적이지 못한 생명의 기원과 복잡성에 대해 과학의 이론으로 반격하고 있는 특정종교와 과학의 대결 구도다.

사실 성서학자들이 주장하는 지구촌 전체적인 인류가 오직 여호와 유일신에 의해 창조되었다는 이론 모두가 인류 자존심을 추락시킬 뿐만 아니라, 이치적으로 당위성이 없다는 것이 오늘 문명된 과학자들의 반격이다.

그 논제가 지구촌 5색인종이 서구 신학자들의 논리 주장대로 과연 여호와 신의 창조물인가? 자연발생적 진화인가? 하는 반론의 논쟁이 지금까지도 계속되고 있다.

그처럼 신학자들과 과학자들 사이에 일치점을 이룰 수 없는 인류 시원의 뿌리역사 시간대를 두고 일부 기독교 성서학자들은 '측정하는 방사성 탄소기계가 얼마나 신빙성이 있는 것이냐?' 하고 오히려 부정하려는 측면에 서있다.

그러나 현대문명 과학의 방사성시계가 화석의 연대를 수백만년이나 틀리게 측정하는 시대라면 과거 아득하게 바라보던 우주 속 달나라를 로켓으로 오고 갈 수 있게 된 사실조차도 부정적으로 의문을 가질 수밖에 없다는 이야기다.

그러한 서구신학자들의 창조론해석은 생명의 기원에 대해서 과학자들의 연구와는 점점 더 그 견해를 달리하고 멀어질 수밖에 없다.

연이는 그 생각을 다시 피력했다.

"오늘 지구촌에 기계적으로 전문화된 서양의 첨단과학문명이 인류문화에 크게 기여해 온 것이 사실이지만 그러나 아직까지도 그 서구신학자들의 유일신 논리에 명쾌한 답을 주지 못하고 대결하고 있는 이유가 뭔지 모르겠어요. 그처럼 지구촌 전체 인류가 오직 여호와 유일신에 의해 창조되었다는 이론은 인류 자존심을 추락시킬 뿐만 아니라, 이치적으로도 당위성이 없는데 그 반론만 제시하고 있으니까요. 하긴 이쪽 기독세가 너무 강세라서 그런 것인 모르겠지만… 생각해 보세요. 서양의 물질과학의 원리가 양자역학의 빅뱅론으로 태초의 우주 근원에 대한 열쇠가 되는 거 아니겠어요?."

"그러니까 성경 기록을 바로 이해만 하게 되면 오늘 과학적인 문제의 수수께끼도 다 풀리게 되겠네요 그죠?"

"내 생각은 그렇거든요. 성경 창세론과 성자 예수 신약복음의 말씀이 우주 과학으로 우리 조상들의 한얼사상과 일치되는 거라구요. 그러니까 서양과는 달리 동양의 횡적인 삼일철학은 하늘과 땅과 사람이 하나에서 비롯되었다는 태초의 조화주하나님 그 우주 영혼 사상으로 성서가 기술해 놓은 창세론을 과학적으로 일치시켜가며 밝혀볼 수 있게 한다는 사실을 주시하게 되었지 뭡니까. 그러한 동양철학의 신비에 서양이 낳은 철인 토인비가 죽어 다시 태어난다면 동양철학에 심취해 보고 싶다고 했다는 말이 실감이 나지 뭡니까."

"동양철학이라면 보통 공자님 사상이라고 알고 있잖아요.?"

"대다수가 그렇게 알고 있지요. 하지만 그 시원은 우리 배달 한민족 뿌리를 동방 아시 땅에 세워주신 조상신 환웅천제로부터 심어진 바로 그 우주 섭리의 원문도에서 비롯된 것이랍니다. 그 사상이 태초 본자연으로 존재하신 영계에 의해 비롯된 대자연의 신계, 그리고 그 신계의 창조와 고리를 잇고 있는 자연이라는 인계가 본자연하신 하나님 호흡이라는 그 기운행의 한틀 속에서 운행되어지고 있다는 바로 그 논리가 바로 동양철학을 낳게 한 그 우주 사상이었다는 거 아닙니까. 이해가 되십니까?"

"참으로 오늘 뜻밖에 새로운 공부를 많이 하게 해주시네요. 옷깃만 스쳐도 인연이라더니…."

"듣고 이해하는 것도 아무나 하는 게 아니기 때문에 예수께서 귀 있는 자는 들으라고 하시고 진주를 개한한테 던지지 말라고 하셨지 않겠어요. 그런데 오늘 이렇게 서로 소통을 한다는 게 어디 쉬운 일이겠어요? 그 만큼 전생에 나름대로 그 공부를 해왔기 때문에 귀가 열려 있다는 거죠."

"아, 그래서 부처님께서도 중생들이 닦아온 영혼 근기가 각기 다르기 때문에 방편 법을 쓰신다고 하셨던 거군요."

"생각해보세요. 유대 땅에 출현하신 예수께서 그 백성들을 향해서 내게 와서 하늘나라 진리의 말씀을 듣고 영혼 거듭남을 입으라고 외치셨지만 그 거듭남이 뭔지를 알아듣지 못하고 우리가 어찌 어머니 뱃속으로 다시 들어 가냐고 비웃었다는 거 아닙니까.

그런데 그 말을 그래도 이해하고 따른 제자가 겨우 열 둘 이었는데 고기를 잡든 베드로를 비롯해서 신분적으로 그 시대 가장 천한 위치에 있었다는 거 아닙니까. 그래서 예수께서 외모로 사람을 보지 말라고 하셨듯이 그래서 특히 말세에는 사람을 외모로 보지 말라는 인존시대라고 성현들께서 경고를 하셨다는 거 아닙니까."

"그러니까 제가 성당을 다니다가 고개를 돌렸지만 그것도 어찌보면 기초 공부였던 것이네요 그죠?"

"그게 전생이든 현생이든 이 세상에 와서 배워야 할 기초 공부라는 거 아니겠어요? 그 기초 공부를 하게 한 것이 여호와 초등학문으로 율법이 세상의 이치를 깨닫게 하는 공부였다는 것이지요. 그 기초 공부가 안 된 사람은 고등학문을 이해 할 수가 없다는 것이고, 그런 뜻에서 예수께서 나는 율법의 완성이니라, 하셨다는 거 아닙니까."

"아, 그래서 예수님이 학교 문전에도 가본 일이 없지만 제사장들에게 묻는 폼이 달랐다고 했군요. 성경에…."

"그게 어디 예수님뿐 이랍니까. 이 세상에 출현했던 천재과 들이 거의 비슷한 전력을 가지고 있잖아요. 에디슨이나 베토벤, 쇼팡 할 것 없이 어느 분야에서나 두각을 나타낸 천재들이 다 그렇게 고급한 영재들이었다는 거 아닙니까.

"어머 정말 그렇네요. 세계적으로 명작을 남긴 작가들도 그렇구요."

"그러니까 각자가 그렇게 몸 기운을 가지고 이 세상에 태어난다는 것이지요. 그래서 예수께서 지적하신 초등학문 율법시대는 그들 무지에 대한 속죄물로 양을 잡아 여호와를 대면하는 성전에 갔다가 바치면서 빌고 그 허물을 용서 받았던 것처럼 나 역시도 그 공부를 이 세상에 와서 하느라고 지난날 그 수업료를 낭창하게 갖다 바쳤다는 거 아닙니까. 핫, 하하…."

"그러니까 본질적인 하나님이 아닌 여호와가 초급하게 가르친 것이 그 물질제사였으니까 오늘 무당들이 시키는 짓이나 다를 것이 없었네요. 흥!"

"그게 바로 성자 출현 이전은 다신 숭배시대로 샤머니즘 시대였다는 거지요. 그래서 예수께서 여호와는 본질상 하나님이 아니라고 지적하셨던 바로 그 이유였지요.

그러니까 불교의 스승 붓다가 인도에 출현하기 이전 원주민들 역시도 마찬가지였답니다. 그게 기복신앙으로 붓다 역시도 그 백성들을 향해 이제 그 기존의 사상에서 깨어나라고 외치시다가 그 제사장 바라문도 들과 사이에 수없이 마찰을 빚었다는 거 아닙니까."

“그러니까 불교나 기독교나 원시시대 기복신앙을 성현들 말씀 위에다가 업고 들어온 거군요. 그래야 물질이란 제사 돈이 따라들어 올 테니까요. 훗, 후후”

“그게 바로 성자들 출현이전에 지구에 내려와 인간 종자씨를 뿌리고 가꾼 하나님의 종 심부름꾼 들이 보인 행사로 근본적인 하늘의 이치를 가르쳐 줄 수가 없었던 샤머니즘 시대였다는 거 아닙니까. 그래서 예수께서 하신 말씀이 천지를 창조하시고 총괄하시는 하나님은 무엇이 부족한 것처럼 물질을 원하지 않으신다고 그 율법제사를 폐하라고 하셨고, 또 너희 마음을 성전 삼고 늘 깨어서 기도하라고 하신 그것이 바로 영혼을 거듭나게 하는 진정한 영적예배라고 하셨다는 거 아닙니까.”

“정말이지 샤머니즘시대에서 진리의 성자시대로 완전히 시대 개혁이네요. 그죠…? 그런데 그 여호와를 태초 우주만물을 창조하신 전지전능하신 하나님으로 믿으라니 어쩐지 이해가 되질 않드라니까요. 머리만 어지럽고….”

“그러니까 그 하나님의 종들이 행사하던 초등학문시대를 마감하기 위해서 만세전에 그 희생의 제물로 예정되어 있었다는 것이 성자 예수에게 이미 정해져 있었다는 운명이었다는 거 아닙니까.”

“말하자면 예수님이 인류 구원의 영적인 산 제물로 그 샤머니즘 시대를 종결하기 위해서 오셨다는 뜻이네요.”

“그렇지요. 그게 바로 초급한 기초 공부를 이제 마감하라는 뜻이지요. 그것이 섭리에 의한 시대변화로 영혼 성숙을 위한 고등학문의 영혼 제사법을 배우라고 하시고, 온전한 그 마음을 산제사로 드리라는 모델로서 희생이 된 예수님이셨다는 거 아닙니까.

하지만 인간들이 그 이치를 이 세상에 와서 다 깨우치지 못하니까 영혼성숙을 위해서 단계적인 그 수순을 밟게 한다는 것이 생사윤회의 대자연법칙으로 각 사람마다 이 세상에 타고난 운명의 길이 각자 정해져 있다는 거 아닙니까. 불가에서….”

듣고 있던 그녀가 고개를 주억거리면서 그 말을 받았다.

"그 운명론이 동양철학에서 각사람 생년월시를 바탕으로 풀어보는 사주학으로 정해진 운명론이네요."

"그 모델이 예수님이고, 또 세례요한 역시도 그가 이 세상에 와서 해야 할 일이 예수님을 하나님의 아들로 증거를 해야 하는 그 일이 이미 정해져 있었다는 운명론이라는 거 아닙니까. 또 예수를 팔아 넘겨야 할 악역을 맡고 왔다는 가롯 유다 역시도 그렇구요."

"듣고 보니 이제 좀 이해가 되네요. 부처님께서 각자 정해진 운명대로 이 세상에 와서 고통을 받는 다는 한 생의 삶이 고통의 바다로 영혼 성숙을 위한 닦음의 도장이라 하셨지요."

"그거보세요. 항차 하나님의 아들 성자 예수께서 이 세상에 오셔서 보여 주신 것이 바로 그 십자가를 짊어져야 하는 운명에 순종하는 아들로 그 모델이 되어 보이셨다는 거 아닙니까.

하지만 인간육신 형태로 오셨기 때문에 그 운명 앞에서 아버지여! 이 쓴잔을 내게서 면하게 해주실 수 없느냐고 절규하셨지만 결국, 그 운명에 순종하는 아들의 모습으로 무거운 십자가를 짊어지시고 골고다 길을 올라가시면서 그 고통에 넘어지고 쓰러지고 하셨다는 거 아닙니까.

그게 우리에게 보여 주신 교훈으로, 예수께서 하신 말씀이 누구 에게나 각자가 짊어져야 할 고통스러운 십자가가 있다고 하시면서 하나님은 감당하지 못할 십자가 이외는 주지 않는다고 하셨지않겠어요?

그러니까 이 세상에 태어난 인간은 누구나 운명적으로 주어진 십자가를 짊어지고 때로는 시행착오로 넘어지고 쓰러져 허위거리면서 하늘을 원망하기도 하지만, 그 고통의 눈물을 흘리지 않는 사람이 어디 있겠어요. 그래서 우리 속담에 쌍가마 속에도 울음이 있다고 한 거 아니겠냐구요. 그게 정해진 운명론이라는 거죠."

"그러고 보면 우리나라가 이렇게 남북으로 갈라져서 살상대결로 피를 흘리고 고통의 피눈물을 흘린 것 역시도 다 정해진 하늘의 뜻이었다고 봐야 하겠네요. 그죠?"

"만사가 그렇게 다 하나님 섭리가운데 여정되어 있다는 것이니까 믿고 기다려 봅시다. 우리나라가 하나님 제사권 민족으로 순백의 천손민족이라고 했으니까 지구 개벽이 오기 전에 분단의 아픔부터 먼저 풀어주시지 않겠어요?"

사실 성경 뿐 아니라 모든 종교의 경전의 말씀들이 우주만물을 지으셨다는 하나님의 섭리는 만세 전부터 나라의 흥망성쇠도 인간의 운명이나 마찬가지로 정해져 있다는 뜻을 모두 담아두고 있었다. 그렇다면 하나님이 예정하신 지구 대파국이 오기 전에 먼저는 남북통일의 문고리를 열어줄 것이라고 믿어졌다.

그처럼 지고한 우리 배달한민족 조상뿌리의 정신이 이 동토凍土에서 다시 불이 켜지면서 마침내 지구촌 전쟁을 종식시키는 평화의 등불로 지구 개벽 이전에 그 불을 밝혀 들고 세계의 스승국으로 나가게 된다는 것이 성경뿐 아니라 현자들의 예언이기 때문이다.

그 준비를 위해서 오늘 우리가 해야 할 일은 민족자존의 '얼'을 되찾고 이 땅에 새롭게 펼쳐야 할 지상천국 이념의 정신개벽부터 먼저 일어나야 한다고 생각했다.

그것이 지구촌에 동양보다 물질문명을 앞세운 서양의 이분법적 사상대립을 종결시키는 하늘 천법天法의 대도大道로서 그 처방이 우리 배달한민족 뿌리에서부터 심어진 조화의 사상이기 때문이다.

신학박사 목사님의 양심고백

오늘 문명화된 현생인류는 과거와는 달리 논리에 부합되지 않는 종교는 미신이라고 고개를 돌리기에 이르렀다.

그만큼 현대인들은 합리적이지 못한 서구 유일신唯一神 논리에 왜? 라는 질문을 던지게 되었다. 그러나 성직자들은 신의 이름을 내세워 '의심은 죄니라' 하고 무조건적인 맹신을 강요해 오고 있다. 하지만 지구촌은 이제 4차원의 신문명 시대로 돌입해 들어가고 있다.

오늘 현대인들의 지적 의식은 이제 변화를 보이기 시작하면서 서양 문화권에서 만들어져 나온 기독교리의 원시성을 가감하게 비판하기에 이르렀다. 그 비난의 화살은 '유일신'에서 깨어나야만 진정한 자아를 찾음과 동시에 인간 존엄성을 회복하게 되며. 또한 인류의 평화를 기대할 수 있다고 말하기를 주저하지 않고 있다.

그러한 기독교 문제의 시비 사건이 지금으로부터 30년 전에 한국 기독교 교의에서도 있었던 일이다. 그분은 한국 기독교 장로회 제1호 안수 목사로 기독신학대학원 등 5개 신학교 교수 역임을 13년 동안 지내오신 김 경 목사님이셨다.

연이가 그 분을 처음 알게 된 것은 20여 년전의 일이다. '국제 펜클럽' 행사 모임에서 서로 인사를 나누게 되었다.

그 분은 이북 함경도 출생으로 서양문화권에서 들어온 기독교를 일찍이 받아들이고 추종해 왔었다는 집안 내력이었던 만큼 이북에서 월남을 하고 성직자로 생활해 오신 분이셨다.

그 목사님과 첫 만남이후 개인적인 만남을 갖게 되었을 때였다. 손에 들고 나오신 시집 한 권을 건네주고 넌지시 웃으시면서 입을 열으셨다.

"모든 육체는 풀과 같고 그 모든 영광이 풀의 꽃과 같으니 풀은 마르고 꽃은 떨어지나 오직 주의 말씀은 세세토록 있도다. 하셨으니 나 이제 살만큼 살아온 세상에 양심고백이나 하고 가려고 쓴 겁니다."

조용하면서도 진중하게 건네시는 그 분의 말씀이 역시 성직자 생활을 오래하신 목사님다워 보였다. 시집 제목이 〈신과 철학자 그리고 시인〉이였다.

귀한 책을 주셔서 감사하다는 눈빛을 보내며 첫 장을 넘겼을 때였다. '하나님 질문 있사옵니다.' 그 제목에 이어지는 시구詩句들이 너무나 놀라워 눈이 크게 떠지면서 저절로 외마디 비명이 튕겨져 나갔다.

"어머…?!"

일평생을 성직자 생활로 일관해 오셨다는 목사님으로서 도무지 믿어지지 않은 충격적인 양심고백이었다.

"핫, 핫 하…. 왜 그렇게 놀라슈?"

"신도들이 이런 질문을 하게 되면 의심은 죄라고 무조건 믿으라는 성직자들인데…."

"신학박사라는 사람이 어떻게 그런 질문을 하느냐 그거지요?"

"도무지 믿어지질 않네요. 정말…."

"그러니까 양심고백을 한다는 거 아닙니까. 신도들이 성서적인 의문을 던질 때마다 저 역시도 그랬었지요. 하나님은 아둔한 인간 머리로서는 이해되지 않습니다. 무조건 믿으십시오. 그래야 복을 받습니다. 하고 말입니다. 훗, 후후…."

그리고 웃으시면서 다시 입을 열으셨다.

"그리고 또 뭐라고 한지 아십니까. 미국이란 나라가 저렇게 부강해진 이유가 국민들 거의 대다수가 다른 신을 섬기지 않고 의심 없이 유일하게 여호와 하나님만 전지전능하신 하나님으로 믿고 잘 섬겨 왔기 때문이라고 했었지요."

그 교리가 서양문화권에서 들어온 기독교 유일신론唯一神論으로 여호와 숭배사상임에는 틀림이 없다. 그러나 그러한 기독교리를 자신부터가 지금까지 신도들에게 설파해 왔지만, 그러나 이제 솔직히 양심에 가책을 느끼고 그 고백을 시제詩題로 삼아 세상에 펼쳐 보이신 것이라고 했다.

참으로 너무나 놀랍고 충격적이었다. 그것도 신학박사라는 직함을 가지고 있는 성직자로서 감히 그런 질문에 용기를 낼 수 있었다는 것은, 참으로 비장한 각오가 아니면 도저히 엄두조차 낼 수 없는 일이었기 때문이다.

연이는 김 경 목사님께서 의문으로 제시한 충격적인 그 시구詩句에 매몰되면서 단숨에 눈도 떼지 않고 읽어나가기 시작했다.

하나님 질문 있사옵니다.

첫째—
나의 주 여호와 하나님

나 일찍이 어머니 뱃속에서부터
하나님을 믿어 내려와
이제 팔십 고개 밑에 이르도록
하나님의 말씀'성경'을
믿고 먹고 살아오면서
모든 말씀을 긍정적으로 믿어왔는데
이제 저만치 다가오는
인생의 종말을 바라보면서
믿어온 말씀, 배워온 말씀
그 속에 이해가 안되는 것 있고 또 있어
이 세상 떠나기 전에
그 의문을 시원스럽게 풀지 않고는

참아 눈을 감을 수 없어
질문을 드리오니 풀어주옵소서,

꿈속에서 아물아물 흐리멍텅하게
계시라는 아리송한 연막을 치지 마시고
현실 속에서 귀에 쟁쟁 가슴에 뭉클
눈으로 보이고 손으로 만지듯
바람소리 아닌 음성으로 들려주옵소서,
태초에 하나님께서
천지 만물과 사람을 창조하시고
아담과 이브에게 말씀하시듯
야곱과 모세를 대면하고 말씀하시듯
여호수아와 기드온에게 말씀하시듯
직접 말씀을 듣고 싶나이다.

첫째 : 선악과의 원죄에 대하여

에덴동산에 어찌하여 선악과나무를 심어
전지전능하시다는 아버지께서
미련한 인간들 호기심이
반드시 선악과 따먹을 줄 뻔히 아시면서
죄악의 덫을 만드신 일
난 이해 할 수 없나이다.
깊은 우물가에 아기를 세워놓고
너 여기 들어가지 마라,
들어가면 빠져죽어 함 같나이다.
우리 미련한 인간들도
그런 위험한 짓은 안하거늘…
천지 창조 법칙에 밤과 낮
음陰과 양陽 남男과 여女
그 이치는 원리 원칙이거늘

선과 악은 무엇 때문에 만들어 팽개쳐서
오늘까지 이 세상 이리 물고 찢고
먹고 먹히며 뺏고 뺏기며
죽고 죽이게 하셨는지
참으로 심술궂나이다.

하나님의 피조물인 인간은
자식을 그렇게 올가미 씌우려고
시험하지 않나이다.
금지옥엽 감싸고 감싸
다칠세라 넘어질세라 입으로
호호, 후후 젖은 자리 마른자리
이리저리 골라가며 누이고 앉히고
조심조심 길러가거늘
전지전능하시다는 하나님께서
꽃동산 에덴에 선악과 심어서
따먹게 버려두셨나이까,
그리고도 모자라서
사탄의 종자 뱀을 집어넣어
여자를 농락하도록 내 버려두시고
그 여자로 남편을 꼬셔서
선악과 함께 나눠 먹게 하시고
일이 끝난 뒤 어슬렁어슬렁 찾아가
"아담아, 너 어디 있느냐?
그 능청 부리셨나요
아! 원통하여라
그 작은 실수 그 호기심
그것이 무슨 큰 죄가 된다고
당장 에덴에서 쫓아내
허허벌판 가시덩쿨 속으로

내 몰았나이까

우리 인간은
그 같은 실수라면
한번쯤은 눈감아 주옵지요
그건 몰라서 그러는 것이지
하나님을 거역하려는 거 아니었지요.
이성에 눈뜬 여자가 호기심으로
한번 걸려 들어간 것이지요.
그 실수는 무지몽매한 연고
원인 제공하신 분은 아버지십니다.
뱀! 그 자는 얼마 전까지
하나님의 천사 아니었나이까,
심하게 말씀 드린다면
전지전능하신 하나님 시나리오에
주역 배우로 등장한 여주인공 이브에
남자 주인공 아담이 희생양이 된 것 아니오이까
그러므로 인간의 원죄에 대한 책임은
사람에게만 전가시킬 일이 아니외다.

둘째 : 내종 바벨론왕 '느브갓네살'이라니

(예레미야 25장 9절)

아버지께서는
예레미야 선지자를 통하여 말씀 하실 제
내 종 바벨론왕 '느브갓네살' 이라 부르시고
그에게 이스라엘 모든 백성을 70년 간
위임 통치케 하신 일
이것 참 기가 막히오이다.
저는 이방인이요
하나님의 백성과는 적이거늘

어찌하여 저가
아버지의 종이 될 수 있으며
종이 주인을 굴복하여
통치의 미명아래 압박과 설움
눈물과 피 흘리는 고통 주실 수 있나이까,

아버지께서는 만왕의 왕이시오
전지전능하신 조물주라고 하시었거늘
원수의 손에 자손들을 넘기시다니
아아! 원통하고 슬퍼라
이런 법은 하늘 위는 물론
하늘 아래 이 땅위에도 없어야 함이외다.
있어서는 안되오이다.
원수는 원수를 갚고
죽음은 죽음으로 갚고
이건 세상과 지구를 망치는 일이외다.
그 세월 지나간 뒤에는
또다시 바벨론 왕
그 나라와 그 백성 벌하셨으니
아버지의 보복과 징계는
선하신 조물주의 인상에
전혀 어울리지 않으시오이다.
아버지! 아버지 나의 아버지시여
아버지는 어떻게 두렵고 무서운지요.

셋째 : 마귀의 앞잡이된 성령

(마태4장 1절)

여기 보면, 그때에
예수께서 성령에게 이끌리시어
마귀에게 시험을 받으러

광야로 가사 하였나이다.

인류의 시조 아담과 하와
시험한 자 뱀이요. 원체는 천사이니
범죄의 주범은 타락한 천사요
사람은 그 종범從犯이거늘 어찌하여
주범 천사는 씨를 말려야 하옵는데
오늘까지 지구상에 남겨둬서
인간을 괴롭히고, 전쟁을 일으키며
국가와 사회와 가정을 계속적으로
파괴하도록 방관만 하시나이까
그리고 사람은 자손만대
조상의 원죄를 뒤집어쓰고 죽어야 하나이까
죽음이 닥칠 때마다
하나님 형상을 닮은 자손들
통곡소리 하늘에 닿았건만
아버지께서는 들은 척 마는 척 하시오이까

성령께서는 진리와 정의를 잡수시고
할 일이 태산 같거늘
인간 시장 뚜쟁이처럼
마귀의 앞잡이가 되어
하나님의 독생자까지 끌고 다니며
마귀에게 인신매매를 하시나이까
윗물이 맑아야 아랫물도 맑다고 했는데
성령께서 마귀의 앞잡이가 되는 판국에
하나님의 독생자이신 우리 구주
예수그리스도까지 성령께서 이끌어
마귀에게 인신매매하는 하늘의 법도라면
이 땅위에서나 백주 대로상에서나

혹은 가택 침입으로나
사람이 다치고 목숨 뺏기고
징조가 망조되는 것쯤은
다반사가 아니겠나이까

이러고서야
어찌 이 땅위에서
하늘의 뜻이 이루어지리오이까
하늘나라 법도가 엉망진창인데
지구상이 조용할 수 있사오리까
더군다나 그 모든 죄악의 책임은
하늘에 하나도 없고
모두가 땅위에 사는 자만이 짊어지고
멸망의 구렁텅이로 떨어져야 하나니
아! 슬픈지고 슬픈지고
이게 어디 말이나 되나이까,

아버지! 나의 아버지 하나님
제가 드리는 말이 잘못되었다면
곧 타일러 주옵소서
저는 하나님께 반항하는 것 아니옵고
사실대로, 느낌대로, 본대로, 들은대로
말씀드려 아뢰는 입장이오니
그렇다고 형벌은 내리지 마사이다.
나는 이 세상사는 동안
얼마나 많은 형벌을 받았는지
헤아릴 수가 없나이다.
남을 헤치는 자가 받아야 할 형벌인데
사람들의 모함과 멸시 천대를 받아가며
일본 제국주의 시대에는

4살에 순국 선열 아버지 잃고
학생시대는 일본 기독교 반대하다가
교단과 신학교에서 축출 재명 당하고
해방후 삼팔 이북 공산 정치하에서는
공산 독재정치 반대하다가
잡혀 들어가 몰매 맞고 죽다 살아났고
이후에 삼팔 이남에 와서 6 · 25 당시에는
삼천리 금수 강산에 피눈물 흘리며
권총 앞에 벌벌 떨며 겨우 겨우 목숨부지
자유당 독재 정부하에서는
불법, 무법 자유당 규탄하다가
선거사범 1호로 잡혀가서
다 된 국회의원 빼앗기고
군사혁명 일어난 1961년 이후에는
농촌 교육사업 진행하다가
관건 방해로 문 닫혀 버리고
제천지방에 대학을 설립하다가
멸시, 천대, 모략, 중상 투옥 당하며
질곡의 인생 70년을 살아왔으니
제발 하나님께서만은
꼭 보살펴 주셔야 되오이다.

너무나 놀라운 목사님의 양심선언 고백이었다. 그 시구詩句에 함몰되어 있을 때였다.

"이제 그만 집에 가셔서 읽으시고 이야기나 좀 나눕시다."

고개를 들어보라는 목사님의 말이었다.

"세상에 이럴 수가…."

연이는 자신도 모르게 입 밖으로 엷은 비명소리가 새어나갔다.

기독교 신학박사님으로서 참으로 놀라울 정도로 충격적인 성서 의문제시였기 때문이다.

그처럼 솔직하게 양심고백을 털어놓은 목사님의 용기가 더 없이 달리보이면서 새삼 존경스럽기까지 해보였다. 연이 역시도 과거 기독신앙에 심취해 있을 때 그와 같은 의문이 이따금 머릿속을 어지럽혀 왔었기 때문이다.

그런데 그것도 평생을 목회생활만을 하신 성직자의 신분으로 그런 의문 제시를 지면을 통해 노골적으로 펼친다는 것은 그야말로 너무나 놀랍고 충격적이었다.

그러나 한편으로 그 용기가 조금은 염려가 된다는 듯이 물었다.

"목사님께서 이런 양심고백을 노골적으로 했을 때 교계에서 어떻게 나올지 생각해 보셨어요?"

"적어도 양심 있는 목회자라면 그런 의문은 누구나 갖고 있을테니까 동조를 하겠지요. 그래서 누군가는 해야 될 일이라고 생각하고 용기를 냈다는 거 아닙니까. 지금 설파하고 있는 기독교리는 사실상 영혼의 요구보다도 문명화의 현실적인 방안으로 미국의 번영이 기독교라는 정신적 가치에 토대를 둔 민주주의에 있다는 생각을 갖게 되어 있지요. 그것이 세상적인 부를 추구하는 이상향이란 것을 목회생활에서 보아왔기 때문에 그 의문 제시에 궁여지책으로 의심은 죄가 된다고 그렇게 포장을 해왔지만… 정작 내 자신은 거기에 대한 많은 의문점을 갖고 고민을 해오다가 마침내 용기를 냈다는 거 아닙니까."

"그 용기가 정말 존경스럽습니다. 아무나 할 수 없는 일이니까요. 사실 저도 어려서부터 누구보다도 기독신앙에 심취해 왔었지요. 그런데 저 역시도 목사님과 같은 의문에 회의를 느낄 때가 많았어요. 그런데 하나님의 축복이었던지 어느 땐가부터 우리 한민족 뿌리역사 공부를 하게 되면서 오늘 서구신학의 문제점이 무엇인가를 발견하게 되었지 뭡니까."

"그 참 다행입니다. 그 의문의 생각이 저와 같았다니까… 사실 오늘 문명화된 현생인류는 과거와는 달리 논리에 부합되지 않는 종교는 미신이라고 고개를 돌린다는 거 아닙니까. 핫, 하하."

"아무튼 저역시도 여호와는 전지전능하신 하나님의 위상으로 격상시켜 설파하는 서구신학자들의 논리는 어쩐지 합리적이지 못하다는 그런 의문이 들었지 뭐예요. 그런데 우리한민족 뿌리역사를 공부하다 보니까 서구신학 교리는 진정한 기독교 정신이 아닌 구약과 신약을 혼합시킨 쑥물이라는 생각이 들지 뭡니까."

"혼합된 쑥물이라…?"

그 말에 언뜻 이해가 잘 되지 않는다는 표정이었다. 눈을 꿈벅거리며 연이를 쳐다봤다. 하긴 그 뜻이 이해되시었다면 그런 의문의 양심고백은 하지 않았을 것이라는 생각이 들면서 다시 말했다.

"목사님 앞에서 감히 제 의견을 이렇게 내놓아도 될지 모르겠네요. 엄격히 분석해 보면 구약과 신약은 엄연히 다른 세계관이드라구요. 그런데 그처럼 다른 세계관을 하나로 묶어서 설파하는 게 영생수가 아닌 혼합된 쑥물 아니고 뭐겠어요. 지구촌 전체 인류가 유대인 아담의 후손으로 믿게 하는 논리가 오늘 기독신학이잖아요."

"그렇지요 엄연히 그 피부 색소가 다른 오색인종인데 아담의 후예 그 뿌리라고 가르쳐 왔으니까요. 저 부터도…."

"그게 바로 기독신학의 문제점이라는 생각이 들지 않겠어요? 요한계시록을 보셨을 테니까 아시겠지만 거기에 분명히 보라! 사단의 회 곧 자칭 유대인이라 하나 그렇지 않고 거짓말 하는 자들이라고 기록해 두고 있는 게 뭐겠어요? 사실 그렇잖아요. 지구촌 오색인종 그 조상 뿌리가 엄연히 다르기 때문에 예수께서 그 기독교 정신 사랑을 족속을 초월해서 전파하라고 제자들에게 당부하셨던 거 아니겠어요? 그런데 유대인 뿌리 아담의 후손으로 묶어 설파하는 서구신학자들 가르침이 그 사단의 회가 아니고 뭐겠어요."

"허허…. 언제 그렇게 성경 공부를 많이 하셨소, 나는 부끄럽게도 이제야 그 성구 의문점을 양심 고백으로 내놓는데…."

"이제라도 그렇게 양심고백을 하신다는 게 성직자로서 아무나 하겠어요? 그렇다면 분명히 한국 교계의 반응이 있었을 텐데요. 더구나 신학박사님께서 그런 의문의 고백을 펼치셨으니까요."

"죽을 각오를 하고 용기를 낸 것이지요. 사실 그 의문을 지면에 내놓기 전에 그 풀리지 않는 의문을 로마 교황청 바오로 이세 앞으로 두 번에 걸쳐 이의를 제기 했다는 거 아닙니까. 그런데 어찌된 일인지 로마 교황청은 묵묵부답이라, 허허허…."

"거기에서도 의심은 죄가 된다고 말해오지 않던갸요? 훗, 후…."

"응답은 일체 없고… 그러니 더 답답했다는 거 아닙니까. 그래서 어쩔 수 없이 죽기 전에 그 의문을 풀고 가야겠다는 생각에서 그 의문 제시를 여러 지면을 통해 호소를 했었지요."

다음 말이 여간 궁금하지 않았다. 채근을 하듯이 다가 앉으면서 물었다.

"반응이 어땠어요?"

"결국 한국 교계에 크게 물의를 일으킨 문제의 인물로 주목을 받게 되었지 뭡니까. 예상했던 그대로 불이익을 당할 수밖에요."

그 일로 김 경 목사님은 충북에서 목사 현직 중 기독혁명 50개조를 발표했다는 죄목으로 성직을 박탈당했었다고 했다.

말씀하시는 것으로 미루어 그 의문은 목회자나 신학박사들이 지금까지도 풀어내지 못하고 있는 기독신학의 문제점인 것만은 틀림이 없다는 생각이 들었다.

목사님은 진지하게 듣고 앉아 있는 연이의 표정에 다시 말을 이었다.

"사실 구약 성경을 읽어본 기독교인이라면 누구나 그런 의문을 한 번쯤은 가질 만하지요. 예수께서 지칭하신 내 아버지 하나님은 분명히 전지전능하신 하나님이라고 했고, 우주와 만물을 태초 빛의 말씀으로 창조하신 하나님이라고 하셨지요. 그런데 구약에서 성호를 붙이고 지구에 내려와 물질 인간 아담과 이브를 창조하고 그들의 무지를 한탄했다는 여호와가 그래, 전지전능하신 하나님의 위상으로 보여 지던가 말입니다."

"맞아요. 저도 그게 의문이었어요. 그리고 또 풀리지 않는 의문이 교회 목사님 설교대로 인류 최초의 조상이 아담과 이브라면 그 이스라엘 민족과 이웃하고 있었다는 이방민족은 누구 자손이기에 여호와가 그 이방민족과의 전쟁을 말려야지 오히려 전략전술까지 가리켜 주면서 그 전쟁을 앞서 지휘하느냐는 거죠. 안 그래요?"

"잘 보셨소, 구약의 기록에서 보여 주고 있는 여호와의 행사 모습은 예수께서 지칭하신 사랑의 하나님 모습과는 거리가 멀게 느껴지거든요. 더구나 이방 민족을 산골짜기로 유인해서 거짓말 잘하는 영까지 동원했다는 거 아닙니까.

어디 그 뿐입니까? 여호와가 그 백성들을 향해 이방 민족 풍속을 쫓지 말라고 못을 박아 두고 있는데 그처럼 경계를 가르는 그 이방 족속들은 그럼 어디에서 비롯된 누구 자손들이냐 하는 것이지요. 그렇지 않습니까? 지구촌 전체 인류가 아담으로부터 비롯되었다는 단일적인 논리가 서양에서 들어온 기독신학이라 로마 교황청에다 그 의문제시를 했던 거죠. 흠…."

"어머! 어쩜 제가 가지고 있던 그 의문 그대로 똑같으시네요. 그 당시에 이스라엘 백성들과 이웃하고 있었다는 이방민족 역시도 그들 조상 뿌리를 세우고 다스려 나온 조상신이 분명히 따로 있었다는 기록이잖아요. 그들 민족수호신이 따로 있었기에 그 호흡의 가르침에 의한 것이 그 민족 정신문화를 이루어 나온 풍속도였다는 거 아니겠어요?"

"허허허… 내 짐작과 같으시구만, 그들과 이웃하고 있었던 이방 족속들 역시도 그들의 창조 수호신을 달리하고 있었기에 여호와가 그 이스라엘 백성들에게 나 이외는 다른 신을 섬기지 말라! 그리고 또 나는 질투하는 하나님이라고, 하지 않았겠느냐 그 생각이지 뭡니까. 질투란 상대가 동등한 격으로 느껴졌을 때 보편적으로 쓰는 말인데 그 이방 족속들이 섬기는 신들을 전능하시다는 하나님이 그렇게 의식하고 질투를 한다는 게 도저히 이치적으로 맞지를 않아서 그런 저런 의문을 좀 풀어달라고 한 것이지요. 로마 교황청에…."

"아무튼 대단한 용기십니다. 사실 전지전능하시다는 여호와 하나님이라고 한다면 그 이방민족이 숭배하는 신의 존재를 그렇게 대등하게 평행선에 놓고 의식한다는 것이 이치적으로 맞지 않지요. 현대인의 의식이 과거 무지스러웠다는 원시시대 인간들도 아닌데…."

"그러니 그 서구신학자들 성서 해석에 문제가 있다는 것이지요. 신도들이 그 여호와를 의심하면 죄가 된다고 저 역시도 그렇게 무지스럽게 설교해 왔었지만, 사실 양심에 가책이 돼서 도무지, 핫, 하하…."

그야말로 가슴 속에 해묵은 고백을 동반하고 웃으시는 그 웃음조차도 너무나 맑고 진솔해 보였다. 아니 진정한 그리스도인이라는 생각까지 들면서 다음 말이 기다려졌다.

"생각해 보십시오. 이스라엘 백성들이 여호와 명령의 계율을 어기고 이웃하고 있는 이방 민족 신을 쫓아가서 섬겼다고 진노하고 그 벌로 애굽백성 노예로 사백년 간 종살이를 시켰다는 것이 전지전능하시고 사랑이 많으시다는 하나님 인상에 부합되는 논리냐는 거죠."

사실 구약의 기록에서 '나는 이스라엘 하나님 여호와로다!'하고 선포를 하고 있다. 그것은 지엽적인 민족 수호신임을 분명하게 나타내주고 있음이다.

목사님의 양심 고백에 대화의 거리감이 좁혀지면서 그 정신 내면의 세계로 깊이 빠져들어 가고 있었다.

"사실 저도 목사님과 같은 의문을 가지고 있었지 뭐예요. 예수께서는 분명히 나는 아버지 일을 행하러 왔노라고 했고, 또 네 이웃을 내 몸과 같이 사랑하라고 이르셨잖아요. 그런데 너와 나를 그처럼 개체적인 이분법으로 가르고 전략전술로 정복문화 정신을 심어준 여호와가 예수님 아버지라면 그건 원수까지도 사랑하라는 기독교 정신에 위배되는 것이 잖겠어요?"

"그게 제 의문이라는 거죠. 예수께서는 분명히 내 아버지는 사랑이

시라고 했는데 보여주는 여호와 하나님 행사는 도무지 거기에 어울리지 않으니 말입니다. 흐흥!"

사실 문명된 현대인으로 의식이 깨여있는 기독교인이라면 누구나 그런 질문을 던질 수 밖에 없다. 그처럼 이웃 민족과의 사이에 전쟁이나 진두지휘 해온 여호와를 기독교 스승 예수님 아버지라고 십자가 위에 얹고 설파하고 있는 것이 오늘 서구기독신학 논리기 때문이다.

그것은 합리성이 없는 논리임에는 틀림이 없다. 그런데 목사님 역시도 그 의문의 성구를 들어가면서 다시 말을 이었다.

"도무지 성경과 서구신학 논리가 이치적으로 맞지를 않지 뭡니까. 그래서 용기를 내서 로마 교황청에 두 번에 걸쳐서 의문 제시를 했던 것인데 끝내 묵묵부답이라…."

"그럼 예수께서 그 백성들로부터 외면을 당하고 이단의 괴수로 내몰려 십자가에 매달리셔야 했던 이유가 뭐라고 생각하세요 목사님은…?"

"여호와 하나님은 그 이스라엘 백성들에게 이방민족과 철저하게 대결을 하는 전략법을 가르쳐 주곤 했었는데, 하나님 아들이라는 예수가 그 백성들을 향해서 원수를 사랑하고, 네 이웃을 내 몸과 같이 사랑하라고 하시니 그 시대에 이단일 수 밖에요. 여호와 하나님 가르침은 그게 아닌데…."

연이는 잠시 사이를 두고 그 생각을 말했다.

"그 백성들이 절대자 하나님으로 믿고 있는 여호와 율법 십계명을 초등학문이라고 낮추어 말했고, 또 갈라디아서에 보면 예수께서 그들이 전지전능하신 하나님으로 믿고 있는 여호와를 본질상 하나님이 아니라고 폄하했기 때문 아니겠어요?"

"그러니 귀신이 들렸다고 내친거죠."

"오늘 기독교에서 말하는 여호와가 예수께서 말씀하신 그 하나님 아버지라면 아들이 아버지를 그렇게 낮춰서 폄하할 수 있었겠어요?

그러니까 그들이 예수를 십자가에 매달아야 한다는 이유가 바로 그 백성들이 절대자 하나님으로 믿고 숭배해 온 여호와를 폄하했다는 것이고, 그게 바로 불경모독죄에 속한 참수형의 이유가 아니었겠느냐는 거지요."

"허허… 이제 보니 내 짐작과 같군요 그게 정답일 겁니다. 그런데 지금까지 서구신학 논리가 예수가 여호와 하나님 아들이라니… 도무지 이치적으로 맞지를 않아서 부끄럽지만 양심 고백을 하기로 한겁니다. 그런데 뜻밖에 오늘 이렇게 소통을 할 수 있는 분을 만나게 해주시는 군요. 하나님께서…."

그 생각은 연이 역시도 마찬가지였다. 오래간만에 거짓 없는 참 목사님을 만나게 되었다는 것이 더 없이 반갑고 기뻤다. 그 또한 하나님의 은혜라고 생각하면서 자주 연락하자는 인사를 뒤로하고 그날은 거기서 헤어졌다.

그리고 돌아오면서 어쩌면 그 서구 기독신학 문제를 정리할 사명자로 오신분이라는 생각까지를 해보게 했다. 성경 요한계시록에 그 '사단의 회'에서 나온 몇 사람이 그 일을 하게 될 것이라고 했기 때문이다.

서구기독론 개혁을 외친 선구자

오늘 지구촌에 기독교 스승의 고난을 상징하고 전파되고 있는 것이 바로 그 십자가다.

예수께서는 한 알의 밀알이 땅에 떨어져 썩으면 많은 열매를 맺는다는 비유를 들어 자신이 하나님 사랑의 씨알로 이 세상에 출현하셨음을 나타내 주셨다.

그리스도란 구원이라는 뜻이다. 그 사랑의 씨알이 무지無知한 인간 영혼을 성숙시키는 하늘나라 양식으로, 영원히 변하지 않는다는 진리의 말씀이라고 했다.

그 영혼 양식을 죽을 수밖에 없는 사망의 자식들에게 하나님 선물로 보내셨다는 것이 그리스도 사랑이다. 그 정신이 태초에 형태 없는 빛의 말씀(LOGOS)으로, 만물을 창조하시고 총괄하신다는 바로 그 하나님 우주정신이라는 것이다.

하나님이 태초의 빛으로, 그토록 광명한 우주정신 사랑의 씨앗을 이 땅에 심기위해 고난의 십자가를 짊어지셔야 했던 것이 만세전부터 정해진 성자 예수의 운명이라고 했다.

그 섭리가 태초의 하나님 천기운행天氣運行으로, 하늘에는 영광이며, 땅에는 평화를 이루게 한다는 곧 하늘과 땅을 통합하는 대도大道로서 하늘나라 천법天法이라고 한 것이었다.

그와 같은 하늘나라 천법의 말씀이 구약시대 여호와로부터 세상을 살아가는 도리의 율법십계명만을 배워오면서 이웃민족과 살상대결을 일삼아온 죄 많은 유대 땅에 출현하시어 '너희에게 새 계명을 주노니 서로 사랑하라.' 하시고, 또 '원수를 사랑하라'고 하신 그 말씀이었다.

그 가르치심이 인류 구원이라는 기독교 정신이다. 하지만 그 기독교 정신위에 유감스럽게도 성자예수 출현 이전, 이분법적二分法的인 유대민족의 유일신唯一神 숭배사상을 업고 지구촌에 전파되고 있는 기독론이 되고 말았다.

그처럼 혼합된 기독론이기 때문에 문명된 현대인으로서는 당연히 그 논리에 의문을 갖게 될 수밖에 없다. 그러나 그 누구도 그 의문의 논제를 들고 나선 목회자가 그동안 없었다.

그런데 과감하게도 그 의문 제시를 용기 있게 들고 나선 김경 목사님의 〈신과 철학자 그리고 시인〉이라는 시집을 받아들고 연이는 놀라움을 금치 못했었다.

잠시 목사님과의 대화를 통해서도 그랬지만 시집을 받아 읽고 분명히 소명을 받고 오신 사명자라는 생각까지 들었다. 그런데 그와 같은 느낌은 김 경 목사님의 시편詩篇들을 받아 읽으신 김동길 박사님께서 그 서문序文에 '김경金鏡 시인詩人은 예레미야 같은 선지자입니다.'하고 기재를 해주셨다.

다방에서 목사님을 만나고 집으로 돌아온 연이는 시집을 다시 펼쳐들고 읽어나가다가 그만 웃음이 터져 나오고 말았다.

질문 있사옵니다.

예수께서는
'천국이 여기 있다 저기 있다 믿지 말아라,
하나님의 나라는 너희 안에 있다.'
그런즉 하나님의 나라는
저 높은 공중에 있음이 아니오
우리들 마음속에 우리들 가정 안에

우리들 사회와 나라와 이 땅
지구 위에 있다는 말씀 아니오이까,

그러하거늘
죽어서만 가는 줄 알고
예수 믿고 죽어 천당가시요!
전도하며 두루 다니는 사람! 사람들
저 거짓말쟁이들 저것들 그냥 두시나이까
저 사기꾼들 모두 모두
때려잡아야 하는데
저것들 천당 팔아 돈 긁어서
땅 위에 빌딩 짓고 자가용 굴리고
고루 고각에 호의 호식 호색하며
'어라 만수, 어라 대신이야!'
노래 부르며 뚱땅거리나니
이게 무슨 개판입니까

이 지구촌!
이 개판에서 하나님 이름 팔아가며
하나님 섭리하시는 세계라며
콧노래 홍알홍알 백성피 빨고
고기 뼈다귀 고아 먹고 사는
성직자들 우글우글
아이고 아이고 탄식소리 통곡소리
나의 하나님이여 듣고 계시나이까
보고 계시나이까.

참으로 상상조차도 할 수 없는 목사님의 양심고백 선언이었다. 그 시편도 그랬지만 다음 일곱째 성구 의문의 시편을 읽으면서 그만 파안대소를 자아내게 했다.

하나님의 말씀은
어디까지나 경우에 맞고
순리에 맞아야 하거늘
진리의 하나님을 요술쟁이나
저 못된 무당 점쟁이처럼 이용하고
부려먹는 자들이 얼마나 많았나이까
그래도 하나님께서는 넓고 크신 사랑으로
저들을 벌하지 않고 용서하시고
돌보아 주시고 사랑해 주셨나이다.

아아!
그러나 어이하리, 신앙과 현실은
천리 만리 억만리 멀고도 멀어라
종교와 과학은 천리만리 억만리
너무너무 멀고 너무너무 안 맞아
6천년전 아담과 하와 이야기
그 이전 세계는 누가 알랴
과학이 입증하는 우주생성
450억년 이랬던가,
생물의 출현도 200억년 이랬던가
구석기시대, 신석기 시대, 어쩌구 저쩌구
창세기 역사는 6천년이 아니고
4백억년 저 넘어인데
인류 역사 겨우 6천년이라니
아아!
천지창조 하나님과 우리 인간은
너무나 멀고 너무나 아득하여라,

21세기 이제 얼마 안남은
저 시간이 닥쳐와 인류 모두가
생체부활의 희망이 꺼지기 전에

신학자들 과학자들 서로 합심 연구하여
인간의 바른 삶, 바른 역사
바른 진리 찾기에 힘써야 하리라,
하나님이 주신 바른 지식 바로 깨닫고
세계 인류 바로 깨우쳐 주어야 하나니
나무 깎아 세우고
돌 깎아 세우고
제가 만든 돌, 나무에 절하지 말고
금은보화 바치며 영생천국
영생극락 구하지 말고
이 세상사는 동안 이제는
후손들까지 속이고 으르렁거리지 말고
우리가 살아오면서 깨달은 것
우리가 보고, 느끼고 생활한 것
진실 되게 솔직하게 바로 가르쳐
저들만큼은 허황된 것 믿지 않도록
저들만은 속아서 우리처럼
선조들처럼 살지 않고
오로지 한번 뿐인 인생을
값지게 유감없이 오래오래 재미있게
행복하게 서로 속이거나 속지 않고
잘 살도록 가르쳐 주어야 하나이다.
우리 하나님 아버지께서는 자손들 속에
당신의 모습과 생명을 불어 넣으사
우리도 그들과 함께 영원토록 살게 하심이라,
지금 나에게 그렇게 말씀하시고 계시고 있소이다.
하나님 저는 그렇게 듣고 있사옵니다. 아멘

1996년 10월 15일 단우문화사 편집실에서

그 같은 내용의 시편들이 김 경 목사님의 양심 고백 선포였다.

시집을 읽고 난 연이는 참으로 시대를 한발 앞서가는 선구자임에 틀림없다는 생각에 저절로 고개가 숙여지면서 존경심이 우러나왔다.

그처럼 별난 이력을 가지고 계신 김 경 목사님과 자연스럽게 의사소통이 되면서 그 이후 다방에서 다시 만남의 시간을 갖게 되었을 때였다. 손에 들고 나오신 두툼한 시집 한 권을 건네주시며 웃으면서 입을 열으셨다.

"요즈음 내 근황입니다. 읽어보시죠. 핫, 하하…."

건네주신 책 제목이 〈세계사상가 30인 평가 시집〉이었다. 그 시집 내용 속에는 그동안 열심히 공부해 오신 목사님의 생활 면모를 그대로 엿볼 수가 있게 해주었다.

다시 또 눈을 크게 뜨게 해주는 시詩 제목이 〈만주 식인종과 예수 식인종〉이었다. 시구를 읽어나가기 시작했다.

옛날에도 한 옛날
호랑이 담배 피던 때던가,
대만 고산 지대에 식인종 살았네,
야만인들 사람 잡아 먹기에
추장 오봉吳鳳 가슴앓이 한 평생
하루는 식인종 모여 놓고 설교
"너희들 사람 잡아 먹지 말랬는데
그 버릇 왜 못 고치느냐?
내일 새벽 저 뒷산 넘어오는
빨간 옷 입은 자를 마지막으로 잡아먹고
다시는 사람 잡아 먹지 말아라,"
다음날 새벽
빨간 옷 입은 사람 터벅터벅 걸어올 제
식인종들 와락 달라 들어 목 자르고
두건을 벗겨보니 추장 오봉 아닌가,
대성통곡하면서 먹지 못하고

다시는 맹세코 사람 잡지 않았다네.

죄 없는 예수를 잡아 죽인 유태인
저 더러운 추장은 제사장, 장로, 서기관들
대만 식인종과 무엇이 다르랴,
예수 가라사대
이것은 내 살이니 뜯어먹고
다른 사람은 잡아먹지 말거라
이것은 너희를 위하여 흘리는 내 피라
마시는 자마다 그 죄가 깨끗이 씻기리라,
그러나 예수 제자들 모여서
유대인에게 맞아 죽은 예수를
다시 잡아먹는 식인종 되었네,

예수 그렇게 죽은지 2천년 장장세월
지금도 일년에 세 번 네 번 다섯 번
혹자는 매주일에 한번씩
아니 아니 날마다 때도 없이 시도 없이
아니 아니 어떤 녀석들은
하루에도 열 번 스무 번
예수잡고 또 잡고 먹고 그 피 또 마시고
성찬예식 한다면서
은혜 받았다 면서
피 가름 한다면서
피까지 몽땅 마셔버리네
예수 식인종이 세상에 얼마나 될까
이래 저래 헤어보니 신교 구교 16억
살만 먹지 않고 피까지 빨아마시나니
이는 식인종에 흡혈귀까지
개처럼 지구를 빙빙 돌고 돌며

먹고 마시며 떠들썩하네,
오봉 잡아먹은 식인종들은
추장고기 먹지 않고 통곡하였거늘
예수 식인종들은
피까지 핥아먹고 빨아먹고
예수 고기 모자라서
지금은 형제 잡아먹고 자매 잡아먹고
목사 잡아먹는 장로교인
장로교인 잡아먹는 목사!
교파 나누어 예수님 각을 뜯어 먹기에
바쁘다 바빠 아! 괘씸하도다
그러다 마침내
자기 자신을 잡아먹으리라
기독교 이천년 뒤돌아 볼 때 아니러뇨.

그 시편들 역시도 이 시대 종교개혁의 필요성을 유감없이 나타내 보여 주고 있는 내용들로 너무나 충격적이었다.

그리고 다음 시편에서는 우주의식으로 열린 이 시대 선구자적 면모를 그대로 보여주고 있었다.

과학신科學神 종교주宗敎主로 오소서

21세기
새로운 우주시대 열리나니
하늘을 날으는 새와 같이
사람이 하늘을 날아
우주공간에 인공지구 쏴 올리고
무동력 가운데 우뚝 섬이라

화성과 목성
그 어딘가에 있을 생물 찾아
인간과 공존 꿈꾸나니
천성인과 지성인의 만남이러라

UFO
있다 없다 야단법석
나 시인은 분명 있다고 단정함이니
DNA RNA 유전공학 그 모두가
생명의 원동력임이라
창조하고 관리하고 성장발전 조화
호르몬은 인간의 원체요
조물주의 말씀으로 현상화 됨이라
천문학자 말하기를
우리는 천체를 연구하여
알아야 할 것
알대로 다 알고 있거니
신학자들은
아직도 신의 정체를 못 찾아내고
과연 신이 여기 있다면
정의의 원천에서 천파만파 이러니
불법 폭력이 발 부칠 수 없음이러라,

'신은 죽었다'
마침내 철학자 니이체는 통곡하나니
신은 무력한 우상으로 사라졌는가
성경의 약속대로 서기 2000년대
신은 심판주로 오실 것인가
뜨거운 사랑으로 악을 녹여
선으로 용광로에 태워서

정의와 진리와 자유와 평화의
절대가치絶代價値 절대능력絶代能力으로 오실 것인가
그리하여 과학적이며 현실적인
실재자實在者로 오실 것인가

진실로 오실려면 그렇게 오셔서
이 죄악의 땅 모조리 불태우는
심판주로 오시오소서
구세주로 오시오소서
꿈으로 오지 말고
현실로 오소서 과학으로 오시오소서

그 한편 한편의 시구詩句들을 읽어나가면서 너무나 놀랍고 너무나도 충격적이어서 그야말로 가슴이 벌렁거릴 정도였다.

신학교수 생활 13년을 지내오신 목사님으로서 그와 같은 시편들을 세상에 펼쳐 내놓는 다는 것은 이 시대 선구자적인 의식이 아니면 도저히 엄두조차 내지 못할 일이었다.

그러한 김 경 목사님의 양심고백 선언은 어쩌면 한국기독교 기존 제도화 결속을 굳히고 있는 교계에서 압사 당할지도 모른다는 비장한 각오 아래 행해진 마치 불사조의 모습 그것이었다.

그 후 목사님은 「20세기 천로역정(3권)」을 펼쳐 내놓았다. 그와 같은 용기에 더러 양심이 있는 목회자들은 뒤에서 소리 없는 박수를 보냈다. 그러나 교계로부터 받을 질책과 불이익을 의식해서인지 크게 모습은 드러내지 않았다.

하지만 그 중에는 용기 있게 자신의 이름을 지면을 통해 드러내신 분도 있었다. 미태평양대학 부총장 배기섭 신학박사님이셨다. 그분이 박수와 함께 보내 주신 인사 시평에서 그 의식 또한 열려 있음을 다음과 같이 펼쳐 보여 주셨다.

■ **한국 기독교 200년을 조명한 비판서**

〈김경 목사의 「천로역정」(전 3권)은 한마디로 말해서 21세기를 향한 한국 기독교 200년을 조명한 비판서로, 현대 신학을 둘러싼 시대적 배경, 거기에 등장하고 있는 장로 및 목사들의 기독교 정신에 입각한 목자생활의 진상을 엿볼 수 있게 했다.

필자는 본론 〈21세기 신학론〉에서 최근 풍류신학과 토착신학을 위시하여 해방신학, 민중신학 등 이른바 현대신학에 대하여 논했는데, 구체적으로 그러한 것들은 모두 신학이 될 수 없다고 부정적인 견해를 밝혔다.

그 이유는 신학이란 우주의 창조주이신 하나님과 그 섭리, 그리고 통치 이상이나 목적을 연구하는 학문이란 것을 못 박았다. 말하자면 현대신학이 들고 나오는 모든 이론, 즉 민중, 정치, 해방, 토착화 신학 등은 신의 이름을 제외한 신학 이외의 학문이기 때문이다.

이와 관련해서 현대과학이 한국 교계에 몰고 온 여러 가지의 폐단을 하나의 과도기적 미친바람으로 보고 있다. 또 이러한 바람을 일으킨 사람들을 반 기독교적이며, 신앙인으로서는 미흡하다고 역설했다. 선량한 세상 모든 사람들을 미혹하여 인간사회를 갈등과 혼란, 그리고 사회의 소용돌이 속에 몰아넣는 종교 공해라고 정의를 내렸다.

여기에서 필자는 이와 같은 신학 풍조가 왜 생기게 되었느냐, 그것을 날카로운 비판적 신학과제로 제시, 하나씩 정리해 나갔다. 현대신학이 등장한 배경, 200년 간의 신앙 풍토, 새로운 종교 개혁, 내세와 영혼 문제에 따른 세계관, 진리는 밖에서 찾지 말고 현실 속에서 찾아야 한다는 등 기성교회에 대한 충고와 반성을 촉구했다. 지금까지 이와 같이 적나라하게 종교 신학을 비판적으로 다룬 신학 서적은 드물다. 교인이 아니더라도 필히 일독할만한 종교신학 서적이다.〉

사실 그렇게 수준 높은 평을 받으실 만한 김경 목사님이셨다. 남다른 차원의 종교의식으로 구태의연한 종교제도를 비판할 수 있었던 그 정신의식은 시대적인 사명의식이 없이는 지면상으로 그 이름을 그처럼 드러낼 수는 도저히 없는 일이기 때문이다.

그러한 용기는 일신의 안일만을 추구하지 않는 진실한 참 목자라는 생각에 더 없이 존경스러웠다.

그 이후 약속한 다방에서 다시 만나 주고받은 대화에서 그 분의 폭넓은 정신세계를 더욱 읽어 볼 수 있었다.

"그동안도 여전히 작품 쓰셨나 보죠. 목사님 안색이 몹시 초췌해 보이신 걸 보니…."

연이가 목사님의 눈빛을 마주하면서 보내는 첫마디 인사였다.

그러자 목사님께서는 잠시 사이를 두고 전에 없이 힘없는 목소리로 말했다.

"꼬깃꼬깃 모아둔 돈 모두 털어 날리고 톨스토이처럼 인생 초로 길에 펜대 하나 달랑 쥐고 꼼지락 거리는 내 마지막 인생길이 처량하지 뭡니까."

씁쓸하게 하신 말씀으로 보아 그 생활을 충분히 읽어 볼 수 있게 해주었다. 측은지심이 들면서 그 말에 응수를 했다.

"교계에서 이단으로 따돌림을 받으시니까 그럴 수 밖에 없으시겠네요. 예수께서 그 시대 이단의 괴수로 내몰려 고통의 십자가를 지신 것처럼, 그게 목사님께 주어진 피할 수 없는 운명 아닐까요? 누가 낭창하게 돈을 주어 가면서 그 일을 하라고 시킨 일도 아닌데…."

"그러게 말입니다. 오늘 우리 주변 살펴보니 십자가에 매달려 죽은 예수님 피 값을 긁어모아 대궐 짓고 들어앉아 떵떵거리는 목사 신부님들 팔자 쭉 늘어져 잘도 살아가질 않겠수? 새벽부터 호텔에 나가 아침 먹고 허울 좋은 선교 운동 부활절이다. 맥추절이다 추수 감사절이다. 또 아시아 선교, 동남아 선교다 해가면서 이렇게 저렇게 돈 긁어 뿌려가면서 얼씨구 절씨구 춤추고 노대는 판이지 뭡니까. 하나님 말씀을 뭘로 아는지…."

김 경 목사님은 그 모임이 예수 이름을 팔아먹고 사는 노다지판이라고 직설적으로 표현 했다. 그들이 더 없이 한심스럽다는 표정으로 엷은 한숨을 내쉬며 다시 말을 이었다.

"불쌍한 건 말구유에서 쇠똥 구린내 맡아가며 태어난 하나님 아들 예수님이죠 뭐, 서른 살이 넘도록 장가도 한 번 못가보고 여우도 굴이 있고 새들도 깃들일 나무가 있는데 인자는 머리 둘 곳이 없다고 탄식하신 울부짖음을 생각하면 내 이 고생쯤은 아무것도 아니라고 자위 한답니다. 이게 내게 운명적으로 주어진 고난의 십자가라고 생각하면서…."

"참으로 이 시대 선구자다우신 말씀이십니다. 누가 시켜서 하신 일도 아니겠고, 스스로 자초하신 일에 그처럼 후회 없이 생각하신다는 게 결코 쉽지 않은 일인데…."

사실 그랬다. 누가 시켜서 기독혁명 논제를 펼치신 것도 아니겠고, 스스로가 자초하여 교계에서 시대의 이단자로 내몰려 그 고생을 자초하고 있는 목사님이셨다.

한숨을 내쉬는 그 고통스러운 삶이 예수님 생애와 다를 것이 없다는 생각까지 들었다. 그 우울한 모습이 가슴을 젖게 하면서 그때 문뜩 (요한계시록 2장 5~11)까지의 성구가 머리에 떠올랐다.

〈서머나 교회의 사자에게 편지하기를 처음이요 나중이요 죽었다가 다시 살아나신 이가 가라사대, 내가 네 환란과 궁핍을 아노니 실상은 네가 부요한 자니라, 자칭 유대인이라고 하는 자들의 훼방도 아노니 실상은 유대인이 아니요 사단의 회라, 네가 장차 받을 고난을 두려워 말라, 볼찌어다 마귀가 장차 너희 가운데서 몇 사람을 옥에 가두어 시험을 받게 하리니 너희가 십일 동안 환란을 받으리라, 네가 죽도록 충성하라, 그리하면 내가 생명의 면류관을 네게 주리라, 귀 있는 자는 성령이 교회들에게 하시는 말씀을 들을 찌어다. 이기는 자는 둘째 사망의 해를 받지아니 하리라.〉

바로 그 성구 말씀이었다. 자칭 유대인이라고 설파하며 물질지향적인 그들에게 있을 하나님 진노의 벌은, 첫째는 육신의 사망이며, 둘째 사망은 그 영혼이 영생함을 얻지 못하는 영원한 사망임을 나타내 주고 있는 것이었다.

그 성구를 미루어 볼 때, 김 경 목사님께서는 자칭유대인이라고 하는 '사단의 회' 그들이 주는 고통쯤은 이미 각오한다는 참으로 세상을 '이긴자'의 모습으로 비춰지고 있었다.

그 모습은 분명히 이 시대 기독혁명의 소명을 받고 오신분이라는 생각을 해보게 했다. (요한계시록2장 12~17)에서 그것이 하나님의 뜻임을 다음과 같이 밝혀두고 있었기 때문이다.

〈버가모 교회의 사자에게 편지하기를 좌우에 날선 검을 가진 이가 가라사대, 네가 어디 사는 것을 내가 아노니 거기는 사단의 위가 있는 대라, 네가 내 이름을 굳게 잡아서 내 충성된 증인 안디바가 너희 가운데 곧 사단의 거하는 곳에서 죽임을 당할 때에도 나를 믿는 믿음을 저버리지 아니하였도다. 그러나 네게 두어가지 책망할 것이 있나니 거기 네게 발람의 교훈을 지키는 자들이 있도다. 발람이 발락을 가르쳐 이스라엘 앞에 올무를 놓아 우상의 제물을 먹게 하였고, 또 행음하게 하였느니라, 이와 같이 네게도 니골라 당의 교훈을 지키는 자들이 있도다. 그러므로 회개하라, 그리하지 아니하면 내가 네게 속히 임하여 내 입의 검으로 그들과 싸우리라, 귀 있는 자는 성령이 교회들에게 하시는 말씀을 들을지어다.〉

그 성구가 머리에 퍼뜩 떠오른 연이는 그 고뇌어린 목사님의 얼굴을 쳐다보면서 가만하게 말했다.

"계시록을 보셨으니까 아시겠지만 자칭 유대인라고 하는 그들이 바로 거짓말 하는 사단의 회라고 했잖아요. 예수께서는 분명히 육은 무익하니라 하셨는데 다윗의 혈통 계보로 태어나셨다고 해서 여호와 하나님의 아들로 묶어 설파하는 거 아니겠냐구요. 그러니 구약시대나 마찬가지로 성전을 크게 알게 하고 거기에 올무를 놓아 우상의 제물을 먹게 하고 행음하게 한다는 거 아니겠어요?"

"바로 그겁니다. 예수님께서는 분명히 하나님은 손으로 지은 전에는 계시지 않는다고 말씀하셨지요. 그런데 그 답습을 여전히 그대로 하고 있는 것이 한국 기독교니까요… 하지만 요즘 의식이 깨인 미국 기독신앙인들이 거기에 눈을 돌리고 있기 때문에 유럽에서는 성전들이 텅텅비어 팔려나간다는 겁니다."

"그런데 한국은 오히려 한 집 건너 웅장하게 성전들이 세워지고 있는 실태잖아요. 거기에 구약시대 여호와가 율법적으로 가르친 절기 행사로 제물을 바치게 하면서 말입니다."

"그게 국법에 걸리지 않고 구약시대 제사장들처럼 떵떵거리고 대접 받아가면서 먹고 사는 생계수단이라는 거 아니겠습니까. 하지만 제대로 양심 있는 목회자라면 그 제물이 목구멍에 걸려서 넘어 가겠습니까? 예수님 기독교 정신에 분명히 위배되는 것인데 차라리 굶고 말지…."

그야말로 거짓 없이 참된 그리스도인이라는 생각에 김 경 목사님의 얼굴이 다시 쳐다보였다. 물질이 왕노릇 한다는 세상에서 그러기가 결코 쉽지 않는 일이기 때문이다.

그처럼 진솔하신 목사님의 눈빛 목소리가 마치 성서적으로 그 소명을 받고 이 땅에 오고간 선지자 모습으로 크게 느껴져 왔다. 웃으면서 그 생각을 말했다.

"목사님을 처음 뵈었을 때도 그랬지만, 오늘 뵈니까 과거 구약시대에 각기 그 사명을 맡고 시대변화에 대해서 예언을 하고 갔던 선지자 모습으로 보이지 뭡니까. 핫하하…."

"부끄럽습니다. 난 그들과 비교될 수도 없는 사람이지요. 그러니 그 의문제시를 한 것 아니겠습니까."

"바로 그겁니다. 만약에 일반 신도들이 그런 의문제시를 하고 나왔다면 무슨 의미가 있겠어요. 그야말로 아무 의미가 없지 않겠어요? 그런데 항차 신학박사이신 목사님께서 그 의문을 제시했다는 것이 어디 보통사건 이겠습니까? 그 시대변화를 외치시다가 이단의 괴수로 내몰리신 예수님이나 마찬가지로 교계에 크게 물의를 일으키게 하는 일 아니겠어요? 그러니 성직을 박탈당할 수 밖에요. 그들이 바로 계시록에 기록된 자칭 유대인이라고 하는 사단의 회가 아니고 뭐겠어요."

"듣고 보니 틀린 말이 아니네요. 핫, 하하…."

"그러니 이 시대에 그 소명을 맡고 오신 거 아니겠냐구요. 문제 제시를 한 사람이 있어야 거기에 대한 답을 가지고 나온 사람이 있을 테구요. 그게 계시록에 기록된 하나님 말씀의 인이라고 한 거 아니겠어요? 그 예언의 말씀이 동방으로부터 흰옷을 입은 무리가 세계로 들고나가 전파하게 된다고 한 기록을 보더라도 목사님께서 한국 교계에 그 의문 제시를 먼저 던져야 하는 소명을 맡고 오신 분이라는 것이 제 생각이거든요."

"그렇다면 더 없는 영광이지요. 하나님 섭리 가운데 하늘 머슴으로 쓰임을 받는다는 것이니까요. 욕심 같아선 그 의문의 답을 쓸 수 있는 소명으로 왔다면 얼마나 좋겠어요. 이렇게 교계에서 이단으로 내몰리지도 않았을 테고…."

"그게 바로 하늘 머슴으로 각자에게 부여된 사명이라는 거 아니겠어요? 훗, 후후…."

연이의 그 말에 침울하게 어둡던 목사님의 얼굴이 밝아지면서 미소를 띠우며 말했다.

"그렇게 생각하니 위로가 조금 되네요. 세례요한에게 주어진 소명이 예수를 하나님 아들로 증거하라는 것이고, 그것이 그에게 주어진 일이라고 했었으니까요…."

"맞아요. 그러다 보니 어느새 자아 도취된 세례요한이 왕이 동생 아내를 취한 것을 간섭하고 정죄하다가 목베임을 당한 것이 뭐겠어요. 네게 주어진 일이나 열심히 하고 월권하지 말라는 것 아니겠어요? 저는 그게 성경이 우리에게 보여주는 모델케이스라는 생각이 들지 뭡니까.”

“언제 그렇게 성경을 많이 공부 하셨소? 일반신도들이 그렇게 이해하기란 결코 쉽지 않은 일인데….”

“저도 모르겠어요. 그게 하나님 뜻인지 어려서부터 기독신앙을 해왔고, 그러다가 이단 삼단을 거치면서 엄청난 수업료를 바쳐오면서 공부해온 그 댓가 아니겠어요? 그러니까 목사님과 이렇게 감히 의사소통을 할 수 있게 해주신 거죠 뭐, 핫, 하하….”

“그러고 보면 하나님 뜻 없는 것이 세상에 어디 있겠습니까. 제가 이 모양을 하고 나선 것도 그렇고….”

그 생각은 연이 역시도 마찬가지였다. 소설 기법도 배우지 못한 자신이 세상이 주는 고통에 좌절하다가 우연한 기회에 겁도 없이 펜대 하나만을 달랑 거머쥐고 앉아 글을 쓰기 시작했었다.

그것이 소위 시詩를 쓰고 소설을 쓴다는 작가의 길로 들어서게 된 동기 부여를 해주었던 것이라고나 할까.

그 고통의 시간 속에서 위로가 되어 주고 있는 것이 공자께서 하신 말씀으로, ‘하늘이 큰 사람을 만들려면 뼈를 깎는 고통을 준다.’는 그것이었다.

그처럼 눈물을 질척거렸던 지난날의 고통이 하나님의 섭리가운데 예정된 자신의 운명론이라고 생각하며 밤을 지새우기 예사였다. 그 시간 속에서 세계 성현들뿐만 아니라 세계에 명성을 떨친 인물들의 삶을 추적하면서 그들이 갖고 있는 정신세계의 지식정보를 얻고 손놀림의 작업을 하면서 그것이 자신에게 주어진 운명의 길이라고 자위하곤 했었다.

사실 세계적으로 명성을 떨친 작가 루소(Roussau)의 삶 역시도 다르지 않았다. 그의 행적(1712~1778)의 삶이 더없이 감동을 주기도 했었다.

그는 제네바 출신으로 프랑스 사람이다. 그는 출생하면서 곧 어머니를 잃고 ‘프로테스탄트’ 신봉자인 아버지와 함께 살면서 가난한 살

림살이에도 불구하고 소설에 취미를 붙였다. 나이어린 시절에 벌써 '푸르다크'를 읽었을 정도였다.

그러나 열 살에 아버지조차 집을 나가서 돌아오지 않았다. 그래서 오갈대가 없게 된 루소는 이웃마을 목사가정에서 보호를 받고 자랐다. 그리고 장성하여 고향 제네바로 돌아가서 처음에는 공증인 밑에서 일하다가 조각가 제자로 들어갔다.

그러나 그 일이 고달파서 '토리노' 수도원을 찾아가 카돌릭으로 개종을 했다. 그러다가 1741년 파리로 자리를 옮겨 프랑스인이 되면서 47년 가극을 쓰고 파리 철학자 클럽에 접근하여 48년 백과사전에 '음악론'을 발표하게 되었다.

하지만 그 생활은 여전히 어려웠다. 하숙집의 무식한 침모와 사랑을 하게 되면서 5남매의 아버지가 되었고, 그 뒤 1754년 '인간 불평등 기원론'을 쓰고 거기서 소유권 제도와 사회조직에서 생긴 불평등과 그에 따른 비참함에 자연 상태의 행복한 평등을 대립시키면서 '자연으로 돌아가라!'고 외쳤다.

이 무렵 부자 과부의 도움을 받아 그의 별장에서 과부의 의매義妹 '우드부인'을 사랑하고 언니와의 삼각관계로 쫓겨나는 신세가 된다. 그리고 이 후, 1761년 그는 우드부인과의 사랑의 체험을 근거로 자연, 연애, 가정생활, 인생관, 풍속 등, 사회 전반에 걸쳐 자기견해를 발표하기에 이르렀으며, 그 다음해에 그 유명한 '사회계약론'을 세우고 그 속에서 바른 사회 조직을 끌어내고자 했다.

그 후 소설 '에밀(Emile)'을 써서 내놓았다. 그 내용은 자연신관과 교육사상을 새롭게 피력한 것으로, 그의 소설은 카돌릭 교회를 분노케 하면서 마침내 체포영장이 발부되었다.

상황이 그쯤에 이르자 자유와 평등의 사회개조와 종교개혁을 꿈꾸던 루소는 스위스로 도피 고난과 역경의 질풍노도 속에 떠밀려 다니는 일엽편주 신세가 되고 말았다.

그러다가 1763년, 루소는 '에밀'에 대한 파리 카돌릭 대주교의 서신에 대한 답장을 써 보내고 영국에 건너가 철학자 '흄'을 만났으나 우정은 길지 못했다. 1770년 다시 파리로 돌아온 루소는 드디어 그 유명한 '고백론' 4권을 쓰고 다시 '고독한 산보자의 몽상'을 쓰다가 파리 북쪽 스위스 가까운 마을 '에르드봉빌'에서 마침내 고달픈 인생여정을 마치고 외롭게 눈을 감았다.

그처럼 평생을 외롭게 살아온 루소였다. 가난한 집안에서 태어났기에 제대로 학교교육도 받지 못하고 진리 탐구에만 열화 같은 불꽃을 가슴속에 담아 훨훨 태우다가 세상을 떠났다.

그의 생활은 언제나 오로지 자연과 하나님만을 생각하고 인간으로 태어나, 과연 무엇을 해야 할 것인가? 마음 속 깊은 이야기를 세상에 남기고 66세를 일기로 그 고달픈 생애를 마감했다.

하지만 그가 뒷자리에 남기고 간 작품들이 근대사상에 큰 영향을 던져 주고 간 것으로, 그의 숨결은 지금도 많은 사람들의 입에서 회자되어지고 있다.

그로 미루어 볼 때 시대와 나라를 달리하고 크고 작은 사명을 받고 오고간 그들을 오늘 우리가 성인 또는 철인이라고 하기를 서슴치 않는다.

그들은 세상 것만을 추구하고 살아가는 보통 사람들과는 다른 면모의 사고로 분명히 새로운 정신문명을 일깨워 주기위해 이 땅에 보내심을 입은 사명자 들이라는 생각이었다.

김 경 목사님의 고달픈 인생역정을 보고 들으면서 그들과 크게 다르지 않다는 생각이 더욱 깊어졌다. 경이로운 눈빛으로 쳐다보면서 다시 입을 열었다.

"목사님을 뵈니까 내일 세상이 멸망할지라도 나는 오늘 한 그루 사과나무를 심겠다고 한 스피노자의 고백이 새삼스러워지네요. 아무나 그런 삶을 살 수가 없는 것이니까요."

"오늘 제 생각이 그 위대한 스피노자처럼 성실성과 영원을 바라보는 희망으로 암울한 이 시대 우리 모두의 가슴 속에 사랑나무로 심어

줄 수만 있다면 더 바랄 것이 무엇이겠습니까. 항차 성인들도 이 땅에 오셔서 갖은 고생을 다 하고 세상을 떠나셨는데…."

"철인이 따로 있나요? 시대를 한발자국 앞서 열어 가신 그 분들의 정신이 오늘 우리에게 교훈으로 깨우침을 준다는 거 아니겠어요. 저는 그 천재들이 하늘에서 보낸 심부름꾼으로 그 소명을 맡고 온 신과라는 생각이 들거든요."

"하긴 성경에 등장하는 예언자나 천사들이 그 신과에서 온 것을 나타내 주고 있지요. 하지만 내 자신이 신이라? 허허허…."

"어머! 저는 그 믿음이거든요. 예수께서 그러셨잖아요. 말씀을 받은 자를 신이라 하였거늘… 하시고 너희 믿음대로 이루어진다고 말입니다. 사실 그렇게 그 말씀이 믿어진다면 없어질 세상을 크게 보고 그 허튼 짓을 하고 살겠어요? 목사님처럼 세상살이 고달파도 의로우신 일에 전력을 다 쏟으시는 그게 바로 하나님 일 아니겠냐구요."

"허허허… 말씀대로 하자면 그렇지요. 그랬을 때 비로소 예수께서 말씀하신 하나님의 아들로 형제라고 부르기를 부끄러워하지를 않겠다고 하셨으니까요."

"저는 오늘 목사님 모습이 오늘 세계적으로 그 이름이 회자되어지고 있는 스피노자의 삶과 크게 다르지 않다는 생각이 들지 뭐예요. 후후후…."

사실 모양은 다르지만 그 삶의 모습과 크게 다를 것이 없다는 생각이 들면서 웃음이 나왔다.

네델란드가 낳은 그토록 유명한 세계적 철학자인 스피노자(Spinoza, 1632~1677)는 유대상인의 아들로 암스텔담에서 태어났다. 그리고 그곳 유대인 학교에서 히브리어와 '탈무드'를 읽고 성경을 배우면서 그 교리에 의혹을 갖고 따지고 물었다고 했다.

거기에 함구령이 내리자 진리에 대한 애착으로 그 의문 추구에 앞장을 서자 교회는 좋은 조건을 내걸고 매수공작을 폈다고 했다. 그러나 막무가내로 거절하고 집을 나와 방황하기 시작했다는 스피노자였다.

그렇게 떠돌이가 된 스피노자는 어쩔 수 없이 호구지책으로 어느 안경집에 점원으로 들어가 일을 하면서 1660년 지성정치론知性改治論을 썼고, 69년에 정치지도자 '안드비빗트'를 만나 70년에 신락정치론神學政治論을 써냈다.

그리고 그 다음 75년에 윤리학을 펼쳐냈다. 이 책은 기하학의 논증을 이용한 정리공리定理公理로 윤리학倫理學을 체계화한 명저였다.

스피노자는 데카르트의 영향을 받고 스콜라 철학을 연구했었다. 그러나 데카르트의 물심이원物心二元을 반대하고 모든 사물을 영원상永遠相 아래 두고 인식할 것을 강조했었다.

그것이 심적사유와心的思惟와 물적연장物的延長이라는 신神의 속성으로 유한有限한 인간이 무한無限한 신과 윤리적으로 하나가 된다는 바로 그 범신론汎神論을 펼친 것이다.

그러한 범신론의 윤리학이 인간 정신이 자유를 얻고 신에 대한 지적 사랑에 도달하는 최고의 선善이며 악德이라고 설파했다. 그 책이 나오자 독일의 '하이델베르그' 대학에서 그에게 교수로 초빙 하겠다는 교섭이 왔다. 하지만 스피노자는 사양했다.

그리고 여전히 안경알을 닦으며 틈틈이 써낸 글이 그가 마지막 작품으로 남긴 '국가론國家論'이다. 그 글이 세상에 나오자 주위 사람들은 그를 '신에 취한 사람'이라고까지 말했다. 그런 만큼 그는 여전히 가난이 연속되는 궁색한 삶을 살았다.

그처럼 세상에 태어나서 가난하고 고독한 생활을 해오던 그는 마침내 44세를 일기로 돌봐주는 이도 없는 하숙집에서 쓸쓸하게 두 눈을 감았다.

그렇게 외롭게 홀로 죽어간 스피노자였다. 하지만 그의 학문은 훗날 괴테, 실러, 헤겔 피이테 등에게 커다란 영향을 주었다는 사실이다.

그와 같이 한 시대를 앞서간 선구자들은 누구나 세상적인 부를 누리며 편안하게 생生을 마친 사람이 없음을 머리에 떠올리면서 가만하게 다시 입을 열었다.

"저는 목사님께서 분명히 이 시대 우리나라에 태어나게 하신 것은 하나님의 뜻이 있다고 생각해요. 그 일은 아무나 죽을 각오 없이는 못하는 일 아니겠어요?"

"나야 이미 세상 살만큼 살아왔고, 또 삶과 죽음이 하나라는 것을 공부해온 사람인데 뭐가 두렵겠소, 흐흥!"

"하긴 공자님께서도 제자들이 휴식을 좀 취했으면 좋겠다고 하니까 손으로 묘지를 손짓하시면서 저게 바로 인간의 휴식이라고 했다는 거 아닙니까. 하하하…."

"맞는 말이요. 육신이야 주어진 명줄이 끊어지면 누구나 입고 있다가 버리는 의복과 같다고 했으니까요. 그 이치를 아는 내가 종교개혁을 외쳐 불이익을 당한다손 치더라도 그게 이 땅에 태어나게 해주신 하나님의 뜻이라면 감사해야 되는 거 아니겠소이까. 핫하하…."

그리고 다시 거기에 덧붙여 말했다.

"이집트 천문학자 클라우디스가 집대성한 천동설이 크게 바람을 일으키던 시대에 지동설을 처음 체계화한 코페르니쿠스가 엄중한 교권 밑에서 쉬쉬해가며 꿀먹은 벙어리 냉가슴을 앓다가 마침내 그 죽음을 앞두고 지구는 돈다는 지동설을 내놓자 카돌릭 교권에 묶여있던 태양 중심설이 장송곡을 부르고 땅에 떨어져서 그 멍텅구리 교황과 그 측근 학자들이 개망신을 당했다는 거 아닙니까. 언젠가는 오늘 기독교 서구 신학론이 그렇게 정리되리라고 봅니다. 그것이 진정한 하나님의 사랑으로 내가 설령 이 시대 제물이 된다한들 무엇이 두렵겠습니까. 오히려 영광이지요."

참으로 이 시대 사명자 다운 배짱의 기개氣槪, 그 눈빛과 목소리에 웃음을 담고 마음속으로 박수를 보내고 있었다.

그렇게 분명하게 믿어지는 신뢰에 그 며칠 후 연이는 다시 만나뵙기를 청했다. 그리고 그동안 밤을 새우며 써온 작품 「성서로 본 칠성님의 비밀」이라는 원고를 내보이면서 말했다.

"저도 모르겠어요. 칠성님 하게 되면 무조건 무당들이나 하는 소리로 취급하는 게 오늘 기독교인들인데…."

"어허… 칠성님이라? 그도 그럴만 하네요. 우리 조상들이 귀한 자손 점지해 달라고 정한 수 떠놓고 빌어온 대상이 그 칠성님이었으니까요. 아무튼 궁금해집니다. 헛, 허허…."

"목사님께서 읽어보시고 잘못된 부분이 있으면 지적해 주셨으면 해요. 신학박사님이시니까요."

"어려운 숙제를 주시는구만… 아무튼 읽어보고 우리 다시 만나서 이야기 합시다."

사실 그렇게 염치없이 목사님에게 건네준 작품 원고였다. 그 며칠 후였다. 목사님으로부터 지난번에 만났던 그 다방에서 만나자는 전화가 걸려왔다. 그 원고를 읽으시고 어떤 표정이실까? 그것이 여간 궁금하지 않았다.

그런데 전에 없이 활짝 웃으시는 목사님께서 기다렸다는 듯이 반갑게 맞아 주면서 입을 열으셨다.

"이제 보니 나만 그 일을 하러 온게 아니라 한 작가님께서도 이 세상에 소명을 가지고 오신 분이란 생각이 들지 뭡니까. 너무나 놀랬습니다. 성서를 보고 막연하게만 느껴왔던 하나님의 그 일곱 영에 대한 존체를 이렇게 밝혀낸다는 것은 지금까지 신학박사 어느 누구도 엄두조차 내지 못한 일이었으니까요."

그리고 거기에 용기를 실어 주듯이 목소리에 힘을 주어가면서 말했다.

"이 원고 출간되면 전국 신학교에 다 보내십시오. 그래야 오늘 기독신학이 다시 정리가 될 테니까요. 그래서 제가 몇 자 그 독후감을 적었습니다. 조금은 도움이 될 것 같기도 해서 말입니다."

너무나 뜻밖이었다. 감사하다는 말을 이르기 전에 적어주신 내용을 정신없이 읽어나가기 시작했다.

영적인 세계를 섭렵하는 한승연의 문학

김 경
국제펜클럽 한국본부 원로시인
한국 기독교장로회 제1호 안수목사

여류 작가 한승연의 금번 작품 「성서로 본 칠성님의 비밀」을 읽고 한마디로 놀라움을 금할 수가 없었다. 우선 내용의 주제가 도무지 여류 작가로서는 다루기 힘든 무겁고 방대한 우주적인 소재를 다루고 있을 뿐만 아니라, 신학박사들도 감히 그 엄두를 내지 못하고 있는 성서 요한계시록 속에 하느님께서 인봉하라는 '일곱 금 대의 비밀'에 대해서 그렇듯 과감하게 파헤쳐 들어가면서, 이제까지 세계 7대 성현으로만 알고 있었던 성현들의 존체를 성서 창세기 1장에서 우주와 만물을 창조해 낸 성부하느님의 일가一家로 구성시키고 있을 뿐만 아니라, 인류의 뿌리와 창조주라고 하는 하느님 그 실상에 접근해 들어가는 설득력 있는 논리 전개에 정신이 번쩍하고 크게 눈이 떠진 것이 사실이다.

기독교 신학교수 생활을 13년을 해오고, 평생을 목회생활을 해온 본인 역시도 작가가 제시하고 있는 성서적인 문제점을, 마침내 「신과 철학자, 그리고 시인」이라는 시집을 통해서 그러한 회의적인 신앙 고백을 한 것이 사실이었고, 그에 앞서 기독교 신학 성서 풀이 모순에 대해서 로마 교황청 바오로 2세 앞으로 몇 번에 걸쳐 이의를 제기해 온 적도 있었다.

그러나 어찌된 일인지 묵묵부답이기만 해 온 교황청이었고, 어쩔 수 없이 그 답답함을 여러 지면을 통해 호소해 오다가 충북에서 목사 현직중 기독혁명 50개 조를 발표한 죄목으로 성직을 박탈당하고, 81년에 다시 복권되기도 했었다.

그러한 기독교리가 바로 한승연 작가가 이 작품에서 지적하고 있는, 서양 것이라면 무조건 여과 없이 그대로 받아들여 믿으려 하는 그 맹신이 아니고 무엇이겠는가?

이러한 현실 속에서 한 여류 작가로서 감히 그러한 기독교리의 문제점을 지적하고 나설 뿐 아니라, 성서가 기록하고 있는 창세기의 진실에 대해서 동양적인 우주 사상으로 접근하여 그토록 설득력을 주고 있다는 사실에 놀라움과 동시에 찬사를 보내지 않을 수 없다.

이것은 이제까지 신학박사 그 누구도 파헤쳐 들어가지 못했던 작업으로, 그야말로 엄두조차 낼 수 없는 어려운 일이라고 아니 할 수 없다. 그런데 한 여류 작가로서 그 작업에 도전했다는 것은, 사물을 보통으로 보아 넘기지 않는 작가적인 예민한 관찰력이라기보다는, 그 어떤 영적 지식의 정보를 소유하고 온 이 시대의 사명자가 아닌가? 하는 생각까지도 해보게 된다.

더욱 놀라운 것은 이제까지 기독교 신학에서, 여호와 하나님을 대우주적인 성부 하나님으로 그리스도 예수께서 말씀하신 성부 하나님으로 믿어 온 것이 사실이다. 그런데 작가는 놀랍게도 여호와는 다만 이스라엘의 민족 창조신일 뿐으로, 인류가 믿어야 할 성부 하나님이 아니란 것을 성구를 제시해 가며 그 설득력을 주고 있다는 사실이다.

뿐만 아니라 작가 한승연은 서양권과 동양권의 문화와 그 민족의 뿌리를 찾아 밝히면서, 마침내 우리 한민족의 뿌리와 사상까지도 성경을 통해 밝혀 들어가는 작가의 의도에 놀라움과 함께 통쾌한 찬사를 보내지 않을 수 없다.

아무튼 그녀가 설득력 있게 주장하듯이, 이제까지 세계 신학박사 들이 해석해 온 성서 풀이는 많은 의문점을 안고 있는 것이 사실이고, 그것이 기독교 숙제로 그러한 의문의 성구 자체를 그대로 덮어 두고 있는 것도 사실이다. 특히 창세기 1장이나, 요한계시록은 그 누구도 언급조차 할 수 없게 한 성구로, 인간의 지식으로서는 감히 헤아릴 수 없는 것이라고 그 책임을 신에게 전가해 온 것이 기독교 신학의 문제점이다.

그런데 감히 그 성구를 올려놓고, 이 작품을 개진해 나가는 작가의 영적인 혜안이라고나 할까? 그 신기 휘두르는 필치에 작품을 읽어 나가면서 참으로 파안대소를 하지 않을 수가 없었다. 아무튼 서구 신학자들의 성서 풀이 모순에 '사랑'이라는 기독교 정신의 빛이 제대로 전해지지 않은 것이 사실이고, 거기에 역시 회의를 품어 온 본인으로서는 이 작품을 읽고 공감대를 같이 함과 동시에, 성서가 재조명되어져야 한다는 작가의 목소리에 크게 동조하는 바이다.

그래서 이 시대, 특히 한국 기독교 신학의 목회자들이 서구 신학 그 문제점의 모순을 밝히는데 함께 동참하여 거짓 없는 참된 목자로서 양심선언을 해야 할 때라고 생각한다. 작가는 기독교 성서에 반박을 가하는 것이 아니라, 모순된 성서 풀이를 고집해 온 서구 신학자들에게 그 책임을 묻고 있기 때문이다.

특히 이 작품은 세계 7대 성현을 성경 요한계시록 속에 인봉하라는 '하나님의 일곱 영' 거기에 초점을 맞추면서, 그들이 근본의 뿌리를 같이하고 있었던 진리체 성자들이었다고 그 논리적인 주장을 피력하고 있는데, 그 논리적인 설득력에 이제야 진리의 실상을 바로 보는 듯하여 고개를 끄덕일 수 밖에 없게 만들고 있다는 것이다.

작가는 또한 이 작품에서 동양 대 서양, 즉 정신문화와 물질문화를 필연적인 태초 '우주씨' 그 음양적인 대비 관계로 놓고 보면서, 서구 신학자들이 정립하지 못한 성부와 성자와 성신의 성삼위聖三位 일체론一體論을 우리 동양사상의 삼태극三太極 원리로 비유하고, 또 우리 민족 고유 사상인 삼신사상과 비교 일원화시키면서, 이를 인류 문화의 새로운 지평으로 열어 가고자 한 것이 이 작품의 의도인 듯하다. 이 얼마나 놀라운 지혜인가?

하나의 지구촌 안에 살면서 우리는 오랜 역사 속에서 동서로 갈라놓고 많은 종교적인 갈등과 반목을 거듭해 온 것이 사실이다. 그것은 서로가 서로를 잘 이해하지 못하고 같은 서양권, 같은 동양권에 이웃하여 살면서도 분쟁을 일으켜 서로 물고 물리는 인류 역사를 만들어 내면서 살아 왔었다.

이러한 살상 대결의 시대가 끝내는 세계대전까지를 몰고 가면서 인류의 비극적인 역사를 만들어 오지 않았는가!

이 모든 불행은 성경 구약 역사 속에서 이스라엘 민족과 그 주변 이방민족과의 사이에 있었던 대립적인 전쟁 기록으로도 입증되지만 동양에서도 한족끼리, 또는 우리나라 경우에도 입증되지만 먹고 먹히는 피비린내 나는 역사를 되풀이해 온 것이 사실이다.

이제 21세기를 살아가면서 인류는 크게 눈을 뜨고, 우리가 하나의 지구촌 위에서 함께 살고 있는 형제자매인 것을 깨우쳐야 만이 이 지구상에 살아남을 수 있게 됨을 깨달아야 할 때라고 생각한다.

여기에서 작가 한승연은 동양 즉, 한국에 유입된 불교나 도교 및 유교가 우리 민족 속에 동화되어 공존한 것과 같이 기독교도 우리 속에서 공존하기 위해서는 조상의 뿌리를 왜곡하는 서양 신학의 성서 풀이가 재조명되어져야 한다고 주장하면서, 성경에서 말하고 있는 유대민족만의 세계가 아닌, 또 다른 민족과 문화권이 그 창조신을 달리하여 존재하고 있었음을 성경을 통하여 이해시키고자 한 것이 작가의 구체적인 의도요 새로운 지론이다.

여기에 본인은 크게 박수를 보내는 바이다. 이것은 누군가가 벌써 했어야 할 일이지만, 영적인 세계를 피력하는 종교 세계만큼은 도저히 인간의 지식만으로 정립할 수가 없는 것이 사실이다. 그래서 조상의 뿌리를 놓고 종교적인 시비를 빚고 있는 것이 오늘 우리의 현실이다.

여기에서 작가는 에덴의 동쪽은 정신문화권인 오늘의 동양권이고, 오늘의 물질문명을 발전시켜 나온 것은 서양문화권으로, 이 양자는 곧 태초 있음의 '대원인' 본자연의 음양법칙에 의한 것이라고 피력하면서. 결국 이 양대 사상이 하나로 화합 할 때 비로소 세계 평화가 이루어지게 된다는 입장을 내 세우고 있다.

이러한 작가의 주장은 21세기를 여는 하나의 지구촌 시대에 새로운 평화, 자유, 행복의 지평을 열어 갈 역사 신학적, 역사 인류학적 새로운 시도의 평화의 북소리라고 말하고 싶다.

이처럼 어려운 작업을 참으로 설득력 있게 개진해 나온 작가 한승연의 노고에 본인의 이 몇 마디가 크게 도움이 되어 주었으면 하는 마음으로 간절할 뿐이다.

2002년 봄에
재천 서재에서

뜻밖에도 호평과 함께 박수를 실어 보내주신 목사님이셨다. 그 글을 받아들고 어떻게 감사의 말을 전해 올려야 할지를 몰라 고개를 숙였다. 그러자 웃으시면서 말씀했다.

"읽어나가면서 어찌나 놀랬던지… 아무튼 우리 만남이 결코 우연은 아니라는 생각이 들지 뭡니까. 세상 끝에 지상천국을 건설할 하나님 일꾼들이 모두 내려와서 먼저 그 초석을 다지게 될 것이라는 것이 요한계시록 말씀이니까요.

내가 그 성전 기둥이 된다는 것은 언감생심 내 욕심이고, 그 텃밭에 쓰레기를 쓸어 담아내는 지게꾼 역할이면 어떻습니까. 감사하고 또 감사해야 할 일이지요. 그런데 이건 제 생각입니다만, 오늘 그 한 구석 역할을 맡고 오신 형제분을 만났다는 생각이 그 원고를 읽고 정신이 번쩍 들지 뭡니까. 핫, 하하…."

"그것도 제게 주신 사명이라고 한다면 그보다 더 감사할 일이 어디 또 있겠어요. 그렇게 말씀하시니까 생각나는 이야기가 있네요. 불교의 스승 붓다가 기원정사에 계실 때였답니다. 머리를 깎고 출가를 한 비구니가 좌선을 하고 정신일도를 하고 아무리 명상을 해도 머릿속만 어지럽고 다른 비구들처럼 몰입이 되지 않아서 다시 환속을 하겠다고 했답니다. 그때 붓다께서 물으시기를 네가 세상에서 무슨 일을 해왔었드냐고 물으시니까. 쓰레기를 치우는 청소부였습니다. 했다는 거예요. 그러니까 붓다께서 그럼 이제부터 좌선을 하고 명상에 들어갈 것이 아니라 기원정사 앞뒤를 청소하라고 해서 그 일을 하다보니까 각이 열렸다는 겁니다. 그래서 저는 각 사람에게 주어진 역할이 그처럼 운명적으로 정해져 있다는 생각이 들지 뭡니까."

"맞는 말입니다. 성서적으로도 하나님 일을 하는데 크고 작은 역할이 각기 다른 것은 천지를 창조하신 하나님의 세계가 조화의 세계이기 때문 아니겠습니까. 밤이 지나면 아침이 오듯이 어둠에 악역을 맡고 온 가롯유다가 있었기에 하나님의 아들 예수께서 광명하신 빛으로 세상에 드러날 수 있었듯이 말입니다. 하하하…."

역시 목사님다우신 말씀이라는 생각이 들면서 연이 역시도 거기에 응수를 했다.

"맞아요. 밥상에도 밥그릇 국그릇 그 역할이 다르고 심지어는 간장 종지 역할이 각기 다르지만 한판에 조화를 이루듯이 각 사람이 생각하는 사고가 다른 만큼 운명적으로 정해진 역할이 각자가 다른 거 아니겠어요? 그 생각이 바로 그 사람이 가지고 태어난 본 성품기운으로 정신에너지라는 것 아니겠어요?

그게 바로 방향제시를 해주는 그 사람 몸신기운으로 불가에서 말하는 수호신령이라는 거드라구요."

"운명적으로 타고난 몸신기운이라? 핫, 하하… 그러니 누가 말린다고 될 일입니까."

"그게 각 사람이 타고난 팔자라는 거 아니겠어요? 물론 오늘 기독교인들은 그 팔자운운 하게 되면 무조건 거부반응부터 보이지만 말입니다."

사실 그랬다. 그것이 오늘 유대민족 여호와 유일신唯一神 숭배사상에 묶여있는 신도들의 신앙관이기도 했다 하지만 연이는 그동안 동서東西의 사상을 비교 분석해보면서 우리 조상들이 말해온 운명론의 팔자에 대해서 그렇게 이해를 하기에 이르렀다.

목사님 역시도 그 말에 긍정을 한다는 듯이 고개를 끄덕이며 가만하게 다시 입을 열었다.

"그러고 보면 내 이 짓도 누가 시켜서 하는 일도 아니겠고, 내 마음 속에서 뜨겁게 출렁거리니까 하는 이 짓이 내 팔자소관이라면 누가 말리겠소이까. 맞아 죽을 때 죽더라도 이미 각오 하고 하는 짓인데…."

"사실 그런 각오가 없으셨다면 어디서 그런 용기가 솟아서 이 아수라장 판에 나오시겠어요. 저 역시도 목사님처럼 오늘 서구신학의 기독론을 비판하는 입장이라서 때로는 불길한 생각이 엄습하기도 한답니다. 하지만 그때마다 위로받게 해주는 이야기가 제 가슴 속에 있지 뭐예요."

목사님께서는 그 마음이 알아진다는 듯이 웃으시면서 말했다.

"죄 없는 예수님께서 무지한 인류구원을 위해 짊어지셔야 했었던 고난의 십자가겠지요. 하하하…."

"제가 무슨 큰 사명자라고 십자가를 바라보며 그렇게 자위했겠어요. 다만 조그만 위로라면 벼랑 끝에서 온갖 비바람을 맞고 제대로 자라지 못한 앉은뱅이 나무가 그처럼 아름다운 소리를 내는 명품악기 소재로 팔려나간다고 하드라구요. 그러니 누가 알겠어요? 저에 꿈이 그렇듯이 오늘 목사님께서 애타게 외치신 양심고백 선언 외침이 명품으로 세계로 팔려나갈지, 핫, 하하하…."

"제발 그렇게 됐으면 얼마나 좋겠습니까만, 그건 내 조그만 희망사항일 뿐이지요. 우선 내 가까운 주위에서부터 별난 별종이라는 듯이 서운하게 못 마땅하다는 시선을 보내오니 말입니다."

"그건 저도 마찬가지랍니다. 그래서 선구자는 제 고향에서 대접을 받지 못한다고 했었던가 봐요. 한 울타리 속에 있는 우리 식구들부터가 뭘 안다고 주제넘게 천지운운 해가면서 재미도 없는 골치 아픈 글이나 쓰고 앉았다고 냉소를 던진다는 거 아닙니까. 그게 더 고독이죠 뭐."

"하하하… 그러실 겁니다. 흥미 위주의 연애 소설이나 써서 낭창하게 수입이 들어오는 것도 아닐테고…."

"하지만 이제 저는 이 손놀림이 운명적으로 타고난 제 팔자소관이라는 생각이 들지 뭐예요. 지난날 잡지사에서 독자들 흥미 위주의 연애 소설 청탁을 받고 목구멍이 포도청이라 어쩔 수 없이 수락을 했다가 어찌나 고역스럽던지 그만… 연애 소설도 아무나 쓰는 게 아니드라구요. 그 뒤부터 아예 머리 깎고 골방에 들어 앉아 수행하는 스님 모양을 하고 골치 아픈 이런 글이나 쓰고 앉아 있는 게 차라리 천국이지 않겠어요? 그런데 뜻밖에 목사님께서 오늘 이렇게 큰 호평을 해주시니 참으로 몸둘바를 모르겠네요."

"하하하… 그게 바로 생각하는 코드가 서로 같다는 것 때문 아니겠습니까. 저도 그렇지만 누가 가르쳐 주고 시켜서 되는 일이겠습니까?

예수께서 오셔서 하신 말씀이 천국은 여기 있다 저기 있다가 아니고 네 마음에 있다고 하셨지 않습니까. 천국이란 바로 그런 삶의 수행 속에서 얻어지는 것이고, 그것이 천국건설의 전제 조건인데 회개는 하지 않고 복주시오, 복주시오, 하고 돈으로 살려는 자신만의 행복과 천국은 모두 예수님을 다시 십자가에 매달아 고통 주는 소리지요. 먼저는 세상욕심을 버리고 마음을 비웠을 때, 비로소 마음에 천국이 이루어지면서 가정과 사회, 그리고 직장에서 예수님의 사랑을 나누게 된다는 거 아닙니까.

그게 바로 진정한 그리스도인의 삶으로 지상천국인데 세상적인 것만을 구하는 시커만 마음 보따리에 돈, 명예 감투만 찾아 두리번거리니 천국은 구만리장천이라는 것이지요. 핫, 하하…."

사실 틀린 말이 아니라는 생각에 머리가 끄덕여졌다. 그 말씀에 응수를 했다.

"젊은 베르테르의 슬픔을 써서 유명해진 독일의 작가 괴테가 한 말이 그거잖아요. 신앙은 보이지 않은 것에의 사랑이며 또한 불가능이 있을 것 같지 않은 것에 대한 신뢰라고 말입니다.

그리고 그 괴테가 친구에게 써 보낸 편지 내용을 읽어 보니까 가슴이 다 찡해오지 뭡니까. 나는 밤이 새도록 울어 보려고 애썼지만 이빨만 딱딱 부딪칠 뿐이었네, 그렇게 이빨이 딱딱 부딪칠 때에는 울려고 해도 울음이 안 나오는 모양일세, 하질 않았겠어요. 그 천재들의 생활이 평범한 보통 사람들과는 달랐기 때문 아니겠어요? 또 그 팡세를 써서 너무나 잘 알려진 프랑스 작가 파스칼 역시도 슬픔은 지식이라고 말한 걸 보면 예수께서 심령이 가난한 자는 복이 있다고 하신 말씀이 어디 세상 복이겠어요?"

"맞습니다. 다니엘이 그랬지요. 좋은 선장은 육지에 가만히 앉아서 될 수 가 없다고 말입니다. 바다에 나가서 무서운 폭풍을 만난 경험이 유능한 선장을 만든다는 것이지요."

"그러니까 목사님이나 제가 그 어떤 세상적인 부와명예를 추구해서 그런 용기를 들고 나온 것은 아니잖아요."

사실 영국의 외교관이며 시인이었던 EW 리튼이 한 말이 그것이었다. 그는 '명예를 맛보지 못한 사람은 행복하다. 명예를 가진다는 것은 연옥煉獄이고, 그것을 원하는 사람은 지옥이다.'고 까지 말했었다.

그것은 인도의 시인이며 사상가였던 타고르 역시도 그의 삶속에서 그와 같은 말을 반추해 보게 해주었다.

타고르는 미국과 영국 등지의 여행을 마치고 1913년 9월에 귀국했다. 돌아오자마자 자기에게 노벨상이 수여된다는 통지를 받고 깜짝 놀랐다. 물론 인도인들 역시도 놀랐다.

그들은 오랫동안 짓밟히고 무시된 조국에서 노벨 문학상 작가가 나왔다는 사실에 놀라고 기뻐했다. 그것은 인도인으로서의 대단한 자존심이 되는 것이었기 때문이다.

그러나 정작 그 수상 통지를 받은 타고르는 로젠스타인에게 노벨상 수상의 명예를 얻은 기쁨과 그를 그 자리에 오르게끔 추대하고 도와 준 여러 친구들에 대한 깊은 감사를 표시하면서 다음과 같은 편지를 써서 보냈다.

〈그러나 그것은 나에게 있어서는 하나의 비상한 시련입니다. 그것이 세상에 불러일으킨 흥분의 회오리바람은 실로 두려운 것입니다. 마치 개꼬리에 깡통을 달아 개가 움직일 때마다 시끄러운 소리를 내지 않으면 안되고, 또 많은 사람을 그 주위에 모이게 하는 것과 같은 난처한 일입니다. 나는 이 며칠 동안 축전과 편지 때문에 괴로움을 당했습니다. 내게 대한 아무런 친밀감도 없었고, 나의 작품을 한 줄도 읽어 보지 않은 작자들이 기쁜 소식에 대하여 가장 높이 목청을 올리는 것이었습니다. 나는 그러한 부르짖음에 얼마나 질렸는지 말할 수 없을 정도입니다. 사실 그러한 친구들은 내가 받은 명예를 존경한 것이지 결코 나 자신을 존경한 것은 아닐 것입니다.〉

타고르는 인도의 근대화를 촉진함과 더불어 동서 문화의 융합에 힘을 쏟아 뱅골어와 영어로 작품을 발표함으로, 1913년 세계적인 노벨문학상을 받았다.

인도의 시인 타고르가 살아 온 생애를 떠올려보는 연이는 목사님을 건너다보며 가만하게 다시 말했다.

"그러고 보면 세계는 한권의 책이고, 인간 한 사람 한 사람은 활자며, 그리고 각 나라들은 책을 꿰맨 노끈이라고 말입니다. 그리고 시대는 그 페이지라고 말한 독일의 종교시인 루가우가 한 말이 실감나지 뭐예요. 그러니까 목사님이나 저나 이 시대를 걸어 다니는 활자가 아니겠어요? 그 평가를 후세에 어떻게 받을지 모르겠지만, 후후, 훗…."

"하하하… 그 평가 저울을 저는 분명히 기대해 봅니다. 오늘 현대인들은 우주의식으로 열려가고 있으니까 현세적인 타협적 욕심에서 벗어난 사람들이라면 과거에 맹신적 신앙에서 벗어나게 될테니까요."

그리고 갑자기 표정을 바꾸어 정색을 하고 물어왔다.

"그런데 한 가지 궁금한 게 있는데 물어 봅시다. 머리는 왜 삭발을 하셨습니까? 여자가 가장 소중하게 여기는 게 자기 머리카락이라는데…."

사실 가끔은 그 같은 질문을 주위사람들로부터 받아온 연이었다. 싱겁게 웃으면서 대답했다.

"잘 아시겠지만 약골로 빈곤 속에서 독신으로 살다간 슈베르트는 언제나 돈에 궁했다는 거 아닙니까. 그래서 돈이 한 푼도 없이 떨어졌을 때는 나는 호주머니가 텅텅비어서 외출할 수 없으니 나를 괴롭히지 말아달라는 뜻으로 바지 주머니를 뒤집어서 창밖에 걸어 두곤 했다는 거 아닙니까. 저 역시도 그래요. 생활에 크게 도움도 되지 않은 어줍짢은 작품 활동에 손짓해 오는 영양가 없는 단체 모임들이나 사람들이 좀 많아야죠. 거기에 회원들 애경사다 뭐다하고 불러내 싸니까 물론 시간도 없지만, 일일이 형편이 안돼서 외출할 수 없다는 말은 차마 하지 못하겠고 제발 괴롭히지 말아달라고 깎아 버렸죠 뭐,

훗, 후후….”

“어쩐지… 역시 작가다우신 면모십니다. 헤르만 헤세가 그랬지요. 굳건하게 서 있는 나무만큼 신성하고 모범적인 것은 없다고 말입니다.”

“그 헤세의 말은 오늘 목사님을 두고 하신 말씀 같네요. 그것은 그 생명 속에 깃들어 있는 법칙을 실현하여 자기의 완연한 모습을 표현하는 일이라고 했으니까요.”

사실 연이를 그처럼 감동케 했던 김 경 목사님은 이 시대 한국 기독교 원로목사로서 그처럼 폭넓은 정신세계와 동서양의 지식을 두루 갖추신 분이셨다.

그야말로 그 누구도 감히 생각할 수 없는 낙후한 기존 종교계의 비합리적인 모순을 그처럼 냉철한 붓대로 지적하고 비판하신 김경 목사님의 용기야말로 혼탁한 이 시대에 귀감적인 삶으로 그 이름이 후세에까지 분명히 남게 될 것이라고 믿어졌다.

그 분과의 만남이 참으로 하나님의 크신 은혜며 축복이라는 생각이 들면서 감사했다. 누가 시키지도 않은 고독한 작품 활동시간 속에서 그처럼 남다르게 위로와 용기를 크게 주신 분이었고, 또 우리나라가 세계 스승국으로 나가는 천기국운天氣國運에 가장 걸림돌이 되고 있는 그 문제점을 들고 외친 선구자로 크게 감동을 주셨기 때문이다.

—2권에 계속

에필로그

보라! 천지天地는 조용한 기운에 차있다.

그러나 반면에 모든 것이 쉬지 않고 움직이고 있다.

해와 달은 주야로 바뀌면서 그 빛은 천년 만년토록 변함이 없다. 조용한 가운데 움직임이 있고, 그 움직임 속에 적막이 있다. 이러한 신비의 우주 전체는 과연 언제 누구로 하여 무슨 기술로 만들어졌으며, 또 지구촌 인류는 누구를 비롯하여 언제부터 존재하게 된 것일까?

아득히 먼 그 무한대의 흐름 속에서 인류는 그 베일을 벗기고자 끊임없는 노력을 경주하면서도 오늘날처럼 고도로 발달된 과학문명으로도 그 원인을 규명해내지 못하고 있다.

그 수수께끼는 '나'라는 생명의 존재 즉, 물적 증거를 놓고 인류가 생성된 시작으로부터의 시간과 공간대를 좁혀 연구해 보지 않을 수가 없다. 지금 존재하고 있는 '나'는 내 조상의 유전인자 그 몸체이기 때문이다.

하지만 생물학상의 실험으로도 과학문명으로도 인류 시조의 문제는 오늘까지도 명쾌한 답을 얻어내지 못하고 있다. 그렇기 때문에 서양 문화권에서 들어온 단일적인 여호와 물질인간 창조론 연대에 맞추고, 또 그 창조물이 지구촌 전체 인류시원의 뿌리역사라고 여과 없이 그대로 받아드려 믿고 있는 특정 종교인들이다.

그러한 맹신의 실태는 과거 천지분간조차 하지 못했다는 무지한 원시인간들이나 다를 것이 없다. 현생 인류는 아득한 그 옛날 발가벗어도 수치를 몰랐다는 원시시대를 거쳐 구석기 신석기 청동기 시대를 거쳐 오늘날 문명된 지적설계로 달나라를 다녀오기도 하는 것이 그로부터 진화되어 나왔다.

그런데도 그처럼 합리성이 없는 서구신학 논리를 분별하지 못하고 그대로 받아드려 믿는다면 과거 원시시대에 무지無知했다는 그 원시 인간들이나 다를 것이 없다. 논리가 합리적이지 못한 것을 우리는 미신未信이라고 한다. 거기에 엎드려 절하는 맹신처럼 어리석은 짓이 없다. 그 행위자체가 근본의 이치를 모르는 무지의 소산이기 때문이다. 그러한 무지無知가 유죄有罪가 된다는 것이 특히 성경이 우리에게 주는 교훈이다. 기독교 스승 예수께서는 과거 구약시대 그 이스라엘 백성들을 향해 시대구별을 하라고 이르시고, 이제는 여호와의 율법 초등학문에서 벗어나라고 이르시다가 이단의 괴수로 내몰려 십자가를 짊어지셨다.

오늘 우리는 예수께서 그 십자가를 짊어지셔야 했던 이유와 그 시대구별을 하라고 이르신 말씀의 뜻을 무엇보다도 바로 알아야 할 때다. 그러나 그 시대 구별을 아직까지도 하지 못하고 있는 서구의 기독신학 논리다. 그렇기 때문에 하늘에는 영광이며 땅에는 평화가 된다는 기독교 정신이 지구촌에 제 빛을 발하지 못하고 있다고 해도 과언은 아니다.

오늘 현생인류는 과거와는 달리 지구상에서 가장 위대한 지적 동물로 존재하면서 그 존엄성을 높이고 윤리, 도덕, 지능, 예지의 고도로 문명된 의식이 달나라로 로켓트를 보내고 또한 유전학적 방법에 의해서 인류를 비롯하여 모든 생물을 개량시켜 보려는 노력에까지 그 사고思考 영역을 확대시켜 나가고 있다.

그처럼 진보한 지구촌 유전학자들은 조물주의 만분의 일도 안되는 그 지혜와 기술로 시험관 아기를 탄생시키는가 하면, 눈의 조직을 컨트롤하여 유전자를 분리시키는 새로운 방법으로 백퍼센트의 시력을 갖춘 인간을 만들어내려는 연구를 거듭하고 있다.

그러한 연구 모습은 과거 여호와가 지구에 내려와 물질인간 아담과 이브를 그의 호흡으로 창조 설계하고 그들의 의식을 거듭 시험을 해보는 그 상황장면이나 다를 것이 없다. 그처럼 놀라운 두뇌의 기파를 비장할 수 있게 된 현생 인류다.

이처럼 위대한 존재의 인간, 그 인간이 어느 날 수명을 다하였다 하여 그 영혼이 육신처럼 자연 소멸되어 버릴 존재의 인간이라면 조물주 하나님은 왜, 무엇 때문에 그런 걸작품 인간을 신들로 하여 창조하게 했던 것일까?

그 섭리가 태초에 천지 만물을 창조하셨다는 하나님, 그 놀라운 깊이의 투명성으로, 이것이야말로 본자연本自然으로 존재하신 광명하신 하나님의 그윽한 '이데아'의 투명성이 아니고 무엇이겠는가.

태초의 조물주 하나님은 '이데아'라고 부르는 형태 없는 힘, 곧 빛의 말씀(LOGOS)으로 만물을 지으시고 각기 적당한 형태를 갖추게 하셨다고 (창세기 1장)에 기록하고 있다.

그렇기 때문에 모든 존재하는 것은 태초의 빛으로 광명하신 영계靈界의 하나님 속에 있다. 그 하나님 없이는 아무것도 존재하지 않으며 또 이해되지도 않는다. 하늘은 곧 이치理致이기 때문이다.

그렇다면 시대와 나라를 달리하고 동서東西로 오고간 성현들께서 때가 이르면 지구 종말과 함께 하늘의 뜻이 이 땅에서 이루어질 것이라고 하신 말씀의 뜻은 과연 무엇인가.

그리고 또 광명하신 하나님의 나라, 지상천국은 어떤 모양으로 이 땅에 이루어질 것인가를 바로알기 위해서라도 과거에 천상의 신들이 개천開天을 하고 지구에 내려와 물질인간을 창조했다는 지구촌 동서시원의 뿌리역사를 오늘 문명된 지성인의 눈으로 바르게 살펴보자는 것이다.

그것이 고등종교 스승께서 말씀하신 처음과 끝이라는 알파와 오메가의 하나님 천기운행天氣運行으로 그 섭리라고 하셨기 때문이다.

특히 성경 (창세기 1장)에서 무형체로 등장하는 하나님의 신은 온전한 광명의 빛임을 나타내 주고 있다. 온전한 것은 모든 생명에게 유익함을 안겨주는 사랑의 하나님 그 본질로서 우주정신이기 때문에 광명은 곧 밝고도 신령한 하나님의 은혜인 것이다.

그처럼 은혜로우신 사랑의 하나님이 성자 예수께서 지칭하신 무소부재無所不在하시다는 영계靈界의 하나님이다. 그 태초의 하나님 우주정신에 의해 만물이 '한 틀' 속에서 비롯되었기 때문에 성자 예수께서 '네 이웃을 내 몸과 같이 서로 사랑하라.'고 하신 것으로 그것이 하나님의 뜻이라고 했다.

그 가르치심이 구약시대 여호와 초등학문의 율법을 폐하고 이제는 영원무궁하신 하나님의 우주정신이라는 사랑의 천법天法을 배우라고 하신 것이며, 그 뜻이 하나님은 '사랑'이라는 성자 예수 십자가 피 흘림의 공로에 의해서 세워진 기독교 정신이다.

그러한 시대변화를 성경은 구약과 신약으로 분명히 나누어서 하나님의 섭리역사를 밝혀 두고 있다. 그런데도 서양문화권에서 태동한 서구신학은 그처럼 성호를 붙이고 지구에 등장하여 흙으로 물질인간을 만들어 놓고 그 의식을 거듭 시험하면서 물질인간 창조를 한탄했다는 여호와를 성자 예수께서 지칭하신 대우주적인 광명한 영계靈界의 성부 하나님 신위神位에 격상시켜 설파하고 있다.

그러한 서구신학 논리는 기독교 스승 예수께서 이 땅에 인류구원을 위해 설파하신 하늘나라 영생수가 아니라, 많은 영혼을 노략질하는 쑥물이라는 것을 (요한계시록 3장 9절)에서 밝혀주고 있으며, 그들이 바로 거짓목자들로서 '사단의 회'라고 지적하고 있다는 사실이다.

그 성구 예언에서 더욱 놀라운 것은 그 진실이 하나님의 섭리가운데 예정된 우리 배달한민족의 뿌리가 세워진 동방의 해 뜨는 이 동토에서 정리되어 세계로 나가게 됨을 기록해 두고 있다.

사실 이 손놀림을 하는 내 자신역시도 과거 그와 같은 기독논리에 누구보다도 깊이 빠져서 맹신해 왔던 신앙경력을 가지고 있다. 그러나 그것이 하나님의 은혜였던지 그 예언의 성구에 눈이 크게 떠지면서 그로부터 동서의 뿌리역사와 시대와 나라를 달리하고 이 땅에 출현하셨던 성현들, 그 가르침의 말씀을 비교분석해 보기 시작했다.

그런 오늘 나는 예수께서 '하늘을 아는 것이 지식의 근본이다.'라고 하신 말씀을 다시 상기 시켜보면서 그 지혜를 오늘을 살아가는 우리 모두에게 귀띔해 주고 싶은 마음으로 간절할 뿐이다.

뿌리가 튼튼해야 잎이 무성하다고 하지 않던가.

그 말이 특히 남북 분단으로 동족끼리 서로가 적대시 하고 있는 오늘 우리에게 주는 교훈으로, 고조선 시대 그처럼 자랑스러웠던 우리민족의 주체성을 찾는데 커다란 지혜가 아닐까 싶다.

지난 역사 속에서 찬란한 동방의 등불로 우뚝 솟아 세계 속에서 빛을 발하던 우리 한민족 조상들이다. 그처럼 숭고한 우리민족의 뿌리역사를 외래 종교 사상에 젖어 무시하고 허구의 단군 신화로 오늘까지지도 표류시키고 있는 그 후손들이다.

그러나 그처럼 조상뿌리의 고마움을 모르는 불효를 악惡으로 간주하는 것이 크고 작은 종교 세계관이다. 특히 그 불효한 자손들에게 응징의 벌을 내렸던 것이 유대민족의 뿌리역사 구약 속에 담아두고 있는 내용으로 오늘 우리에게도 주는 교훈이다.

어느 한 때, 이스라엘 백성들이 이방민족의 신을 그들의 주신主神여호와의 능력보다도 더 크게 보고 섬겼을 때가 있었다. 거기에 진노한 여호와는 그 백성을 이방민족 애굽(이집트)노예로 팔아넘겨 온갖 고통을 받게 하는 종살이를 무려 400년 동안 시키다가 마침내 구출해내는 능력행사를 보인다.

그것이 조상신의 실체와 은혜를 깨닫지 못하는 그 백성들로 하여금 여호와가 그들만을 보호하는 민족 수호신이라는 것을 깨닫게 하기 위한 행사였음을 유대민족 뿌리역사 이룸의 과정에서 그처럼 보여주고 있다는 사실이다.

그 내용이 오늘 우리에게도 보여주는 커다란 교훈이라고 할 수 있다. 그처럼 조상 뿌리의 고마움과 실체를 모르고 조상뿌리 족보의 역사를 표류시키고 있는 후손들의 무지無知가 결국 남북분단이라는 숙제를 오늘까지도 풀어내지 못하고 온갖 고통을 받고 있기 때문이다.

그런 의미에서 유대민족의 뿌리역사 구약을 바탕으로 동서민족의 뿌리역사를 밝히고자 하는 이 책이 읽는 독자들로 하여금 자신의 실체와, 조상 뿌리의 소중함을 다시 인식할 수만 있게 된다면 더 이상의 바람은 없다.

著者 麗海 한승연

저자 한승연의 作述약력

장편소설
· 데뷔작 「바깥바람」(1986년 3월 5일, 도서출판 남영사)
· 이데올로기 해부작 「그리고 숲을 떠났다」(1987년 5월 1일, 도서출판 한멋사)
· 여인의 성심리와 사회부조리 고발작 「갈망」(1988년 8월 15일, 도서출판 장원사)
· 한반도 역사의 주변열강 역학관계 분석작 「개천 그리고 개국」(1988년 9월 5일, 도서출판 문학시대사)
· 신과인간의 고리 그 실체 분석작 「묵시의 불」(1989년 1월 10일, 도서출판 장원사)
· 소설문학 영역의 확대작 「심상의 불길」(1990년 11월 30일, 도서출판 답게)
· 여인의 자리 찾기작 「남자를 잃어버린 여자」(1993년 7월 3일, 도서출판 장원사)
· 사람과 도인의 관계 분석작 「운명의 카르마」(2002년 4월 7일, 도서출판 마당문화)
· 한민족 가무의 파노라마 「꽃이 지기 전에」(2003년 6월 30일, 도서출판 한누리미디어)
· 광복 후의 역사와 반역사의 올바른 분석작 「역사의 수레바퀴」(2004년 5월 30일, 도서출판 한누리미디어)
· 한류열풍의 주역들 조명작 「빛으로 날고 싶었다!」(2007년 1월 30일, 도서출판 모델)
· 근대사를 조명한 남북관계 분석작 「아! 무적」(2007년 4월 25일, 도서출판 한누리미디어)
· 질곡에 처한 운명 속에 살아온 여인의 조명작 「어머니의 초상화 1, 2권, 도서출판 한누리미디어)
· 민족혼을 일깨우는 역사소설 「매천야록 上」(2009년 12월 31일, 도서출판 한누리미디어)
· 민족혼을 일깨우는 역사소설 「매천야록下」(2010년 9월 1일, 도서출판 한누리미디어)
· 기독교를 재해석한 야심작 「우주정신과 예수친자확인소송!」(2011년 5월 9일, 도서출판 대원사)
· 종교통합의 십승지 조명작 「천계탑 1, 2권」(2012년 12월 20일 도서출판 한누리미디어)

사상서
· 인류시원과 동서 문명의 분석작 「성서로 본 창조의 비밀과 외계문명」(2002년 2월 25일, 도서출판 대원사)
· 인간의 운명이란 무엇인가 분석작 「운명의 카르마」(2002년 10월 3일, 도서출판 마당문화)
· 세계칠대 성현의 뿌리 조명작 「성서로 본 칠성님의 비밀」(2002년 10월 3일, 도서출판 한누리 미디어)
· 우주의 기원과 동서양의 종교 분석작 「우주통일시대」(2008년 5월 26일, 도서출판 한누리미디어)
· 배달민족의 뿌리역사 조명작 「평화의 북소리」(2009년 1월 20일, 도서출판 한누리미디어)
· 배달겨레의 정기 조명작 「무궁화를 아십니까?」(2012년 5월10일 도서출판 한누리미디어)

시집

- 「소라의 성」(1986년 6월 30일, 도서출판 문학시대사)
- 「내가 바람이고 싶어 했을 때」(1987년 6월 30일, 도서출판 문학시대사)
- 「황혼연가」(1997년 4월 10일, 도서출판 답게)
- 「내가 사랑하는 이유」(1996년 6월 5일, 도서출판 답게)
- 「묵시의 신곡」(1999년 8월 10일, 도서출판 한누리미디어)
- 「사랑하며 산다는 것은」(2002년 2월 10일, 도서출판 답게)
- 「등신불 수화」(2005년 4월 30일, 도서출판 한누리미디어)
- 「할미꽃 연가」(2006년 12월 11일, 도서출판 한누리미디어)
- 「오늘도 살아있는 존재이유」(2011년 10월 10일, 도서출판 한누리미디어)

수필집

- 「이중에서 가장 위대한 것 사랑」(1986년 12월 10일, 가톨릭 다이제스트)
- 「별이 된 가슴아」(1993년 9월 15일, 도서출판 세훈)
- 「산다는 것, 그 멀고도 긴 터널」(2001년 7월 15일(도서출판 마당문화)
- 「슬픔이 안겨준 찬란한 약속」(2001년 9월 3일, 도서출판 마당문화)
- 「섬진강 파랑새 꿈」(2007년 8월 25일, 도서출판 한누리미디어)

수상경력

- 1995년 제3회 「허난설헌」 문학상 〈심상의 불길〉 소설부문 대상
- 1996년 제3회 열린문학상 〈내가 사랑하는 이유〉 본상 수상
- 2000년 세계계관시인문학상 〈묵시의 신곡〉 평화대상 수상으로 시문학 박사학위 수위
- 2007년 제11회 한국문학예술상 〈역사의 수레바퀴〉 본상수상
- 2008년 제5회 고조선역사재단 단군문학상〈우주 통일시대〉 대상 수상
- 2012년 제1회 매천황현선생사업재단〈매천야록〉 본상수상

참여단체

- 한국소설가협회 회원
- 한국문인협회 회원
- 국제펜클럽 한국본부 회원
- 한국윤리철학회 연구위원

개벽開闢 그리고 개천開天 개국開國

2014년 1월 10일 1쇄 1판 인쇄
2014년 1월 15일 1쇄 1판 발행
편저자 : 한승연
대　표 : 김동환

발행처 : 도서출판 資文閣
공급처 : 여산서숙 02)928-8123
주소 : 서울시 종로구 종로 346번지(숭인동)
　　　욱영빌딩 301호
전화 : 02)928-2393 팩스 : 928-8122
등록 : 1978년08월12일제5-32호
신고번호 : 제300-2011-114

ISBN 978-89-85814-17-1 03810
값 15,000원